高等院校公共管理类核心课程精品教材

公共关系学

第三版

王光娟　赵　悦◎主　编
金升辉　季　彬　韩　雪◎副主编

上海财经大学出版社

图书在版编目(CIP)数据

公共关系学/王光娟,赵悦主编. —3版. —上海:上海财经大学出版社,2020.1
(高等院校公共管理类核心课程精品教材)
ISBN 978-7-5642-3440-9/F·3440

Ⅰ.①公… Ⅱ.①王…②赵… Ⅲ.①公共关系学-高等学校-教材 Ⅳ.①C912.31

中国版本图书馆 CIP 数据核字(2019)第 286388 号

□ 责任编辑 吴晓群
□ 封面设计 杨雪婷 贺加贝

公共关系学
(第三版)
王光娟 赵 悦 主 编
金升辉 季 彬 韩 雪 副主编

上海财经大学出版社出版发行
(上海市中山北一路 369 号 邮编 200083)
网 址:http://www.sufep.com
电子邮箱:webmaster @ sufep.com
全国新华书店经销
上海景条印刷有限公司印刷装订
2020 年 1 月第 3 版 2024 年 1 月第 4 次印刷

787mm×1092mm 1/16 19 印张 486 千字
印数:99 001—100 000 定价:48.00 元

前　言

本教材是在《公共关系学》第二版的基础上，为了更新知识、完善公共关系学理论编写而成的，旨在适应新时期公关工作的需要，使学生了解前沿的公关信息、公关案例，具备更系统、完备的公关专业知识与技能。

相对于前两版，本版教材有如下特点：

(1)结合新时期的特点进行了公关理论的更新；

(2)替换旧案例，吸收新鲜案例；

(3)增加了章后训练题；

(4)结构和体系更趋完善，更有利于提高学生的实践操作技能和创新创业能力。

全书共设十一章，主要内容包括：导论、公共关系的产生与发展、公共关系的主体、公共关系的客体——公众、公共关系传播、公共关系调查、公共关系策划、公共关系实施与评估、公共关系礼仪、CIS策划与导入、危机公共关系。

本教材由吉林农业科技学院的教师组织编写，由王光娟拟定编写大纲，安排编写任务并修改定稿。其中，由王光娟、赵悦担任主编，金升辉、季彬、韩雪担任副主编，具体编写分工如下：第一、二、十章，由王光娟编写；第三、四章，由季彬编写；第五、六章，由金升辉编写；第七、十一章，由赵悦编写；第八、九章，由韩雪编写。

本书在编写过程中参阅了大量的文献资料和国内外公共关系学类教材和著作，借鉴了公共关系学专家、学者大量的最新研究成果和案例，但由于诸多资料是教学中日渐积累而得，故一时无法查找到所有资料的出处并一一说明。如有原作者知悉，请与编者联系，联系邮箱为78308612@qq.com，在此谨向他们致以诚挚的感谢和深深的敬意。

由于编者学识水平有限，书中疏漏之处，恳请广大专家和读者批评指正。

编　者

2020年1月

目　录

第一章

导　论

学习要点及目标

1. 了解公共关系的内涵及基本要素；
2. 掌握公共关系的特征；
3. 掌握公共关系的主要职能和基本原则；
4. 辨析公共关系及其相关概念；
5. 了解公共关系学的学科性质及学习方法。

核心概念

公共关系　人际关系　宣传　市场营销　公共关系学

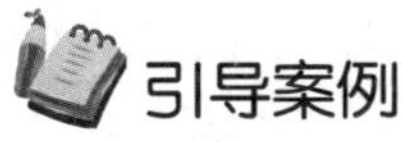

引导案例

让爱永不过期

广州白云山和记黄埔中药有限公司秉承“关爱”与“健康”的经商之道，不仅生产药品，更传递给了大众“关爱”与“健康”。

2003年，“非典”疫情暴发，板蓝根由于其良好的抗病毒功效而被疯抢。公司顶住了提价即可获得高利润的诱惑，率先向社会公开承诺：“白云山板蓝根不提价，质量不打折，亏本也要生产！”此举不仅赢得了市场，也赢得了人心，从此白云山品牌板蓝根深深扎根在百姓心中。

2004年，“非典”时期消费者大量囤积的板蓝根面临着过期变质的问题。考虑到过期药品可能对消费者身体造成的危害，公司投入巨资做出了一项创举：用最新批号的白云山品牌板蓝根产品，免费为消费者更换过期的各品牌板蓝根。

2005年，公司将换药活动常规化，全球首创“家庭过期药品回收（免费更换）机制”，并郑重承诺：凡消费者家中有白云山和记黄埔中药公司生产的过期药品，均可免费更换。

2006年4月，公司和上海和黄药业共同在北京人民大会堂举办“关心百姓用药安全，建设过期药品回收机制”大会，中央电视台新闻联播对此进行了长达3分钟的报道。

2015年3月13日，公司在全球首创“网上家庭过期药品回收活动”，让广大市民不仅可以在指定药店免费更换家庭过期药品，而且可以不用走出家门就能够免费更换过期药品，让更多的人受惠。

2015年，公司发出“万人签名倡导环保活动”，呼吁更多的企业与市民从身边小事做起，正确处理家庭过期药品，呵护健康，保护环境。本次活动，公司走进厂矿企业，为这些企业内的所有职工家庭免费更换过期药品，为更多的企业职工家庭普及安全用药、保护环境的健康理念。

从 2004 年实行全球首创“家庭过期药品回收机制”至今，公司已回收各种各样的过期药品达 1 100 吨，惠及 5 亿人次。白云山和记黄埔中药有限公司为实现社会安全用药而一直行动着。

（资料来源：董原，陆凤英主编，《公共关系学》，中国铁道出版社 2015 年版）

公共关系是现代社会的产物，随着商品经济和传播技术的发展，公共关系的客观性日益为人们所重视，对它的研究也越来越广泛和深入。我国公共关系事业也迎来了自己的成熟期，逐渐从青涩走向成熟，公共关系理论从观念的启蒙、引进到构建中国特色的公关理论体系，公关实践从单纯模仿到逐渐形成自己的行业规范并走上职业化道路，社会对公关的认识也从误解回归到理性。公共关系的发展情况，反映了一个国家或地区经济和文明发达程度的客观标志。本章主要阐述公共关系的含义、特征、构成要素及公共关系学的研究对象、内容等问题，以便使人们认识公共关系的基本原理，达到学习入门的目的。

第一节　公共关系概述

一、公共关系的含义

公共关系的定义，是公共关系学研究中首先面临的问题，也是公共关系理论中的核心内容之一，更是学术界争论不休的课题，国内外学者、专家众说纷纭。自从公共关系成为一门学科以来，人们冠以它各种各样的定义，但到目前为止还没有形成一个统一的定义。无论是对其内涵的理解或定义的表达都是多层次的，公共关系的定义是随着社会实践的拓展而不断发展着的。

（一）“公共关系”一词的由来

“公共关系”一词是舶来品，其英文为 Public Relations，缩写为 PR，简称公关。Public，可以译为(形容词)公关的，公众的，或(名词)公众。Relation，可以译为“关系”，由于这里取的是复数形式，这个关系指的就是“众多人”间的关系，所以“Public Relations”也可译作“公众关系”。但是一直以来使用得更多的还是“公共关系”，好像这更容易被大家理解，而“公共”也更加准确地表达了“公关”与“私人”的对立。

北欧航空公司的一位公关部经理在向公关培训班的学员讲解什么是公共关系时，打了这样一个比喻：

好比一名青年要追求伴侣，可以有很多办法：大献殷勤、起劲表白就是一种，这不算公共关系，而是推销；努力修饰自己的外貌和风度，讲究谈吐举止，也是一种吸引人的办法，但这也不是公共关系，而是广告；如果这位青年经过周密的研究思考，制订一个计划，而且埋头苦干，取得了杰出成绩和丰厚回报，赢得了大家的一致好评和好口碑，而这种赞美之词又通过众人之口传入女生的耳中，使女生对这个男生产生了敬佩之意，继而生出了爱慕之情，这才是公共关系。

(二)国内外有代表性的公共关系定义介绍

公共关系作为一门综合性的应用学科和一种正在发展中的管理功能,对其定义的讨论众说纷纭,已构成公共关系理论研究的一个部分。其中有代表性、权威性的国内外定义包括以下几种:

1. 管理职能论

这一类定义把公共关系看作与计划、财务一样的管理职能,认为公共关系在组织管理中起着至关重要的作用,它是组织管理的"润滑油"和"催化剂",发挥着管理的功能。

美国人莱克斯·哈罗博士的定义是这种观点的典型代表。1976 年,他在收集和分析了 472 种定义后对公共关系所下的定义是:公共关系是一种特殊的管理职能,它帮助一个组织建立并保持与公众之间的交流、理解、认可与合作;它参与处理各种问题与事件;它帮助管理部门了解民意,并对其做出反应;它确定并强调企业为公众利益服务的责任;它作为社会趋势的监视者,帮助企业保持与社会变动同步;它使用有效的传播技能和研究方法作为基本工具。

国际公共关系协会同样认为公共关系是一种管理职能,其定义是:"公共关系是一种管理功能。它具有连续性和计划性。通过公共关系,公立的和私人的组织、机构试图赢得与他们有关的人们的理解、同情和支持——借助对舆论的估价,以尽可能地协调它自己的政策和做法,依靠有计划的、广泛的信息传播,赢得更有效的合作,更好地实现它们的共同利益。"

美国著名公共关系学者斯科特·卡特李普和阿伦·森特认为:公共关系是这样一种管理功能,它能建立和维护组织与公众之间的互利互惠关系,而一个组织的成功或失败取决于公众。

美国《公共关系新闻》杂志认为:"公共关系是一种管理职能,它评估公众的态度,检验组织的政策、活动是否与公众的利益相一致,并负责设计与执行旨在争取公众理解与认可的行动计划。"

2. 传播沟通论

这一类定义强调公共关系是组织一种特定的传播管理行为和职能,认为公共关系离不开传播沟通。我国中山大学的公共关系专业教授廖为建就持此种观点,其定义是:公共关系是一个组织与其相关公众之间的传播管理。

在国外,持这种观点的学者不在少数。在美国的大学中,公共关系专业往往设在新闻传播学院内。

英国人弗兰克·杰夫金斯也认为:公共关系是由为达到与相互理解有关的特定目标而进行的各种有计划的沟通联络所组成的,这种沟通联络处于组织与公众之间,既是内向的,也是外向的。国外一些大型的百科全书或综合词典也从传播或沟通的角度来定义公共关系。《美利坚百科全书》中的定义是:公共关系是关于建立一个组织同其既定公众之间相互了解的活动。《大英百科全书》中是的定义:公共关系是旨在传递关于个人、公司、政府机构或其他组织的信息,并改善公众对其态度的种种政策或行动。《韦伯斯特新国际词典》认为:公共关系是通过传播大量有说服力的材料,发展邻里的相互交往和估价公众的反应,从而促进个人、公司或机构同他人、各种公众以及社区之间的亲善友好关系。美国人约翰·马斯顿的表述更为直截了当:公共关系就是运用有说服力的传播去影响重要的公众。

可以看出,这些表述都是强调了公共关系在运作方式和手段上依赖传播沟通的特点。

3. 社会关系论

社会关系论研究者避开了"管理学派"倾向于公共关系目标、"传播学派"偏重于公共关系手段的争论，认为“关系”体现公共关系的本质属性，公共关系是一种特定的社会关系，正确认识公众关系、处理公众关系是开展公共关系的出发点和归宿。

美国普林斯顿大学的资深公共关系教授希尔兹认为：公共关系就是人们所从事的各种活动、所发生的各种关系的通称，这些活动与关系是公众性的，并且都有社会意义。

英国公共关系学会的定义是：公共关系是在组织和它的公众之间建立和维持相互了解、有目的、有计划的持续过程。

4. 现象描述论

现象描述论研究者往往倾向于公共关系实务。与“社会关系论”偏重理论、表述抽象正好相反，“现象描述论”则倾向于直观形象和浅显明了，通常抓住公共关系的某项功能或某种现象进行描述，非常具体实在。例如：公关就是90%靠自己做得对，10%靠宣传；公关就是争取对你有用的朋友；公关就是促进善意；公关是博取好感的技术；公关是说服和左右社会大众的技术；公关就是讨公众的喜欢；PR(公共关系) = P(自己行动) + R(对外传播)；公关，就是运用说服力的传播去影响重要的公众；公共关系是经营管理的方法、广结人缘的艺术、走向社会的名片。

现象描述式的定义主要是公共关系实践者依据自己的经验和理解，从不同侧面对公共关系作出的通俗化、形象化的描述。这类表述简洁明了，生动鲜明，便于记忆，对于宣传公共关系是很有作用的。不过，它们只是揭示了公共关系的部分含义，从总体上讲不够全面准确。

5. 经营艺术论

持这种观点的人认为，公共关系还只是一门不精确的学科，许多公共关系问题的答案也不是唯一的，公共关系在实际运作中要讲究创造性，讲求形象思维，需要从整体上来把握公共关系及其工作。因此，公共关系是一种艺术。

1978 年 8 月，在墨西哥城召开的世界公共关系协会大会上，代表们经过商讨，提出了这样一个公共关系的定义：公共关系是一门艺术和社会科学，公共关系的实施是分析趋势、预测后果，向组织领导人提供咨询意见，并履行一系列有计划的行为，以服务于本组织和公众的共同利益。我国学者余阳明认为：公共关系是社会组织为了塑造组织形象，通过传播、沟通来影响公众的科学和艺术。著名行政学家王乐夫在其著作《公共关系学》中对公共关系的定义是：公共关系是一种内求团结完善、外求和谐发展的经营管理艺术。它运用合理的原则和方法，通过有计划而持久的努力，协调和改善组织机构的对内对外关系，使本组织机构的各项政策和活动符合于广大公众的需求，在公众中树立起良好形象，以谋求公众对本组织机构的了解、信任、好感和合作，并获得共同利益。

(三)公共关系的含义

1. 公共关系的概念

通过对国内外一些公共关系定义的列举可以看出，尽管公共关系作为一种职业活动，已有近百年的历史，作为一门科学也有近八十年的历史，但时至今日，人们很难找出一个能够被所有人认同的科学定义。这至少说明，公共关系作为一门新兴科学，尚处在发展的“幼年”时代。但就不同的学者对公共关系定义的不同界定中，我们也不难发现其中的趋同之处。这些趋同之处主要表现在以下几个方面：

第一，公共关系是一个组织与其公众之间的关系。这种关系是一个组织在与公众的相互作用和相互影响中形成的。

第二，公共关系是一种特殊的思想和活动。作为一种思想，它渗透在一个组织的全部活动之中；作为一种活动，它又具有区别于组织的其他活动的特殊性和特殊要求。

第三，公共关系是现代组织管理的独立职能。公共关系的主要任务就是，协调组织与公众的相互关系，使组织适应于公众的要求，使公众有利于组织的成长与发展。

第四，信息沟通与传播是公共关系的特殊手段。公共关系用以协调组织与公众的主要手段，就是信息沟通与传播。信息沟通与传播主要是以现代大众传播媒介为物质工具。

概括以上四点内容，我们可以给出一个简洁的定义：所谓公共关系，就是社会组织在运行中，运用信息传播沟通媒介，促使组织与相关公众之间双向了解、信任与合作，从而为组织树立起良好的公众形象的一种经营管理活动。

2.“公共关系”一词多义

“公共关系”一词到底有几层含义，目前还没有一个世界公认的看法，对其含义的理解和定义的表述是多层次的。人们普遍认为它既可以是一种状态，又可以是一种活动，还可以是一种学说，更可以是一种观念和职业。

(1)公共关系状态，是指一个组织所处的社会关系和社会舆论的状态，即这个组织在公众心目中的现实形象。任何组织，都处在一定的公共关系状态之中，这是一种客观存在的形态。

一般来说，公共关系有四种状态：第一种是高知名度、高美誉度，这是组织最理想的状态；第二种是高知名度、低美誉度，这是最不理想的状态，是组织所处的一种危机状态；第三种是低知名度、低美誉度，这是组织的原始状态；第四种是低知名度、高美誉度，这是组织的一种较为稳定和安全的状态，说明组织处于发展阶段，有很好的发展前景。任何组织都会有一种公共关系状态，且属于这四种状态中的一种。

(2)公共关系活动，是指一个组织为创造良好的社会环境，争取公众舆论支持而采取的政策、行动和活动，主要包括协调、传播、沟通等手段，即以创造良好的公共关系状态为目的的一种信息沟通活动。

组织的公共关系活动是一个组织长期进行社会交往、沟通信息、广结良缘、树立自身良好形象的过程，它表现为日常公共关系活动和专项公共关系活动两大类：

日常公共关系活动是指为改善公共关系状态，人人都可以做到的那些日常接待工作，如热情服务、礼貌待客以及大量的例行性业务工作和临时性琐碎的工作等。

专项公共关系活动是指有计划、有系统地运用有关技术、手段去达到公共关系目的的专门性活动，如新闻发布会、产品展示会、社会赞助、广告制作与宣传、市场调查、危机公关等。

对于一个组织来说，日常的公共关系活动有赖于组织的全体成员去实行，而专门的公共关系活动则应由公共关系部门负责，由专门的公共关系人员去完成。

(3)公共关系学，是指以公共关系的客观状态和活动规律为研究对象的一门综合性的应用学科，是研究组织与公众之间传播与沟通的行为、规律和方法的一门学科。公共关系历史、公共关系原理和公共关系实务三者共同构成公共关系学的理论体系。

就学科特点而言，公共关系学不仅是一门应用性很强的边缘性学科，在理论上还是一门综合性、交叉性的学科，涉及的学科有社会学、哲学、政治学、经济学、传播学、管理学、营销学、心理学、伦理学等，是以传播学和管理学为基础建立起来的新兴学科。

(4)公共关系观念(意识)，是人们在公共关系实践中形成的影响人们思想和行为倾向的深层的思想意识，是人们对公共关系活动的一种自觉的认识和理解。它影响和指导着个人或组织决策与行为的价值取向，从而反作用于公共关系活动，并间接影响实际的公共关系状态。公共关系观念主要有：形象观念、公众观念、传播观念、协调观念、互惠观念。此外，公共关系观念还包括团队观念、创新观念、服务观念、社会观念等。

(5)公共关系职业,是指专门提供公共关系方面的服务而获取报酬的职业。其任务是协调社会组织同公众的关系,塑造组织良好的社会形象,以促进组织不断发展和完善。

公共关系职业产生于1903年,人们通常把美国的新闻记者艾维·李尊为"现代公共关系之父"。事实上,这里的"公共关系"主要是指公共关系职业。正是由于艾维·李在1903年创办了一家公共关系咨询事务所,公开对外营业,才使社会上出现了公共关系职业。

(四)公共关系的本质属性

根据黑格尔的本质论,所谓本质属性,是指事物的质的规定性。公共关系之所以是公共关系,而非广告、宣传、新闻和营销,就在于公共关系自身的质的规定性。

广告的本质属性是"付费性",新闻的本质属性是"真实性",营销的本质属性是"交易性",人际关系的本质属性是"个体性",与这些学科相比,公共关系的本质属性究竟是什么呢?

公共关系的本质属性是"公共性",通俗地说,就是"第三方立场"。其"公共性"本质包括四个方面:公众性、公开性、公共舆论、公益性。

1. 公众性

公共关系的一切工作都是为了争取公众、讨好公众而展开的,从艾维的"公众必须被告知"到伯纳斯的"投公众所好",再到格鲁尼格的"双向对称传播",以及与公众对话,都反映了公众性的不断增强。

2. 公开性

公共关系本着"好事要出门,坏事要讲清"的原则,采取一切公开合法的创造性手段,进行公共宣传,努力提高组织信息的透明度,提高组织形象的知名度和美誉度。

3. 公共舆论

公共舆论是公共关系的生态环境,公共关系通过制造媒体效应、口碑效应、议题效应,来形成民意,或者改变民意,以此形成对组织有利的生存环境,或者来影响组织的决策导向。

4. 公益性

任何组织机构都是以自身利益最大化为原则的,他们能够善尽社会责任是在公共关系的倡导和推动下完成的。公共关系引导组织重视社会责任,照顾公共利益,营造一个和谐的生态环境。

二、公共关系与若干相关概念的辨析

公共关系是一种塑造组织形象的管理职能。作为一项涉及面广、综合性强的工作,公共关系在履行职责的过程中,经常涉及一些外围的、相关的活动范畴,它们与公共关系既有联系,也有区别。这些实践活动往往容易被人误认为是公共关系,或简单地等同于公共关系,从而造成认识上和实践中的混乱。为了准确把握公共关系,还需要进一步从公共关系与其他相关实践活动的比较与区别中认识它。

(一)公共关系与人际关系

"人际关系"属于社会心理学范畴,主要指个人在社会交往中形成的人与人之间的相互作用和相互影响。即从个体关系的角度概括人的各种社会关系,包括个人在生活、生产及其他社会活动中形成的一切人与人之间的关系。

1. 公共关系与人际关系的联系

(1)从内容来看,公共关系包括部分人际关系,这主要是指个人因为组织的工作而在对外交往中形成的那部分人际关系。公众对象中包括了许多个体对象。

(2)从方法来看,公共关系实务工作离不开各种人际传播的方法。这就要求公关人员具备较强的人际沟通能力,而良好的个人关系必然有助于组织公共关系的成功。

2. 公共关系与人际关系的区别

公共关系与人际关系又有很大的不同,如表1—1所示。

表1—1　　公共关系与人际关系的区别

对比项	公共关系	人际关系
主体	组织	个人、人群
客体	公众	人与人群
传播方式	一切手段	人际手段
产生基础	业缘	血缘、地缘、业缘、趣缘
产生时间	有了组织之后	人类伊始
运作内容	广泛	自身发展的物质交换和交友的精神需求、感情交流
研究内容	组织与公众间关系的发展规律,公共关系职能、技巧、组织、人才发展的规律	人与人关系的发展规律
历史	短	长
普及范围	窄	广
专业化程度	高	低

(二)公共关系与广告

广告即广而告之,是指为了传播某一产品或事物而进行的宣传说服活动。开展公共关系无疑要运用广告这种重要的传播形式,但广告不等于公共关系,它们之间既有联系又有区别。

1. 公共关系与广告的联系

(1)公共关系常常借助广告的形式传播信息,通过产品或形象广告,可间接起到树立该组织形象的目的,而活泼清新、艺术性强的公共关系广告,更容易为公众接受。

(2)公共关系工作能对广告起指导作用,它可以确定广告的宣传主题、宣传对象、传播对象、传播方式和传播周期。因此,公共关系和广告之间实际上可以互相补充、互相促进。

(3)二者都源于传播学,都以传播为主要工作手段。

2. 公共关系与广告的区别

(1)传播的目标不同。公共关系的目标是赢得公众的信赖、好感、合作与支持,树立良好的整体形象——"让别人喜欢我";广告的目标是激发人们的购买欲望,对产品产生好感——"让别人买我"。

(2)传播原则不同。广告信息传播的原则是引人注目。只有引人注目的广告,才能使企业的产品和服务广为人知,激发人们的购买欲望,最终达到扩大销售和服务的目的。公共关系传播的原则是真实可信,其传播的信息都应当是真实的、可信的,绝不能有任何虚假。当然,公共关系信息传播也要讲究引人注目,但其"引人注目"是从属于真实性,是为真实性服务的。

(3)传播方式不同。广告为了引人注目,可以采用各种传播方式,包括新闻的、文学的及艺术的传播方式,可以采用虚构的乃至神话的夸张手法,以激起人们的兴趣,加速人们的购买欲望。但公共关系的传播方式,最重要的是靠事实说话。其信息传播手段主要是新闻传播的手段,如新闻稿、新闻发布会、报纸、杂志等。这些传播手段的特点是:靠信息的真实性、客观性及其内在的新闻价值说话,认为成功的关键不在于当事人运用什么哗众取宠、耸人听闻的表现手法,而在于善于选择适当的时机,采用适当的形式,通过适当的媒介,把适当的信息及时、准确地传递给目标对象和公众。

(4)传播周期不同。通常来说,广告的传播周期是短暂的,短则十天半个月,长则数月或者一年,一般不会太长。相对来说,公共关系的传播周期则是长期的,其任务主要是树立整个企业的信誉和形象,急功近利的方式是很难奏效的。

(5)所处地位不同。一般来说,广告在经营管理的全局中所处的地位是局部性的,其成败好坏,对全局没有决定性的影响。但公共关系工作却不同,它在经营管理中处于全局性的地位,贯穿于经营管理的全过程。公共关系工作的好坏,决定着整个企业的信誉、形象,决定着整个企业的生死存亡。

(6)效果不同。一般来说,广告的效果是直接的、可测的,其经济效果是显而易见的。对某项广告而言,其效果也往往是局部的,只影响某个产品或某项服务的销路。因此,广告的效果又是局部性的、战术性的。而公共关系的效果则是战略性的、全局性的。一旦确立了正确的公共关系思想,并开展了成功的公共关系工作,企业就能在外界建立良好的信誉和形象,使本身受益无穷,而且社会各界也会因此受益匪浅。尤其是成功的公共关系所取得的效益,应该包括政治、经济、社会等方面的社会整体效益。一般来说,这样的整体效益是难以通过利润的尺度来直接衡量的。

做广告并不等于公共关系。但是,公共关系工作可以采用广告的方法,这就是“公共关系广告”。

(三)公共关系与宣传

所谓宣传,是指以传播为手段取得公众对某种信仰、信条、观念、行为的理解和支持的活动。宣传的重点一般是帮助公众理解执政党和政府的各种方针政策和工作意图,某种意义上意味着强制和权威,因而侧重单向传递。

1. 公共关系与宣传的联系

公共关系与宣传的联系主要表现在两个方面:首先,从性质上看,两者都是一种传播过程,并具有一些共同的活动特点;其次,在工作内容方面,两者有时也是相同的,如每个组织都有团结内部成员,增强群体凝聚力、向心力、荣誉感等方面的任务,这既是组织内部宣传工作的内容,也是组织内部公共关系工作的目标。

2. 公共关系与宣传的区别

(1)工作性质不同。传统的宣传工作属于政治思想工作范畴,是政治思想工作的手段和工具。宣传的目的主要是改变和强化人们心理状态和精神状态,获取人们对某种主张或信仰的支持。其主要内容是国家的方针、政策、社会道德、伦理、法制等方面的教育。公共关系作为一种特殊的管理职能,目的是塑造组织形象,建立组织与公众的良好关系,除了宣传、鼓动以外,其工作的主要内容是信息交流、协调沟通、决策咨询、危机处理等。

(2)工作方式不同。宣传工作是单向传播过程,即“组织→公众”,带有灌输性和强制性;其目的有时是隐秘的,并不为公众知晓的;工作重点往往是以组织既定的目标来控制公众的心理;有时为了获取目标对象的支持,宣传容易出现夸张渲染的片面效应。公共关系工作是一种双向传播过程;公共关系必须尊重事实,及时、准确、有效地向公众传递组织信息,以真诚换取公众对组织的理解和信任;公共关系除了向公众解释,进行说服工作外,很重要的职能在于向组织的决策层提供信息和咨询;其目的、动机是公开的,应努力使公众了解,让公众知晓的;公共关系工作是说与做的统一,不仅要求组织做好本身工作,还要求把自己做好的工作告诉公众。

(四)公共关系与市场营销

市场营销是提供产品、满足市场供应和消费者需求的经营管理活动。从营销理论的一些发展变化可以看出,公共关系在市场营销学中越来越受到重视。但它们之间的区别也是明显的。

1. 公共关系与市场营销的联系

公共关系工作在企业中,几乎与市场营销融合在一起。换言之,企业的公共关系工作几乎完全为市场营销活动服务。正如英国公关专家弗兰克·杰夫金斯所说:“销售中的每一个因素都需要公关人员来加强、完善。”因此,公共关系可以涉及市场营销的各个角落。它们的联系主要表现在以下几方面:

(1)共同的产生条件——商品生产的高度发展。市场营销的产生,是由于商品经济高度发展使企业外部环境发生了很大变化。一方面,买方市场形成,消费者对产品的需求变化也很大,条件也越来越苛刻;另一方面,同行竞争也日益剧烈,企业不得不重视“市场”,重视“营销”,重视企业外部公众(顾客)等。公共关系的产生,是由于在商品经济高度发展情况下,企业争取消费者,不仅要在产品质量、品种技术、价格等方面竞争,更重要的是企业整体形象的竞争。为企业赢得良好的社会舆论,就必须与各方面建立良好关系,即开展公共关系活动。

(2)共同的指导思想——用户第一,社会效益第一。新的市场营销观念要求企业把顾客的利益放在第一位,把社会效益放在第一位,这种指导思想(即经营哲学)正是公共关系的指导思想,在这一点上与公共关系的基本原则和要求是相吻合的。

(3)相似的传播媒介——大众传播媒介。在公共关系与市场营销的业务活动中,要与对象公众进行沟通,都必须借助大众传播媒介。现代大众传播媒介,可以使社会交往摆脱时空的限制,使市场摆脱国家、地区的限制。因此,一个组织无论是扩大影响,还是扩大产品销路,都离不开大众传播媒介。

(4)市场营销把公共关系作为组成部分。市场营销在运用非价格竞争的促销策略时,把公共关系作为促销手段之一,并吸收、运用公共关系的各种手段来达到销售目的。当代美国最有影响的市场营销专家菲利普·科特勒提出的“大市场营销观”,保留了原有的产品、价格、分销渠道和促销手段四个策略,还增加了公共关系和政治权利两个策略。这就充分地表明,公共关系与市场营销的联系更紧密了。

2. 公共关系与市场营销的区别

公共关系与市场营销的区别,主要表现在以下几个方面:

(1)范围不同。市场营销仅限于企业生产流通领域,最多不过是经济领域内,但公共关系所涉及的是社会任何一种组织与公众的关系。除企业外,公共关系还涉及政府、学校、医院等各种组织,远远超过了经济领域。公共关系比市场营销有更广泛的社会性,学科应用范围也更为广阔。

(2)目的不同。市场营销的直接目的是销售产品,从而进一步扩大盈利,产生企业效益;

公共关系的目的是树立组织形象，产生良好的公众信誉，从而使组织获得长足的发展。

(3)手段不同。市场营销所采用的手段是价格、推销、广告、包装、商标、产品设计、分销等。这些手段都是紧紧地围绕着产品销售的目的。而公共关系所采用的手段是宣传资料、各种专题活动，如记者招待会、社会赞助、典礼仪式、危机处理等活动。当然，市场营销有时也可把公共关系的一些手段作为自身的手段，但严格来讲，二者之间在手段上还是有很大差异的。

(五)公共关系与庸俗关系

庸俗关系是指日常生活或经济交往中，利用金钱或职权，“拉关系”“走后门”“套私情”，为个人谋取好处等不正当的人际交往活动。从表面上看，庸俗关系与公共关系的协调沟通是一致的，目的都是为解决问题或获取利益。因此，有人一听说公共关系就联想到这种不正当的庸俗关系，认为公共关系就是教人花言巧语，搞不正之风。其实这是一种极大的误解，在很多时候败坏了公共关系的名声。庸俗关系是一种非正常的、不健康的、被歪曲了的社会人际关系，这种关系的双方是以损公肥私、侵占他人利益及危害社会利益为前提的合作关系，是一种直接的利益关系。它与公共关系有着本质上的区别，主要表现在以下几个方面：

1. 两者产生的基础不同

公共关系是商品经济高度发达、现代民主制度不断发展、信息手段十分先进的产物；庸俗关系则是在封闭落后的经济条件下，生产力不发达、市场经济发育不完善、物资供应不充足的产物，带有浓厚的血缘、地缘的色彩。

2. 两者的理论依据不同

公共关系以现代科学理论为指导，按照正确的目标、科学的方式、规范的组织形式、严格的工作程序和道德准则来进行；庸俗关系则建立在市侩经验的基础上，其方法是险恶的权术，奉行的是“人不为己，天诛地灭”的信条。

3. 两者的活动方式不同

公共关系是社会组织与社会公众之间的正当联系，主要是通过正式渠道，采取大众传播或人际传播等手段，公开地进行活动，其活动是正大光明的。而庸俗关系是个人与个人之间的不正当联系，是私人之间相互利用的一种不正当的活动。其参与者尽量掩盖其所作所为，进行幕后交易，如通过奉承拍马、内外勾结、营私舞弊、行贿受贿等庸俗手段，进行暗中拉关系、谋私利的活动。这些活动不能在公众场合下公开进行，只能在暗地里偷偷地进行。

4. 两者所要达到的目的不同

公共关系以建立良好的组织形象、提高知名度与美誉度、维护组织与公众双方的合法利益为目标，恪守公正诚实、信誉至上的原则，从而使组织获取较好的社会效益与经济效益；庸俗关系则是通过各种卑劣手段，来达到个人私利的目的，如搞些紧俏商品、买些便宜货、谋个好职务，在竞标中搞到竞标项目等。前者为公共利益而奋斗，后者只是为个人的私利而投机钻营。

5. 两者产生的效果不同

公共关系是通过有计划的一系列活动，使社会组织在与社会整体利益一致的前提下不断发展，其结果是组织、社会、国家和公众都受惠，为社会创造一种以诚相见、讲求信誉、提高声望的良好风气；有利于形成和谐、友善、正常、健康的人际关系；有利于提高社会文明程度，促进社会的发展。庸俗关系则将人际交往商品化，使人们变得唯利是图、目光短浅，整个社会充满市侩气，个人中饱私囊，而国家和公众的利益却遭到损害。

第二节 公共关系的要素和特征

一、公共关系的构成要素及其互动关系

公共关系的基本结构由三大要素构成：社会组织、公众和传播沟通。社会组织、公众和传播沟通这三个要素构成了公共关系的基本范畴，公共关系的理论研究、实际操作都是围绕这三者的关系层层展开的，而且这三个要素共存于一个社会环境中（见图1—1）。

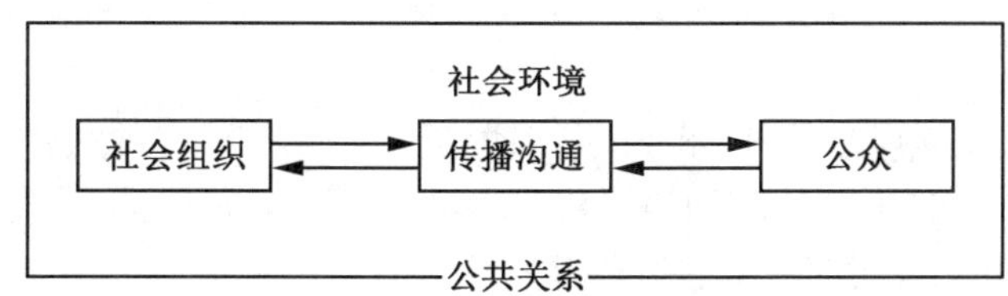

图1—1 公共关系构成图

（一）公共关系的构成要素

1. 公共关系的主体——社会组织

公共关系主体是指谁来组织实施公共关系活动。一般认为，公共关系活动的主体是社会组织。社会组织是公共关系的实施者、操作者和承担者。尽管有些个人，如在竞选中的候选人、国家公务员、社会名流等，为了某种特殊利益也举办公关活动，但他们在从事公共关系活动时，不是以自然人的身份，而是以法人的面目出现的。

社会组织在公共关系活动中起着控制者和组织者的作用，它主宰着公共关系活动，决定着公共关系状态。因此，认识社会组织的结构与功能，明确组织形象的重要性，对于全面理解公共关系的有关理论，有效地开展公共关系活动具有重要意义。

2. 公共关系的客体——公众

任何关系都由主、客体双方构成。公共关系的客体是公众，是公共关系主体实施公共关系活动的对象和承受者。公共关系也称公众关系，因为公共关系的工作对象就是公众。要做好公共关系工作，就必须了解和研究公众。只有认清自己的公众对象，才能真正了解公共关系的对象和内容，才能制定正确的目标、策略和方法，从而使公共关系工作建立在科学的基础上，并与公众建立良好的关系，使组织形成良好的公共关系状态。

3. 公共关系中介——传播沟通

当组织明确了公共关系目标，确定了目标公众，并有了公共关系活动的设想之后，便要考虑如何运用媒介把目标和设想变成行动。媒介即传播，是连接社会组织和公众的桥梁，是完成沟通工具，也是实现公共关系目标的唯一手段。我们这里指的是狭义的传播，它是人类赖以生存及发展过程中所特有的一种社会现象。这种传播是双向性的信息交流与分享。公共关系的主体与客体之间正是通过这种双向信息交流而建立起相互信任、相互理解关系的。

公共关系传播可以分为自发传播与自觉传播两种。自发传播是未对信息内容加以筛选，

对传播过程未加以控制的自由式传播;自觉传播则根据公共关系目标对传播内容加以精选,对传播过程进行有意识的策划和控制的传播。

传播沟通是联结主体与客体的中介环节,它是帮助机构在运行过程中,争取与公众相互了解、相互合作而采取的行为规范和传播行为,是社会系统不可缺少的重要组成部分。社会组织、公众和传播沟通这三个要素构成了公共关系的基本范畴,公共关系的理论研究、实际操作都是围绕这三者的关系层层展开的。

(二)公共关系构成要素之间的作用

1. 社会组织的主导性

社会组织作为公共关系的主体决定了公共关系状态并主宰着公共关系活动。社会组织的任何运作,都会通过传播来影响公众。尤其是在当今社会,社会组织的任何运作很快就会引起公众的反响。

2. 传播的效能性

公共关系之所以能够产生作用,得益于传播沟通手段。因此,社会组织的各种良好行为要转化为实际公共关系中的知名度和美誉度,就必须充分依靠传播、沟通。在现代社会,"做了还要说"和"做得好加上说得好",是非常重要的。

3. 公众的权威性

虽然公众在公共关系活动中处于被影响、被作用的地位,但公众绝不是消极的、被愚弄的对象。"凡宣传皆好事"的观点在公共关系历史上早已不合时宜。社会组织越来越认识到自身的每一步发展、每一项成就都离不开公众,公众的支持是无形的财富和成功的决定性因素。因此,在现代公共关系的三大要素中,公众的权威性已日益得到公认。

4. 主体、传播、客体的统一协调

在共同构成公共关系的三大要素之间,存在着多种多样的组合。一切公共关系活动所追求的都是这三要素的最优状态和优化组合。然而,最优状态和优化组合总是相对的,即协调是相对的,不协调则是绝对的。公共关系从业人员的职责是使之尽量趋向协调。

要取得三大要素的协调,就必须充分重视三者的方方面面,切不可偏重一方而忽视其他。

二、公共关系的特征

公共关系的特征,是指公共关系与其他类型的社会关系相比较所具有的基本特点,概括起来有六个方面。

(一)以社会公众为工作对象

公共关系是一种特殊的关系,实际上就是社会组织和与其相关的社会公众之间的相互关系,不是私人、个人的关系。任何一个经济实体或个人,都存在于社会的网络之中,与上下左右的各有关群体发生着立体化的关系,这种关系是客观存在的。任何组织想要在社会中生存发展,就必须科学地分析与处理各种有关的社会关系,为事业的发展创造最佳的社会关系环境,以保证事业的成功。这就是中国一句古话所说的"天时不如地利,地利不如人和"。公共关系就是研究探求组织与公众之间的良好关系,即"人和",故公共关系学也可称为"人和学"。公共关系的具体工作,从日常事务工作到专题性活动,都是围绕着与组织相关的公众而展开的。因此,公共关系工作的领导者和实施者必须始终将公众当作自己的"上帝"。确认公众是自己的主要研究对象和工作对象,一切工作都围绕公众展开。

【案例 1—1】

欧亚超市以顾客利益为重

2019 年 8 月 18 日，长春市欧亚超市发生了这样一件事情：一位顾客在结账后发现，自己买的东西与购物小票不一致，少了两样，回头去找收银员说明情况，收银员对照了一下，确实如此。可是，超市里人流量比较大，不清楚是什么原因。这时，一位超市主管走过来，了解了来龙去脉，立刻安抚顾客在旁边休息区稍等片刻，马上找人调出监控以查明原因，并承诺一定妥善解决。不一会儿，超市主管回来了，原来那两件商品是前面的顾客不小心收走了。他把两件商品的货款返还给了该顾客，并代表超市向其赔礼道歉，顾客满意而归。

在这件事情中，超市没有逃避责任，回避问题，一切以顾客利益为重。在顾客不断向别人讲述该经历的过程中，更多人对欧亚超市产生了赞赏和认同，为其造就了良好的口碑。

（资料来源：由实地调研资料整理）

（二）以塑造形象为工作目标

公共关系的基本目标是为一定的组织机构在社会公众中树立美好形象。塑造形象是公共关系的核心问题，组织应通过各种公共关系活动，有效地提高自身的知名度和美誉度。良好的组织形象有利于组织顺应趋势，适应环境，使组织在生存、竞争、发展中不断充实、成熟和壮大。

【案例 1—2】

以良好的组织形象带动销量

美国一家奶粉公司质量上乘、工艺精湛，但是销售并不比同行其他公司有优势。后来他们接受公关公司的建议，在全国妇产医院设立馈赠点，凡是新出生的婴儿都免费赠送一袋早期食用奶粉。由于这家公司奶粉的特殊工艺，凡是用过这家公司奶粉的婴儿，再吃其他奶粉则毫无味道。因此，婴儿父母宁愿长期定购这家公司的奶粉。时间不长，这家公司奶粉的销售量大增，仅三个月就在美国同行中独占鳌头。美国这家奶粉公司通过免费赠送新生儿奶粉在公众心中树立起了良好的形象，利用公共关系为公司赢得了信誉。当婴儿对这种奶粉产生“依赖”时，父母们自然就想到这家奶粉公司，销售量大增也是水到渠成的事，最后为公司赢得利润和发展。

（资料来源：https://max.book118.com）

（三）以传播沟通为工作方式

以传播沟通作为工作方法或手段，既是公共关系区别于一般管理职能的重要方面，也是它与单纯的宣传、广告的不同所在。在组织与公众之间，一方面组织应策划对外传播，使公众认识、了解自己；另一方面，它又要吸取舆论民意以调整、改善自身。只有达成有效的双向意见沟通，才能使组织与公众在交流沟通、共享信息的基础上增进了解、理解和合作。

（四）以互惠互利为工作原则

从根本上说，公共关系的内在驱动力是双方的利益要求，但不能将公共关系视为只是社会组织与公众之间的利益关系，而没有情感交流和道义上的帮助。恰恰相反，公共关系正是要建立一种情感融洽、富有职业道德的相互了解、相互合作的关系，并由此与公众获得共同利益。可见，公共关系的互惠互利原则是一种双赢的结果。

(五)以真实诚恳为工作信条

公共关系塑造组织形象,必须奉行真实的信条,倡导诚恳的作风。真实的传播、善意的协调、友好的交往,才能在公众的心目中产生信任感,才能赢得公众自觉的合作。反之,任何一种虚假的信息传播、生硬刻板的接待服务,甚至居心叵测的交往,都将使组织形象受损,这是公共关系工作的大忌。

(六)以注重长远为工作方针

公共关系的基本方针是着眼于长远打算,着手于平时努力,不能急功近利,拘泥于一时一地的功利得失。在公众中塑造良好的形象,也绝非一日之功,它要靠人自觉行动和长期持续努力才能成功,有其树立过程的长期性。一次成功的公共关系活动固然能大大提高组织的知名度和美誉度,但要长期稳定还需持续不断的坚持和努力。社会组织与有关公众的良好关系还必须随着形势的发展、时间的推移、公众需求的变化不断调整自身政策与行动,既立足于近期的工作计划,更注重于长远的工作目标。例如,日本企业进入德国时,在波恩、杜塞尔多夫等城市种了很多樱花树,受到欢迎,几十年过去了,那里都成了当地著名景点。

第三节　公共关系的主要职能和基本原则

公共关系的职能和原则是公共关系学的重要内容。各类社会组织只有在学习和了解公共关系的职能和原则的前提下,才能根据组织内外部的公众环境与公众的特点,自觉地在其原则的指导下,充分发挥公共关系的各项职能。

一、公共关系的主要职能

(一)采集信息

公共关系首先要履行收集信息、监测环境的职责,即作为组织的预警系统,运用各种调查研究分析的方法,收集信息、监视环境、反馈舆论、预测趋势、评估效果,以帮助组织对复杂、多变的公众环境保持高度的敏感性,维持组织与整个社会环境之间的动态平衡。

公共关系作为组织的信息中心,所面对的信息不仅包括与组织专门业务直接相关的业务信息,而且包括社会的政治、经济、文化、科技、军事、民情等全方位的社会信息资料。

1. 与组织形象有关的信息

公共关系首先要注意与本组织的形象评价有关的各种信息。这些信息涉及公众对组织的政策、产品、行为、人员等方面的印象、看法、意见和态度。主要有:

(1)产品形象信息。产品形象是组织形象的客观基础,只有产品被接受、受欢迎,企业存在的价值才能得到社会的认可。公众对产品的意见和评价是多方面的,如质量、性能、功能、价格、款式、包装、售后服务等。

(2)组织形象信息。组织的整体形象,还反映在公众对组织其他要素的评价方面,例如,公众对于组织的方针政策,办事制度、程序和效率,经营管理水平,技术、财政、人才方面的实力,服务质量和水准,市场宣传形象,组织文化和精神文明等方面的反映和评价。组织机构需要根据这些评价来调整和完善自身。

2. 组织环境中的各种社会信息

公共关系需要为组织监测社会变化与趋势,注意社会的政治、经济、文化、科技、军事、时尚潮流、民俗民情、舆论热点等多方面的信息动态，分析其对组织的各种直接或潜在的影响，充分利用环境中的有利因素，避免不利因素，使组织与社会环境的变化保持动态平衡。

采集信息是公关工作的必要前提，在信息社会中，信息已成为公认的巨大资源。公共关系是信息产业。不采集信息，公共关系就成了无米之炊。因此，无论是内部公关还是外部公关，任何策划都应从采集信息开始，这样才能做到知彼知己、百战不殆。采集信息的职能要求公关人员具备信息意识，注意随时采集有关组织的信息。

【案例1—3】

公关情报的重要性

在美国，有公关人员发现“超级癌症”艾滋病的英文缩写AIDS正好与一家人寿保险公司的名字缩写一样，在艾滋病公司保险，不是很恐惧和危险吗？于是就及时走访这家公司，并将其情报告知，希望公司尽快改名，否则会引起人寿保险人员的恐惧。但这家公司未予采纳。结果，半年后，参加人寿保险的人数越来越少，而且原来已保险的人员也纷纷要求退保。为什么会出现这种情况？公司经分析才知道，半年前有人来劝告过，遂赶快更名，但损失已很惨重。

（资料来源：www.docin.com）

（二）辅助决策

这是公共关系最有价值的职能，因此公共关系也称“咨询业”“智业”。公共关系在组织的经营管理决策过程中，要协助决策者考虑复杂的社会因素，平衡复杂的社会关系，从社会公众和整体环境的角度评价决策的社会影响和社会后果，使决策目标能够反映公众的利益，使决策方案具备一定的社会适应力和社会应变力，使决策实施的效果有利于树立组织的良好形象。从这一意义上也可以说，公共关系部门是一个“智囊机构”，它在组织管理中起着“参谋”的作用。

1．为确立决策目标提供咨询

公共关系部门由于工作需要，广泛接触公众，掌握和积累了大量公众信息，对于组织存在的差距和问题比较清楚，因此，也较易站在公众的立场上发现决策问题，为组织确立决策目标提供咨询建议。

2．为决策提供各种社会信息，为公众提供咨询服务

这里的社会信息包括内部员工的思想状况、心理状态、工作状态，外部公众的需求意向和态度，新闻媒介对本组织的评价，政府、主管部门对本组织的了解和支持程度等。

3．运用公共关系手段，协助拟定、选择和实施方案

根据自己掌握的大量信息，制定出各种提交领导层和主管部门选择的方案和建议，并从经济效益和社会效益的统一角度对各种决策方案进行分析、评价，为决策者选择和实施最佳的决策方案。

4．通过公关渠道观察、评价决策效果

反馈决策实施后，公众反响和社会后果为调整决策或制定新的决策提供依据，促使决策者不断地改善组织形象。

（三）传播推广

这是公共关系传播与其他传播在目的与技巧方面不同的特有职能。

公共关系的传播推广职能主要体现在两个方面：一是组织运用传播推广的手段同公众进行双向交流，与公众交心，赢得公众的信任和支持；二是顺时造势，实现舆论导向，通过策划新闻、公关广告、专题活动等手段，制造声势，提高组织的知名度与美誉度，为组织创造良好的舆论环境。从某种意义上说，丧失了传播推广的职能，公共关系就将一事无成。

（四）协调沟通

公共关系是组织与社会环境之间的一种协调沟通机制，即运用各种协调、沟通的手段，为组织疏通渠道、发展关系、广交朋友、减少摩擦、化解敌意、调解冲突，使其成为组织运作的润滑剂、缓冲器，成为组织与各类公众交往的桥梁，为组织的自下而上发展创造"人和"的环境。

（1）组织内部的协调沟通。在社会组织内部，有各种各样的关系，概括起来可分为管理阶层与全体员工之间的关系、组织内部各个职能部门之间的关系、组织内部员工之间的关系。这三类关系的状态直接关系到组织的生存与发展。

（2）组织与外部的协调沟通。主要包括：顾客关系、社区关系、媒介关系、政府关系与同行关系等。组织与其外部公众的关系如何直接影响到它的生存和发展。

（五）提供服务

公共关系通过为公众提供各种各样的服务，来建立社会组织的良好形象，实现其工作目标。公共关系工作本身就是一种服务工作，它的管理地位和日常业务都具有明显的服务性质。公共关系工作的成效也需要以其服务的质量和水平来衡量。公共关系通过信息性、传播性、协调性、支持性、辅助性的服务使组织内部运转得更加顺畅、协调，使组织外部环境更加和谐、良好。公共关系的服务对象大体上分为两类：组织的内部公众与组织的外部公众。公共关系的服务功能就体现在对内部和外部公众的服务上：

（1）服务于内部公众：为组织决策层和各个职能部门提供服务；为协调组织内部的各种关系服务；为团结员工服务。

（2）对组织外部公众的服务：为公众提供信息服务；为协调组织外部的各种关系服务；为社会提供各种服务。

（六）危机管理

组织危机是指组织与公众发生冲突，或出现冲突事件，使公众舆论反应激烈，组织形象受到严重损害而陷入困境的状况。组织危机是组织生存发展的大敌，处理不好往往给组织造成重大损失，甚至断送组织的"生命"，因而组织将危机处理作为公共关系的主要职能和工作重点之一。随着公关理论和实践的发展，事前预测管理危机已成为公共关系对待危机的主流方法，这是组织公共关系的新发展。

二、公共关系的基本原则

公共关系既是一门科学，又是一门艺术。因此，成功地开展公共关系活动不仅要掌握一定的公共关系原理、方法和技巧，而且还必须遵循一定的原则。

（一）实事求是的原则

公共关系作为一种客观存在，必须以事实为基础，没有事实，公共关系工作就无法开展，先有事实，后有公共关系。

现代社会组织与环境之间处于不停的相互作用之中，两者之间总是存在着平衡与不平衡，协调与不协调的对立统一关系。公共关系工作的任务就是要变不协调为相对协调。一般地说，总是先有不平衡、不协调的"事实"，然后才有变不平衡为平衡、变不协调为协调的公共关系工作。因此，公共关系的开展必须以事实为基础，以科学的调查研究、以对事实的充分了解和掌握为基本条件。

（二）互惠双赢的原则

成功的公共关系活动应以组织利益与公众利益的统一为宗旨，满足社会效益。因为社会效益既包括了组织利益，又包括了公众利益，它是这两者根本利益的总和，是立足于整个社会而言的。在现代社会的运行中每一个社会组织都不是孤立的个体，而是具有多向多维多层次内容的社会整体的一个组成部分，它们离不开社会网络的维系，而社会网络也需要它们来编织。在这一社会网络中，组织与公众之间的关系错综复杂，你中有我，我中有你，彼此环环相扣，联系密切，利益相同。组织的生存与发展受制于其所生存的环境，反过来又对这一环境产生影响，片面追求一方利益必将以牺牲另一方利益为代价，最终组织的利益也必然受到损害。在市场经济社会，社会组织与公众要建立长期的合作关系，必须实行互惠互利的原则，实现双赢。

（三）双向沟通的原则

双向沟通既是公共关系的核心内容，又是公共关系的基本原则之一。作为原则，它强调沟通是双向的，即在把组织的信息向公众输出的同时还要广泛搜集来自公众的意见，把社会公众的信息向组织反馈。

组织与公众的双向沟通不仅限于信息的沟通，还应包括感情的交流。公共关系是与人打交道的行为，而人是有感情的动物，所以，组织必须对公众进行“感情投资”，即与公众进行感情的交流。例如，有些商店长期开展微笑服务活动、对顾客早迎晚送活动；有的商店、车站为顾客免费提供遮雨塑料薄膜、打气筒。租借雨伞、雨鞋的做法等都是日常对公众的感情投资。

（四）公众导向的原则

现代公共关系实践的发展向人们昭示着：企业的发展离不开社会公众的支持与帮助，企业必须注重协调、处理好与各类公众的关系，按照公众的意愿与要求来开展企业活动，争取公众的好感、认可和接受。

遵循“公众导向”原则，企业应做到以下几点：

（1）企业必须在深入研究社会公众对企业的认识、态度和要求的基础上，不断检讨、纠正企业自身行为，使之与社会公众的利益和期望相适应，以谋求社会的好感、认可、支持与合作。当企业利益与公众利益发生矛盾时，应把公共利益放在首位。

（2）树立全面、整体的公众概念，即要求企业从更为普遍、广泛的意义上去认识企业的公众，以及企业与各类公众之间的关系，学会从各类公众利益的满足中寻找到企业发展空间和企业形象新的生长点。

（3）在企业领域开展广泛“CS 运动”（Customers Satisfaction），即“顾客满意”活动，并把它作为评估企业的重要标准之一。提高员工的业务技能，强化员工的职业意识，让顾客享受到高质量的、满意的服务。

（4）在企业内部建立保护员工正当利益的“缓冲”机制。这体现了体恤员工利益、服务员工的意识，企业的员工特别是一线员工，在维护企业形象和公众利益的服务工作中，常常要牺牲个人的权益。为了让“顾客满意”的活动长期坚持下去，有必要对员工牺牲的这些“个人权益”给予适当的补偿和奖励，以表示企业对这种献身精神、敬业精神的大力提倡和鼓励。这也是“服务意识”在内部公众身上的体现。例如，我国一些企业内部设立的“委屈奖”，以及日本企业近年来流行的“ES 运动”（Employee Satisfaction），即员工满意运动等。

【案例 1—4】

细节决定成败

法国巴黎有一家里兹大饭店。如果客人在这家大饭店预定了房间，乘出租车去饭店时，车刚在饭店门口停下，就会有看门人及时帮客人打开车门，待客人下车后，又马上会记下出租车的号码。饭店看门人解释说："巴黎共有 14 500 辆出租车，如果客人有物品遗忘在车上，这是帮助客人找回失物最有效、最简捷的方法。我们还必须记下客人的行李件数，一旦客人短少行李，就能很快查明这件行李是遗失在机场还是在饭店。"里兹大饭店之所以能在餐饮服务业竞争相当激烈的巴黎保持领先地位，"记下车号"这桩小事应记一功。

（资料来源：zhidao. baidu. com）

（五）开拓创新的原则

一切事物都在发展变化之中，没有变化，发展也就无从谈起。公共关系的变化与发展，无不体现着社会组织不断更新观念、更新模式来适应不断变化的外部环境，可以说，创新是公共关系工作的新常态。思维创新是决定性的创新，思维的创新必须遵循科学的策划规律。作为策划思维的主体——人脑，在进行策划思维时是有明确的目的，有一定的价值模式和知识储备的，当我们认识事物、策划公关活动时，容易用僵化的视角来认识事物；而当我们将视角多元化、全方位观察事物时，新的创意思路将会产生。从肯定视角来看，可在失败、消极因素中看到希望；从否定视角来看，可在一帆风顺中找到危机；从自我和非我视角来看，可以认识自我与非我、人类与社会，认识团体间、民族间差异的合理性；从求同视角来看，可以认识事物的普遍性；从求异视角来看，可以认识事物的特殊性，打破思维定势，突破经验教条……策划将进一步向理性回归。

创新思维的形式很多，比如延伸式思维，就是借助自己掌握的知识，沿袭他人、前人的思维逻辑去探求未知的知识。还有联想式思维、扩展式思维、运用式思维、逆向式思维、幻想式思维、奇异式思维、综合式思维等。不同的创新思维方式对于探索事物的本质及未知，求得真知和新知所起的作用是不同的。例如，清代有个名将杨时斋，善于用逆向性创新思维来组织管理军队、指挥训练打仗，既做到"军中无闲人"，又展示了他的非凡谋略，历史上传为佳话。在行军打仗时，他把聋人留在左右使唤，这样可避免军事机密泄露；他让哑巴传递密信，即使被俘也问不出所以然；他让瘸子守放炮位，既坚守了阵地，又避免了逃兵；他让盲人伏地听远，这样可及时察觉敌人的行动，先发制敌。这种创新思维用人之道，使残疾兵员都派上了用场，真正做到了人尽其才，各取所长，编配上达到了最佳组合，整体战斗力大大提高，这就是杨时斋克敌制胜的重要法宝。

（六）全员 PR 的原则

公共关系是一种经营管理职能，负责社会组织的"无形资产"即知名度、美誉度、公众舆论和关系网络等的管理。正因为"无形"，公共关系工作的难度大大增加。一个组织的公共关系工作要取得成功，仅靠专职的公关人员是不够的，必须依赖于组织的各个部门和全体成员的整体配合。所以，组织内上至最高领导下至普通员工都是公关人员。

所谓全员 PR，是指通过对全体成员的公共关系教育和培训，提高公共关系意识，形成浓厚的公共关系氛围，使组织全体成员积极参加公共关系活动，并按照公共关系的要求开展工作。为此，必须做到如下三点：第一，决策层、领导者必须重视公共关系工作，并为之创造一切有利条件；第二，组织内部全体成员必须树立公共关系意识，把公共关系工作视为分内之事，按照公共关系的规范严格要求自己；第三，组织内部必须营造浓厚的公共关系氛围，凡是为组织赢得声誉的言行，都应该得到崇高的评价和奖赏；凡是有损组织形象的言行，都应该作为形象事故来处理，使重视公共关系在企业内部蔚然成风。

【案例 1—5】

花旗银行的全员公关意识

花旗银行是世界上最大的银行之一，每天的营业额高达数亿美元，业务十分繁忙。一天，一位陌生的顾客走进豪华的美国花旗银行营业大厅，仅要求换一张崭新的 100 美元钞票，准备当天下午作为礼品用。银行职员微笑着听完他的要求之后，立即先在一沓沓钞票中寻找，又拨了两次电话，15 分钟后终于找到了一张这样的钞票，并把它放进一个小盒子里递给了这位陌生顾客，同时附上一张名片，上面写着“谢谢您想到了我们银行”。事隔不久，这位偶然光顾的陌生顾客又回来了，在这家银行开设了账户，在以后的几个月中，这位顾客所在的那家律师事务所在花旗银行存款 25 万美元。

从这个案例我们可以看到，花旗银行的全员公关意识已内化为每一位员工平时工作中一点一滴的行动，正是员工这种急顾客之所急、想顾客之所想、全心全意为顾客服务、甘做顾客仆人的思想和行为，最终才造就了花旗银行这艘金融界的巨轮。

（资料来源：wenku. baidu. com）

【小贴士】

公关专家的声音

公共关系是无法与企业的日常活动分开的，它是企业有机体的一部分，它是推销员脸上的微笑、皮鞋上的闪光和握手时的力量；是你迈入企业大门时笑盈盈地向你走来的服务生；是迅速为你接通电话的接线生；是你收到的一封封由总经理亲笔签名的热情洋溢的慰问信；是那些认为你的公司好、说你的公司好的批发商。更重要的是，公关是顾客洋溢在脸上的微笑和掩藏在心底的感激。任何一家哪怕是只与公司有一点点接触的企业，都有公关的存在；任何一个在公司工作的人员都是事实上的公关人员，上至总经理，下至刚报到的员工，概莫能外。

第四节　公共关系学的学科性质

公共关系学是一门以公共关系的客观现实和活动规律为研究对象的，新兴的综合性的应用学科，是研究组织与公众之间传播与沟通的行为、规律和方法的一门学科。在社会主义市场经济不断发展完善的今天，没有公共关系意识的企业不是一个好企业，不掌握一定公共关系知识和技巧的人不是一个好的企业经营者。开设公共关系学的目的就是使学生掌握公共关系的基本理论，熟悉公共关系的主要技巧，成为对企业及社会发展有用的综合型应用人才。

一、公共关系学的学科性质

（一）公共关系学是一门综合性的学科

公共关系学的综合性主要表现为，它以众多的社会学科为理论基础。这些学科包括经营管理学、市场营销学、大众传播学、人际关系学、社会心理学、广告学、组织行为学等。从根本上说，公共关系学的这一学科特点源于公共关系实践的广泛性、多样性和复杂性。公共关系理论研究的先驱们也广泛地借鉴、吸取各门社会科学的研究方法和研究成果，理论与实践相互促进，使公共关系学逐渐从模糊的状态中“析出”，在许多相关学科的基础上发展成为一门独立的综合性应用学科。

(二)公共关系学是一门独立的学科

首先，虽然公共关系学是以众多的社会学科作为理论基础的，但这绝非意味着它仅仅是众多学科的简单“裁剪”“拼凑”。公共关系学是有选择地、系统地借鉴和吸取各门学科的成果，其目的是为研究自身特有的研究对象提供某一方面(不是全部的)的思维方法，因此可以说，各门学科代替不了公共关系，各门学科的总和也不是公共关系学。其次，公共关系有其自身特有的研究对象——公众，有其自身特有的目标——追求良好的公众关系和企业形象，从这一点来说，公共关系学具有其自身特有的核心理论部分，并且这是学科独立性的重要标志。综合以上两点，毋庸置疑，公共关系学是一门独立的学科。

(三)公共关系学是一门应用性极强的学科

首先，公共关系的应用范围非常广泛。在现代社会里，任何一个组织都处在错综复杂的社会关系网络之中，为了维持组织的平稳发展，必须与组织内外的各类公众建立密切而良好的关系。因此，公共关系的原理与实务可以运用于一切社会组织的各项事务之中。其次，公共关系在实际工作中具有高度的技巧性。与许多社会学科一样，公共关系体现了科学性与艺术性的完美结合，总结公共关系活动的基本规律，为人们解决公共关系问题提供了可以借鉴的基本原则、方法和手段；但是，面对具体的公共关系问题，如转变公众的态度、危机问题的解决和公共关系策划等工作，则要求公共关系人员凭借丰富的实践经验，具体问题具体分析，灵活运用公共关系的基本原则和方法，充分发挥想象力和创造精神，富有成效地达到公共关系目标。与其他学科相比，公共关系学的艺术性和技巧性特点更为突出，是一门应用性极强的学科。

二、公共关系学的研究对象

公共关系学的研究对象和其他学科一样，也是由历史、理论和应用三大部分组成：

(1)研究公共关系发生发展的历史，总结其发生发展的原因、条件和各发展阶段的特点，从中找出规律，探求公共关系的基本理论。

(2)研究公共关系的原理、思想、原则，探求其自身的特点与规律。

(3)研究公共关系的应用。

三、公共关系学的研究方法

(一)唯物辩证法

唯物辩证法是公共关系学最根本的研究方法。要用全面的和历史的观点，依时间、地点、条件为转移，去观察、研究公共关系工作的实践理论，防止脱离具体的条件，机械地、孤立地、静止地去研究和阐述各种公共关系方式和方法。这里的方法包括一切从实际出发的方法、矛盾分析法、归纳与演绎辩证统一法、逻辑与历史一致法、分析与综合统一法、从抽象到具体的方法、社会存在背景分析法、生产方式状况分析法、经济基础与上层建筑关系分析法、个人与社会关系分析法、历史动力分析法等。

(二)个案分析提炼法

要求公关理论研究必须善于从实践中来,把一次次具体的公关活动作为案例,对其开展的原因、发展的过程、内在的机制、产生的效应等进行定性和定量的总结提炼。这样,一方面可以形成工作经验,另一方面可以形成学术理论的水滴,汇入公共关系学的理论海洋。

(三)参与实践法

个案分析提炼法主要强调从实践中提炼公关理论;参与实践法主要是认为应当不断地将已取得的公关理论成果放到实践中去接受实践的检验、筛选,在实践中深化和发展理论。公共关系学不是一门纯理论性的学科,而是一门实践性、应用性的学科,要真正掌握它,单从书本到书本、从理论到理论是行不通的,应密切地与现实生活中的公关活动相联系,在联系中培养发现公关问题的敏感性和分析问题的能力。此外,要尽可能参加一些实践活动和实践训练,培养自己的动手能力。

(四)参考借鉴法

"他山之石,可以攻玉。"公共关系学在其成长过程中,不仅可以学习、借鉴国外的先进经验和研究方法,而且可以从它的邻近学科,如社会学、管理学、传播学、市场学、广告学、宣传学等学科中汲取营养,参考它们的理论成果、研究方法,再加以改造,形成自己的理论特点。

本章训练题

一、单项选择题

1. 公共关系的主体是(　　)。

A. 组织　　B. 公众　　C. 传媒　　D. 个人

2. 英国公关学者弗兰克·杰夫金斯为公共关系所下的定义属于公共关系的(　　)。

A. 管理职能论　　B. 传播沟通论　　C. 社会关系论　　D. 经营艺术论

3. 公共关系的首要功能是(　　)。

A. 协调关系网络　　B. 提高个人素质　　C. 优化社会环境　　D. 树立组织形象

4. 公共关系理论研究的核心问题是(　　)。

A. 经济效益　　B. 组织形象　　C. 广告宣传　　D. 广交朋友

5. 公共关系活动的客体是(　　)。

A. 公众　　B. 政府　　C. 新闻媒介　　D. 企业员工

6. 公共关系是以一定的(　　)关系为基础。

A. 利益　　B. 血缘　　C. 地域　　D. 人际

7. 公共关系是一种以(　　)为支点的全方位关系。

A. 个人　　B. 集体　　C. 组织　　D. 团体

8. 在公关工作中首先强调着眼于(　　)。

A. 经济效益　　B. 追求利润　　C. 社会效益　　D. 平时努力

9. 公共关系也可称作(　　)。

A. 团体关系　　B. 人群关系　　C. 人际关系　　D. 公众关系

10. 在使用"公共关系"这一概念的时候,它表示一些不同层次的含义,在表示一种客观的实在时,即(　　)。

A. 公共关系状态　B. 公共关系活动　C. 公共关系观念　D. 公共关系传播

11. 公共关系是以(　　)为原则的。

A. 互惠　B. 真诚　C. 沟通　D. 长远

12. 公共关系学的目的是(　　)。

A. 描述客观存在的公共关系状态

B. 研究组织与有关各方的关系

C. 研究社会组织如何通过有效的公共关系活动去实现自己的目标

D. 研究组织形象

二、多项选择题

1. 公共关系的含义有多种指代,其中最常见的有(　　)。

A. 公共关系状态　B. 公共关系理论　C. 公共关系意识　D. 公共关系活动

E. 公共关系学科

2. 公共关系学研究的内容包括(　　)。

A. 公关案例　B. 公关理论　C. 公关技巧　D. 公关史

E. 公关实务

3. 公共关系的基本职能是(　　)。

A. 收集和向外界传递信息　B. 建立组织在社会公众中的信誉

C. 使组织有一个融洽协调的环境　D. 为决策层提供决策咨询

E. 一切为了谋求本组织利益而进行的活动

4. 协调关系是(　　)。

A. 组织的一种广结人缘的工作

B. 为了争取公众对组织的谅解和支持

C. 为组织在公众中树立起一种“可亲”的形象

D. 要使公众对组织产生信任感,为组织树立起一种“可敬”的形象

E. 为组织创造一个“人和”的环境

5. 公共关系是(　　)。

A. 一种特殊的社会实践活动　B. 从属于组织总目标的

C. 组织整体功能中的一个有机构成部分　D. 组织职能系统中的一个子系统

E. 一种有目的、有计划、受控制、持久的过程

三、判断题

1. 公共关系百分之十靠自己做得好,百分之九十靠宣传。(　　)

2. 不受欢迎的公众是公共关系工作的唯一目标。(　　)

3. 公共关系活动的主体是公众。(　　)

4. 公关与庸俗关系学既有联系又有区别。(　　)

5. 公共关系同外界关系可以画等号。(　　)

6. 宣传是一种单向的心理诱导、行为影响和舆论控制方式。(　　)

7. 公共关系最基本的、核心的概念是双向传播与沟通。(　　)

8. 公共关系也称作团体关系。(　　)

9. 协调外部关系就是协调企业与外部公众的关系。　　　　　　　　　（　　）

10. 公共关系学是一门专业性的理论科学。　　　　　　　　　　　　（　　）

四、简答题

1. 如何理解公共关系的含义?
2. 公共关系有哪些特征?
3. 如何区分公共关系与广告、宣传等相关实务?
4. 公共关系的职能和原则有哪些?

五、案例分析题

“美丽的误会”背后的公关逻辑

2018 年 11 月 30 日,河北燕达陆道培医院工作人员发布微博指责东航拒载造血干细胞。原本该院工作人员欲搭乘下午四点由杭州萧山国际机场飞往首都国际机场的中国东方航空公司 MU5148 次航班运输造血干细胞,因双方未能在电话远程报备手续上达成一致,东航不予批准该项申请。

事件一经爆出,便引起了多家媒体的关注。12 月 2 日,中国之声《新闻纵横》对此次事件首先进行了相关的报道。事情真相究竟如何,双方各执一词。

12 月 2 日下午,东航发布声明回应:医院相关申请报备不符合民航局规定,同时表态愿意加强沟通交流。

12 月 3 日中午,医院方面也发布声明并要求公开客服通话录音。随着整个事件的发酵,广大网友之间也发生了激烈的讨论。其中一部分网友表示“规定是死的,人是活的”,东航应给予放行。而更多网友则表示“不仅仅要为病人着想,更要为整架飞机人员的安全着想”,东航的行为是对的。那么该事件的处理结果到底会按什么走向发展?是否有可能掀起更大的舆论争端?正当网友进行各种猜测的时候,东航积极与医院方取得联系,并希望继续加强专业协助支持、强化快速指引机制、优化运行保障流程,共建“生命绿色通道”的顺畅。

事件的转折点随即出现。经过多次有效友好的沟通,东航与医院之间的“美丽误会”终于得到化解。双方就建立跨行业交流长效机制、共同推动公益医疗事业发展达成了良好的共识。

至此,社会各界纷纷夸赞该事件得到完美解决,后续当面沟通及处理结果不仅体现了双方的责任担当,更为以后此类事件的发生提供了一个良好的解决模板,有利于形成和谐友爱、互相包容理解的社会氛围,更推动了公益事业的发展。

这是最经典的跨界公关,把一场“拌嘴”变成了一次有意义的沟通,不仅向全民普及了“生命绿色通道”的价值,而且形成了航空公司与医院之间更为完善的合作,提升了双方的服务品质,把绝对相反数变成了社会公益的最大公约数,让人们感受到满满的正能量。其实不管是什么机构,最根本的就是要时刻谨记自身的社会责任,要把民众的生命安全和切身利益放在首位。遇到问题的第一反应不是相互对立或推脱责任,而是要从事件中吸取经验,采取切实可行的改进措施,化为行业和社会的前行动力。

前不久被人民网称为“教科书式”的东航“bug 机票”经典公关事件,就完美诠释了什么是“不推卸,不逃避”的负责任态度和高超的议题设置能力。2018 年 11 月 17 日,东航系统维护期间疑似出现“bug”(漏洞),大量旅客在东航官网和其 App 上用 1 折以下的超低票价买到全国各地往返的头等舱、商务舱和经济舱的机票。面对问题，东航不仅承认已出机票全部有效，并选出乘客代表参加东航 A350-900 的接机仪式，把突发危机化为了品牌传播，更为其新旗舰机型亮相打开了市场。

此外，东航还借势邀请了一批“幸运锦鲤”到 A350 接机仪式现场，旅客在客舱豪华包厢庆生的图片更是吸足了大众的羡慕和眼球！

（资料来源：《公关世界》，2018 年第 23 期）

【问题】

1. 案例体现了公关工作的什么职能？
2. 说明公共关系的核心概念是什么？

第二章

公共关系的产生与发展

学习要点及目标

1. 了解公共关系思想的萌芽；
2. 掌握公共关系的起源与发展的阶段；
3. 了解现代公共关系在国外的发展状况；
4. 理解公共关系在我国的发展历程；
5. 了解公共关系在我国的发展特点和趋势。

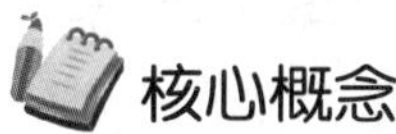

核心概念

公共关系萌芽　公共关系的起源　公共关系的发展

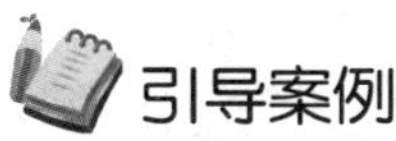

引导案例

艾维·李和他的公关时代

艾维·李(1877—1934年)是19世纪末20世纪初美国著名记者,被称为“现代公关之父”。艾维·李早年从事新闻工作,后与朋友合办世界首家专业公关顾问公司,成为现代所有公关公司实质意义上的“鼻祖”。艾维·李的公司成立后,当时许多美国著名的大企业如电话电报公司、洛克菲勒财团等,甚至纽约市长都成了他们的常客。

对于备受鄙夷却盛行于当时的“公众本应受愚弄”式宣传活动,艾维·李提出了“说真话”的工作原则,并通过报界对外发表了著名的《原则宣言》,其中所提出的“公众必须迅速被告知”、对公众“讲真话”等公关意识,成为公共关系行业不朽的信条。

1903年,艾维·李开始从事竞选助理工作,为雇主提供公关宣传服务。随后艾维·李和朋友帕克合作开设了一家叫“帕克与李合伙公司”的机构,这是第一家真正向顾客提供专业服务并收取费用的公关顾问公司。这家公司专门为企业或其他社会组织机构提供传播和宣传服务,协助客户建立、维持其与公众的沟通以及与新闻界的联系。

艾维·李还开创了公关公司发新闻稿的先河。一次在协助宾夕法尼亚铁路公司处理一次铁道意外事故的过程中,仍然采取公开的原则,一改企业遮遮掩掩的旧习,要求保护现场,然后派车接记者们到现场进行采访,让记者们在实地采访中了解事故的真实原因,目睹铁路公司为处理事故做出的种种努力,如向死难者家属提供赔偿、为受伤者支付医疗费、向社会各方诚恳道歉,并为实地采访提供种种方便,把最真实的状况告诉媒体。与此同时,艾维·李就事件及事件处理的整个过程撰写了大量新闻稿并广为发布,这一举动实为今日众多公关公司

“发稿”行为的鼻祖。

（资料来源:《国际公关》,2012 年第 1 期）

公共关系作为一门学科只有百余年的历史,但作为一种社会活动,一种商业现象,不管是在国内还是国外,却有着悠久的历史。我们追溯公共关系的起源,了解其发生与发展的历史过程,把握国内公共关系现状,对全面、准确、科学地把握公共关系的思想和理论,开创我国公共关系的新局面具有重要意义。

第一节　公共关系的起源与发展

一、古代时期——公共关系思想的萌芽

公共关系的渊源可以追溯到古代社会,无论是在中国历史还是外国历史中都可以找到非常生动的公共关系现象。但严格意义上来说,这与现代意义上的公共关系有着很大的区别,只能作为现代公共关系的萌芽,因而被称为“史前公关”“准公关”或“类公关”。当然,古代公共关系的萌芽为现代意义上的公共关系的产生与发展提供了丰富的营养,值得学习与借鉴。

(一)国外古代准公关的思想与活动

考古学家发现,早在公元前 1800 年,伊拉克的一种农业公告就有些像现代社会某些农业组织公共关系部的宣传资料,它告诉农民如何播种、灌溉,如何对付危害庄稼的老鼠,如何收获庄稼等。

公共关系的源头可追溯到古代社会人类文明开始的地方——古埃及、古希腊、古罗马时代和中国等国家。当时的统治者一方面用武力、一方面用舆论手段来控制社会,处理与民众的关系。虽然“公共关系”这个词几千年前根本没有出现,但在当时,它作为人类的一种实践活动却早已存在。

1. 古印度的信息传播

国王特使负责国王与百姓的联系,保持与舆论的接触,传播有利于政府的言论,鼓励百姓支持国王,并且担负间谍刺探情报的任务。

2. 古希腊演讲辩论

古希腊人认为,较强的修辞能力是参与政治过程的基本条件之一,因为政治家与公众之间的桥梁是靠修辞来架筑的。公元前 4 世纪,古希腊出现了一批从事法律、道德、宗教、哲学研究与演讲的教师和演说家,他们在当时被称作诡辩家,他们的演讲技巧被称为诡辩术,而其中苏格拉底、柏拉图和亚里士多德是他们的代表。

还包括一批赞美诗人,他们善于利用公众熟悉的诗歌形式来评述社会政治,唤起公众的精神意识。典型的代表有狄摩西尼、昆达等。一些达官贵族看到了诗歌的重要作用,花钱雇佣诗人为他们大唱赞歌,以此扩大社会影响,树立良好的形象。

古希腊哲学家亚里士多德的《修辞学》一书被西方公关界称为最早问世的公共关系学的理论书籍。它详细阐述了修辞的艺术,即如何运用语言来影响听众的思想和行为的艺术,他提出用“充满感情”的语言来影响公众的情绪。

3. 古罗马的舆论宣传

古罗马时代，实行的是集权政治，国家一切大事都由贵族组成的元老院裁决。

统治者将其法律刻在12块铜牌上（史称12铜表法），向公众公布，对贵族进行限制，利用舆论维护政权，同时为元老、贵族大唱赞歌。

古代罗马的统治者特别注重人民大众舆论的力量，重视民意的反映，并通过信使及复杂的间谍网络来进行舆论研究，因为罗马人认为“人民的声音就是上帝的声音”。罗马统治者同时还使用了制造舆论的工具，公元前59年恺撒当执政官时，办起了世界上第一份早报——《每日记闻》，并运用报纸引导舆论，这份报纸使用了当时的大众化语言——拉丁语，面向具备阅读能力的人，为恺撒歌功颂德。恺撒出征高卢及英伦三岛时，为了扩大自己在罗马城的影响，不断地派人将他和军队的情况写成报告用快报送往罗马城，这些报告通俗易懂、生动形象且富有感染力，结果在罗马广场上被人们争相传送，恺撒的个人威望也不断地提升。同时，恺撒把远征高卢的事迹写成了《高卢战记》一书，四处宣传自己的丰功伟绩，从而保证了他在公元前46年登上了独裁者的宝座。恺撒认为要想获得民意的支持，就必须以自己的思想观念去影响他们。即使以现在的眼光来看，他的《高卢战记》也绝对有资格称得上是一本“第一流的公共关系著作”。

4. 古代宗教宣传的劝服艺术

在传递思想及观念方面，西方的宗教活动更是堪称楷模。早期基督教的广泛流传，在很大程度上也依靠了现代社会所谓的“公关技术”或“公关活动”。公元一世纪，教徒保罗和彼德通过布道演讲、发送函件、策划事件等活动来宣传基督教的教义。在耶稣死后40年写成的四部《福音书》，不仅记载了耶稣的生平事迹，更为关键的是宣传了对基督教的信仰。因此有人认为西方基督教卓著的宣传活动，如果用现代公关理论来衡量，可以说是应有尽有。从组织上来看，教会是一个自成体系的，遍布各地的宗教组织，有教皇、主教、教士，也有教区、教堂，系统非常严密；从公众上来看，其教徒遍布各地，有的教会甚至是全国的国民都成了其施加影响的对象；从传播手段上来看，除广为传播的宣传品《圣经》以外，还通过洗礼、弥撒、演讲、各类函件、策划事件以及其他类似于公关的活动来传经、布道，宣扬其主张，扩大其影响。如1935年，英国的约翰·威克利夫为了把上帝的福音传播给更多的人，建议将《圣经》译成英语，并提出教会改革。为此，他带头上街演讲，利用出版书籍、小册子、发宣传单等方式进行宣传。

（二）中国古代准公关的思想与活动

中国是人类四大文明古国之一，有着悠久的历史文化，其中蕴藏着丰富的准公关活动和较为深刻的准公关思想。

1. 谋士游说，注重沟通

中国古代公共关系的萌芽是从春秋战国时期出现的。各国君主为了达到内强外联的目的，重金聘请谋士、门客为自己出谋划策，这些门客在当时主要起提供参谋意见、收集信息情报和外交说服的作用。特别有名的是以齐国孟尝君为代表的“四君子”，他们家里都养了成群的门客。上述门客的种种功能和今天公共关系部的功能有着惊人的相似。

各种思想、言论的冲撞与吸收，终于造就了“百家争鸣、百花齐放”的文化盛世。郑国“子产不毁乡校”的故事，就是古代公共关系思想的极好表现。乡校是古代养老和比赛射箭的场所，老百姓常在那里议论和批评政府。有人建议毁掉乡校，子产说：“其所善者，吾则行之，其所恶者，吾则改之，是吾师也。”当时的士大夫阶层，在社会上举足轻重，深受诸侯君王的器重与信任，形成策士游说成风、舌战艺术发达的局面。

《文心雕龙·论说》曾云："战国争雄，辩士云涌，纵横参谋，长短角势；《转丸》聘由巧辞，《飞钳》优其精术。一人之辩，重于九鼎之宝；三寸之舌，强于百万之师。"战国的游说，以闻名中外的合纵连横之术为最高境界。

2. 施恩布惠，取信于民

遵守诺言、重视信誉是古人处理民众关系的重要思想。信盖天下，然后能约天下。孔子曰"人而无信，不知其可也"，国家则"民无信而不立"。

【案例 2—1】

徙木立信

战国时期，秦国宰相商鞅推行变法，为了取信于民，特地在南城门口放了一根树干，并贴出告示说：谁能将此树干从南门口扛到北门，就可以赏其十金。开始人们都不相信，但有一个人完成了此事，真的得了赏金。第二天，许多希望这样轻松得到赏金的人又聚集到城门口，但这时没有了木头，而贴出了政府变法的公告。变法因商鞅"行必信，言必果"，在民众心目中树立了威信，这可以看成是一次成功的公关策划，在历史上被称为"徙木立信"。

（资料来源：https://wenku.baidu.com）

3. 心战在先，攻心为上

古代中国的统治者早就认识到"得民心者得天下，失民心者失天下""水能载舟，亦能覆舟"的道理。当时的一些比较开明的帝王、统治者已经懂得如何运用诱导、劝说、宣传等手段来影响民众的态度和社会舆论，礼贤下士，尽可能地在民众当中树立自己的良好形象，运用"攻心为上，攻城为下，心战为上，兵战为下"的用兵艺术。其实，正确运用心理战术可以事半功倍，这是古代许多准公关实践活动的成功所在。

【案例 2—2】

卖骏马

《战国策·燕策》记载："人有卖骏马者，比三旦立市，人莫知之。往见伯乐曰：'臣有骏马欲卖之，比三旦立于市，人莫与言，愿子还而视之，去而顾之。臣请现一朝之贾。'伯乐乃还而视之，去而顾之，一旦而马价十倍。"同是一匹马，开始无人问津，伯乐前来观看之后，原来三天都不能售出的马，居然立即以上涨十倍的价格卖掉了。这则寓言故事告诉我们，古人已经模糊地意识到公关的"名人效应"，能够利用公众的心理反差增强宣传的效果。

（资料来源：https://wenku.baidu.com）

4. 讲究策略，以奇制胜

在我国古代社会的灿烂文化中，包含有丰富的运筹帷幄的谋略思想，如老子倡导的"无为而治""以柔克刚"的防御之术，孔子推行"文治武功""刚柔并济""小不忍、则乱大谋"的主张，曾给社会以巨大而深远的影响，对维护封建社会统治阶级的政权起到了极为重要的作用。在古代社会，朴素的公关思想和原始的公关实践活动中就包含许多讲究谋略、以奇制胜的经典。

5. 谋求"人和"，发展经济

唐朝以后，公共关系思想开始进入商业活动中。如酒店门口悬挂的写着"酒"字的旗帜，店铺门上的“百年老店”招牌，广泛流行“童叟无欺”“和气生财”的经营理念，反映了古代的店铺已经非常重视“人和”的环境建设。正如孟子所说：“天时不如地利，地利不如人和。”到了这一时期，人们甚至还有了朦胧的形象意识，已经懂得良好的企业（店铺）名称对顾客的正面影响。这恰恰符合了现代公关活动遵守的基本原则和发展目标相一致的要求。

（三）中外古代准公关的基本特征

1. 带有明显的自发性与盲目性

现代社会的公共关系源于社会运行的内在要求，是一种自觉性的产物，一门学问。而古代社会在各个领域中存在的公共关系思想、认识和活动，都比较零散，大多数是一种个人行为，且通过不自觉的方式表现出来，因而具有自发性的特征。正是由于它不是人们有意识、有组织开展的公关活动，因此缺乏现代公共关系明确的目的性，从而呈现盲目性特征。

2. 具有强烈的依附性、政治性和鲜明的功利色彩

现代公共关系是一种专门的管理职能，一种社会职业。而古代公共关系则依附于其他生产活动和社会活动，没有明确的职能，更不可能有专职的从业人员。古代的“士”“门客”充其量只是一种“说客”、一种“御用工具”，其存在主要是服从政治上的需要，具有明显的依附性特征。由于古代社会生产力发展水平低，经济落后，商业不发达，个人的活动范围始终被限制在狭窄的血缘、地缘关系之内，因而整个社会的经济关系、交往关系比较简单。与之形成鲜明对比的是，政治斗争以及与其相适应的社会组织则得到了比较充分的发展。这些政治集团为了各自的需要，在一定时期内采取种种方法与民众进行沟通，带有强烈的政治色彩和鲜明的功利色彩。

二、巴纳姆时期——愚弄公众时期

有组织、有意识的公共关系活动，起源于19世纪30年代在美国风行一时的报刊宣传代理活动。1833年9月，本杰明·戴伊创办了第一张面向大众的通俗化报纸——《纽约太阳报》，从此开启了美国报刊史上以大众读者为对象、大量发行的、价格低廉的“便士报”时期。

当时最有名的代表人物是一家马戏团的经理费尼斯·巴纳姆，故将公共关系发展史的这一时期称为巴纳姆时期。他奉行“凡宣传皆好事”的信条，为获利，可以置公众利益于不顾，甚至无中生有，任意编造谎言和神话，利用新闻媒介愚弄公众。他所处的时期被人们称为“愚弄公众的时期”“反公共关系时期”“公共关系的黑暗时期”。这个时期的公共关系被称为“单向吹嘘式的公共关系”。

巴纳姆在19世纪中叶开展了广泛的欺骗公众行动，比如他编造了黑女奴海斯的故事：马戏团有位名叫海斯的黑人女奴，是美国第一任总统华盛顿的奶妈。报纸上披露这条消息后立即引起轩然大波。首先，华盛顿在美国人的心目中是神圣的，其奶妈自然也神圣；其次，按年龄算，这位奶妈应该有160岁了。报纸上为此掀起了大规模的真假辩论，事后发现不论真的还是假的，所有的文章均出自巴纳姆一人之手，他还每周从那些希望一睹海斯风采的人那里获得1 500美元的收入。人们纷纷涌入巴纳姆的博物馆，并不是因为上当受骗，不是因为真的相信能在那儿看到乔治·华盛顿的160岁高龄的保姆，而是因为他们喜欢欣赏他的精心策划。人们想去一看究竟，看看展览是不是骗人的，如果是，那他是怎么骗的？

海斯死后，人们对她的尸体解剖表明，海斯只不过80岁左右。事已至此，巴纳姆居然还厚颜无耻地“深表震惊”，声明他本人也是受骗者之一。巴纳姆现象说明报刊宣传全然不顾公众的利益，以欺骗为手段，愚弄公众为目的，这种做法与公共关系职业的基本要求和道德准则

相去甚远。但这在客观上也促进了传播业的发展和现代公关的诞生。

这一时期公共关系活动的特点如下：

第一，有一定的组织性和较为明确的目的性。

第二，已不局限于政治领域，而逐渐与谋利愿望结合在一起，为公共关系向各行业、各领域的发展奠定了基础。

三、艾维·李时期——单向灌输观念时期

19世纪末20世纪初，美国进入垄断资本主义时代，少数大财团和垄断寡头不仅控制了国家的经济，甚至还左右政府，并且为获取高额利润，全然不顾公众的利益，导致社会矛盾日益尖锐。1903年到1912年一些报刊率先开始揭露实业界那些"强盗大王"的丑恶行径，从而掀起了美国近代史上著名的"清垃圾运动"，又称"扒粪运动"。

"说真话、讲实情"以获取公众信任的主张被提了出来，从"修建"封闭的"象牙塔"逐渐转向"建造"透明的"玻璃屋"，力图提高企业的透明度；让公众广泛地了解整个企业，以期取得他们的信任。艾维·李就是这个时期的代表人物。他的信条是"公众必须被告知——向公众讲真话"，而且坚持"门户开放"原则。他认为一个组织想要获得良好的声誉和形象，不是依靠向公众封锁消息或欺骗公众来实现的，而是要把真实情况披露于世，以争取公众对组织的理解和信任。他将"公共利益与诚实"带进了公共关系领域。使公共关系这门学科从对简单问题的探讨上升为探求带有某些规律性的原则和方法，从而大大推动了这门学科的发展，使公共关系进入了"单向传播式的公共关系"阶段。

【案例2—3】

艾维·李的公共关系服务

1914年春，洛克菲勒旗下的科罗拉多燃料和钢铁公司的工人们举行大罢工，警卫队悍然开火，11名儿童和2名妇女在棚户区内遇害。洛克菲勒家族立刻陷入一场重大危机。社会舆论纷纷谴责洛克菲勒家族，后者一度声名狼藉，被称为"强盗大王""强盗男爵"，与公众的矛盾异常尖锐。为平息工人的罢工怒潮，化解这桩屠杀事件造成的恶劣影响，改变自身的形象，洛克菲勒聘请艾维·李为其提供公共关系服务。

艾维·李果敢地采取了一系列措施：(1)聘请有威望的劳资关系专家来核实确认导致这次事故的具体原因，并公布于众；(2)聘请劳工领袖参与解决这次劳资纠纷；(3)建议洛克菲勒广泛进行慈善捐赠，创建基金会、"施舍亮晶晶的硬币"；(4)增加工资、方便儿童度假、救贫济困等。艾维·李采取了灵活多样的公关办法，鼓励洛克菲勒为各个基金会提供大笔赠款，与那些受助团体进行沟通，并发表个人声明，公之于众。艾维·李还编写出洛克菲勒这位大富翁怎样到教堂去、怎样与邻居相处等一系列特写报道。

经过艾维·李的指点，洛克菲勒的形象脱胎换骨——由冷酷无情的"强盗男爵"成功转换成一个心地善良、慈祥温和的老头。洛氏家族至今仍以慈善家的风范为世人敬重。

1901年，美国共有513名煤矿工人死于矿难，第二年无烟煤工人大罢工。艾维·李在随后事件的处理中，积极协助记者了解罢工情况，安排劳资双方接受记者采访。由于与当事人最大限度地接近，记者的报道内容真实且丰富，这使劳资双方在不可调和的正面对话之外，能够通过报纸了解对方的态度和立场，了解社会舆论对整个事件的看法等。最后，双方在互相理解的基础上同时做出让步，从而实质性地推动了许多具体问题的解决。在这次事件中，艾

维·李秉持公开原则协助记者获得信息的做法，得到外界认可。

（资料来源：《国际公关》，2012 年第 1 期）

1903 年，艾维·李开办了一家正式的宣传咨询事务所，成为向客户提供公共关系咨询并收取费用的第一位职业公共关系人员。“说真话”和“公众应该被告知”是他的《原则宣言》中总结出来的著名的经验性主张，为公共关系理论的发展和体系的完善打下了基础，因此，艾维·李被人们誉为“现代公共关系之父”。

【小贴士】

艾维·李的《原则宣言》内容

这不是一个秘密的新闻机构，我们的全部工作都是开诚布公的，旨在提供新闻。这也不是一个广告公司，如果你认为我们的材料仅仅适合进入你的办公室，而不是向大众传播，请别使用。我们务求讲真话，及时为所受理的事件提供进一步的资料，并为核对事实的记者提供热情的帮助。经过调查后，我们会把完整的信息传递给对此感兴趣的编辑，以便他们能发出代表各自立场的文章。

简言之，我们代表企业和公共机构，坦率并且公开地向美利坚合众国的新闻界和公众提供迅速、准确的信息，这些信息包括公众感到值得知晓和有兴趣知晓的相关议题。企业和公共机构发布了大量没有新闻焦点的信息，尽管如此，让公众知晓此类信息同样重要，因为这符合企业和公共机构的利益。我们只发布真实严谨的资料，乐意帮助编辑核查任何相关细节。而且我们将一直为您服务，使您获得更加全面、完整的信息。

四、伯纳斯时期——“投公众所好”时期

艾维·李是现代公共关系的创始人，但他的公共关系实践却被认为“只有艺术，无科学”，这就是说，他虽然有丰富的公共关系实践检验，但没有系统而科学的公共关系理论。真正为公共关系奠定理论基础，使现代公共关系科学化的，是另一位现代公共关系的先驱——美国著名的公共关系顾问爱德华·伯纳斯。

1913 年，伯纳斯（1891—1995 年）曾受聘于美国福特汽车公司担任公共关系经理。第一次世界大战结束后，他和夫人在纽约开办了公共关系公司。1923 年，他出版了论述公共关系理论的著作《舆论明鉴》，在书中第一次提出了“公共关系咨询”的概念，该书也成为公共关系学的第一部经典性著作。同年，他在纽约大学首次讲授公共关系课程。之后，又于 1925 年写了教科书《公共关系学》，1928 年写了《舆论》，从而使公共关系的基本理论和方法成为一个较为完整的体系。他是使公共关系走向正规化、科学化的关键人物。伯纳斯公共关系思想的一个重要组成部分就是他提出的“投公众所好”的主张。他认为：首先应该了解公众喜欢什么，对组织有什么样的期待和要求，在确定公众价值观和态度的基础上，进行有组织的宣传工作，以迎合公众的需要。他明确肯定了公共关系的重要职责之一是向组织提供政策咨询，而不是仅仅向社会作宣传，提出公共关系的整个活动过程应当包括从计划到反馈最后到重新评估共八个基本程序。此外，在 1924 年，美国的《芝加哥论坛报》发表社论强调指出，公共关系已成为一种专门职业，它既是一种管理艺术，也是一门科学，社会各界都必须重视公共关系。因此，有人认为，这一社论的发表既是公共关系科学化的标志，也是现代公共关系理论和实践系

统化的标志。

伯纳斯的理论探讨和实践活动为公共关系的职业化、科学化，为公共关系教育和科学的发展做出了重要贡献，对公共关系科学的形成和发展具有划时代的意义，因此他被世人誉为“公共关系泰斗”。

【案例 2—4】

爱德华·伯纳斯的公关实践

伯纳斯出生于维也纳的奥地利，后移民美国，是著名的精神分析学家弗洛伊德的外甥。相对艾维·李而言，伯纳斯更注重公共关系的理论研究，并努力使其形成一个独立的完整的科学体系，对公共关系教育的发展做出了重要贡献。同时他又是一位出色的公关实践家，为提高美国的全民素质倡导了“读书运动”，而为美国 P&G 公司“象牙”牌香皂策划的赞助广播轻喜剧（被人称之为“肥皂剧”）的活动，则为“象牙 ”牌在美国市场上百年不倒立下了汗马功劳。为向公众宣传镭放射性元素的安全性，他专门乘火车把 1 克镭带在身上送到医院，消除了公众的顾虑，确保了美国镭业公司对镭的日常运输，也为现代放射性疗法在医学界的广泛运用开辟了道路。

（资料来源：wenku. baidu. com）

五、现代时期——双向对称时期

自 20 世纪 50 年代以来，公共关系的实践和理论研究都进入了一个全新的现代发展时期。其中，最有代表性的人物有斯科特·卡特李普、弗兰克·杰夫金斯等公关专家和大师。1955 年，国际公共关系协会（简称 IPRA）在英国伦敦正式成立，第一批会员包括欧、美、亚、非几大洲的各个国家和地区，这标志着公共关系已作为一门世界性的行业而独立存在。这一时期，以卡特李普、森特和杰夫金斯为代表的一大批公关专家和公关大师，在理论和实践上把公共关系推向一个新的历史发展阶段。在前人研究的基础上，美国的卡特李普和森特提出了一种公关新模式，即“双向对称”模式。在他们看来，公共关系的最终目的，是要在组织与公众之间建立一种良好和谐的关系。因此，这就要求，一方面必须把组织的想法和信息传播给公众，另一方面又必须把公众的想法与信息反馈给组织，唯其如此，一个组织才能求得双向沟通和对称平衡的最佳生存和发展的环境。1947 年波士顿大学开设了第一所公共关系学院，并设立公共关系学硕士和博士学位。卡特李普和森特的“双向对称”模式的公关思想集中反映在他们于 1952 年出版的著作《有效的公共关系》中，这本书被称为“公关圣经”，书中提到公共关系的“四步工作法”。

第二节　现代公共关系的产生与发展

一、现代公共关系产生和发展的社会条件

现代公共关系产生于 19 世纪初的美国，主要是因为当时美国具备了公共关系产生和发展的四个条件：民主政治、市场经济、传播技术和现代管理理论。

(一)民主政治取代专制政治是公共关系产生的政治前提

社会政治生活的民主化及民主政治制度的产生,是公共关系赖以发展和产生的社会政治条件。从封建社会进入资本主义社会是人类社会民主化进程中的一个重要里程碑。在专制独裁的封建社会里,统治者依靠高压政策、愚民政策实施封建专制和独裁统治,他们视被统治阶级为“群氓”或“斗筲之徒”,要么欺骗,要么镇压,从来不会平等地对待被统治者。例如,在古罗马时代就有统治者自封为独裁者;法国国王路易十四也是一个有名的专制君主,他曾公开声称“朕即国家”;而中国的皇帝则自称“天子”,宣扬“普天之下,莫非王土;率土之滨,莫非王臣”,享有“九五之尊”,“君要臣死,臣不得不死”。此时,民众既不需要关心政治,也无法干预政治,公众舆论不可能对社会进程产生重要影响。在政治生活以“民怕官”为主要特征的社会里,公共关系是没有任何用处的。

自资产阶级革命以后,加上《自由大宪章》《人权宣言》《独立宣言》等世界性划时代文章的传扬,民主观念逐渐深入人心。特别是当时的美国,作为资本主义国家的后起之秀,与当时的其他资本主义国家相比较,其政治体制的民主色彩更为浓厚。经过独立战争、南北战争,到20 世纪初,美国确立了比较稳固、比较民主的三权分立的政治体制。民主政治取代专制统治,成为促进公共关系兴起的政治基础。资本主义商业社会的民主政治体制在客观上促成了社会各公众群体有必要维持的一种相互依赖、彼此合作的关系。

(二)市场经济的充分发展是公共关系产生的经济基础

古代社会的经济,特别是封建社会,都是一种以自给自足为目的的自然经济,包括小农经济与庄园经济。自然经济的自给自足决定了它的封闭性,以此为基础的社会人文关系也局限在“血缘”与“土地”的经纬之中,活动天地极为狭小。小农经济最突出的形象代表就是男耕女织图,大家自给自足,有吃有穿,几乎不需要与外界联系。古代庄园经济也是这样的,一个庄园就是一个独立王国,农、林、牧、副、渔应有尽有,也不必与外界发生联系,这种关系的特点是:非常狭隘、相当固定、极端封闭。受经济水平的限制,这种特点一直延续到资本主义初期。

美国南北战争之后,北方的工业经济与南方的种植园经济归属于一个政府管理,社会环境趋于稳定,政府的有效管理促进了国内市场体系的健康成长。19 世纪末 20 世纪初,在工业革命的基础上,市场经济得到迅速发展。资本主义市场经济与自然经济大不相同,前者建立在社会化大生产之上,通过市场与分工两个支点,由竞争这一杠杆进行调节,形成了极其活跃的开放性关系网络。商品社会的内在运行机制决定了支配这个关系网络只能有一个法则,那就是平等交换、互惠互利。任何社会组织都需要得到社会的广泛认可和整体支持,才能生存和发展。这便成为公共关系兴起的必要条件。

在市场经济的发展过程中,市场形势经历了“卖方市场”向“买方市场”的逐步转变。在生产力水平尚不发达的资本主义前期,市场内供小于求,供求关系的不平衡使得销售者可以趾高气扬、随意涨价、无视公众,根本不能体现自愿平等、互惠互利的交易原则。在这种以卖方市场为主导的情况下,卖方可以完全不考虑公众的需求,因此也就不需要公共关系。随着生产力水平的提高,产品供给日渐充足,市场上的供求关系发生了根本性变化。消费者具有了更多的选择优势,可以根据产品质量、价格、服务以及人情关系等条件决定向谁购买所需商品。在这种以买方市场为主导的情况下作为卖方的企业或商家必须主动与买方联络感情、建立关系,才能有效维持生存和发展。因此,搞好公共关系,增进组织与公众的相互理解,提高组织声誉就显得越来越重要。

资本主义进入了垄断时期后,垄断资本之间的竞争广泛深入地影响着整个社会,不仅是生产结构和人际关系发生了迅速变化，而且市场体制也发生了深刻变化。越来越多的企业管理人员认识到了市场机制的重要作用，在客观上便成为通过开展公共关系活动与社会各界和广大消费者建立相互信赖、相互合作关系的有利条件。

综上所述，市场经济取代小农经济，买方市场取代卖方市场，以市场为中心取代以生产为中心，成为公共关系兴起的经济基础。

(三)传播技术的进步是公共关系兴起的物质基础

在生产力水平低下的古代社会，交通条件落后，其工具主要是舟楫车马，信息传播的手段谈不上先进，否则，古希腊人也不必从马拉松跑步到雅典传送信息了。这种情况必然造成社会的封闭，对一个国家来说，中央与地方、地区与地区之间大多处于相互隔绝的状态，至于偏远的地区，就更是“天高皇帝远了”，他们对外部世界的了解既没有传播工具也没有内在动力。传播手段的落后，再加上统治者实行的愚民政策，人与人之间的联系和沟通当然只能处于原始状态。在这种情况下，公共关系的开展是很难想象的。随着社会生产力的发展，特别是工业革命和世界市场形成之后，商品经济逐渐发达，科学技术突飞猛进，交通工具和传播手段日新月异，各种大众传播媒介的迅速发展和广泛应用，为人们进行广泛而深入的相互交往提供了方便。日益精细的社会分工，使人与人之间、组织与组织之间产生了纵横交错的复杂关系，同时也产生了相互沟通、彼此交往的迫切需要。在席卷全球的新技术革命中，微电子技术的应用进一步更新和完善了现代传播手段。运用这种技术的组织机构，能够更准确、更迅速地与各类公众建立关系、沟通信息，形成有效的信息反馈网络，从而使公共关系更为迅猛地发展。这是公共关系迅速兴起的重要技术条件。

(四)现代管理理论的发展是公共关系产生与发展的文化基础

美国是一个由许多民族的移民组成的国家，国民思想中具有很强的平等意识与群体观念。移民来自不同的国家或地区，由于民族不同、语言不同、习俗不同，很自然地形成了强烈的群体观念。独立战争后美国成为一个独立统一的国家，原先被分裂的各个殖民地在政治、思想和经济上形成了大融合。各个社会组织之间、组织与其公众之间有计划、有目的的沟通与协调，为公共关系首先在美国兴起奠定了思想基础。

由移民组成的美国，其文化体系有三个突出的特性：个人主义、英雄主义、理性主义。个人主义的典型表现是富于浪漫色彩；英雄主义的特点是富于竞争精神；理性主义的明显标志是遵规守法，崇尚教条，重视数据和时效。管理科学的先驱泰罗的思想及其制度就是理性主义的典型代表。

泰罗是美国 19 世纪 20 世纪初盛行的科学管理运动的创始人，又称“科学管理之父”。泰罗的科学管理工作是他在一家钢铁公司当长工时开始的。当时工厂里许多工人工作效率很低，工资制度是多劳不多得，工人尽量少干，只要过得去就行。泰罗本人是技工，深知工人的生产潜力，他认为真的困难在于没有人知道一个人做多少工作是合理的，那时候雇主往往是靠一般的印象或通过观察来指定一个所谓合理的工作时。泰罗雇用了一个年轻人用秒表来测定工人每一项工作的每一个动作所需的时间，得出完成该项工作所需的总时间，这就是泰罗制定的时间研究和动作研究的开始。泰罗制的核心是通过对时间和动作的分析、研究，强调一切活动的计量定额，强调严格的操作程序，甚至连手足动作的幅度、次数都要计算限定，“人是机器”是这一时期最典型的口号。因此，泰罗制理论的特征是把劳动者视为“机器人”“经济人”和“完全理性人”，对人性的管理过于简单化，在其管理过程中基本上找不到开展公共关系的依据。

20世纪20年代末，主持"霍桑试验"的哈佛大学教授梅奥创立的人群关系学理论和40年代末崛起的行为科学理论，为公共关系的产生及成长提供了最早的理论依据。人群关系学针对科学管理提出的"经济人"，提出了"社会人"概念，认为人并不单纯是为经济利益而生存的，除了经济动机外，人还有其他的社会动机。

人群关系学理论与行为科学理论的共同精神是：组织的管理活动应由原来的以"事"为中心发展到以"人"为中心；由原来的对强制性纪律的研究发展到对自觉性行为的研究；由原来的监督管理发展到人性管理；由原来的独裁式管理方式发展到民主领导式管理。这些观念的形成，从理论上为开展组织内部的公共关系提供了依据。另外，自20世纪以来，社会学、心理学、传播学等现代学科的发展，也为公共关系提供了理论武器。特别是社会系统理论的建立，从理论上验证了为组织建立良好的外部公共关系的必要性。这样，在现代管理理论中，公共关系内求团结外求发展的职能都找到了理论依据，得到了理论说明，这为在实践中推行公共关系打下了良好的理论基础。

二、现代公共关系在国外的发展状况

(一)公共关系在国外的发展

1. 现代公共关系在美国的发展

1924年，美国《芝加哥论坛报》发表社论指出，公共关系已成为一个专业的职业、一种管理艺术和一门科学，企业家和社会各界都应该重视公共关系。这一社论被认为是公共关系科学化的标志。

自美国电报电话公司于1908年设立第一个公共关系部以后，其他企业纷纷效仿，企业的公关部门迅速发展。特别是在1929年爆发的波及全球的美国危机中，有的企业破产倒闭，而有的企业却安然无恙。这时，公共关系在美国企业中受到格外重视。

第二次世界大战期间，美国的公共关系事业得到了进一步发展的机会，各类公共关系协会纷纷成立。1935年，美国公立学校公共关系协会成立；1939年，美国全国真实宣传者协会成立；1939年，美国公关关系理事会(ACPR)成立；1948年，由美国公共关系理事会与国家公共关系顾问协会合并在纽约成立了美国公共关系协会(PRSA)；1954年，美国公共关系协会制定了《公共关系人员职业规范守则》，作为维护公共关系信誉和道德的"行业法规"；1968年，美国公共关系国家理事会(NCPR)成立；1968年，美国公共关系学生协会(PRSSA)在美国公共关系协会帮助下于纽约成立；1976年，人类沟通委员会(NCCHS)与美国公共关系协会合并成立了世界上最大的职业公共关系组织。

公共关系学科化的发展步伐也很迅速，公共关系教育事业蓬勃发展。1947年波士顿大学开办公共关系学院(后改名为公众传播学院)，并设立了公共关系硕士和博士学位，公共关系作为一门正式学科登上了大学讲坛。1956年，全美公共关系教育委员会设立了公共关系教育与研究基金。一年后，美国公共关系协会又成立教育咨询委员会。这些都成为推动建立学术团体、支持公共关系教育与学术研究、促进公共关系领域朝着专业化发展的重要力量。至1970年，已经有100所院校开设此专业，约有300所院校开设此课程。其中设立博士学位的有10所大学，设立硕士学位的有23所大学，设立学士学位的有近100所大学。1977年美国进行了一次关于公共关系从业人员学历层次的调查。调查显示，在全美公共关系从业人员中有54%的人有学士学位，有29%的人有硕士学位。公共关系学术性和行业性杂志主要有《公关研究月刊》《公关评论》《公关季刊》《公关杂志》《公关报道》《公关新闻》。在此时期出版了5 000多种公关著作，还有一部《公关协会文献摘要》。

2. 现代公共关系在欧洲的发展

20世纪20年代以后，公共关系传入欧洲，起初公共关系在欧洲被接受得很慢。这主要是由于欧洲经济上垄断的特点以及传统经营管理思想的阻碍造成的。多数企业拒绝公开他们的财产和管理作业的情况，不让职工和社会了解企业的活动。另外，在很长的一段时期，欧洲的新闻界对公共关系抱有怀疑的态度。他们怀疑公共关系活动是一种欺骗报纸杂志、诈取免费广告的伎俩。不少报刊拒绝在报道中使用“企业”的字眼，在广告的购买上也给予限制。这种抗拒心理起初虽很强烈，但在世界竞争面前，眼看美国做法的成功，欧洲各国再也不能漠然无动于衷，模仿美国经营方法的心理也自然产生。欧洲企业界、新闻界态度的转变，使欧洲的公共关系事业在20世纪40年代至50年代迅速地发展起来。

1920年，公共关系由美国传入英国，并受到英国政府的重视。1926年皇家营销部成立，这是英国第一个公共关系机构。该组织开展的活动促进了英国市场经济的发展，这次活动使人们认识到公共关系能创造社会价值和经济价值。1948年，英国公共关系协会成立，它是欧洲最大的公共关系协会，拥有一些著名的公共关系专家，其中弗兰克·杰夫金斯就是一位杰出的代表。目前，英国是仅次于美国的公共关系第二大国。

1946年，公共关系在法国崭露头角，先进的公共关系思想与技术手段得到了法国经济学家的普遍赞赏。公共关系专家针对当时法国经济闭塞的状况，呼吁企业家离开“象牙塔”，面向社会扩大知名度，走进向社会和公众敞开的“玻璃之屋”，进行现代营销管理，这便是闻名于世的“玻璃之屋”运动。这一成功的实践活动表明公共关系在法国获得了社会地位与声誉，并使法国的公共关系成为欧洲公共关系的主要力量之一。

20世纪40年代到50年代期间，公共关系在意大利、瑞典、奥地利、联邦德国等国家得到发展，于是在1959年成立了欧洲公共关系联盟。该联盟成员有法国、意大利、比利时、荷兰、英国、希腊、瑞士、西班牙、葡萄牙、芬兰等国，成为欧洲各国公共关系从业人员的集合地，推动了欧洲公共关系事业的发展。

3. 亚洲及其他地区公共关系的发展

(1)亚洲地区公共关系的发展。第二次世界大战之后，随着美国进入日本，公共关系开始传入日本，从此进入亚洲市场。1947年，驻日本联盟军总部的民间情报教育局用行政命令的方式在日本各府县设立“公共关系办公室”。1957年以后，公共关系作为一种新兴的职业在日本发展起来。1959年，在日本东京召开了大规模的亚洲、非洲、拉丁美洲公共关系大会。1964年，日本公共关系协会成立。专家认为，战后美国传入日本的公共关系，是促使日本经济突飞猛进和快速发展的一个重要因素。1967年，“泛亚公共关系协会”在中国香港成立，会员主要来自中国香港、台湾和东南亚各国；1968年，国际公共关系协会第四届大会在伊朗举行；1982年，第九届世界公共关系大会在印度孟买举行。

(2)其他地区公共关系的发展。1940年，公共关系传入加拿大，1947年加拿大成立全国公共关系协会，有7个分会，该国的公关教育成绩显著，为各行业提供了大量的公关人才。1950年至1955年间，公共关系在中美洲、南美洲、澳大利亚、新西兰和南非扎根。1960年有巴西、秘鲁、墨西哥等参加的泛美公共关系协会成立。1975年，全非第一届公共关系工作会议举行。

(二)国际性公共关系组织的成立

1955年，国际公共关系协会(IPRA)在英国伦敦正式成立，现总部在瑞士的日内瓦，它是世界性的权威组织，其成员来自七十多个国家和地区，总数达一千余人，其高级职业会员在联合国教科文组织中拥有顾问地位。其任务是：帮助会员了解世界和各地区的发展趋势和重大问题，研究公共关系的发展问题和管理问题。它是一个独立的组织，与各国公共关系组织并无直接的领导与被领导的关系，但保持着密切的联系与交往。它每三年举行一次世界性的公关大会，可以说是公关界的“奥运会”。

自1955年国际公共关系协会成立以后，许多国家也引入了公共关系，特别是中东、东南亚和拉丁美洲地区在这方面取得了显著的成绩。其中明显的就是发展中国家的公共关系教育体现了自己的特点，其教育大纲都要求适合本国国情。如最近十年印度公共关系教育普遍展开，印度公共关系协会及其分会每年组织年会和讨论会，举办短期培训，并与大专院校合作培养适合自己国情的高级公共关系人员。然而，由于印度公共关系师资匮乏，几乎所有的教师都来源于公共关系实践者，这些人虽然有丰富的公共关系工作经验，但毕竟没有受过正规训练，因此缺乏有效的教育方法，以及系统的公共关系理论和公共关系调研方法。另外，由于该国的习惯势力较强，政府较多地干预企业，公共关系的发展也受到一定的限制。

1959年，泛美公共关系联盟在墨西哥城成立，美国和大多数拉丁美洲国家的代表出席了大会。同年，欧洲公共关系联盟（CEPR）在比利时宣告成立，它是目前欧洲公共关系组织的中心，现在拥有140多个集体会员和数百名个人会员。

1961年，国际公关协会在维也纳召开的第二届世界大会制订并通过了《国际公共关系行为规则》。1965年，在希腊雅典召开的第三届世界大会，又通过了《国际公共关系协会世界大会行为规则》。

1967年，泛亚太平洋地区公共关系联盟于夏威夷的檀香山成立。

1975年，在国际公关协会的赞助下，在肯尼亚首都内罗毕举行了第一届全非公共关系工作会议。

1978年，在墨西哥世界大会上通过的《墨西哥宣言》，对公共关系职业规范化和交流都起到了积极的推动作用。

国际公共关系协会设立了“金纸奖”和“总统奖”，并出版了不定期的《国际公共关系协会通讯》和季刊《国际公共关系协会评论》。

三、公共关系在中国的传播与发展

（一）现代公共关系在中国的发展历程

20世纪60年代，在我国台湾和香港地区经济迅速发展时期，现代公共关系便已经传入台湾和香港并得到较快的发展。1963年，主要是一些跨国公司在台湾的分公司，纷纷把母公司的体制和管理方式引入台湾和香港，企业中的公共关系部迅速壮大。同期，在香港出现了第一家专业的公共关系公司——韦特公共关系公司。1975年台湾的魏景蒙先生创办了第一家中国人自办的公共关系专业公司——“联合国际公司”。台湾《世界日报社》社长成舍我先生创办的世界新闻学校率先引入了公共关系课程。20世纪60年代至70年代，香港、台湾的公共关系已进入职业化阶段，公共关系以其独特的社会作用在这两个地区产生了良好的影响，其健康发展也为其传入中国内地创造了良好的条件。公共关系传入我国内地后，呈现出由南向北、由东向西、由沿海向内地、由城市向村镇、由企业组织向事业单位、由服务行业向工业企业、由外资企业向国有企业、由企事业组织向政府各部门逐步发展的格局。

1. 起步阶段(1979—1986 年)

1979 年,我国开始创办经济特区,大批港商到深圳了解投资环境及商谈合作协议。他们中很多人运用公关方法在经济特区广交朋友,组织各种公关活动。随后在深圳和广州兴建一批合资酒店,设立公关部门,从中国香港地区或海外聘请公关人员主持工作。至此,"公共关系"这个新鲜的名词随着改革开放的大潮,在我国由南向北,由沿海向内地逐渐流传开来。

1980 年,中港合资的深圳蛇口华森建筑设计顾问公司率先成立,这是我国第一家公共关系性质的专业公司,它主要是适应特区建设的需要,提供经验与技术。随后,公共关系迅速传播和延伸到北京、上海等中心城市。

1984 年,全球最早(1927 年)成立的世界第二大公关公司伟达公关(Hill & Knowlton)在北京设立了办事处。该公司亚洲地区经理认为在中国首都没有公共关系机构是不可想象的。

1984 年 4 月 28 日,北京长城饭店在其美籍公关部经理的策划下,把美国总统访华的答谢宴会从人民大会堂的宴会厅搬到了刚刚开业的北京长城饭店。来自全世界各地的 500 余名记者把里根总统连同长城饭店一起推销到了世界的每一个角落。

广州白云山制药厂是第一个设立公共关系部的国有企业。1984 年,白云山制药厂设立公关部以后,每年拨出总产值的 10%作为"信誉投资",以提高企业的知名度。白云山制药厂随着其赞助的足球赛事和收购的歌舞团的南征北战而威名四播。同年 12 月,《经济日报》以"如虎添翼"为标题,报道了广州白云山制药厂公关工作的成功经验,并编发了"认真研究社会主义公共关系"的社论。

《文汇报》《北京日报》《广州日报》等三十多家报刊先后报道、介绍了我国公关事业的兴起和发展状况。这就如同"催产素"一样,使公共关系这怀胎十月的婴儿呱呱坠地,于是我们的国营企业纷纷仿效,匆匆上马。一时之间,大江南北公关部如雨后春笋蓬勃生长。此后,中国早期的公关从业人员在这些或洋或中的公关部里开始出现,一个崭新的职业群体开始浮出水面。

1985 年 1 月,深圳总工会举办了我国有史以来的第一家公共关系培训班。公关的作用开始为企业所重视,成为企业战略的组成部分。

1985 年 8 月,世界上最大的公关公司博雅合资新华社下属的中国新闻发展公司成立了中国第一家公关公司——中国环球公共关系公司。

1985 年 9 月,深圳大学首先设立了公共关系专业,开设公关的必修课程和选修课程。从此公关进入高等学府的讲堂。

1986 年 11 月,中国社科院新闻研究所公关课题组编著的我国内地第一部公共关系专著"公共关系学概论"由科学普及出版社(现中国科学技术出版社)出版。

1986 年 11 月 6 日,中国第一家公共关系协会——上海公共关系协会成立。

至此,中国人用照搬照抄的模式初步完成了公共关系在中国的导入,所以这个起步阶段也叫拿来主义阶段。

2. 发展阶段(1987—1989 年)

从 1985 年 9 月,深圳大学首先设立了公关专业后,华东师范大学、复旦大学、中山大学等高校都开设了公关课程。各种版本的公共关系教科书、公共关系通俗读物和公共关系成功案例选等书籍也陆续出版,同时还翻译出版了《有效公共关系》《实用公共关系》等国外的公共关系经典著作。

1987 年，国家教委正式把公共关系列入行政管理、工业经济、新闻学等专业的必修课。同年 5 月，中国公共关系协会在北京成立。

1988 年 1 月，中国第一家公共关系专业报纸——《公共关系报》，在杭州创刊，并向全国发行。

1988 年 9 月，全国省市公共关系组织第二届联席会议在西安通过了《中国公共关系职业道德准则(草案)》，这标志着公共关系已推广到全国各地各行各业，同时，也表明公共关系向更加规范、更加专业化的高目标、高层次方向发展。最能反映这一高层次发展特征的就是中国环球公关公司所走的公关专业化之路。

1989 年，中央电视台播出《公共关系浅说》专题片、中央领导关于公共关系的重要讲话、电视连续剧《公关小姐》的播出以及各种公共关系培训、调查和实践活动。

该阶段，公共关系开始进入中国化的理论探讨以及培养人才时期。

3. 规范阶段(1990—1993 年)

中国公关界分别于 1990、1991、1992 年围绕“公共关系与社会发展”“公共关系与改革开放”“公共关系与经济建设”三个主题进行理论研究和探讨。

1991 年，伟达公关受中国政府所聘，负责在美国国会游说，争取美国给予中国最惠国待遇，成为第一家服务中国政府的外国公关公司。

1991 年 4 月 26 日，中国国际公关协会在北京成立，提出“让世界了解中国，让中国走向世界”的宗旨和“指导、协调、服务、监督”的工作方针，宣告中国公共关系研究开始与国际理论研究接轨。

1993 年，中央广播电视大学开始开设公共关系学课程，使公共关系真正成为一门科学的理论和实践活动。

1993 年起，由中国国际公关协会主办了中国最佳公共关系案例大赛，每两年举行一届，到 2018 年，已举办了 14 届。

这一阶段，中国的公共关系处于归纳总结、整顿市场、规范发展时期。

4. 完善发展阶段(1994 年至今)

1994 年，教育部正式批准广东中山大学和首都经济贸易大学招收公共关系方向硕士研究生。

1994 年 9 月 6 日，“中国公共关系市场高级研讨班”在北京举办。同年《中国经营报》刊登“中国公共关系市场探索”专版，引起中国公关市场讨论热潮。

1997 年 11 月 15 日，国家劳动和社会保障部成立了中国公共关系职业审定委员会。还正式确立中国公关职业命名为“公关员”，于 1999 年 5 月将公共关系职业列入《国家职业分类大典》，标志着经过将近 20 年的发展，公共关系职业终于得到了社会的认可。

2000 年，我国在全国范围内开始推广公共关系人员上岗资格考试，公关员与律师、医师、会计师一样，走上了职业化和专业化的道路。

2003 年，中国国际公共关系协会宣布，将把每年的 12 月 20 日定为“中国公关节”。

2004 年，国家职业资格工作委员会公共关系专业委员会颁布《公关员国家职业新标准》增设公关师(国家二级)和高级公关师(高级一级)标准，进一步完善了高级队公关从业人员专业资格的培训和认证工作。中国公关业进入一个新的整合时代。

2016 年 12 月 16 日，由中国公共关系协会、中国传媒大学媒介与公共事务研究院组织专家编写的中国首部公共关系蓝皮书《中国公共关系发展报告(2016)》在北京发布。该书以“企业公共关系”为主题，聚焦公共关系理论研究、中国特色公共关系实践、典型的公共关系新案例、公共关系年度人物和行业发展的全面动态，为我国顺利推进“一带一路”倡议、提升中国公共关系水平做出了重要贡献。

(二)中国公共关系的发展特点和趋势

1. 大战略为公关带来新机遇

随着“一带一路”倡议的持续和深入推进，全球化背景下的国家公关意识和策略不断地增强，中国公关行业迎来了更大机遇，服务领域更广，从业人员的视野更开阔。

2. 公关行业的兼并、重组已经成为常态

资本加速进入公关行业，而公关行业也正在借助资本的力量做大做强。2017 年春节刚过，国内著名公关公司宣亚国际正式在中国 A 股上市，这意味着，在蓝标上市 7 年之后，又一家老牌公关公司正式登陆创业板。

3. 跨界融合进入新阶段

行业的跨界融合与合作已成为新常态。2017 年，公关与广告、营销行业的跨界融合开始提速，目前已形成行业之间优势互补、相互渗透的竞争格局。

4. 内容营销已经成为企业传播的核心要素之一

直播、人工智能、区块链等移动互联技术在内容营销方面的应用已成为热门话题。IP① 正越来越多地成为现象级的内容营销概念。

5. 公关行业正面临着从传统公关到新媒体时代公关的转型

由于互联网营销、大数据、数字化、信息化的不断涌现，从业人员应结合自身业务，学习新技术，研究新问题。而转型发展带来的资金、技术，尤其是互联网思维，就成为公关行业最为关注的问题。

6. 政府机构购买公关服务的趋势开始显现，为行业增长开辟了新的领域

近年来，政府部门对公共关系越来越重视，相关机构购买公关服务的趋势开始显现。

本章训练题

一、单项选择题

1. 双向对称性的公共关系产生于(　　)。

A. 世界公共关系前史阶段　　B. 中国公共关系前史阶段

C. 近代公共系的萌芽阶段　　D. 现代公共关系阶段

2. 艾维·李所代表的是(　　)。

A. 单向吹嘘式的公共关系　　B. 单向传播式的公共关系

C. 双向沟通式的公共关系　　D. 双向对称性的公共关系

3. 公共关系的发源地是(　　)。

A. 英国　　B. 法国　　C. 日本　　D. 美国

4.“公众受愚弄的时期”指的是(　　)。

A. 古代时期　　B. 巴纳姆时期　　C. 艾维·李时期　　D. 伯纳斯时期

---

① IP 是 Internet Protocol(国际互连协议)的缩写，是 TCP/IP 体系中的网络层协议。

5. 美国著名的公关专家卡特李普和森特在他们的著作中提出(   )。

A. 公共关系咨询 B. 投公众所好

C.“双向对称”的公关模式 D. 说真话

6.(   )年国际公关协会在英国伦敦正式成立,标志着公关已作为一门世界性的行业而独立存在。

A. 1935 B. 1947 C. 1955 D. 1985

7. 20 世纪初,美国新闻界以揭露工商业丑闻为主体的运动被称为(   )。

A. 报刊宣传活动 B. 扒粪运动 C. 便士报运动 D. 说真话运动

8. 出版了第一部公共关系学经典性著作《舆论明鉴》的作者是(   )。

A. 卡特李普 B. 阿伦·森特 C. 杰夫金斯 D. 伯纳斯

9. 提出“投公众所好”主张的是(   )。

A. 卡特李普 B. 伯纳斯 C. 艾维·李 D. 巴纳姆

10. 1923 年,伯纳斯以教授的身份,首次在(   )讲授了公关课,将公关正式引入大学讲台。

A. 纽约大学 B. 斯坦福大学 C. 波士顿大学 D. 哈佛大学

11. 西方公共关系学界认为,亚里士多德的(   )堪称最早问世的公共关系学的理论书籍。

A.《公众舆论的形成》B.《原则宣言》 C.《修辞学》 D.《有效的公共关系》

12. 1903 年,(   )在美国开办了一家正式的公关事务所,标志着现代公关的问世。

A. 巴拉姆 B. 艾维·李 C. 伯纳斯 D. 杰夫金斯

13. 开创国有企业设立公关部先例的是(   )。

A. 广州中国大酒店 B. 北京王府井百货大楼

C. 长城牌风雨衣公司 D. 广州白云山制药厂

14.“揭丑运动”利用大众传播媒介提供的舞台,把焦点对准(   )。

A. 政府 B. 企业 C. 报刊 D. 公共关系公司

15. 被称为“公共关系学之父”的是(   )。

A. 巴拉姆 B. 艾维·李 C. 伯纳斯 D、杰夫金斯

二、多项选择题

1. 下列有关艾维·李这一公共关系代表人物的表述中,正确的有(   )。

A. 艾维·李是公共关系之父

B. 艾维·李创办了世界上第一家公关性质的公司

C. 艾维·李提出了“公众必须被告知”的命题

D. 艾维·李使公共关系学科化

E. 艾维·李首创了“公共关系”这一专门职业

2. 公共关系的发展时期包括(   )。

A. 古代时期 B. 现代时期 C. 巴纳姆时期 D. 艾维·李时期

E. 爱德华·伯纳斯时期

3. 双向对称式公共关系时期的两个代表人物是(   )

A. 艾维·李 B. 斯科特·卡特李普 C. 爱德华·伯纳斯 D. 阿伦·森特

E. 弗兰克·杰夫金斯

三、判断题

1. 双向沟通式的公共关系产生于公共关系从艺术走向科学的时期。（　　）

2. 英国是现代工业的发祥地，也是现代公共关系的发祥地，还是公共关系走向世界的策源地。（　　）

3. 作为一种职业和一门科学的现代公关，早在人类开始组成家庭、部落和国家时就产生了。（　　）

4. 中国古代不存在"公共关系"的思想与活动。（　　）

5. 20 世纪 50 年代以后，公关的面貌才发生了巨大的变化，才真正走上了科学化和职业道德规范化的发展道路。（　　）

6. 发展公关是我国建立社会主义市场经济的需要。（　　）

7. 开创我国当代公关事业的先头兵是国内一批具有较高管理和经营水平的宾馆和饭店。（　　）

8. 公共关系仅仅是一种客观存在的社会关系。（　　）

9. 创办我国第一个公共关系本科专业的高校是复旦大学。（　　）

10. 早在古代埃及和古希腊罗马，统治者就用舆论手段来处理与民众的关系。（　　）

四、简答题

1. 现代公共关系产生的主要条件是什么？

2. 中国公共关系的发展特点和趋势是什么？

3. 公关思想演变经历了哪几个时期？各时期的特点是什么？

五、案例分析题

信陵君礼贤下士

信陵君魏无忌是魏昭王的儿子，为人仁厚，礼贤下士，士人无论有没有才能他都以礼相待，不因自己富贵而倨傲。魏国大梁城里有一个人叫侯嬴，七十岁了，家中贫穷，看守宫城东面的夷门。他其实是位身负奇才的隐者。信陵君听说了，就去请他，送给他很多财物。侯嬴不接受，说："我修身洁行数十年了，不能因为贫穷就接受公子的财物。"信陵君请不动他，就想了个办法，置酒大宴宾客。宾客们落座以后，信陵君驾上车，空着左边上首的位子，亲自迎接侯嬴。侯嬴穿着破衣，戴着破帽，径直上车在信陵君上首坐下，并不道谢。他是为了观察信陵君的诚意。信陵君手执缰辔，更加恭敬。侯嬴又对信陵君说："我还有一个朋友，在街市上卖肉，想请车绕一绕。"信陵君驾车经过街市，侯嬴下车和他的朋友朱亥说话，站着说了很久，一边用眼睛斜视着信陵君。信陵君更加平和。在这时，魏国的将相大臣、宗室宾客已坐满一堂，就等着信陵君前来举酒。街市上的人们都看着信陵君手执马缰，跟随的骑士们则暗暗咒骂侯嬴。侯嬴看信陵君最终脸色不变，就告别朋友上车。到了堂上，信陵君让侯嬴坐在上首座位上，向宾客们极口称赞他，宾客们都大为惊异。信陵君持酒杯向侯嬴祝寿，侯嬴对信陵君说："我是守门的人，公子不该绕过街市，但公子绕了。我站立很久，是为了观察公子，也是为公子赢得名声，人们越觉得我不应该，就越觉得公子仁厚，是君子。"侯嬴又为信陵君引见朱亥，信陵君多次请朱亥，朱亥都不道谢，信陵君感到很奇怪。其实这两个隐士能甘心隐居一生，是因为未遇到明君，但一旦有人理解他们，信任他们，他们都不惜以死相报，后来的事实也说明这一点，正可谓“士为知己者死”。

（资料来源：https://wenku. baidu. com）

【问题】

1. 该案例体现了什么样的公关思想？
2. 该案例的公关思想属于公关发展的哪个阶段？

第三章

公共关系的主体

学习要点及目标

1. 了解内部公共关系部的功能及其重要性;
2. 掌握公共关系部的设置原则及模式;
3. 了解公共关系公司的特点;
4. 通过比较,掌握公关部与公关公司各自的优势和局限性;
5. 重点掌握公共关系人员的素质要求。

核心概念

社会组织　公共关系部　公共关系公司　公共关系人员

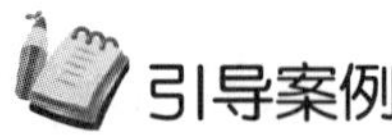

引导案例

当“去乙方化”成为趋势,公关公司还有哪些大招

随着移动互联网时代的全面到来,整体社会消费需求升级,由此带来的不仅是消费场景和交易方式的全面变革,品牌主与消费者沟通的方式也需要重新架构。在这个变革过程中,充当沟通工具的媒介本身也在发生变化。

近年来,甲方中流行一个新的观点,就是“去乙方化”。因为在传统公关时代,依靠资源和批量购买而取得渠道和价格优势的公关公司,在移动互联网时代变得笨拙而缓慢。

首先,移动互联网带来的不仅仅是碎片化的信息传播模型,更多的是孕育了大批新的以“段子手”“营销大号”“自媒体大V”为代表的“新媒体”,这就意味着传统公关公司过去几十年积累的媒体资源变得毫无用处,以新媒体为核心的媒体资源矩阵需要重新建立。此外,这些媒体不像传统媒体时代的资源集中在少部分企事业单位,而是分散在无数机构、商业公司以及单个个体手中,极大加深了沟通和管理的难度。移动互联网极大便利了建立关系的渠道,基本上所有的媒体都可以快速通过互联网取得联系,合作价格和形式都异常透明,而越来越多的甲方宁愿雇人去从事媒介工作,也不愿意通过乙方采购而让乙方赚点“服务费”。在新媒体草莽横行的时代,商业规则和信誉都还没有被建立起来,很多新媒体凭借渠道优势,对待乙方更为强势,也更愿意直接与甲方发生业务往来。

其次,移动互联网的到来让更多消费者有机会直接和品牌发生对话,建立反馈机制,这也就意味着“传播文化”和“对话体系”发生了变化。这也就是说,为什么近年来诸多成功的营销案例都是以“品牌说人话”而开始的。

在这种形式下，许多甲方公司收回外包业务，自建公关团队进行品牌营销工作，特别是一些公司利用自媒体来运营更是普遍。其间，也有不少品牌的自媒体营销取得不错的成就，比如海尔新媒体团队的表现就可圈可点。整个公关行业属于人才高度集中的知识性行业，对专业的要求相当高，甲方“去乙方化”自建公关公司，面临最大的考验不是物力的投入，而是公关人才匮乏。企业主必须要物色一个具备管理公关公司能力的优秀人才作为团队领导者，才能够充分协调好在营销传播工作中的创意、制作和媒体投放等一系列环环相扣的工作。

虽然“去乙方化”本质上很难实现，但越来越多的传统广告公司和公关公司在此论调下，都产生了极大的危机意识，开始探索转型之路。可以说，在这个传播规则被全部打乱以及传播规则正在被重新建立的时代，一切都在重新构架。

公关公司转型有三种类型：传播渠道上的转型、传播内容的转型、传播基因的转型。

一、渠道转型

一些巨头公司通过兼并收购批量的自媒体号而转型为“资源公司”，也有一些公司直接入股新的媒体平台成为“媒体公司”，成为兼具乙方的创意能力加丙方的渠道优势的新型公关公司。在这个层面，绝大多数传统中小公关公司能够做到的转型都还停留在传播渠道的转型上，只做到了形式上的转型而不是公司的基因转型。

二、内容转型

当今时代需要优质的传播方案，稀缺的不是新媒体渠道，而是优质的具备“病毒效应”的能够让网友广为传播和参与的传播内容。要创造优质的新媒体传播内容，首先需要优异的新媒体传播思维。这两者都需要长时间的经验积累、大量实战，甚至超强的学习能力。在一定程度上来讲，公关转型学习能力排在第一。因为消费需求和媒介形式可能每一天都在发生变化，不是说有一个固定模式，让你依样画葫芦去转型的。一家具备茁壮生命力的公关公司，一定是一家具备超强学习能力的公关公司，这样才具备现代公关传播业的基本生存能力。

三、基因转型

所谓一个公司的基因，是指在这个公司骨子里的根深蒂固的甚至从创立之初就具备的思维、理论体系、价值观。随着移动互联网的快速发展，社会消费的升级，消费者越来越有文化，甲方越来越难琢磨，甲方对乙方的需求口味也在发生变化，他们越来越看重一家具备创意能力的乙方公司。

可见，公关公司要成为甲方的密不可分的伙伴，要同时具备超强学习能力和创意能力。

（资料来源：《销售与市场》，2017 年第 12 期）

公共关系的主体一般有两类：一是公共关系的构建者和承担者，称为需求主体；二是公共关系机构，专业从事公共关系的组织机构，代理着特定组织的公共关系工作，其实质是公共关系的实施主体。但除了上述二者外，我们还将考虑公共关系主体的另一个部分：公共关系人员。公共关系人员的自身素质、能力、从业水平也是决定公共关系活动成败的关键。要策划一个成功的公共关系活动，三者的协调合作非常重要，三者既要遵循公共关系的一般原理，运用公关的基本技巧，又要发挥主观能动性，创造性地开展公共活动以达到预期的目的。

第一节　社会组织的特征与类型

社会组织是人类社会的组合方式，占据着决定性的地位。在人类历史的各个时期，尤其是在现代社会里，各种组织的影响已渗透社会的各个角落，其存在和发展构成了我们日常生活的基本部分。我们大部分人都属于某一组织，或同时属于几个组织，将来还有可能属于其他组织，在人类社会生活中，彼此孤立的个人通过一定的社会活动进行交往，由此建立起特定形式的社会联系并组合在一起。这种通过社会活动形成的联系和组合，本质是社会关系的体现，形式上便表现为社会组织。

一、社会组织的含义及特征

（一）社会组织的含义

各种组织的活动和发展变化形成了当代社会错综复杂的局面，影响着我们生活的各个方面，是现代公共关系产生的基础。公共关系说到底是指社会组织与其相应的公众对象之间的关系，在这一关系的协调中，社会组织起主导作用。因此，我们必须将社会组织的含义弄清楚。

社会组织指的是一个群体，它是人们为有效达到特定的目标，按一定的宗旨、制度、任务的形式建立起来的协调力量和行动的合作系统。它是由许多功能和利益相关的群体所组成的有机整体，如政府、部队、企业、学校、医院、酒店、社会团体、商场等。

（二）社会组织的特征

作为公共关系主体的社会组织，一般具有以下几个方面的特征：

1. 特定的组织目标

组织目标一般是明确的、具体的，表明某一社会组织的性质与功能。人们围绕某一特定的目标才形成从事共同活动的社会组织。组织目标是组织活动的灵魂，它可以是单一的，也可以是具有内在联系的目标体系。

2. 一定数量的固定成员

社会组织是由至少两个人或两个以上的人组成的系统。组织成员是相对固定的，成员明确地意识到自己属于某一组织；社会组织如无固定的成员，就失去了自身存在的实体基础；进入或退出一个组织必须按照一定的程序进行，特别是组织成员资格的取得一般要经过组织的考核与审查。

3. 制度化的组织结构

为了实现特定的目标并提高活动效益，一般都具有根据功能和分工而制度化的职位分层与部门分工结构。只有通过不同职位的权力结构体系，协调各个职能部门或个人的活动，才能顺利开展组织活动并达到组织目标。

4. 普遍化的行动规范

它一般是以章程的形式出现，并作为组织成员进行活动的依据。组织的行动规范是每个成员必须遵守的，它通过辅助的奖惩制度制约组织成员的活动，以维护组织活动的统一性。

5. 社会组织是一个开放的系统

就每一个社会组织来说，它不仅自身要与周围环境进行物质、人员、信息的交换，而且还根据与其他组织的关系，组成不同的组织体系，在更大的范围内和更高的水平上与外界环境进行各种形式的交换。一个组织如果完全自我封闭，组织的生命也就停止了。

二、社会组织的类型

社会中的组织形形色色，组织的目标，组织的原则，组织的利益往往有差异，为了便于了解和掌握各种类型组织的特点以及他们活动的规律，按其对象、目标及工作方式等方面的差异，我们可将社会组织分为下列几种：

（一）营利性组织

这类组织又叫经济组织，以追求利润为目标，首要问题是经济问题，所以，首先要与其所有者及对其经营成败有决定影响的顾客建立良好的关系。营利性组织包括工商企业、旅游服务业、金融机构、保险公司等。其中工商业组织是公共关系工作运用得最多、最充分、受益最大、最明显的公共关系主体，因此，这类组织对公众的依赖性也是最强的。

（二）互利性组织

这类组织是指具有共同利益要求或背景的人们为实现某种社会理想自愿结成的非营利性组织，其目标是为组织的内部成员谋取利益，强调内部成员对组织本身的凝聚力和归属感，组织内部沟通是第一。属于这类组织的主要有各种党派团体、工会组织、职业团体组织、宗教组织等。

（三）事业性组织

这类组织是指那些由政府出资设立的满足社会某种需要的专门机构以其特定的服务对象的需要为目标，还必须与其资助者、协助者保持稳定的关系。属于这类组织的有学校、医院、社会福利机构等。

互利性组织和事业性组织由于其本身的非营利性特点，其公共关系协调除了与其他组织共有的特征（如树立良好的形象，积极扩大社会影响）外，还有其自身的行为积极影响社会舆论。

（四）公益性组织

这类组织有政府部门、消防队、保安机关等，其目标是为了国家和社会的整体利益，其公共关系对象是整个社会公众。

社会组织是公共关系的主体，为数众多，形式多样，很难确定一个统一的分类标准将社会组织加以区分。一些学者根据研究需要，按组织成员之间的关系将社会组织分为正式组织和非正式组织；还有按组织的功能和目标，将社会组织分为产业组织、整合组织、政治组织；以及按组织本身的性质又将其划分为政治组织、经济组织、军事组织、文化组织、宗教组织等。

从公共关系学的角度来说，对社会组织的划分，并不着重于从形式上确定一个统一的划分标准，将各类组织加以分门别类地区分，关键是要分清公共关系主要适用于哪些组织，并根据这些组织与其公众的特点采取相应的公共关系策略。

第二节　公共关系的组织机构

公共关系工作是一项长期的、复杂的、有计划的工作，并非一时的权宜之计。随着社会的发展，公共关系的职业化特点越来越明显，现代社会需要专门的组织机构来从事公共关系工作,公共关系机构遂应运而生。

公共关系机构代理着特定组织的公共关系工作,其实质是公共关系的实施主体,它是随着公共关系问题的出现而产生的。公共关系机构作为一个具有特定职能的组织具有双重身份。首先,它本身是一个组织,也存在着需要不断解决的公共关系问题,这是公共关系的主体身份;其次,作为一个专业从事公共关系工作的机构,代理特定的组织处理其公共关系问题,进行有效的形象管理,这是实施者的身份。

现有的公共关系机构主要包括社会组织内部设立的公共关系部、专业的公共关系公司和独立的公共关系社团。

一、公共关系部

公共关系部是指组织内部针对一定的目标,为开展公共关系工作而设立的专业职能机构,社会组织不同,其公共关系机构的设置和名称也不同,有的组织的公共关系部门也被称为公共事务部、公共信息部、公共广告部或社区关系部等。

(一)组织内设立公共关系部的重要性

早在20世纪初,美国的一些大企业已在聘请公共关系顾问的同时,开始在企业内部设立专门的公共关系机构——公共关系部。20世纪八九十年代,我国的许多企业和组织也相继建立了公共关系部,负责组织的公共关系工作。随着市场竞争的不断加剧,越来越多的人认识到,公共关系部是企业中一个不可或缺的部门,通过公共关系部,可以提高企业与公众关系的和谐程度,树立良好的企业形象。对于企业自身来说,设置公共关系部的重要性体现在以下几个方面:

1. 有利于企业领导集中精力解决重大问题

设置公共关系部后,可将分散的属于公关范围内的工作和公关职能统筹起来,减少领导层负担,使领导能从大量的接待、应酬、协调等琐碎事务中解脱出来,集中精力去考虑全局发展的战略问题。

2. 有利于组织整体效能的实现

不设公共关系部的企业,其公关活动由各个部门分别处理,而各个部门考虑问题往往是从本部门利益出发,导致效能抵消,增加内耗,影响整体效能的发挥。此外,各平行部门之间还会相互封闭,妨碍共同前进。设立公共关系部以后,就可以从全局着眼,协调各部门的利益关系,发挥整体的最大效能。

3. 有利于公关职能的充分发挥,保持公关活动的连续性和系统性

企业公共关系部是代表企业进行工作的,对内代表领导决策层来协调处理职工与职工、职工与部门、职工与领导、部门与部门及部门与领导的关系;对外代表企业发布消息,征询意见、处理问题、接待来宾。公共关系部作为组织内部的常设机构,能保证公关工作的连续性和系统性。

【案例3—1】

华为公关部

华为当前布局多个市场区域,每个市场区域的风格和环境都很不一样,而华为努力适应国外的文化环境,在公关传播上重视外国人的理解。在国外传播的落地点上,选择了以国外顶尖媒体作为第一落点,并且以业务为本,但也不局限于单纯的业务。华为在近期的传播中,

更是结合了整个大经济环境和技术环境来和国外媒体沟通，不但可以让国际舆论更加理解企业，而且也让国人产生了更加深刻的认识。

首先，开放心态，坦诚相待。华为面对复杂的国际市场环境，对于业务不藏着掖着，而是欢迎国外公众走进华为，并且积极和海外的高校以及智库合作，积极扩大市场合作范围，开放更多业务进行合作，在崇尚坦诚的海外文化中获得了更多理解。

其次，高管出面，共同推动。华为在越来越多地改变自己“理工男”的形象，高管团队和媒体公众沟通的次数不断增加，而且每个高管都体现了自己独特的风格，这就使得形象不再那么刻板。而海外公众过去对于中国人的感受就是刻板而努力，但是通过多次的沟通，华为的形象更加人格化，亲和力不断提升。而且在沟通语言上，注重柔性，同时又具有鲜明的中国文化特色。这背后，应该是与华为内部的公关培训以及不断的组织学习分不开的。

再次，多种沟通手段并行。华为逐渐改变过去的风格，一方面通过外部合作出版相关书籍，让外界更深层次了解华为，另一方面，积极地通过新媒体手段进行沟通，华为的微信和微博都做得有声有色，并且通过视频等手段让华为的一线员工出境，让华为的企业形象更加深入人心。

最后，软硬兼具，锲而不舍。在华为近期的事件当中，华为一方面不断加强和国际媒体的沟通，说明华为是一家严格遵守规范的公司，同时华为的管理团队也在不同场合说明，华为对于国际市场的依赖程度并没有那么强。一方面指出华为希望能够在全球范围内参与5G建设的愿望并积极努力，另一方面因为有着技术优势和中国市场的支撑，也在柔中背后有着硬气。这种柔中带刚的公关手段最终收获了比较良好的效果。

（资料来源：baijiahao. baidu. com）

（二）公共关系部的功能

公共关系部是组织内部专门负责处理公共关系工作的职能部门，与企业中其他部门一样，同样具备自身特有的功能。

1.“情报部”功能

公共关系部着意建立广泛的社会联系和通畅的信息网络系统，发挥着组织“耳目”的作用。它要收集、处理、存储与组织有关的内、外部各类信息、资料，便于随时调用，任何关系到组织生存、发展的信息都是公共关系部搜集的对象。要做的主要工作有：了解内部公众对组织的意见和建议；了解社会政治、经济、文化的现状及变化；了解外部公众的舆论、态度、需求等。例如，有些企业公共关系部熟知每一个职工的家庭状况、爱好及生日，每到职工生日那天，就会以企业名义送上一份小小礼物，礼轻情意重，会让职工体会到企业对他的关心，从而增加对企业的归属感，更加努力地为企业工作。

2.“参谋部”功能

现代社会中，一个企业的兴衰存亡与其所处的环境有着密切的关系，因此，企业作决策时除考虑技术因素外，还必须考虑社会关系因素。企业公共关系部正是决策者把握社会脉搏的“参谋部”，这种参谋作用体现在以下几个方面：

（1）评价企业的知名度和美誉度。公关部人员根据公众的反馈意见，公正评价企业形象，为决策提供正确依据。

（2）参与制定企业经营方针、策略等。

（3）把握社会公众心理活动规律，为企业品牌和营销决策提供建议。例如，消费者心理活动中有受传统观念、民族习惯影响的习俗心理需要，还有超前心理需要、优越心理需要、新奇和偏爱心理需要等。同时，人们的购买心理随着消费者购买能力、性别、年龄、职业的不同，呈现不同特点。

3.“外交部”功能

随着组织与外界交往日益密切，对外联络和应酬交际的任务越来越重。同时，组织与外部的各种摩擦和纠纷也随之增多，需要进行协调，公共关系部作为一个组织的对外机构就担负着这些工作。在一定意义上说，公共关系部是组织的“喉舌”“外交官”，向组织内外部公众发布各种信息，类似于组织的新闻发言人。

4.“消防队”功能

公共关系部在必要的时候还须处理公关事故，即由于产品质量或其他方面的原因所引起的公众不满情绪和行为。其中有的属于公众误会，有的实属企业失误。公关事故的发生犹如房子失火，若不及时扑灭，必然会阻碍企业的正常运转，严重的还会导致企业倒闭。例如，广东大亚湾核电站建设过程中曾遭到香港公众的联名反对，该电站公关部做了大量宣传、协调工作，消除了公众顾虑，才使工程顺利进行。

在有些公共关系学著作中，把公共关系部称为企业的“五官”——眼、耳、鼻、舌、喉。眼——观察组织与公众之间的关系；耳——倾听公众对企业的批评和建议；鼻——“嗅”出企业行为与公众利益不一致的“气味”；舌——“品尝”和体会公众的冷暖与甘苦，为公众排忧解难；喉——向公众传播与之相关的企业信息，赢得公众的理解与合作。这“五官”功能正是公共关系职能的重要体现。

(三)公共关系部的特点

公共关系部作为组织的职能部门有其自己的特点。它不同于组织的办公室或秘书处。在设置公共关系部时就必须明确，公共关系部既不是基层的管理部门，也不是直接的经营管理部门，而是高层次的服务部门，它为管理决策部门提供必要的咨询与建议。从机构的性质上看，公共关系部主要有以下四个特点：

1. 专业性

这是指公共关系部作为组织内从事公共关系工作的机构，不能成为“杂货店”，也不是临时班子，必须保证其队伍的专业化和工作内容的专业化。

(1)队伍专业化。它表现在两个方面：第一，公共关系部领导者一定要由公关专业知识丰富，且具有领导才华的人士担任；第二，公共关系部成员一定要由专业公关人士组成。

(2)工作内容必须专业化。它表现在三个方面：第一，要按照公关工作职能开展工作；第二，要遵照公关工作原则办事；第三，要按照公关工作程序处理事情，要讲究公关工作的科学性和技巧性。

2. 协同性

这是指在实现公共关系计划所确定的目标时，组织不能只靠公共关系部单枪匹马，孤军作战，还应依靠组织中各部门的相互配合及全体成员的共同努力。公共关系部在组织各部门相互配合的过程中，要发挥沟通、协调和组织的作用。因此，这就要求公共关系部必须与组织的各个部门保持密切、良好的工作关系。离开了各部门的相互配合，离开了全体人员的共同努力，公共关系部无论有多大的能量、多大的神通，都难以实现公共关系目标。

3. 自主性

这是指公共关系部在组织中要有独立的地位，有一定的权限范围，可以自主地开展各项工作。公共关系部的自主性目标是与其在组织中的“决策参谋”地位分不开的；否则，公共关系部就无法完成组织的公共关系目标，发挥其应有的功能。因此，在组建公共关系部时，要考虑它的自主性要求，并在组织上给予保证。

4. 服务性

公共关系部是一种具有服务性质的，较高层次的间接管理部门，但它不是直接的管理者，也不是领导者和生产者，其职能作用体现在向组织决策层和组织各职能机构提供有效的服务。这种服务工作是高级的经营管理工作，是为实现公共关系目标而提供的服务工作。它既可以通过建议与咨询的形式为其他部门服务也可以通过专项公共关系活动为组织服务，还可以通过日常公共关系活动为员工及社会公众服务。因此，应当确立公共关系部是服务部门的指导思想，并使公共关系人员在思想和工作作风上适应这种服务性。

(四)公共关系部的设置原则

由于各组织的规模和工作内容不同，对公共关系活动的要求不同，因而所设公共关系部的规模也会不同。但是，任何一个组织在设置公共关系部时，至少要考虑以下几项原则：

1. 规模适应性

所谓规模适应性，是指公共关系部规模的大小应当与组织的规模及其发展相适应。组织的规模有大有小，规模大的组织可达几千人、上万人；而规模小的组织仅有几十人、十几人。因此，大型组织可设立人数较多、门类齐全、分工细致的公共关系部；中型规模的组织可设立人数不多、具有综合性的多职多能的公共关系办公室；小型组织可以不设立公共关系部门，而任命专职的公共关系人员或从社会上的公共关系公司聘请公共关系顾问开展本组织的公共关系工作。

2. 整体协调性

所谓整体协调性，就是在设置公共关系部机构时，应与组织内部各部门相协调，如果有冲突，应做适当调整，以免制造矛盾。同时，机构内部人员的设置也应考虑整体效应，使公共关系部协调一致地工作。

3. 工作针对性

所谓工作针对性，是指公共关系部的机构设置要根据不同组织的工作性质和自身所面向的社会公众的特殊性来确定。公共关系部总是依附于特定的组织，这些组织又是性质多样、类型各异的。组织的性质不同，公共关系工作的目标、内容、方法也不同，面对的公众也不同。有的以特定的公众为对象，有的以整个社会公众为对象。因此，在设置公共关系部时，就不能盲目照搬或仿效别人的做法，而应遵循“针对性”原则，根据组织自身的性质，根据组织特定的公众对象来工作。

4. 责权对等性

权力与责任是相辅相成的，公关人员在获得权力的同时，也应承担相应的责任。例如，公关人员在获取处理公关危机的权力时，同时负有承担失误的责任。总之，公共关系部必须有责有权，才能有效地发挥其职能，获得最佳功效。

(五)公共关系部的组织类型

公共关系部的组织机构没有固定的模式，但有各种各样的类型。我们以经济组织为例，介绍几种类型。

1. 按工作方式分类

从工作方式来观察，公共关系部的组织类型可以分为公共关系对象型、公共关系手段型和公共关系复合型。

(1)公共关系对象型,也称分类公共关系型,即公共关系部下属机构的名称分别是公共关系工作对象的名称(参见图3-1)。

公共关系对象型结构的优点是:有利于熟悉自己的工作对象,了解其需要和反应,便于有针对性地开展公共关系活动。

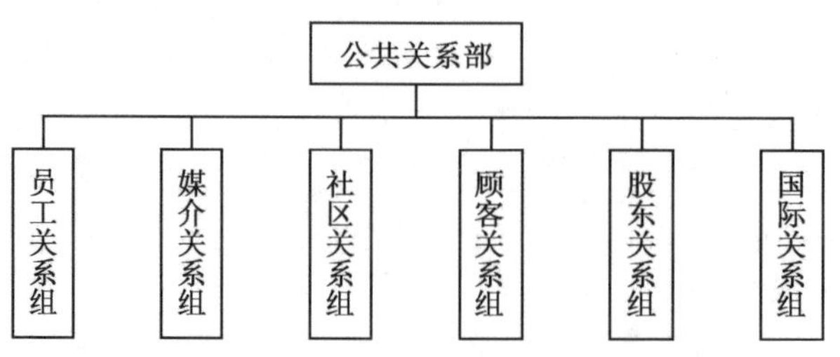

图3-1 公共关系对象型结构模式

(2)公共关系手段型,也叫公共关系技术型,即公共关系部所属机构的名称分别是一种公共关系技术手段的名称(参见图3-2)。

公共关系手段型结构的优点是:各部门的工作内容按照工作人员的技术专业划分,工作人员根据自己所从事的工作,着重在提高专业技术水平方面下功夫,便于熟练地掌握和运用各自的公共关系手段,开展多方面的公共关系活动。

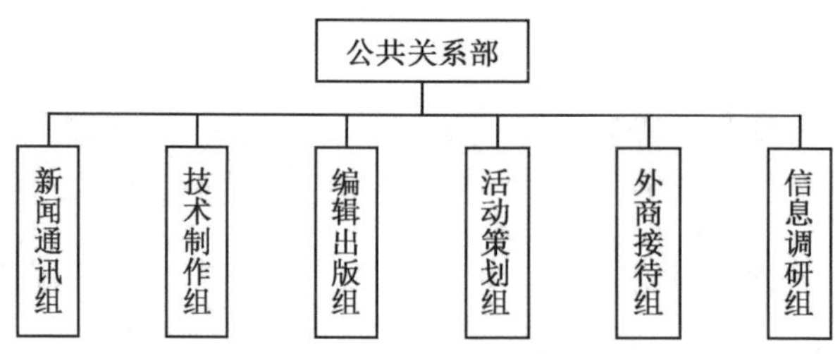

图3-2 公共关系手段型结构模式

(3)公共关系复合型,即在机构内具体部门其机构名称既反映公共关系的工作手段,又反映公共关系的对象(参见图3-3)。

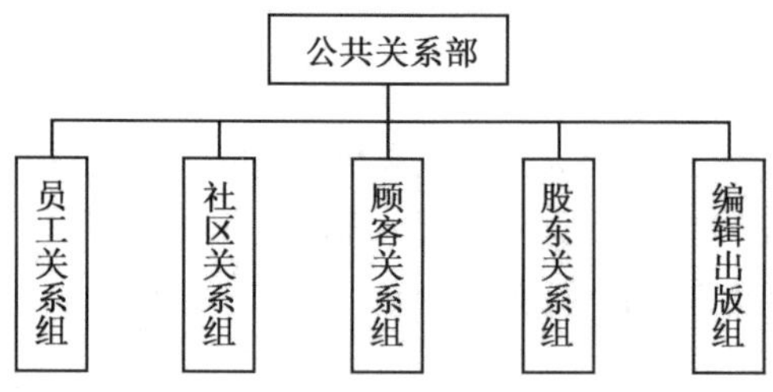

图3-3 公共关系复合型结构模式

公共关系复合型模式的优点是:把手段型和对象型结构合二为一,根据实际需要来设置下属机构,不拘泥于固定模式。据日本20世纪70年代的调查,日本的先进企业采用这种类型的公共关系部为数最多。目前这也是我国大多数单位所采用的公共关系组织机构模式。

2. 按领导方式分类

从领导方式来看，或从组织管理的角度考虑，或从公共关系部在组织中的地位来考察，公共关系部的设置可分为以下四种类型。

（1）总经理直接负责型，即由组织的最高负责人兼任或由副职领导担任公共关系部负责人（参见图 3—4）。

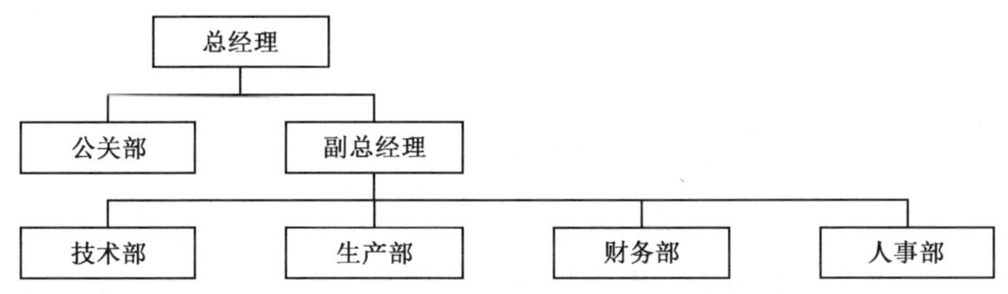

图 3—4　总经理直接负责型

这种模式充分显示了公共关系部在组织中的重要地位。其优点是公共关系部与组织的最高负责人直接联系，处于组织的中枢地位，因而能着眼于组织的各个经营环节，便于全面地、有针对性地开展工作；组织的公共关系思想与政策能融会贯通，并使公共关系部的工作具有一定的权威性。

（2）总经理间接负责型，又称部门并列型，即公共关系部由组织的最高领导人间接负责或由机构中的中层经理担任部长，而公共关系部的负责人与其他部门负责人的地位并行，并直接对组织的最高领导人负责，处于组织管理的第二层次（参见图 3—5）。

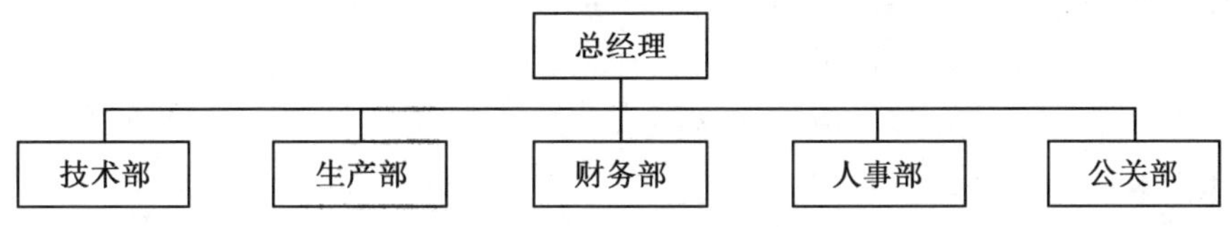

图 3—5　总经理间接负责型

这种模式的优点是：公共关系部与组织决策者有直接联系的权力和机会，对组织决策有直接的影响。有时，公共关系部负责人在对外活动中全权代表本组织的最高负责人。目前，这一模式在我国应用比较普遍。

（3）部门所属型，即公共关系部隶属于组织的某一部门，受组织的某一部门直接领导，处于组织管理的第三层（参见图 3—6）。

从目前国内外情况看，公共关系部在组织中的隶属关系主要有以下几种：

①隶属于经营部门：由经营部门的负责人兼任公共关系部的领导，这种关系强调了公共关系在生产、营销和流通等环节的作用。

②隶属于销售部门：由销售部门的负责人兼任公共关系部的领导。这种隶属关系强调了公共关系的促销功能。

③隶属于广告宣传部门：这种隶属关系侧重于公共关系部的传播功能。

④隶属于人事部门：这种隶属关系侧重于对内部从事关系的协调功能。

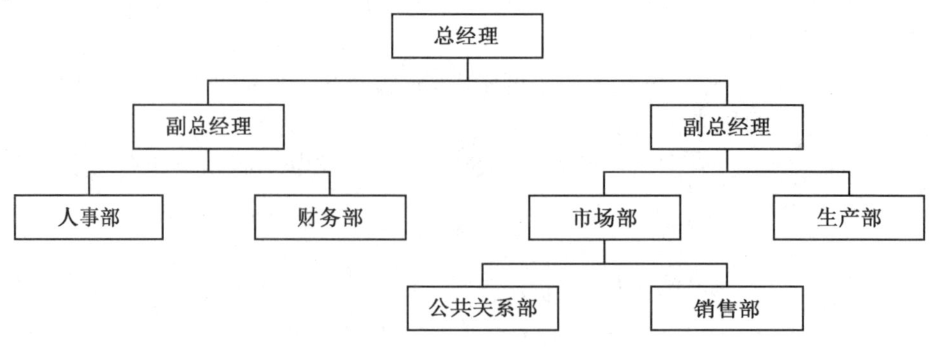

图 3—6 部门所属型

⑤隶属于接待部门：这种隶属关系侧重于公共关系的社会交往作用。

⑥隶属于行政办公室：一般由办公室的负责人（主任或副主任）兼任公共关系部的领导。在这种隶属关系中，公共关系部仍然和最高层次比较接近，联系也比较方便。与隶属于其他部门的公共关系部比较，有利条件比较多。

（4）公共关系委员会。这种模式是在公共关系部之上，还有一个由组织最高领导人和各部门负责人组成的公共关系委员会，它主要为一些特大型企业所采用，委员会统筹本单位的各项公共关系工作。例如，研讨、制定公共关系部的工作计划；批准各项公共关系预算；监督计划的执行情况；评价公共关系工作效果；等等。它不直接从事具体的公共关系工作，其优点是可以使公共关系工作具有权威性，并能使组织的各个部门都来关心、支持、参与公共关系工作。缺点是，多了一个层次，使各种关系变得更为复杂。

以上所介绍的四种类型中，从管理学的角度分析，总经理直接或间接负责型具有明显的优势，而部门所属型和公共关系委员会则有明显的缺陷。英国著名公共关系专家弗兰克·杰夫金斯曾经指出："鉴于公共关系工作涉及整个组织的各个方面，把这项工作置于销售经理或人事经理的领导之下真是愚蠢至极。"他认为公共关系部和公共关系人员应当直接向总经理或最高管理决策部门负责。

3. 按公共关系部机构的规模分类

从公共关系部机构的规模考察，公共关系部的设置可分为小、中、大三种类型。

（1）小型公共关系部。这种模式的特点是：机构简单，一般具有两个层次，人员也较少。它适合于小型企事业单位。其机构设置参见图 3—7。

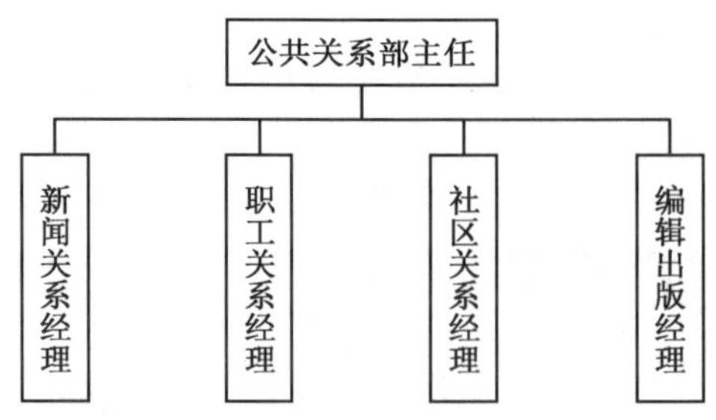

图 3—7 小型公共关系部结构

(2)中型公共关系部。这种模式的特点是:机构比较齐全,一般具有三个层次,组合层次分明,分工明确,形成完整、统一、和谐的工作机构,公共关系工作的密度、深度和广度都比较集中。它适用于中型企事业单位。其机构设置参见图3—8。

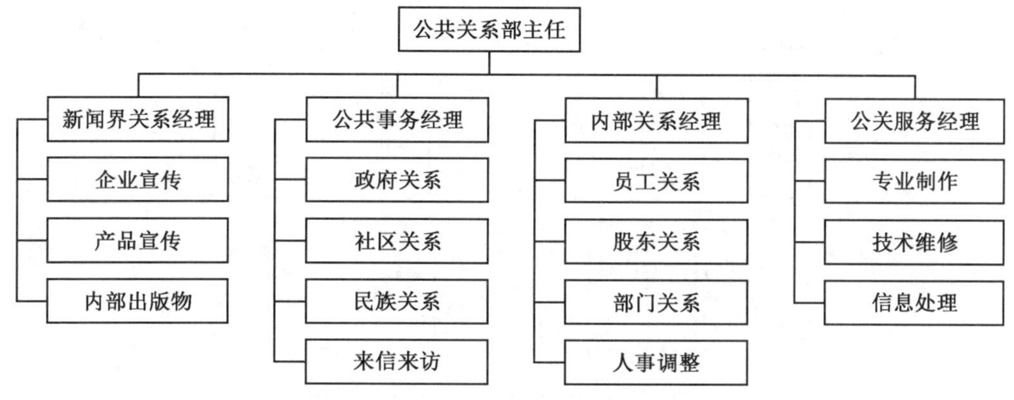

图3—8　中型公共关系部结构

(3)大型公共关系部。这种模式的特点是:机构复杂,人员众多,分工较细,工作要求协调统一,能胜任重大的公共关系活动。它适用于大型企事业单位。其机构设置参见图3—9。

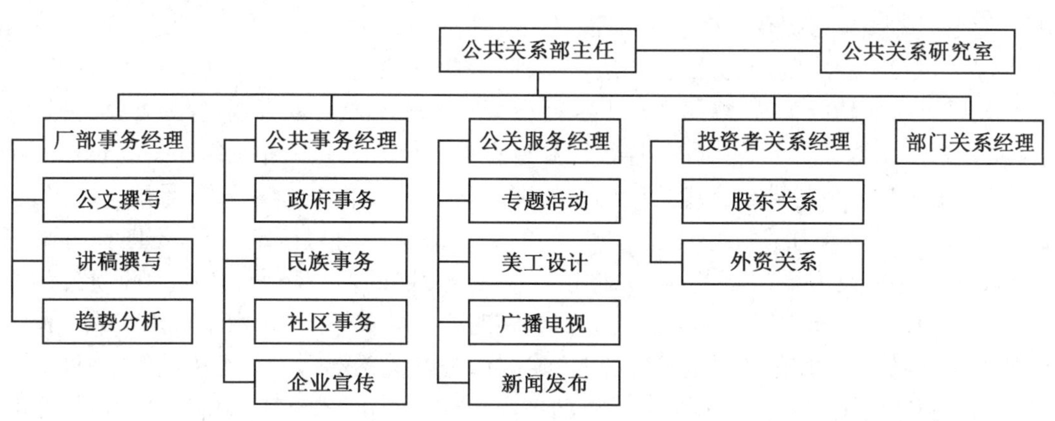

图3—9　大型公共关系部结构

例如,美国大通银行是一家跨国金融机构,共有员工三万多人,分支机构两千多家。该银行企业传播部(即公共关系部)从业人员有两百多人,由一位高级副总裁担任该部门主管。其组织机构是大型公共关系部门的典型模式,其机构设置参见图3—10。

(六)公共关系部的优势与局限性

1. 公共关系部的优势

在组织内部建立公共关系部,对于开展公共关系有以下好处:

(1)熟悉组织情况。公共关系部的工作人员都是组织成员,他们对组织内的各种情况比较熟悉,尤其是对组织运营的特点和各种因素的相关程度了解得比较透彻,把握得比较准确,诸如:组织内各个部门、各个成员之间的关系及其在组织中所起的作用是怎样的?谁是关键的人物?何处是关键性的环节?什么是最主要的问题?等等。同时,他们在组织内拥有良好

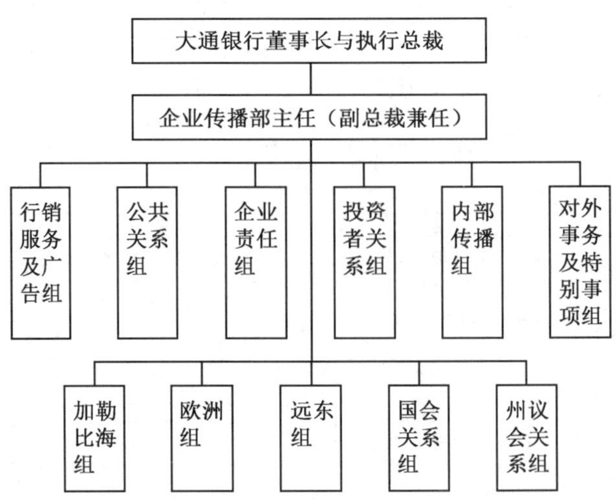

图 3—10　美国大通银行企业传播部的组织结构

的人际关系，能及时获取比较可靠的、新的信息。因此，在开展工作时，他们容易抓住组织存在问题的症结，可以对症下药，提高公共关系工作的有效性。

(2)能提供及时的公共关系服务。由于组织内的公共关系部对本单位情况比较了解，可以随时为组织的领导层提供业务咨询和建议。特别是在突发性的事件，如失火、爆炸等紧急情况出现时，公共关系部可以做出快速决定，及时提出对策，发布新闻，协调关系。不失时机是公共关系工作成功的关键之一，而公共关系公司往往来不及赶赴现场，容易贻误时机。

(3)有利于保持公共关系工作的连续性和稳定性。公共关系工作是组织一项长期而持久的工作，这是因为组织与社会环境之间的矛盾发展是一个无限的过程，旧的矛盾解决了，新的矛盾又会产生。另外，为了使组织与公众之间的关系保持平衡与稳定状态，不断完善组织自身在公众心目中的良好形象，创造有利于组织进一步发展的社会环境，开展一两项公共关系活动难以实现这个根本目标。而外请(聘)的或临时的公共关系人员，由于对组织或工作情况不熟悉，也很难保证工作的连续性和稳定性。这样，公共关系部作为组织内的一个常设机构，在时间、人力、物力上能保持公共关系工作的经常化和职能化，有利于保持公共关系工作的连续性和稳定性。

(4)有利于节约经费。在组织自身发展过程中，公共关系问题随处可见。有些重大的公共关系专项活动，组织可委托公共关系公司或聘请公共关系专家来处理，但如果大量的、例行的事务性工作都委托公共关系公司或专家解决，对组织来说将是一笔可观的开支。而公共关系部由于与所属组织在利益上的一致性，因此在开展各项活动与实施公共关系计划时，不仅要考虑公共关系工作的效果，同时还要注意尽量节约经费、减少开支。

2. 公共关系部的局限性

公共关系部具有自己的优势，同时也有自己的局限性。其表现主要有：

(1)职责不明，负担过重。这是公共关系部最常见的不足之处。由于公共关系工作涉及面广，组织的领导很容易把许多“三不管”的问题交给公共关系部去处理。有时还很容易把许多虽然属于公共关系范畴，但应由其他部门办的事情也交给公共关系部去办，影响正常工作的进度。这样，就会造成公共关系部的任务过重，无法集中力量去完成应该完成的专项任务。

(2)看问题有时不够客观,即所谓"当事者迷"。公共关系部的人员在处理问题时,有时不够客观,容易受组织内的人际关系等因素的影响,如因人事、工资等方面受制于本单位,担心得罪领导,违心地去迎合领导的意图,不如实汇报情况;或出于对自己前途的考虑,有可能掩盖问题的真相,从而造成主观地看问题或处理问题,不够实事求是。

(3)总费用可能比聘请公共关系公司高。这是因为公共关系部的工作人员都要占有一定的编制,除了需要长期支付工作人员的工资外,还需要购置大量的办公设备,如长期租用办公地点,购买影视、照相、录音器材等。

(4)有可能成为组织的负担。如果组织内公共关系部的建立不具备条件,而是为了赶时髦,东拼西凑而成,或其工作人员缺少专业训练,难以胜任工作,或由于公共关系经理不具备领导素质,得不到领导部门的重视,难以开展工作。这样,公共关系部既占编又占人,就可能成为组织的一种负担。

二、公共关系公司

公共关系公司,又称公共关系顾问公司或公共关系咨询公司,由各具专长的公共关系专家和公共关系人员组成,专门从事公共关系方面的有关咨询和公共关系活动,或受具体企事业单位委托,为其开展公共关系工作、提供设计方案、决策参考的社会服务机构。

(一)公共关系公司的基本特征

1. 社会性

不同于松散的公共关系社团,公共关系公司是一个职业化的机构,是一个经济实体。它要求有明确的组织目标、严格的组织机构、受过专业训练的专门人才,有共同遵守的规章制度,有周密的发展规划。

2. 服务性

公共关系公司是服务性行业,它通过从业人员掌握的广泛的信息、丰富的知识和经验、现代化的技术手段,为客户提供市场、形势、信誉等多功能的服务。

3. 营利性

公共关系公司作为商业性机构,按照一定的标准,提供有偿服务,通过经营、服务活动取得利润。

(二)公共关系公司的经营范围

1. 公共关系咨询

公共关系公司可根据客户的要求,凭借现代化的通信、办公技术,众多的专门人才,为客户提供社会政治、经济、文化、教育、科技等方面的情报,提供市场信息、公众态度、社会心理倾向及社区文化习俗的分析资料;为客户进行公共关系问题的分析与诊断;为客户的形象设计、形象评价及公共关系政策或决策提供咨询等。

2. 传播信息

为客户进行各种信息传播,包括为客户撰写新闻稿件、选择新闻媒体、建立媒介关系、举行记者招待会(或新闻发布会);为客户设计、印制宣传资料和纪念物品及统一的标识制品;为客户制作宣传影片、录像带或光盘等视听资料;为客户制定广告投资计划,设计制作产品广告及公共关系广告;协助客户推广产品信息,制造有利的市场气氛等。

3. 组织活动

协助客户与相关公众进行有效的联络沟通,帮助客户与政府、社区、媒体等公众建立并维持良好的关系；为客户安排、组织重要的交往活动，如贵宾和社会政要的参观访问等；为客户策划组织各种专题活动，如剪彩仪式、庆典、联谊以及各种社会赞助活动等；组织各种会议，如信息交流会、产品展销会及洽谈、谈判会。针对企业、产品、名人等形象受损时产生的各种危机，提供专业的危机公共关系服务，使其快速摆脱困境，维护和提升公众形象。针对企业的各类产品做出行之有效的市场营销策划方案，协同企业开拓广阔的市场及增创更高的效益。

4. 人员培训

公共关系公司可代为客户进行各类人员的知识或技能培训，使其具有足够的公共关系理论知识和实际操作技能，以适应岗位的需要。

(三)公共关系公司的类型和组织机构

1. 公共关系公司的类型

同组织的公共关系部门一样，公共关系公司的组织机构也没有固定的模式。

(1)从工作范围来看，跨地区、跨国经营的大公司，如一些大型国际公共关系公司就设有地区部门和国际部门，以提供地区性和国际性服务；也有工作范围只局限在一个地区的小公司，其机构要简单得多，其工作人员大多身兼数职。

(2)从公司规模来看，可分为小型、中型、大型公共关系公司。据美国的调查，小型公共关系公司的工作人员平均为 6 人以下，中型公司平均为 7～25 人；拥有 25 人以上者则为大型公共关系公司，至于伟达公司、博雅公司这样的国际性公共关系公司则拥有工作人员数百名乃至上千名。

(3)从服务项目来看，既有综合性的公共关系公司，也有专项性的公共关系公司。前者的业务范围全面，可以承办数项以至数十项业务；后者的经营规模和业务范畴较小，主要为特定组织提供一项或几项服务。

(4)从经营方式看，既有独立经营的公共关系公司，也有与广告公司合营的公共关系公司。独立经营的公共关系公司与其他社会组织没有隶属关系，它们独立开展各种公共关系业务，为自己的客户提供服务。自 20 世纪 70 年代以来，国际上出现了公共关系公司与广告公司合营的趋势。据调查，美国十大公共关系公司中有六家是广告公司的分公司或一个部门。这一类公司的服务对象既可以是广告公司的客户，也可以独立地接受自己的客户。

2. 公共关系公司的组织机构

公共关系公司的组织机构虽然没有一个固定的模式，但其机构主要由以下几个部门组成：

(1)行政部门。这个部门是负责行政管理和行政指挥工作的决策机构，它包括总部和各个行政分部。人员主要有公司总经理、副总经理和一定数量的业务经理人员。总经理全面负责公司的决策工作和检查实施情况；副总经理协助总经理分管几个具体部门，负责公共关系工作的实施和评估；业务经理人员的主要工作是具体组织、制定和实施为委托人服务的公共关系项目。

(2)审计部门。这是指专门对承接的公共关系项目进行审计工作的业务部门。这个部门一般由业务经理人员、业务部门的负责人和高级公共关系专家组成。其任务是对公司承办的各项业务、各个项目计划，审查其可行性，并撰写财务收支计划；根据实施计划，统筹安排人力、物力、财力，及时对有关计划和项目提供指导和咨询。目的是在保证公共关系项目质量的前提下，以最少的经费，获取最大的经济效益，保证公司财务收入。

(3)专业部门。这是指具体从事公共关系项目的业务部门。它要根据公司的业务范围和专业特色来设置，每个部门都配有一定数量的精通本部门业务的公共关系专家。业务部门一般不对外承揽业务，只是听从业务经理的安排。例如，一位业务经理承办一家企业的公共关系项目是召开一次大型记者招待会，于是，他请公司新闻部的专家出面策划。当这位业务经理同时承办的另一家企业的公共关系项目是编辑出版一份对外刊物时，他又组织美工部的专家来商议刊物的版式、封面等方面的具体工作。这样，同一个专业部门可以在同一个时间内为两个或两个以上的客户提供服务，这主要由业务经理做统一安排。

(4)国际业务部门。这是指专为外国和外地区提供公共关系服务的业务部门，如东南亚、西欧、北美等地区服务的部门。这是大型国际公共关系公司内部应设置的部门，目的是为特定地区或国家提供公共关系咨询和技术服务。每个负责外国或外地区公共关系的部门，其内部专业人员必须全面掌握该国、该地区的风土人情、消费习惯、宗教信仰、国情民情、礼仪礼节等方面的知识，以有的放矢地为特定地区和国家提供服务。

(四)公共关系公司的工作原则

公共关系公司所从事的工作，一方面涉及委托单位或个人的形象与信誉，另一方面要对社会公众负责，因此，公关公司在工作中应自觉遵守以下原则：

1. 遵纪守法

公共关系公司要自觉遵守国家法律、法令及有关方针政策。公司既是社会服务性机构，又是一个经济实体，其主要任务是为社会服务而不能将贸易开发、商品经营作为主营项目。公司要在国家方针、政策的指导下开展活动，以遵纪守法和高质量的服务赢得公众的信任。

2. 讲求真实、准确

公共关系公司必须保证将真实、准确的信息提供给客户。真实就是客观地报道，不隐瞒任何情况，对待客户一片真心诚意，决不搞虚情假意，敷衍塞责；准确就是不夸大、不缩小，实事求是，切忌夸夸其谈，并针对利弊指明改正的出路，决不避重就轻，草草了事。

3. 不干涉内务

由于是受委托开展公共关系活动，公共关系公司的工作人员必然在一定程度上对委托单位的内部情况有所了解，因此，公司不得利用工作之便对委托单位或委托人的事务施加影响，或将自己的意思强加于对方。特别是在双方合作结束后，更应强化自我约束，不干涉客户内务，不损害客户利益。

4. 保守秘密

公共关系公司在代理委托单位的公共关系业务过程中，为保证实现公共关系目标，经常要了解一些委托单位的机密，公司应严格为其保守秘密并不得接受那些可能泄露或利用这些机密的单位的聘请，以防有损委托单位的利益或形象。

5. 避免为相互竞争的委托组织同时服务

公共关系公司不能随意为相互竞争的委托单位同时开展公共关系活动。美国公共关系协会全体大会于 1977 年通过的最新版本的《关于公共关系业务的职业道德准则》中明确规定："会员在没有获得有关各方的特别允许的情况下，在事实充分展开之后，不得代表相互冲突或竞争的利益集团；在会员的利益正在或可能同客户的利益相冲突时，应将这些利益冲突充分告知对方。"

6. 一切为客户着想

公共关系公司的宗旨是信誉第一、服务第一、客户第一。公司应竭尽全力为客户办好事、办实事，事先向客户介绍服务项目、收费标准等，并站在客户的立场上考虑费用预算，尽可能为客户节约经费。另外，公司在为客户服务的过程中，在没有得到客户的许可和充分告知事实的情况下，不得接受客户以外任何人所给的、同上述服务有关的小费、佣金和高价报酬。

(五)公共关系公司的收费方式

公共关系公司是对外营业的企业单位，在客户要求提供咨询或公共关系业务帮助时，以公共关系劳务的形式为客户服务，并向客户收取费用。公共关系公司的收费方式一般有以下几种：

1. 项目收费

项目收费是先将公共关系业务工作分解成不同的项目，并根据项目的内容及其开支状况确定其费用，然后对各项费用进行汇总，得出其总费用。收费项目主要有：

(1)咨询服务费，包括项目实施期间工作人员的工资以及与项目有关的高级管理人员、专家和文秘人员的报酬。

(2)行政管理费，包括在承揽项目期间所需的房租、水电费、取暖费、电话电报费等。

(3)项目支出费，即项目期间所支出的印刷费、邮资、差旅费等。这些全部由客户实报实销。

(4)公共关系活动经费。在项目实施的整个过程中，往往需要进行各种形式的公共关系活动，按活动计划及各项活动的需要确定费用金额。

(5)项目利润。这是指扣除各种税费后，公共关系公司应得到的纯利润。一般根据项目所需时间的长短，由公司和客户双方协商确定。

项目收费的基本公式是：

项目收费＝咨询服务费＋行政管理费＋项目支出费＋公共关系活动费＋项目利润＋…＋上缴税收

项目收费方式的优点是专款专用，有利于保证公共关系项目的质量，便于考核管理。

2. 计时收费

计时收费即按参加工作的各级种类人员的不同标准，按工作时间收费。一般来说，每小时收取的费用是每人每小时收入(含工资和奖金)的 2～5 倍，有的公司为了方便起见，采取每小时收取固定费用的办法。如在美国，采取这种办法的公司收费标准为每小时 35～40 美元。计时收费的标准还根据公司声誉的高低而定，有时收费受专家本人的声望和资历的影响，有时还受具体工作的难易程度的影响。总之，计时收费没有统一的标准，一般根据具体情况由双方商定。

3. 综合收费

公共关系公司与客户双方根据业务需要，协商确定费用的总金额。这种费用一般在业务开始时由客户预付，它有利于根据有限的资金统筹安排，合理使用。缺点是客户难以监督。

4. 按项目需要分次收费

这是综合收费的变通形式。客户若不愿采用综合收费，也可按项目实际需要，分次逐项付款。对于公司来说，可将此视为项目收费。对于客户来说，可以监督公司代理业务的质量，如果对该公司的服务不满意，其他业务可以考虑选择别的公共关系公司。

5. 项目成果分成

即公共关系和项目委托人(单位)共同承担风险，共同受益。一般由委托人负责项目的实际费用，公共关系公司负责项目的调查、计划、决策研究、公共关系活动等，最后形成项目成果，这种成果一般可长期受益，按成果每年收益的百分率享受分成。

(六)选择公共关系公司的标准

企业或组织在公共关系公司代理业务之前，都要根据一些标准来评价公共关系公司。客户选择公共关系公司的主要标准有：

1. 公司的信誉

公司成立时间、规模、知名度、美誉度，在公共关系界是否有权威，能提供哪些服务项目或举办过哪些著名的、重大的公共关系活动，有多大影响，等等，这些都是客户要考虑的因素。

2. 公司的客户情况

公司曾经接待过哪些客户，现在有哪些客户，客户的社会地位如何，它们对公司的技术业务和服务态度的满意程度怎样。

3. 公司人员的业务水平

在公司里服务的公共关系人员的业务水平往往决定了该公司的服务水准，所以公司从业人员是否受过专门训练，个人专业技术水平如何，能否与客户的要求相一致并努力去满足客户的需求，能否保证按时完成工作，等等，这些都是客户所关心的问题。

4. 收费标准

一家信誉良好的公司也可能是收费较高的公司，但是每一位客户都希望能花较少的钱，取得较好的效果。因此，客户选择和评价公司实际上是将其信任度、服务质量同收费标准进行比较。

(七)公共关系公司的优势与局限性

1. 公共关系公司的优势

与公共关系部比较，公共关系公司的长处有：

(1)职业水准比较高。公共关系公司不仅提供一般服务，还承担培训公共关系人员的任务，因而其工作人员必须具有较高的职业水准。另外，公共关系公司面向社会，广泛搜罗人才，因此，公共关系公司选择人员面比较广，通常都能选聘到相当数量的各种专业的公共关系专家和人才。此外，公共关系公司承办的业务大多是各社会组织难以解决的，这类业务往往既复杂又难度大。在长期与各种复杂难题打交道的工作实践中，公共关系公司的工作人员积累了丰富的工作经验，练就了较高的技术水平，公司具备各方面(如教育、政府关系、新闻、财务、美工、广告、法律、声像等)的专家。因此，公共关系公司以其人力和经验方面的优势，在应付复杂局面、解决难题方面，要比组织内部的公共关系部更为理想。

(2)看问题比较客观。由于公司与委托的组织没有直接的利益关系，公共关系公司的人员不是组织的员工，不受该组织内各种人事关系的影响，也不必听命于该组织的某位领导，与该组织和个人无任何瓜葛。俗话说："旁观者清。"因此，他们可以从旁冷静地观察问题，以客观、公正的态度，实事求是地分析问题，不带主观想象或感情色彩。公正是公共关系公司和公共关系人员的必备条件。

(3)社会关系广泛。公共关系公司活跃于整个社会，在长期的工作过程中，同社会各类组织及公众建立了密切广泛的联系，如与政府部门、财政部门、社会团体及社会各界人士都有良好的关系，相比组织的公共关系部，更加熟悉大众传播媒介，因此，它能广泛地反映公众的意见，联系工作也更为方便，有利于扩大和提高组织的知名度与美誉度。

(4)信息比较灵通。公共关系公司的第一项任务就是收集和提供信息，其所有的咨询工作都是在信息分析的基础上进行的。因此，拥有信息是公共关系公司的最大优势之一。人们评价公共关系公司质量的一个方法就是看它掌握信息的多少。现代化的公共关系公司大多采用电脑储存和处理信息,能以最快的速度、最好的质量满足客户的需要。

(5)机动性强。由于公共关系公司,尤其是大型公司,拥有雄厚的人力、物力和财力,可以针对不同的公共关系任务和不同的客户,组织相对集中的人、财、物,打“歼灭战”。在接受紧急任务或遇到紧急情况时,公共关系公司的人员具有很强的机动性,公司可以临时抽调有关专业人员,组织专门的工作班子,集中力量解决问题。在没有任务时,这些人员可以回到专业部门去做业务准备。

(6)建议容易为人们所重视。俗话说:“远来的和尚会念经。”与公共关系部相比,公共关系公司提出的建议更容易被组织的领导所接受。其原因,一方面是公共关系公司派出的专家,经验比较丰富,技术水平比较高,能提出有价值的建议和方案;另一方面,由于他们是组织专门聘请的,深受组织领导的信赖,在组织领导心目中有良好的形象和较高的威望,因而他们提出的建议和方案更具有说服力和影响力,更容易引起重视,更易为客户采纳和实行。

(7)整体规划的经济性。对于规模较小的组织,单独设置公共关系机构,必然要增加人员,从经济的角度来考虑,并非是最佳选择。针对组织的目标,如果开展专项公共关系活动,经过整体规划,委托公共关系公司代理,效果会更好,经济上也合算。

2. 公共关系公司的局限性

公共关系公司和公共关系部一样,有自己的优势,也有自己的弱点,其不足之处主要有:

(1)不太熟悉客户情况。由于公共关系公司是组织外的机构,因而对客户的情况了解不深,而客户有时也不便或不愿意把一些内部的有关情报透露给公共关系公司,这就增加了公共关系公司人员了解情况的难度,特别是在最初阶段,无法介入或参与最高决策,难免要影响工作进度和工作质量。

(2)工作缺乏连续性、持久性。对于组织来说,只聘用公共关系公司的专家,很难使组织内部的公共关系工作持续化、稳定化。因为组织往往只是在遇到公共关系问题时,才临时求助于公共关系公司,公共关系公司为某一组织提供服务的时间一般不会太长,这样,就很难为客户制订和执行长期的公共关系计划。另外,由于收费的限制,公共关系公司也不可能为组织提供长期的服务和进行大量的调查研究,往往只注重短期目标,这也是不可避免的。即使有些大的咨询公司为某一客户服务时间很长,如 10 年、20 年,甚至 30 年,但此时的公共关系公司就很难再坚持客观性了,因为公共关系公司的专家有可能已成为客户单位的“内部”成员了。

(3)远离客户。由于大多数公共关系公司设在大城市,因而对于地处中小城市的客户来说,聘请公共关系公司的专家很不方便,不仅路遥费时,还要增加往返的差旅费,使人感到得不偿失。特别是遇到紧急情况时,由于公共关系公司与客户距离较远,不利于马上开展公共关系工作。

三、公共关系社团

这是指社会上自发组织起来的,非营利性的从事公关理论研究和实务活动的群众组织或群众团体,如公共关系协会、公共关系学会、公共关系研究会、公共关系俱乐部、公共关系联谊会等。

(一)公共关系社团的特征

1. 人员组成的广泛性

公共关系社团的内部成员来源于不同的组织和部门,形成纵横交错的信息联络网。

2. 结构的松散性

公共关系社团的组织结构没有统一模式，可以根据自身需要而灵活设置 。

3. 工作内容的服务性

同公关部及公共关系公司一样，公关社团也是为一些组织或个人提供各种公关服务。

4. 非营利性

公共关系社团主要以为社会公众服务为宗旨，帮助公众解决社会问题等，不以盈利为目的。

(二)公共关系社团的工作内容

其工作内容包括：

(1)加强从业人员之间的交流、协调与合作；

(2)维护本行业专业人士的基本权利和利益；

(3)推动公共关系学术理论的发展，编辑出版会刊和专业资料，传播公共关系学知识；

(4)规范本行业的职业道德和行为准则，维护本行业的形象和声誉；

(5)培养和训练公共关系从业人员，不断提高业内人士的专业水准；

(6)为会员及各界人士提供公共关系专业方面的咨询服务；

(7)建立和发展本行业与社会各界与国外同行之间的联系与合作。

第三节　公共关系人员

公共关系人员是指以从事公共关系工作为专门职业的人员，是公共关系活动的主体核心。一切公共关系活动最终都落实在公共关系人员身上，由公共关系人员策划和操办，公共关系人员在公共关系活动中起着决定性作用。因此，公共关系工作是一项复杂的、高级的劳动，并不是长得年轻、漂亮、有风度、会微笑就能从事公共关系工作，公共关系人员需要具备一定的素质、能力和职业道德，才具备起码的从业资格。

一、公共关系人员的基本素质

所谓公共关系人员的素质，是指从事公共关系工作的职业人员的气质、性格、兴趣、风度、学识和技能方面的综合品质。公共关系人员的素质，是其本人个性特征的总和，是一种综合能力的概括。公关人员应具备的基本职业素质包括广泛的学科知识、较高的思想政策水平、合理的能力结构、健康良好的心理素质四个方面。

(一)广泛的学科知识

现代公共关系是一种复杂的活动，必须以科学的理论和方法为指导。具体如下：

1. 公共关系理论知识

公共关系理论知识，如公共关系的概念、职能、要素、主体、客体、媒介、形象、礼仪等理论知识和实务知识。用公关理论知识指导实践活动，有助于克服盲目性，增强自觉性。1991—1992 年成都地区如雨后春笋般冒出几十家公共关系公司或公共关系事务所，然而不到一年时间它们就相继关门，其根本原因是开办这些公司的人绝大多数都不具备公共关系的专业知识。凭着好奇心和满腔热血就想操持公共关系业务，顶多也只能昙花一现。

2. 公共关系实务知识

公共关系实务知识，如公共关系调查、策划、项目实施、方案评估、专门活动等。公关实务知识的掌握，关键在于学以致用。

3. 与公共关系相关的学科知识

与公共关系相关的学科知识，如管理学、传播学、社会学、心理学、市场营销学、广告学、美学、交际学、法学、经济学、演讲与写作、摄影、表演等。相关知识的学习，有助于在复杂多变的社会关系中处理好公共关系的各项事务。如国外经济管理学派提出的“蜘蛛网型”知识结构，对于公共关系人员构建自己的文化知识很有启发作用。

4. 公共关系业务涉及的特定行业知识

公共关系总是为具体的特定的行业服务的，这就需要公共关系人员具备相应的行业知识，才能有效地开展工作。例如，企业的产品由内销转为外销，组织需要开展国际公共关系工作，这时，公共关系人员就有必要了解国际关系、国际市场营销、国际公共关系等方面的专业知识和有关国家的政治、经济等情况。

(二)较高的思想政策水平

思想政策水平决定着公关活动的方向和质量。它包括：

1. 思想觉悟

即要有明确的政治方向和高度的政治觉悟，善于分析形势，把握社会环境的变化发展的趋势。能从普通的资料和数据中看出趋势，从平静的表象中看出潜伏的危机，帮助组织把握时机，运筹帷幄，做出科学决策。

2. 政策水平

即要熟悉掌握党和政府的各项政策、法规、法律，以及与本组织相关的政策法令，使公关活动用对政策、用好政策、用活政策。

(三)合理的能力结构

公关工作是一门实践性、操作性很强的工作，公关人员必须使自己具备合理的能力结构。这是一种特殊的专业能力体系，它包括：

1. 组织管理能力

公关工作的本质属性是管理，通过公关工作促进组织目标的实现。公关工作千头万绪、具体繁杂，没有良好的组织能力是很难顺利做好工作的。为此，公关人员应具备激励员工积极性，协调各类公众关系，收集信息，制订公关计划与方案，组织实施各类公关活动及大型专题活动，进行有效传播沟通等能力。

2. 语言表达能力

公关工作是通过传播沟通与公众建立良好的关系。能写会说，能很好地运用语言传达组织的有关信息，与公众有效沟通，是公关人员的一项基本素质要求。它主要有口头语言表达能力、文字语言表达能力、体态语言表达能力。口头语言用于与公众的直接的面对面的交往中。文字语言用于与公众的文章、书信、宣传资料等的沟通中，美国公共关系人员从业要求第一条就是会“有效的写作”。体态语言用于与公众的直接交往中，它能在一定程度上补充口头语言的不足，并和口头语言相得益彰。

3. 公众交往能力

公共关系就是要为组织广结良缘，广交朋友，在组织与公众之间搭建沟通的“桥梁”，形成“人和”的氛围和环境。为此，它需要公关人员正确认识公众，把握交往的技巧、艺术、原则，了解公众的行为特点，学会与各种类型和特点的公众友好相处。美国前总统布什曾说：“一个人一生中打交道的人，百分之八十都是陌生人。”能否具备公众交往能力是衡量一个公共关系人员是否适应现代开放社会和是否适合从事公共关系工作的一个重要标准。

4. 宣传推广能力

公关人员是组织的宣传员，要善于周密策划、精心设计组织形象，善于运用各种传播方式、传播媒介展现组织形象，宣传推广组织形象。

5. 创意策划能力

公关工作是一项极富挑战性和创造性的工作，公关人员是组织与公众的中介者，但绝不是“传声筒”，必须以自己的想象力和创造能力来影响和感染公众。不满现状，不断超越，追求卓越，追求创新是公关人员的应有素质。这亦如国外一些企业家所说的：“拿你的创意换钱。”如果因袭前人、因循守旧，不去开拓创造，公共关系活动就没有了生机而难以为继；如果不具备创新策划能力，公共关系人员也就只能充当一般的接待员或联络员。

【案例 3—2】

“大森林里的小夏天”

2018 年，中青旅联科为黑龙江旅游委创意设计了主题活动——“大森林里的小夏天”。

本次活动选择深受年轻人喜爱的视频形式，将推介会变身影院，以城市旅游资源和游客对于城市的感知做主线，拍摄了国内首部“旅游＋人文”情感故事影片《黑龙江——大森林里的小夏天》。影片通过四段旅程的情境，巧妙置入黑龙江“重返青春岁月”“我和动物做朋友”等核心产品，以贴近生活的情感故事打动观众，并以影片为基础，通过多种途径进行推广传播。

本次活动将“旅行”和“人文”结合，助力黑龙江向“资源＋情感导向型”目的地转型升级，为黑龙江夏季旅游吸引到了更多自由行游客，实现旅游收入同比增长 22.6%。

（资料来源：www. baidu. com）

6. 应变能力

公关活动中经常会出现一些突发事件和事先难以预料到的问题，需要公关人员根据实际情况，灵活从容地应对，以有效地解决问题。

【案例 3—3】

公关经理的随机应变

广州某合资企业为款待外方客人而举办舞会时突然停电，中方经理临阵不慌，迅速宣布：“各位女士、各位先生，现在我向大家报告一个好消息：上帝就要光临我们的舞会了！”外方客人一听，立即鼓掌，以为这是特意按照圣经故事安排的节目，中方人员也一起鼓掌，在井然有序的程序中，中方经理叫人拿来了防备万一的红蜡烛，开始了“烛光舞会”。

（资料来源：www. xkyy. org. 公共关系人员应具备的素质）

7. 专业操作技能

公关人员应是多才多艺的“多面手”，除具有专业基础知识和能力外，还应掌握计算机、制图制表、声像、影响、摄影等技术，以提高公关活动的层次与效果。

(四)健康良好的心理素质

公关人员要和社会上各种各样的人打交道，常常需要面对各种难题、矛盾和困境，需要自身具备良好的心理素质。它包括：

1. 心理承受能力

无论是成功还是失败，顺境还是逆境，都要善于控制自己的情绪和行为，理智地对待问题，解决问题。

【案例3—4】

耐心对待客户

某银行业务大厅内，有一位年纪较长的中年男子，由于在窗口排队等候时间过长，就在大厅内大声呵斥，甚至还使用不文明用语，扰乱秩序。这时，银行大厅经理面带微笑走来，没有问缘由就向男子道歉，安抚男子。男子不但没有收敛反而变本加厉，辱骂该大厅经理。大厅经理听后丝毫没有表现出生气，还是耐心地开导男子，但都没有效果。此时，大厅经理灵机一动说："中途插队是坚决不可以的，要不然这样，我带您在其他窗口优先办理业务，这样的话我也就是被扣一个月工资而已，只要您能对我们的服务满意就行。"男子听她这么说顿时感到不好意思了，立马收敛了，说："那不用了，不用了，我只是多等一会儿，你愿意损失一个月的工资给我优先办理业务，那我可实在不好意思。"

2. 坚强的意志

这主要是指应具有很强的事业心和进取心，对工作满腔热情，不畏艰难，勇于负责，持之以恒。

3. 成熟的思维方式

公关状态复杂多变，要求公关人员应有较高的智慧，遇事冷静思考，有严密的逻辑思维能力和综合分析问题的能力，有丰富的想象力和创造思维能力，使组织在激烈的竞争中立于不败之地。

【案例3—5】

巧妙应对拒绝

有一位业务员去拜访某公司董事长，当秘书把其名片交给董事长时，一如预期，董事长不耐烦地把名片丢回去，很无奈地，秘书把名片退回给立在门外看似尴尬的业务员，业务员再把名片递给秘书，说："没关系，我下次再来拜访，所以还是请董事长留下名片。"

拗不过业务员的坚持，秘书硬着头皮，再进办公室，董事长火了，将名片一撕两半，丢回给秘书。秘书不知所措地愣在当场，董事长更气，从口袋拿出十块钱，说："十块钱买他一张名片，够了吧！"

岂知当秘书递还给业务员名片与钱后，业务员很开心地高声说："请你跟董事长说，十块钱可以买两张我的名片，我还欠他一张。"随即再掏出一张名片交给秘书。

突然，办公室里传来一阵大笑，董事长走了出来，说："这样的业务员不跟他谈生意，我还找谁谈？"

当你不顺着设局者的逻辑思考时，你才能出自己的招，去破解对手的招数。

（资料来源：wenku. baidu. com）

4. 开放的性格

从公关工作的要求看，公关人员的性格最好是开放型、稳重型，并具有涵养、宽容精神和积极乐观的性格。

5. 广泛的兴趣爱好

公关人员要与各行各业的人打交道，广泛的兴趣会给公关人员的社会交往带来更多的维度和空间，结交更多的朋友。公关人员为了工作的需要，应培养自己多方面的兴趣。

6. 良好的气质

公关人员的气质最好是活泼型，对工作热情而稳重，善交际而不急躁。兴奋型的人也可以从事公关职业，但工作中要注意不要感情用事。

二、公共关系人员的角色

公共关系工作需要一大批人去做，这些人由于其工作性质、范围、职能的不同，因此在公共关系工作中充当不同的角色，承担不同的义务，享受不同的权利与待遇。公共关系人员的角色大体上可以分为四种类型：专家型、领导型、技术型和事务型。

(一)专家型角色

专家型角色是研究和解决公共关系理论与实践问题的权威，他们有渊博的知识、丰富的经验，有较高的理论水平与宣传推广能力。他们是公共关系队伍中的中坚和精华。专家型角色主要包括以下人员：

1. 公共关系顾问

公共关系顾问是公共关系的专职高级工作者，是处理和解决公共关系方面问题的社会技术专家，为专业的公共关系咨询公司工作。

2. 公共关系学者和教育家

公共关系学者和公共关系教育家是公共关系研究与教育方面的专家。他们从事社会调查，进行公共关系理论研究，总结公共关系策略与经验，从事不同层次的正规教育与业余培训。这些人主要包括：权威的新闻记者与编辑、专栏评论家、大学教师和研究员等。

(二)领导型角色

领导型角色是指在各公共关系组织或相关单位中担任领导职务者。他们包括经理、部长、主任、兼职领导、社会活动家等。

1. 经理、部长、主任

他们是公共关系机构的直接领导者，是一个部门进行公共关系工作的总设计师，其工作对整个组织举足轻重。由于公共关系工作横向牵涉面广，又与国家设置的行政业务机构不可分割，因此公共关系部门的领导通常由组织或企业的行政负责人兼任，一般以副职出任为多。有的部门公共关系机构大、任务重，可以设置专门的领导人员，主持日常公共关系工作。

2. 兼职领导

各地区、各部门的公共关系工作的开展，不同程度地得到各级党政领导的关怀与支持。他们出于对事业的关心，积极参与各地区、各组织系统的公共关系活动，并进行宏观指导。他们利用自己的社会地位与工作条件，为公共关系大造舆论，解决难题，扩大影响，把公共关系工作作为一种社会工作予以重视。而公共关系组织也利用他们的特有条件，求得政府和党团的支持与配合。他们虽然不是专职人员，但作为兼职或业务的成员对公共关系的发展起着重要的作用。

(三)技术型角色

技术型角色是公共关系部门从事专项技术的业务工作人员。主要包括:一般的记者、编辑、摄影师、广告师、设计师及其他技术人员。他们以各自的技术专长进入公共关系角色。他们可以是专职固定人员,也可以是根据需要聘请的专门人才。

(四)事务型角色

事务型角色是组织中从事一般日常公共关系工作的人员,他们是最普通也是最基层的公共关系人员。这些人员包括:秘书、办事员、服务员、招待员、翻译、助理员、导游、消费引导员等。

三、公共关系人员的选拔与培养

选拔和培养公共关系人员,是我国当前开展公共关系工作和发展公共关系事业的一项迫切任务。其重要意义在于:公共关系是一项社会工作,为了组织的兴旺发达,必须要求这项工作的从业人员有较高的业务技能和文化修养。对公共关系人员进行严格的挑选和职业培养,直接影响到建立良好的社会关系和创造顺利的工作环境。没有大批训练有素的骨干人才,公共关系工作就难以完成自己的职责和使命。

(一)选拔公共关系人员的原则

目前,我国专门培养公共关系人才的专业学校还不多,虽然一些学校已经设立了这样的专业或已经培养出了一些学生,但解决不了现在公共关系人才短缺的问题。因此,公共关系人员的基本来源是从各行各业中选拔的,选拔时一般应遵循以下原则:

1. 因人施任,任人唯贤

在安排某个公共关系工作职务之前,用人部门应该对所用之人的情况有所考虑。坚决改变“任人唯亲”的用人习惯,要确实根据某人的特点、能力、条件来安排其做最合适的工作,并使其超出自己的能力,使其竭尽全力做好工作,发展自身。

2. 广选博择,正视能力

组织在选择公共关系人才时,眼界应该放宽一些,不要局限在自己的组织范围内,更不要把眼光盯在某几个人身上。应该面向整个社会招聘公共关系人才,把那些有志从事公共关系工作、德才兼备的人招聘进来,这不失为一种广选博择的好办法。

3. 用人之长,避人之短

在实际工作中,优点突出的人,往往缺点也很突出。世界上没有完美无缺的人,问题是看他在哪方面强一些。用人之长,避人之短,既符合人的特性,也符合公共关系工作的特点。如果一个人擅长于写文章、绘画,那就应该安排他在组织的公共关系活动中负责书面的宣传工作。

(二)公共关系人员的培养目标

根据公共关系工作的需要,对不同的公共关系人员应该有不同的培养目标。一般认为,公共关系人才培养应该朝两个方向努力:一是培养通才式的公共关系人才,二是培养专才式的公共关系人才。

通才式的公共关系人才,要求知识面广,头脑灵活,思路开阔,考虑问题周全,并有较全面的知识结构、能力结构和完整的性格结构,在工作中能够独当一面,担任公共关系工作的组织者和指挥者。

专才式的公共关系人才,要精通某一方面的公共关系技术,如新闻写作、广告、美工制作、摄影、书法、绘画、市场分析、资料编辑等。组织中许多具体的公共关系工作都需要这些人亲自动手。这样的人，在组织中宜有不宜无，宜多不宜少，他们是一个健全的公共关系组织中不可缺少的人才。

(三)公共关系人员的培养途径

从公共关系教育的角度看，公共关系人员的培养途径主要有以下几种形式：

1. 大学本科教育

大学公共关系专业一般为四年制本科或毕业后再接受1～2年的研究生教育。它通常有系统且严格的教学计划、教学大纲、专业师资和专业教材，有明确的培养方法和目标，教学要求很高。公共关系人员进入正规大学学习，可以获得系统的科学知识，有利于培养具有独立的工作能力和各种才能的公共关系人才。这些人将成为各大公司公共关系部经理及公共关系咨询公司顾问等高级公共关系人才。这种形式是比较正规、有效地培养合格人才的途径。

2. 大专培训班

由综合大学的公共关系专业或相关专业举办，也可由教育单位与用人单位联合举办，学制一般为两年。学生通过学习可以获得比较广泛的知识，有较全面的智力结构、能力结构和完整的性格结构，能成为通才式的公共关系人才，将来可以从事公共关系部门的各类日常工作。这种形式比较适合我国现阶段的状况，可以缩短周期，早出人才。

3. 函授教育

采取函授教育的方式培养公共关系人员，这是一种应急办法。函授教育的时间比院校教育的时间短，通常为一年。这种培养公共关系人员的形式既有广播电视教育，又有网络教育。它使学习这方面知识的人可以不受时间、地点等条件的限制，利用业余时间学习、掌握有关知识，是“无院墙的大学”，很受求学者的欢迎。它的对象主要是已经从事公共关系工作的人员和立志从事这一工作的人。

4. 公共关系培训班

公共关系培训班，有的长达数月，也有的短至几天，时间上没有统一规定，伸缩性很强。由于培训时间长短不同，讲课者和学员的情况差别很大，所以各种培训班的教学内容不尽相同。培训班的主攻目标往往以掌握各种业务技能为主，培养专才式的公共关系人才。由于学员本身具有一定的社会工作经历，他们通过在培训班的学习，可以具备公共关系某种专业技能或精通某一方面公共关系技术，如广告设计、新闻采写、情报调查、美工摄影等。这类人才在我国目前比较缺乏，需要积极培养。因此，公共关系培训班对于社会在职人员了解公共关系的基本内容，获知公共关系研究和实践的最新成果，提高公共关系工作水平，有“短、平、快”的效果。

本章训练题

一、单项选择题

1. 公共关系的主体是(　　)。

A. 组织　　B. 公众　　C. 传媒　　D. 个人

2. 以下不属于社会组织特征的是(　　)。

A. 群体性　　B. 营利性　　C. 变动性　　D. 系统整体性

3. 政府部门、消防队、保安机关等，以国家和社会的整体利益为目标的组织属于（　　）。

A. 非营利性组织　B. 事业型组织　C. 公益性组织　D. 互利性组织

4. 在公共关系活动中运用（　　）方法为客户进行各种信息传播、制订广告投资计划，设计制作产品广告及公共关系广告；协助客户推广产品信息，制造有利的市场气氛等。

A. 内部传播　B. 满足对方　C. 传播信息　D. 单向交流

5. 了解内部公众对组织的意见和建议；了解社会政治、经济、文化的现状及变化；了解外部公众的舆论、态度、需求等工作体现了公共关系部门的（　　）。

A. "情报部"功能　B. "参谋部"功能　C. "外交部"功能　D. "消防队"功能

6. 以下选项中，属于公共关系公司的基本特征的是（　　）。

A. 协同性　B. 专业性　C. 自主性　D. 社会性

7. 以下选项中，不属于体现公共关系人员心理素质的是（　　）。

A. 广泛的兴趣　B. 开放的性格　C. 成熟的思维　D. 诚实的态度

8. 在公共关系公司的类型中，按业务内部划分：专门为客户提供某种公共关系技术服务的公司是（　　）。

A. 专门业务服务公司　B. 专项业务服务公司

C. 综合服务咨询公司　D. 独立型公共关系公司

9. 公共关系协会等公共专业性社团组织，是非官方、非营利的（　　）社团组织。

A. 集体　B. 大众　C. 自发　D. 群众

10. 公共关系公司由（　　）公共关系专家和各类公关专业人员组成。

A. 非职业　B. 兼职　C. 职业　D. 专职

二、多项选择题

1. 以下选项中，属于社会组织的特征的有（　　）。

A. 群体性　B. 变动性　C. 互利性　D. 目的性

E. 公益性

2. 以下选项中，属于公共关系部设置原则的有（　　）。

A. 规模适应性　B. 协调性　C. 工作针对性　D. 责权对等性

E. 社会公益性

3. 以下选项中，不属于公共关系公司的局限性的有（　　）。

A. 机动性弱　B. 工作缺乏连续性、持久性

C. 远离客户　D. 整体规划的经济性

4. 公共关系人员的学科知识包括（　　）。

A. 公关理论知识　B. 公关实务知识

C. 相关学科知识　D. 涉及的特定行业知识

5. 公共关系人员的角色有（　　）。

A. 专家型　B. 领导型　C. 技术型　D. 业务型

E. 事务型

三、判断题

1. 公关组织中的经理、部长、主任等担任着专家型公关角色。（　　）

2. 按照相关理论研究，通常来说，多血质气质的人更适合从事公共关系工作。　（　　）
3. 优秀的公关人员需要具有开朗、有耐心、宽容的性格。　（　　）
4. 公共关系公司除了提供全部的公共关系服务之外，还提供专门技术性的单项服务。　（　　）

四、简答题

1. 公共关系人员应具备哪些能力素质？
2. 社会组织的特征是什么？其类型有哪些？
3. 公共关系部与公共关系公司的优势与局限性各是什么？

五、案例分析题

20 世纪 50 年代，好莱坞影片《请留心你家的后窗》曾风靡中国香港。该片描绘了一个脑部受伤的新闻记者，在家养伤时闲极无聊，便买来一架望远镜，每日坐在屋子里从对面楼层的后窗窥视住户的家庭隐私，从而卷入了一场谋杀案。影片上映后，香港人竞相观看，形成了“后窗热”。这时，香港的一家生产百叶窗的企业成功地抓住了这一事件。他们在报上连续刊登题目为“请留心你家的后窗”的宣传推广，其生意一下子兴隆起来。

【要求】 试运用公共关系的主体的相关知识分析评点此案例。

第四章

公共关系的客体——公众

学习要点及目标

1. 了解公众、内部公众、外部公众的概念；
2. 掌握公众的基本特征及分类；
3. 了解公众的心理特征；
4. 掌握公众的个体心理分析内容和方法；
5. 掌握公众的群体心理分析内容和方法；
6. 了解组织内部公众关系的重要性和处理要领；
7. 了解组织外部公众关系的重要性和处理要领。

核心概念

公众　内部公众　外部公众　公众心理　公众的个体心理　公众的群体心理

引导案例

海底捞——尊重与善待

四川海底捞餐饮股份有限公司成立于1994年，是一家以经营川味火锅为主，融汇各地火锅特色于一体的大型跨省直营餐饮民营企业。海底捞虽然是一家火锅店，但它的核心业务却不是餐饮，而是服务。在将员工的主观能动性发挥到极致的情况下，“海底捞特色”日益丰富。海底捞的员工激励措施与效果主要概括为以下几点：

一、良好的晋升通道

海底捞为员工设计好在本企业的职业发展路径，并清晰地向他们表明该发展途径及待遇。每位员工入职前都会得到这样的承诺：“海底捞现有的管理人员全部是从服务员、传菜员等最基层的岗位做起，公司会为每一位员工提供公平、公正的发展空间，如果你诚实又勤奋，并且相信‘用自己的双手可以改变命运’，那么，海底捞将成就你的未来！”该措施满足了职工对自我实现的需要，激励了员工对更好未来的追求。

二、独特的考核制度

海底捞对管理人员的考核非常严格，除了业务方面的内容之外，还有创新、员工激情、顾客满意度、后备干部的培养等，每项内容都必须达到规定的标准。

这几项不易评价的考核内容，海底捞都有自己的衡量标准。例如“员工激情”，总部不定期地会对各个分店进行检查，观察员工的注意力是不是放在客人的身上，观察员工的工作热情和服务的效率。如果有员工没有达到要求，就要追究店长的责任。海底捞通过独特的考核制度，既规范了管理人员的管理行为，又使得管理人员可以通过不同的措施，激励员工的工作热情。

三、尊重与关爱，创造和谐大家庭

海底捞的管理层都是从最基层提拔上来的，他们都有切身的体会，都能了解下属的心理需求。这样，他们才能发自内心地关爱下属，并且给予员工工作与生活上的支持和帮助，同时也得到员工的认可。

在海底捞，尊重与善待员工始终被放在首位。海底捞实行"员工奖励计划"，给优秀员工配股。此外，海底捞的管理人员与员工都住在统一的员工宿舍，并且规定，必须给所有员工租住正式小区或公寓中的两居室或三居室，不能是地下室，所有房间配备空调、电视，电脑，宿舍有专门人员管理、保洁，员工的工作服、被罩等也统一清洗。若是某位员工生病，宿舍管理员会陪同他看病、照顾他的饮食起居。同时，海底捞的所有岗位，除了基本工资之外，都有浮动工资与奖金，作为对员工良好工作表现的鼓励。考虑到绝大部分员工的家庭生活状况，公司有针对性地制定了许多细节上的待遇。

在尊重与善待员工的问题上，海底捞还有不少"创意"。例如，将发给先进员工的奖金直接寄给他的父母。

在如此和谐的文化与工作氛围的激励下，员工们的热情日益高涨，提出了很多建议。并且，只要是合理的建议，公司都会采纳。这些激励措施既满足了员工的基本需求，同时也满足了他们的尊重需求与自我实现的需求。

（资料来源：www. baidu. com）

公众作为公共关系活动的客体，是公共关系工作的对象，是组织为了自身的存在和发展所要重视的各类群体或个人。如果作为公共关系的主体——组织，不了解公众就难以做好公共关系工作；不熟悉自己的公众，就无法有针对性地开展公共关系工作，提高公共关系活动的效果。因此，公共关系工作要想取得较好的成效，就应该从认真研究和分析公众开始，只有正确理解和把握公众的概念、特征和分类，分析公众的心理及基本目标公众，才能正确地制定公共关系的目标、策略和措施。

第一节 公众的含义和特征

公众是公共关系学中的一个基本概念，它的构成也是比较复杂的。正确理解和把握公众的含义和特征有助于公关活动确立明确的对象，而且只有对公众进行正确的认识和分析，才能为社会组织制定公共关系目标、策略和措施提出科学依据。

一、公众的含义

在公共关系中，公众是指与特定的社会组织发生联系，并对其生存和发展具有重要影响的个人、群体和组织，是公共关系工作对象的总称。比如一个企业的公众不仅仅是顾客和经销商，还包括该企业内部的全体员工、股东、原材料供应者、政府、新闻界、社区居民等。这些个人、群体或组织与公共关系主体有相关的利益，而且对公共关系主体影响也很大，这种影响体现在他们的态度、意向和行动上，将制约社会组织的生存和发展，而组织的观念、政策和行为也将影响这些个人、群体或组织，因此，他们成为公共关系主体传播交流信息的对象。

所以，概括起来，公众包含四项基本含义：

(1)公众是公共关系主体传播沟通对象的总称。

(2)公众是相对特定组织而存在的。

(3)公众是因为共同的利益、问题等而连接起来并与特定组织发生联系或互相作用的个人、群体或组织的总和。

(4)公众是客观存在的。社会组织不可能独立存在，它总是与社会各界发生着千丝万缕的关系，因此组织的公众是客观存在的，不以组织的意志为转移。

二、公众的特征

把握公共关系中公众的特点，就可以在公共关系工作中正确地认识和区分组织的公众对象，准确地把握公众环境，做好组织的准确定位，为有效进行公共关系工作打好基础。作为公共关系学中的一个概念，公众有以下几个特征：

(一)整体性

公众不是单一的群体或个人，而是与某一组织运行有关的整体环境。任何社会组织的生存和发展都离不开一定的公众环境。公众环境与自然环境、地理环境不同，它是组织运行过程中必须面对的社会关系和社会舆论的总和。这些社会关系和社会舆论的范围很广，涉及组织内部和外部、社会的方方面面，而且相互关联。公共关系工作不可只注意其中某一类公众而忽略其他公众。对其中任何一种公众的疏忽都可能致使整个公众环境的恶化，公众环境的恶化必将影响组织的生存和发展。因此，我们首先应该将组织面对的公众视为一个完整的环境，要用全面、系统的观点来分析自己所面临的公众。

(二)同质性

公众之所以成为公众，并且广泛存在，是因为公众的成员遇到了共同的问题、共同的利益、共同的需求、共同的目的、共同的兴趣等。这些共同的问题、利益、需求、目的、兴趣，可以是国家的大事，甚至国际事件，也可以是家庭琐事或者个人的衣着打扮偏好。但无论事情的大小，只要有充分数量的人共同面临，那这些人就可以形成公众。比如，一些顾客购买了某种牌子的冰箱，那这些顾客就成为该冰箱厂的公众。其实，同质性的核心在于“性质”相同或“面临共同问题”，即公众中的每一个个体因为某种具体或抽象的问题与组织之间发生某种联系，这就是公众的同质性。

(三)相关性

所谓相关性，是指因共同问题而聚集的公众和与该问题有牵连的特定组织机构之间相互影响、相互制约的关系。具有相关性的“公众”并不是抽象或空泛的概念，而是与特定社会组织之间由于某种因素而产生相互联系的状态。公众因一定的问题而聚集，这种问题直接、间接地与该组织机构的目标和发展相联系，从而使组织与公众之间产生利益相关性。由于公众与社会组织的这种相关性，公众的选择和确定就成为公共关系的重要任务，以及制定公共关系策略的前提条件。所以，公众应该是具体的，是与特定的社会组织相关而形成的，它总是相对于一定的组织主体而存在，不同的组织主体的公众对象自然是不同的。凡不与某一社会组织发生关系的“公众”，都不是该组织的公众。

(四)多变性

社会组织的运行处于动态的过程之中，因此，社会公众也不是固定封闭、一成不变的对象。公众会因为“面临的共同问题”而产生和存在，也会随着“共同问题”的变化而发生变化。这主要表现在，社会组织在运行过程中，组织主体必须随着环境条件的变化而随时调整自身的发展运行目标，相应的对象公众也会随着主体的条件、客观环境的变化而变化，新的公众会代替原来的公众，公众的范围也会随着“面临共同问题”者的增加而不断扩大。例如，营利性的企业所面对的公众，对企业产品的要求在某一段时间内是以产品质量为主，当产品进入成熟期后，也会转向更高层次的要求，如追求产品的款式要新颖、售后服务要及时等。

（五）多元性

由于公众的组成结构不同，公众对组织公关行为的认识和理解必然存在客观差异，这就造成了公众的多元性。公众的多元性，首先体现在它具有多层次的立体结构。公众可以是单独一个人，也可以是一个社会团体、社会组织或者是某些社会单位、部门。这种公众的多层次性客观地表现为公众的复杂性，也决定了公共关系是一种多维的社会关系。其次，多元性还表现在公众目标和需求的多元化。作为特定组织的公众都面临着一个共同的问题，但在解决这一问题的过程中，他们所表现出来的利益追求和价值取向存在一定的差异。一般来说，如果利益一致或基本相同，就易形成和谐关系；反之，则可能产生对抗性。最后，公众的多元性还表现为它具有多种类型，有的公众与组织发生直接关系，如员工；有的公众与组织发生间接关系，如员工家属。即使是同一类公众，也可以有不同的存在形式。比如消费者公众，可以是松散的个体，也可以是特殊的利益团体（如消费者协会），还可以是一个严密的组织（如使用产品的某家公司乃至政府）等。了解公众形式的多元性，才能按照具体公众的特殊性进行分析，制定相应的公共关系措施。

第二节　公众的分类

任何组织面临的公众都不是单一的，都是比较复杂多元化的。只有对公众进行分类，把握公众的性质，了解公众的特点和要求，才能制定出具有针对性的公共关系活动计划，实现公共关系的目标。本节根据不同的标准将公众分为不同的种类，目的是通过这些种类的划分，帮助组织针对不同特点的公众，有的放矢地开展公关工作。

一、根据公众的隶属关系划分

根据公众的隶属关系，可以将公众分为内部公众和外部公众。

（一）内部公众

内部公众是指组织的全体成员。如企业中的工人、技术人员、管理人员、股东，大学里的教师、学生、干部、后勤人员等，他们的一言一行都会直接影响组织的整体形象，与组织的关系最为直接、紧密。他们是组织的主体，也是组织中最具有能动性和创造性的生产力，是组织公关的首要对象，也是组织公关活动的施动者，是与组织相关性最强的一类公众。组织的内部公众主要包括员工和股东两类。

1. 员工

员工既包括操作人员、技术人员，也包括管理人员。一方面，员工是组织的成员，处理好员工关系可以极大地调动员工的工作能动性和创造性，提高组织的运营效率，另一方面，他们与外部公众直接接触，是组织形象的代表，是外部公众了解组织的“橱窗”。因此，针对员工公众的公关活动不仅是组织对象公关工作中最基本的一个环节,也是组织全员公关的基础。

2. 股东

股东是组织的投资者,既包括个体投资者也包括团体投资者。股东与组织的生存发展密切相关,他们是组织的财务支持者,为组织的发展提供资金支持,搞好股东关系对组织生产经营十分重要。

(二)外部公众

外部公众主要指社会组织外部的,与组织存在着某种利益相关性,对组织的生产经营有重要影响的公众。这类公众不隶属于组织,它们与组织的关系没有内部公众那么密切,但由于外部公众对组织的生存和发展具有现实或潜在的影响力,因此,组织需要通过与外部公众直接或者间接地联系来实现自己的发展目标。所以,公关部门应当树立组织的良好形象,争取外部公众更多的理解与支持,为组织的发展构建良好的外部环境。组织的外部公众众多,常见的外部公众包括顾客公众、政府公众、媒介公众、社区公众。

1. 顾客公众

组织外部公众中最为重要就是顾客公众。顾客公众是组织的衣食父母,它们对于组织的生存和发展是十分重要的。因此,以顾客为导向、顾客第一是大部分企业在经营活动中采取的重要措施,组织的生产经营活动都围绕顾客进行,即以顾客为中心。这种经营理念反映了组织在处理与消费者的关系时所持有的基本态度和立场,其核心就是要让顾客满意。只有让顾客满意,才有可能让顾客忠诚,这种忠诚不仅是指重复购买的行为,还包括顾客对组织产品的偏好以及正面口碑传播等方面。因此,处理好组织与顾客之间的关系的重要性是不言而喻的。

2. 政府公众

政府公众是组织与政府沟通的具体对象,是政府各级行政机构及其官员和工作人员。社会组织必须接受政府的管理和制约,因此需要与政府的有关职能机构和管理部门打交道。政府公众从纵向来看包括中央政府、各级地方政府,从横向来看包括工商管理、税务、土地、司法等不同的职能部门。社会组织、个人和团体都是在政府的统一、有序管理下才能正常运行的,组织也不例外。组织的行为不能违反政府的政策法规,有时其生产经营活动还需要政府部门的支持,例如土地审批。此外,政府是公关公众中最为权威的公众,政府的认可与支持也最具影响力。霸王洗发水"致癌门"事件中,国家质检总局发布公告称"霸王相关产品的抽检样品中,二恶烷含量水平不会对消费者健康产生危害",正是国家质检总局的澄清才使得"致癌门"事件逐渐趋于平静。因此,与政府公众建立良好的关系,争取政府对组织的了解、信任与支持,是组织生存与发展的重要保障。

3. 媒介公众

媒介公众,也称新闻界公众,指的是新闻传播机构及其工作人员,包括报纸杂志社、广播电台、电视台及其编辑、记者等。媒介公众是公共关系工作对象中最敏感、最重要的一部分。它们是组织向其他公众传播信息的主要渠道。信息传递迅速、影响范围大、威信高是新闻媒介最大的特点,它们可以在很大程度上左右社会公众的价值判断。因此,组织公关部门需要通过它们传播信息,树立组织的良好形象。同时,新闻媒介具有舆论监督作用,它们可能曝光组织的不合理、不合法行为,使组织形象受损,甚至是完全溃败,危及组织生存。因此,媒介公众对组织的生存与发展也具有举足轻重的作用。

4. 社区公众

社区是普遍存在于城市生活中，因居住区域集中自然而形成的一定的区域范围。社区公众是在一定区域范围内与组织发生某种特定关系的各类群体或组织，包括当地的政府部门、地方团体组织、左邻右舍的居民百姓。一般情况下，社区公众包括：社区内的居民及其家庭，尤其指那种对组织活动构成影响的各种活跃分子；社区中与本组织有某种利益关系或其他关系的社会组织及其成员；组织所在地的各级政府机构及其官员和工作人员；社区内的新闻机构及其工作人员等。社区公众是组织重要的外部公众之一，组织要提高内部员工的士气，使其心情舒畅，从而促进组织或企业的顺利发展，就必须搞好与社区公众的关系。而且，对于存在于社区内的组织而言，社区公众对其具有重要意义。一方面，它可以是组织员工的重要来源；另一方面，它又可以是组织的公共关系对象，是组织产品的消费者或服务的提供者。组织只有理顺与社区公众之间的关系，才能拥有一个良好的邻里关系，得到周围环境的大力支持与协助，才能顺利地进行生产和经营。由此可见，社区公众与组织的利益紧密相连，与组织的发展息息相关。

二、根据公众发展过程中不同阶段的特点划分

根据公众发展过程中不同阶段的特点，可以将公众分为非公众、潜在公众、知晓公众和行动公众。

(一)非公众

非公众是公共关系学中的特殊概念，是对组织不产生影响，也不受组织影响的公众。在从事公共关系工作时应当正确区分公众与非公众。只有这样，公共关系工作才具有明确的目标和重点。但值得注意的是，非公众也并非是绝对不变的，它会随着时间、地点、条件和环境的变化而发生变化，这时非公众就有可能转变为潜在公众。

(二)潜在公众

潜在公众指的是由于面临的潜在的共同关系问题而形成的潜伏公众、隐患公众、隐蔽公众或未来公众。某一社会群体面临着组织行为或环境引起的某个潜在问题，这个潜在问题还未暴露，这些公众本身还没有意识到问题的存在，他们与组织的关系还处于潜伏状态。例如，企业在生产过程中，工人出现操作失误，排放了无色无味的有害气体，但是工厂周围的居民却还没有意识到这一点，于是就成为该企业的潜在公众。由于没有认识到问题，潜在公众还没有形成态度的变化，也没有采取任何行动，但是一旦他们得知，他们就会发展成知晓公众。一般来说，潜在公众阶段是公关工作开展的最好时机。如果是让公众受益的事情，组织应当尽早采取公关活动让潜在公众转变为知晓公众、行动公众；如果是危及潜在公众利益的事情，为了避免处于被动，组织应当采取行动让公众了解事情的真相，采取补救措施，将问题解决在萌芽状态，避免酿成更大的危机。

(三)知晓公众

知晓公众是潜在公众逻辑发展的结果。潜在公众已经面临着组织行为引起的共同问题，但尚未意识到；知晓公众面临着共同的问题，并且已经意识到问题的存在。在上例中，如果附近居民已经知道企业排放的气体有毒，对居民的身体健康会产生影响，此时他们就会急于了解问题，想知道更多的相关问题的细节以及如何解决问题。比如，到底排放了多少气体？是什么时候开始排放的？气体对人们身体健康的影响程度如何？会不会产生后遗症？等等。知晓公众对一切有关问题的信息都想了解。对于组织来说，此时采取积极主动的公关姿态，

及时沟通，主动传播，满足公众被告知的心理，使公众对组织产生信赖感，对于主动控制舆论局势非常重要。如果知晓公众不能从有关组织那里获得必要的信息，便会转向其他信息渠道，各种不准确的小道消息就会流传开来，局势就会难以控制，事后的解释也会事倍功半。美国前总统尼克松处理“水门事件”时，由于没有正视知晓公众的要求，失去了引导公众舆论的时机，使自己越来越被动，最后只好辞职下台。事后，尼克松在其回忆录中总结水门事件的经验教训时，写道：“这完全是公共关系的失策。”

（四）行动公众

行动公众又是知晓公众发展的结果。行动公众不仅意识到问题的存在，而且准备或已经自行采取行动来求得问题的解决。行动公众会对组织构成相当大的压力，会迫使组织必须正面用行动去处理其问题，要求组织反应不能只停留在语言和文字上，也就是说，行动公众必然促成公共关系行为的发生。组织面对行动公众，除了采取相应的行动别无选择。当然，恰当的公共关系行动方案会使行动公众的压力转变为动力，转变为对组织有力的合力，这也是公共关系工作的最佳结果。

【小贴士】

公众角色的转变

某商店出售一批食品，事后发现这批食品已经变质。购买了这批食品的顾客，由于还没有食用，也没有发现问题，因而暂时没有反应，这时，他们就是潜在公众；当顾客吃了这批食品，发现了变质问题，顾客就成了该商店的知晓公众，他们可能向该商店提出质询；假如顾客发现商店出售变质食品后，纷纷上门索赔，同时向有关部门投诉等，这部分顾客就构成了行动公众。

将公众划分为非公众、潜在公众、知晓公众和行动公众，是按照组织遇到的一个问题形成的相应的公众的发展阶段而确定的。在这个过程中，公共关系的从业人员，可以用自身的专业使他们转变为非公众，这样就会及时地化解组织的危机。

三、根据公众对组织的重要性划分

根据公众对组织的重要性，公众可以分为首要公众、次要公众和边缘公众。

（一）首要公众

首要公众是关系到组织的生死存亡、决定组织成败的那部分公众。他们对组织的生存发展具有重要的影响力和决定性作用，同时还会影响其他公众。例如，组织中所有的员工和股东、商店的顾客、工厂的用户等都是组织的首要公众。这些公众群体是社会组织正常运行和发展的主要动力，是构成社会组织结构和功能的基础，是公共关系活动的重要对象。所以，对于此类公众的公共关系活动的人力、物力、财力等应该多做安排。

（二）次要公众

次要公众是指那些对组织的生存和发展有一定影响，但没有决定性意义的公众，如政府公众、媒介公众及社区公众等。此类公众虽然不是组织公共关系工作的重点对象，但是建立、保持与这类公众的良好关系是组织发展不可忽略的事项。次要公众虽然在数量上看可能相当多，但是由于其影响力比较弱，投入大量的力量，也只能收到较少的效益。

（三）边缘公众

边缘公众是指处在组织公众与非公众交界地带的人员和群体，与组织的生存和发展有一定的关系,但其作用要次于首要公众和次要公众,如组织的非主管部门、科研机构、各种民间协会、团体、非同类企业组织等。边缘公众的灵活性、稳定性较差,他们可以是某个组织的边缘公众,也可以是某几个组织的共同边缘公众。但是,边缘公众并非固定不变,在一定的条件下,他们可以转变为首要公众和次要公众,会对组织产生巨大的影响。所以,组织在兼顾首要公众和次要公众的同时,也要注意边缘公众,掌握他们的变化状况,防止他们上升为首要公众或次要公众时,由于组织不了解情况而采取错误的方法和措施,在组织和公众双方间产生不应有的误解,造成不应有的损失。

四、根据公众对组织的态度划分

根据公众对组织的态度,可将公众划分为顺意公众、逆意公众和独立公众。

(一)顺意公众

顺意公众是指意见和态度都和组织的行为相对保持一致的公众群体。他们对组织的产品、生产经营活动以及政策等都持赞成、支持的态度。他们的支持有助于组织的生产和发展。组织在制定公关计划时,应当加强与这类公众的联系和沟通,强化他们的积极态度,避免因组织的不当行为或者是外部环境的变化导致这类公众态度的转变。也就是组织的公关部门应当保持和扩大顺意公众的规模。

(二)逆意公众

逆意公众是指对组织的政策和行为持反对态度并提出否定意见的公众群体。任何公共关系的主体都会面对这样的客体——逆意公众,只是数量不同而已。任何一个社会组织,它的政策、行为不可能所有人都赞成,没有人持反对意见。组织的工作受到阻碍或不能按照原计划顺利进行的原因之一就是有逆意公众的存在,因此组织必须充分重视逆意公众,加强与他们的信息交流与沟通,让逆意公众了解组织、信任组织、谅解组织,同时改变他们对组织的态度。

(三)独立公众

独立公众是指那些对组织持有中立的态度和观点,意向不是很明确的公众。他们既有可能转变顺意公众,又有可能转变为逆意公众,也有可能保持不为所动的状态。在没有转变之前,独立公众的态度和行为对组织的生存和发展影响不大。例如,2010 年 7 月,国家食品药品监督管理局通报了对“霸王”洗发水相关产品的抽检情况,结果显示,抽检样品中二恶烷的含量水平不会对消费者健康产生危害。使用该品牌产品的消费者由于用量不大,因此对霸王“致癌门”事件的态度同以前一样,还是处于中立,既不支持也没有表示反对。针对这类公众,组织的公关部门应当竭尽全力避免其向逆意公众转变,争取使其转变为顺意公众。因此,公关部门必须做好调查研究,采取有效措施,加强与这类公众的沟通和交流。

【案例 4—1】

美国长岛铁路公司“开漆大典”

美国长岛铁路公司沿线的车站显得有些陈旧了,公司决定对所有车站重新油漆一次。为了使长岛公司更富有人情味,创造与乘客融洽、和谐的工作气氛,他们决定车站漆什么颜色由公众来决定。于是公司登出广告与启示,要求常坐长岛铁路公司列车的乘客与铁路沿线的居民来投票,选择车站理想的颜色。有关公众纷纷踊跃响应,来电来函,对车站的颜色发表自己的意见。

长岛铁路公司的这一举措,很快引起了新闻界的注意。各新闻媒体纷纷前来采访并进行报道,至此,长岛铁路公司认为时机成熟,便在其中心车站举行了一个隆重而热烈的“开漆大典”,当众宣布公众投票选择的结果并正式开漆。

次日,中心车站万众聚集,政府要员、社区主管、商会理事及工商人士等应邀到场,鼓乐声中,最后覆盖在选定颜色的木板上的帷幕在一片欢呼声中被揭开,接着一桶这种颜色的油漆被抬出来,当地政府要员第一个拿起漆刷,在中心车站的墙上刷下第一笔,这意味着长岛铁路公司车站正式开漆。

如此隆重而富有新意的“开漆大典”,理所当然地引来了一大批记者,随着他们的报道,长岛铁路公司的名声不胫而走,知名度很快得到了提升。

(资料来源:wenku. baidu. com)

五、根据公众的稳定程度划分

根据公众的稳定程度,可以把公众分为三类:临时公众、周期公众和稳定公众。

(一)临时公众

这是指因某一临时性、偶然性因素聚集在一起的公众,比如专题活动的来宾、展览会的观众、促销现场的围观者等。这类公众不仅是公关对象,而且是传播公关活动的活媒介。在公关工作中不可忽视这类公众。

(二)周期公众

这是指按一定规律和周期出现的公众,比如节假日的游客、竞选时的选民等。周期公众的规律性比较强,对于季节性比较强的行业来说,周期公众的确定非常重要,公关人员可事先精心准备、周密策划,以使周期公众转化为稳定公众。

(三)稳定公众

这是指具有稳定结构和稳定关系的公众,比如长期合作的伙伴、老主顾、社区人员等。稳定公众是组织最忠实的公众,也是需要特别对待的公众,比如特别的优惠、特别的政策、特别的产品等。

第三节　公众心理

公众心理就是公共关系心理,也称为大众心理,它是一种团体心理现象,在日常社会生活中普遍存在。公众心理非常复杂,它是由不同的个体心理现象组成的,在一定的社会条件和外部环境下逐渐形成的。社会组织和公众之间的互动关系构成了公共关系,公共关系情境中公众受组织行为的影响和大众影响方式的作用形成了公众心理。公众心理是公关活动的承受者对主体行为的感知和反映。组织可以调整自身行为来塑造良好的形象,掌握公众心理的变化规律,促进公关活动的顺利进行,影响和改变公众心理,引导组织和公众之间的关系向着更有利的方向发展。

一、公众的心理特征

公众心理受社会环境的影响,是社会现实的反映。社会团体中的个体对某一现象的看法、体验、意向，由于其各自的背景不同而不同，但是却相互影响，最后会自发地趋向集中，形成相近的看法和一致的行为。因此，公众作为社会群体的成员，其心理特征具有同质性、变化性、从众性和攀比性。

（一）同质性

公众心理的同质性是指当群体面临某一共同问题或社会事件时，虽然群体中的个体经历、教养、文化、个性等方面存在差异，但是他们在面临某一种共同利益和需求、受到组织的决策影响和制约时，他们会形成共同的社会心理，并会作出较为一致的反映。值得注意的是在事件结束或问题解决后，因利益趋向变化，公众的同质心理将发生变化，所以这种特性是临时的。例如，2006 年春节，香港迪斯尼乐园以游客爆满为由，拒绝一些持有半年有效门票的游客入园。许多内地游客春节前就在不同的旅行社订购了迪斯尼乐园的门票。他们扶老携幼，满怀欣喜来到香港迪斯尼乐园，想玩个痛快，却被拒绝在乐园门外。拥挤的场面，期待、焦躁的心情，构成了埋怨、愤怒的心理，有种上当受骗的感觉。为维护自身的权益，这些游客联合起来向有关部门投诉。尽管这些游客的性别、年龄、职业、文化程度及来自的地域不同，但当他们的权益受到侵害时，自觉地维护自身权益这一共同目标将他们彼此联系在一起，他们所要求解决共同问题的心理状态是相同的，所产生的态度和行为也就较为一致。

（二）变化性

公众心理的变化性也可以理解为公众心理的不确定性，它是现代社会不断发展、生活模式不断变化的反映，同时也是每个个体或群体在社会生活中角色变化的结果。流行或时尚的此起彼伏引起了公众心理的变化，而这种变化过程是每一种流行方式本身的寿命。除此之外，由于公众在社会中所扮演的角色日趋多样化，如因公众自身的背景不同，所处条件不同，其显示的角色与他类角色在心理上肯定是有差异的，因此其心理具有变换性和伸缩性。例如，企业家在假日逛菜市场时也会为涨价而抱怨，但坐到办公室桌前又会为自己的产品提价进行筹划。这种生产者和消费者的角色行为冲突，就反映了公众心理的变化性。

（三）从众性

从众性是一种长期存在的心理现象，在现代社会被赋予了更丰富的形式和内容。尽管现代社会强调个性，但是大多数公众并不能有效地鉴别和把握个性所在，而且公众的思维和心理由于大众传播媒介所提供的各种信息而变得模糊，因此就会产生效仿传播媒介所提供的“形象”，这些“形象”成为公众追求“个性”和“流行”的模板。传播媒介的传播内容成为大众传播的内容。大众传播的内容是大众所关心、接受的，能引起尽可能多受众兴趣的思想趋同，因此，大众传播的内容一般是难以满足个性化需求的。因为，追求“个性”的发展过程包括三个阶段：追求个性（个别创新）→众从（大多数人效仿）→从众（最后紧追而上）。从这个过程中可以看出，追求“个性”的最终结果恰恰导致了“从众”现象。

【案例 4—2】

优衣库联名商品遭疯抢

2019 年 6 月 3 日，优衣库联名商品遭疯抢事件登上热搜。事情起因是这样的，优衣库和美国涂鸦艺术家 Kaws 联名系列商品正式发售，这款优衣库 Kaws 联名 T 恤一经发售就遭到疯抢，无论是线上还是线下的衣服都被抢购一空，一段人群疯抢衣服的视频还在网上走红。据悉，优衣库发售与 Kaws 合作款商品，多个城市实体店出现钻门、扒模特衣服、肢体冲突等行为。6 月 3 日零点，优衣库各网店开始发售该联名 T 恤，不到几秒钟商品就全部售罄。售价为 99 元的单件商品被炒到了 200 至 400 元每件。有网友质疑是“托”,也有网友表示“看不懂”。

线下实体店,早上 7 点多就有人在排除等候,商场一开门,大家都是百米冲刺速度冲进去。有的门店开门 5 分钟联名 T 恤就被抢完,有的门店付款排队一直到晚上 11 点左右。大多数朋友表示,看到朋友圈微博都在抢这款衣服,所以也来抢一件,不看尺码买,主要是因为喜欢收藏,就连这个袋子也要收藏……从众是人性的弱点,部分商家正是利用了公众从众心理的弱点,借机提高衣服价格大赚了一笔。

(资料来源:www. baidu. com)

(四)攀比性

人们通常会通过与他人的比较、选择来确定自己的观点和行为,其实这就是一种攀比心理。攀比是一种与自己心目中的强者或现实中比自己条件优越者进行比较的心理和行为。人们常常把比较对象分为两类:一类是与自己一样的人,这些人构成自己的“隶属群体”;另一类是自己心目中向往成为的人,这些人构成其“参照群体”。由于公众这一特殊的群体是未经组织的,没有严格的规范性,因此更多的是与参照群体而不是隶属群体进行比较,并由此产生行为上的攀比。这种攀比能够造成追求时尚或流行的现象。例如,很多年轻人都追求时尚,常常对明星的服饰、发式有一种攀比心理,这就形成了明星服饰与发式在青年公众中的流行,也会促使这些公众产生购买欲望。

二、影响公众行为的个体心理

(一)知觉对公众行为的影响

知觉是人脑对直接作用于感觉器官的客观事物的整体反映。知觉分为视觉、听觉、嗅觉、味觉、触觉五种感觉。心理学告诉我们,通常我们感觉到的世界,不一定是现实的千真万确的客观世界,它往往带有人们的主观看法,因此,对于同一件事情,不同的人,由于知识水平不同,阅历不同,就会产生不同的知觉。“一千个观众的心中有一千个哈姆雷特”,描述的就是这一现象。

在现实生活中,人们往往容易受各种偏见的影响而造成歪曲的社会知觉,做出与客观事实不一致的判断,其主要原因:一是知觉的选择性,二是知觉的偏见。在心理学中,这种现象被称为心理定势。这种心理定势既有积极的作用,也有消极的作用。在公共关系活动中,处理好这种心理定势,具有重要意义。

常见的心理定势有以下几种:

1. 首因效应

首因效应是指个体在社会认知过程中,通过“第一印象”最先输入的信息对客体以后的认知产生的影响作用。

2. 近因效应

近因效应是指最新出现的刺激物促使印象形成的心理效果。

3. 晕轮效应

晕轮效应是从对象的某种特征推及对象的总体特征,从而产生美化或丑化对象的印象。

4. 刻板效应

刻板效应是指对某个群体产生一种固定的看法和评价,并对属于该群体的个人也给予这一看法和评价。

5. 投射效应

投射效应是指将自己的特点归因到其他人身上的倾向。

6. 期望效应

期望效应又称"皮格马利翁效应",期望是对自己或他人的一种判断,希望自己或他人达到某种目标或满足某种行为预期,由期望而产生的行为结果就是期望效应。

7. 定势效应

定势效应是指有准备的心理状态能影响后继活动的趋向、程度以及方式。

8. 经验效应

经验效应是指公众个体凭借以往的经验进行认识、判断和决策。

9. 移情效应

移情效应是指对特定对象的情感迁移到与该对象有关的人或事物上的现象。

【案例 4—3】

晕轮效应

美国心理学家凯利以麻省理工学院的两个班级的学生分别做了一个试验。上课之前,实验者向学生宣布,临时请一位研究生来代课。接着告知学生有关这位研究生的一些情况。其中,向一个班学生介绍这位研究生具有热情、勤奋、务实、果断等项品质,向另一个班学生介绍的信息除了将"热情"换成了"冷漠"之外,其余各项都相同。而学生们对此并不知情。两种介绍间的差别是:下课之后,前一班的学生与研究生一见如故,亲密攀谈;另一个班的学生对他却敬而远之,冷淡回避。可见,仅介绍中的一词之别,竟会影响到整体的印象。学生们戴着这种有色镜去观察代课者,而这位研究生就被罩上了不同色彩的晕轮。

(资料来源:wenku. baidu. com)

(二)价值观对公众行为的影响

价值观是人们在价值体验的基础上形成的指导和推动人们采取行动、作出决定的原则、信念和标准,在人们的思想意识中居于核心地位。价值观的内容包括信仰、伦理、道德观念、生活目标、处世哲学等。当某种价值观被社会大多数人接受和运用时,就可变为社会规范。由于公众所处的社会地位、职业、知识水平、社会经验、道德水平、经济观念的差异,公众所形成的价值观也不同,进而产生不同的公众态度和行为。如在同一组织中的员工,由于价值观的差异,有的注重工作成就,有的重视物质利益,有的则重视权力地位。

公众的价值观不同,常会使其行为发生很大的差别。在公关活动中,需要了解目标公众的价值观,进而来分析其行为,以此作为判定公关方针和策略的依据。

(三)态度对公众行为的影响

态度是指公众对社会组织或社会组织的某一问题的认知、情感和行为倾向。认知,即公众对组织或组织的方针、政策、行为等的理解和认识,它是形成态度的基础。情感,即公众在对组织的认识基础上所形成的善恶评价和情感反应。行为倾向,即公众对组织的行为准备状态。公众态度一经形成,就比较牢固和持久,但并非一成不变,它会随着外界条件的变化形成新的态度。公共关系工作需要研究如何通过宣传、教育、引导来影响或转变公众的态度,使之对组织的发展有利。组织通过公共关系活动,一方面努力引导公众态度的形成,使公众态度向有利于组织的方向发展；另一方面要改变公众的敌对态度，化干戈为玉帛。

(四)需要对公众行为的影响

公众的需要是指公众个体或群体在公共关系活动中的欲望和需求，通常以一种“缺乏感”作为内心体验，以意向、愿望的形式表现出来。公众的行为，总是直接或间接、自觉或不自觉地为了实现某种需要。因此，公众的需要是公众行为产生的原动力，组织公共关系活动的成效，应该以是否满足公众需要为基本的考核标准。

需要是有层次的，如图 4－1 所示。

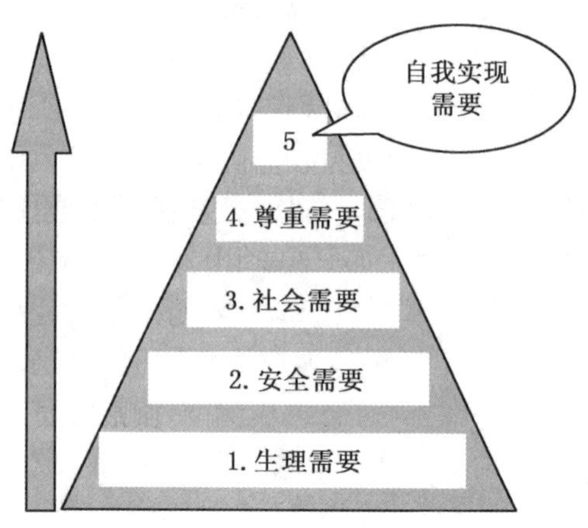

图 4－1 马斯洛的需要层次论

(五)性格、气质对公众行为的影响

性格是一个人较稳定的对现实的态度和与之相应的习惯化的行为方式，是一个人的全部品质和特点的总和。一个人的性格是区别于他人的集中体现。一个组织的公共关系人员对待公众，特别是对待内部公众，不能局限于仅仅了解他们的性格，而且应该积极创造条件，让他们的性格向着积极、健康的方向发展，努力在组织内部营造一个良好的有利于其成长的公共关系环境。

气质是人的典型、稳定的心理特征，是决定一个人心理活动的全部动力。通俗地讲，气质即一个人的“脾气”和“性情”。气质在一个人各种各样的行动中，都会始终如一地得到同样的表现。气质是在人的生理素质基础上，通过实践，在后天生活条件的影响下形成的，并受人的世界观和性格等因素的制约。

现代心理学家认为，气质是高级神经活动类型的表现。高级神经活动具有兴奋和抑制两个基本过程。有的人兴奋性强，有的人兴奋性弱；有的人兴奋的强度与抑制的强度相平衡，有的则不能平衡；有的兴奋和抑制转换灵活，对外部刺激的反应速度快，有的则正好相反。这样就产生了四种典型的高级神经活动类型，并由此表现为四种典型的气质：(1)兴奋过程特别强，抑制过程受很大压抑的(胆汁质)；(2)兴奋过程强，但转换灵活，反应快的(多血质)；(3)兴奋过程较强，但反应不灵活的(黏液质)；(4)兴奋过程弱，抑制过程为主导的(抑郁质)。

性格和气质与公众行为的关系也是极为密切的，对一个人的性格、气质的了解，不仅可以说明其现在的行为，而且也能预测其未来的行为。

【小贴士】

不同类型气质的人的特点

胆汁质气质的人，一般表现为精力过人、不易疲劳；争强好胜、不怕挫折；大喜大怒、难以控制；办事果断但容易急躁；具有明显的外倾性。

多血质气质的人，一般表现为精力充沛、活泼好动；反应迅速、适应性强；兴趣广泛、善于交际；容易轻浮、不够踏实；具有明显的外倾性。

黏液质气质的人，一般表现为沉静、稳重；工作时坐得住，不喜欢表现自己；忍耐性强、情绪不易外露；办事容易拖拉，比较固执；具有内倾性。

抑郁质气质的人，一般表现为行为孤僻，不太合群；观察细致，非常敏感；表情腼腆，多愁善感；行动迟缓，优柔寡断；具有明显的内倾性。

(六)兴趣、能力对公众行为的影响

兴趣是人们力求认识、探究某种事物或乐于从事某种活动的一种心理倾向。兴趣与需要相联系，人们总是在需要的基础上形成和发展具有意识倾向的兴趣。兴趣是一种内在动力机制，可以促使人们产生兴趣性动机，具有激发指导人们行为的作用。在公众接收信息时，往往特别关注自己感兴趣的信息。在公共关系工作中，公关人员要善于观察不同公众的兴趣和爱好，并掌握其兴趣、爱好与需要、年龄、职业的关系，使公关活动迎合公众的兴趣，产生较强的吸引力，这对于提高公共关系艺术水平大有裨益。

能力是指直接影响活动效率，使活动顺利完成的个性心理特征。人的能力是在人的先天素质基础上形成和发展起来的，其最鲜明的特点就是与活动效果相联系。能力也可以理解为完成一定活动的本领，存在于人的具体活动之中。人们在各项活动中所表现出来的能力是多方面的，有观察力、记忆力、想象力、感受力和鉴赏力等。人与人之间能力上的差异导致人有不同意识、不同评价、不同决断以及不同的行为模式。从公共关系的角度来讲，社会组织针对公众能力的差异，可以采取灵活多样的公共关系手段。

三、影响公众行为的群体心理

(一)影响公众行为的有组织群体心理

1. 从众心理

从众心理是指个人的观念与行为由于群体的引导和压力，不知不觉或不由自主地与多数人保持一致的社会心理现象，通俗地说就是“随大流”。

通常情况下，多数人的意见往往是对的。服从多数，一般是不错的。但缺乏分析，不作独立思考。不顾是非曲直的一概服从多数，随大流走，则是不可取的，是消极的“盲目从众心理”。造成从众心理的主要因素有：

(1)群体因素。一般来说，群体规模大、凝聚力强、群体意见的一致性等，都易于使个人产生从众行为。

(2)情境因素。这主要有信息的模糊性与权威人士的影响力两个方面。即一个人处在这两种情况下，易于产生从众心理。

(3)个人因素。这主要反映在人格特征、性别差异与文化差异三个方面。

2. 逆反心理

逆反心理是社会心理现象之一，指客观环境要求与主体需要不相符合时所产生的一种强

烈的反抗心态。逆反心理会造成逆反行为、抵触行为。

美国心理学家布林在其专著《心理感应抗拒理论》中首次提出心理感应抗拒理论。他指出，当一个人的行为自由受到威胁时，他会处于一种动机唤醒状态，这种状态驱使他试图恢复自己的自由。这种动机状态是人们对其行为自由减少的一种反应，也就是一种反作用力，布林称之为心理抗拒。

根据布林的理论，如果一个人的一套自由行为中有一种行为被剥夺或者可能被剥夺的话，他将发生心理抗拒即出现逆反心理。

逆反心理的产生成为社会组织于其传播对象进行沟通的一种障碍，因此，要防止公众出现逆反心理，公关人员就应当充分尊重和顺应公众的自由，不能让他们感觉到自己的自由被剥夺。另外，从信息传达的角度来看，还要注意传播的信息量和刺激量要适度，信息量过大，刺激过度就容易使传播对象产生厌烦情绪，同样产生逆反心理。

(二)影响公众行为的无组织群体心理

1. 时尚与公众行为

时尚是指社会上许多人都去追求某种生活方式，使这种生活方式在较短的时期内到处可见，从而导致彼此之间发生连锁性的感染，即所谓的“一窝蜂”现象。时尚具有普及性与发行性统一、求同性与求异性统一、时效性与周期性统一的特点。

追随时尚主要来自以下心理原因：(1)从众与模仿；(2)求新欲望；(3)自我防御与自我显示；(4)追求流行有个别差异。

2. 舆论与公众行为

舆论是公众的意见与看法，是指一群人在相互交流或沟通之后，以明确的语言和态度表现出来的对某一事物的意见和看法。舆论主要包括社会事件、社会问题、社会冲突、社会运动四种形态。舆论具有以下特征：(1)舆论是为大多数人赞成和支持的；(2)舆论总是涉及社会的安宁与幸福的问题；(3)舆论本身含有合理性；(4)舆论是有效的；(5)舆论一般不是政府的意见，是民众的呼声。

舆论具有监督约束作用、鼓舞推动作用、指导定向作用等。因此，在公关工作中，要尊重舆论，同时还要善于引导舆论，使其向有利的方向发展。

3. 流言与公众行为

流言是提不出任何信得过的确切根据，而在人群中相互传播并强烈影响公众心理行为的消息，主要有愿望流言、恐怖流言以及攻击流言。流言有一定的传播规律：(1)流言表达形式通俗化；(2)流言重点情节强调化；(3)流言内容的同化。

流言一经发生，传播性迅猛，对个人、组织、社会都会产生消极影响，需要组织建立流言监测分析制度和常规信息披露制度来控制流言的产生和漫延。

第四节　组织内部公众关系

组织内部公众是组织内部沟通、传播的对象，包括组织内部的员工和股东，他们是与组织关系最密切、最重要的公众。内部公众的心理状态、工作状态和协调合作状态，直接关系到组织工作效能的发挥，也直接关系到组织在生存和发展中的竞争能力，因此“内求团结”是组织公共关系的起点。

一、员工关系

员工关系是组织在管理过程中形成的人事关系，是组织内上下左右各方面关系的总称，包括组织内上下级之间的关系，部门、科室、班组之间的关系，员工个人之间的关系。员工是组织内部公众，是内部团结的首要对象，是与组织公共关系主体最密切的公众。任何一种组织都需要首先处理好自己的内部关系，才能使他们成为对外公共关系的主体力量。建立良好员工关系的目的，是培养组织成员的认同感和归属感，形成向心力和凝聚力。

(一)员工关系的重要性

虽然组织因其性质、面临的公众对象而不同，但这些组织都有一个共同点，就是每个组织都有自己的员工。员工是构成组织的"细胞"，是组织赖以存在的基础，是组织的物质承担者，是实现主体的目标和利润最大化的主要依靠力量。组织的各项目标只有通过他们的分工协作、各尽其职，才能付诸实现。

从一定意义上讲，员工关系是最重要的内部公共关系，公共关系工作必须从建立良好的员工关系开始，着力培养和引导员工对所在组织的认同感、归属感，形成凝聚力。搞好员工关系最终目的是把组织中的每一名员工都纳入组织整体，在团结互助的气氛中充分发挥员工的潜能，推动组织的发展与建设。

(二)员工关系的处理

社会组织处理员工关系时，可以从两个方面入手：有效管理和有效激励。

1. 有效管理

(1)完善的人力资源管理工作。社会组织通过规范、细致和完善的方法对组织内部员工的情况进行全面、持续的跟踪，全面地了解自己的员工，这是搞好员工关系的前提。只有全面地了解组织内部的员工，组织才能够根据员工的情况变化，及时做出反应，以应对各种不同的情况。同时，组织还应定期对员工的工作进行评估。对工作出色的员工进行表扬，帮助工作中失误的员工总结失败教训。值得注意的是评估工作必须开宗明义地进行，这有助于员工理解组织的具体愿景，消除员工的抵触情绪，而且能帮助员工确立明确的努力方向；相反，纯粹的严厉批评和责骂解决不了任何问题。

(2)双向有效的沟通。首先，组织可以通过有效的征询和倾听员工的意见和建议，及时获知他们的心理变化。这不仅仅能够使组织了解员工，而且能够给员工提供一条疏解心中苦恼和困惑的途径。同时，还能够增加员工的"被重视感"，让员工感受到"原来我的意见也很重要""有人愿意听我的想法"，这样就鼓舞了员工积极参与组织事务的热情，增强了其主人翁的意识，使私下的牢骚逐渐减少。其次，组织必须保证信息的公开透明。公共关系的手段就是双向的沟通传播，因此保持社会组织内的信息公开透明是十分重要的。作为社会组织的成员，了解自己的组织是做好工作的前提，也是与组织之间建立感情、形成向心力的基础。信息的公开透明有助于消除成员和组织之间理解的偏差，避免非正式渠道信息的蔓延，有利于形成良好的工作氛围。

(3)培训和辅导。在现代社会组织中，尤其是在企业中，大量的培训机会和完善的培训制度，不仅有利于组织自身的发展，也有利于留住优秀员工。当今社会，培训和薪资一样，越来越被认为是一种组织给予员工的福利待遇。甚至有人认为，良好的成长机会和优质的培训比眼前的收入更能吸引人才。因为个人的成长会使自己受益终生，这也是培训制度完善的跨国公司吸引人才的重要优势。再者，随着社会和组织自身的迅速发展，员工感受到的内外压力越来越大。而面对压力，有一个良好的心理状态，对于员工的工作以及组织的发展是至关重要的。很多企业在公司内部设立了心理咨询热线，对员工提供必要的帮助。心理咨询有其独特性和不可替代性，员工的心理问题可能由于种种原因会涉及个人隐私而不适合或者不愿意向他人诉说，而专业的心理咨询可以为其保守秘密，充分尊重咨询者的个人意愿，甚至可以匿名咨询，这样可以打消员工的顾虑，帮助其化解心理问题，但这要求心理咨询机构保持一定的独立性。

2. *有效激励*

(1)完善的福利制度。对于公共关系而言，福利制度不在多，而在全。与奖金和薪酬相比，福利更倾向于体现出一种对人的尊重与关怀。如果说一切以利益为目标的、明确而吸引人的奖金制度使员工和组织之间多了些冰冷的目标感，那么完善而未必很多的福利制度则会使员工和组织之间平添几分温馨的关怀气息。过年过节发放的礼物、加班费的及时足额发放、员工定期体检、假期的严格执行等无不体现了对员工人格的尊重，这样才会建立起真正意义上的、类似于“以厂为家”的强大凝聚力。

(2)细致的人文关怀。相对于福利制度而言，人文关怀更加偏重从情感方面体现组织对内部员工的尊重和关怀。有时候，一句恰如其分的贴心问候也许会让员工感到舒心，一个宽容的微笑也许会让员工充满感动，一个信任的眼神也许会获得下属员工的忠心，这些细节都可以让组织中的员工关系变得和谐融洽。人文关怀可以有很多形式：定期组织员工和家属看电影，六一儿童节给员工的孩子送礼物，举办一些员工娱乐活动等。一个很典型的例子是：当员工平时忙于工作，甚至连自己的生日都不曾记起时，而组织或公司高层能够以一封电子邮件的形式向其表示祝贺，这对员工所产生的激励可能会比多发奖金更为显著。还有一个方面的人文关怀就是在辞退员工和招聘新员工时，要保持对员工的足够尊重，“欺生”和“一脚踢开”都不可取。不仅要使员工进入组织后对组织产生一个良好的印象，而且要使员工在离开组织后对组织依然留有好的印象，这对组织保持长久的吸引力和树立良好的口碑都是至关重要的。

【案例 4—4】

让员工参与管理

公司董事会正在讨论是否关闭其下属的一家元器件加工厂，理由是这家加工厂不能给该公司创造利润。如果这个决议执行的话，将会导致 200 名工人失业，这对于总人数只有 700 人的公司而言，将会引起人们的恐慌并造成更大的损失，显然这样的局面不是公司所希望的。

管理层决定让工人决定自己的命运，于是在元器件加工厂召开了一次职工大会，主要是宣读董事会的想法和倾听员工的意见。果然，关闭加工厂的提议一经宣读，会场便不再安宁，管理层希望大家踊跃发言，提出建议以增加利润从而摆脱被关闭的命运。并给大家一周的时间，用书面报告反应上来。管理层再三告知，元器件加工厂的命运掌握在广大员工手中，换言之，失业与否由员工自己决定。

一周以后，管理层收到来自全体员工的报告，其中有生产一线的工人、车间的管理者、采购部门等。管理者将以下几份重要的报告呈给了董事会：

(1)元器件厂的生产原材料成本过高，直接对工厂的利润造成影响；

(2)工人的素质及操作技能参差不齐，一部分操作工急需上岗培训，以降低元器件的报废率；

(3)检验环节形同虚设,使很多不合格品流向市场,直接增加了产品的售后服务成本;

(4)管理人员超编,冗员现象严重,职工反映工厂管理人员最低可减去一半;

(5)工厂缺少激励制度,仍有大锅饭现象,干好干差一个样,工人很难想象合资公司会出现此类问题。

这些触目惊心的报告在董事会产生很大震动,管理者被要求在最短时间内解决这些使得元器件厂长期亏损的根本问题。管理者依据报告,完善了元器件厂的管理制度,具体有以下做法:

(1)采购实行招标及审批制度,收回部分下放权力,杜绝此环节的腐败给工厂的致命打击;

(2)员工按岗位要求统一上岗培训,根据考核及实际操作水平择优录取,以保证正常优质生产;

(3)在工厂进行"保证质量,提高效益"的奖惩活动,如检验员岗位,发现不合格产品的予以奖励,放走不合格产品的则予以重罚或解雇。

两个月后,元器件厂的产品一次检验合格率由原来的90%增加到97%,仅此一项便减少损失三十余万元,清理不合格员工从而给工厂减少薪资发放达5万元,而采购环节每月降低成本近10万元。五个月后,整顿后的元器件厂实现盈利。

(资料来源:www.baidu.com)

(3)公平而广阔的发展空间。对于员工来说,任何眼前的利益也不能代替长期持久的成长与发展。因此,组织为员工提供一个公平而广阔的发展空间是吸引员工的重要条件和因素,也是保持员工队伍稳定性的根本保证。创造这样一个发展的环境,首先要做到制度上的严谨和公平,不能搞双重标准;并且做到公开竞争、保持足够的透明度以及信守承诺;让每一位员工都明白只要凭借自己的努力就可以达到目标,极大地调动员工的积极性。另外,组织在员工的发展上要结合组织的发展特点设置多元化的发展方向,尽可能为员工创造更多的发展机会。

二、股东关系

股东是股份制经济组织的投资者、资产拥有者。有些股东是社会个人,是普通的股票持有者;有些股东是具有法人资格的组织;还有些股东本身是组织内部的员工。从利益关系看,股东是组织的内部公众。现阶段,股东的概念在我国已经被大众所熟悉。所谓股东关系,是指社会组织如企业与投资者、股票交易商、股票经纪人、证券分析家、托管人、银行家、投资公司和投资俱乐部等的关系。股东关系中所包含的公众有三类,分别是一般股东、董事会成员和金融舆论专家。一般股东,人数较多,持有企业股份有多有少,分散在社会各地,不直接参与企业的决策管理,但对企业财产拥有所有权,关心组织的经营状况,希望组织兴旺发达;一旦组织经营不善,他们受到的冲击也最大。董事会成员,一般是占有较多股份的个人、组织或社会名流,他们通常是由股东大会选举产生,并代表股东行使对组织的管理权。金融舆论专家是证券分析家、股票经纪人、投资银行家以及金融新闻人员等,他们的观点、评论、意见会影响、左右广大投资者的行为,对组织影响很大。

(一)股东关系的重要性

为了稳定已有的股东队伍,获得股东的信任与支持,创造出有利的投资环境和融洽气氛,争取新的投资者,企业就必须维护好与股东之间的关系。因为企业组织的生产经营活动决定着股东的投资利益,作为投资者和资产拥有者,他们具有法定的投资权益,因此自然而然会产生“主人意识”。组织有义务视股东为自家人,而且应尽量满足他们的“主人意识”,从而获得他们的信任与支持,创造出有利的投资环境和融洽气氛,稳定已有的股东队伍,争取新的投资者。此外,还可以通过股东向外宣传组织的形象,扩大组织在社会上的影响。

(二)股东关系的处理

企业和股东的关系是一种极其重要而又特殊的内部公众关系,处理好股东关系意义重大。要处理好股东关系,就必须重视和做好下列工作:

1. 尊重、维护股东的正当权益

从某种意义上讲,股东就是企业的“主人”,他们的经济利益与企业的经济效益息息相关。股东拥有参与公司经营管理权、优先认股权、经营成果分享权、剩余财产分配权、股份转让权等权利。尊重和维护股东的正当权益,就是要满足他们参与管理、了解企业经营和发展信息的要求。为此,组织除了要及时准确、全面地向股东报告组织的动态外,公关部门在与股东联系的全过程中,始终要保持谦恭的态度,尊重股东的“特权意识”,努力维护股东的正当合法权益。

2. 做好与股东的信息沟通工作

与股东的信息沟通,是内部公共关系协调的重要任务和目标。一方面,应及时、准确、全面地向股东汇报有关组织的各种信息,这些信息主要包括企业的经营管理信息和经营管理状况,如企业的方针政策、发展目标和发展计划,资金的流动状况和使用情况,企业财务报表,股利分配政策,企业面临的内外部环境等。在向股东汇报时,切忌报喜不报忧,应坚持“公开事实真相的原则”。因为只有让股东及时全面地了解组织的有关信息,才能求得他们的理解、信任和支持。另外要注意的是,组织与股东的信息交流应该自始至终。外国一些公司在与自己的股东联系的全过程中,从股东购入第一张股票起,直到股票全部售出为止,都保持着密切的联系;股东购入第一张股票时,公司立即发出总经理签名的“欢迎信”,逢年过节,发出“感谢信”,而当股东抛出最后一张股票时,则发出“遗憾信”。企业向股东传递信息可以采取的方式有很多,如年终报告、季度报告、股东代表大会报告、信息发布会、座谈会、内部刊物等。而年终总结报告则是其中最为重要的传递方式之一,因为许多股东往往就凭这份年终报告来判断组织的信誉和形象。因此,企业公关部门应该予以足够的重视,做好充分的准备。另一方面,企业公关部门还要注意收集来自股东方面的信息。股东生活在社会的各个层面,消息灵通,各有所长,他们提供的信息能客观反映出公众对企业的评价,有助于企业作出科学的战略决策。因此,公关部门要与他们经常保持联络,从他们那里了解各种有关信息,如股东本人情况、股东本人对企业的意见和建议、对企业的产品或服务的感想等。

【案例 4—5】

与股东的沟通

洛克菲勒在创业之初,曾一度发生经营危机,种种流言传到股东那儿,闹得人心惶惶。人们络绎不绝地找上门来了解究竟。洛克菲勒了解股东的心理,干脆把仅有的一些钱堆在桌上,另一边放着股票。他向每个来访者详细地报告了企业的实际情况并客观分析了即将走出低谷、迅速发展的现实前景。最后,他告诉每一位来访者,如果感到没有保障,要想退股,现在即可提走现金。现金和股票让股东自由选择。结果没有一个要现金的,他们全被洛克菲勒客观、自信又深刻的分析所折服,有的原想退股的,临走时反倒买走了更多的股票。这个事例告诉我们,只有了解股东,双向沟通才能对症下药,真正解决问题。

(http://m.book118.com)

第五节　组织外部公众关系

外部条件,是组织发展的社会环境,公共关系的本质就是与环境协调,以争取理解与支持。组织对外部环境的依赖使外部公众成为组织的重要公众,也使外部公共关系成为组织公共关系工作的重点。根据外部公众的不同,可将组织外部公共关系分为:顾客关系、政府关系、媒介关系和社区关系。开展外部公共关系的目的在于促进组织与外部公众之间的了解与合作,协调组织与外部环境的相互利益关系,消除可能出现的各种矛盾和冲突,促进彼此之间的理解和信任,为组织的生产和发展提供良好的外部环境条件。

一、顾客关系

顾客就是上帝,组织拥有了顾客,就拥有了发展的机会。所以说,顾客是组织最重要的外部公众,企业一旦失去了顾客,也就失去了存在的意义和可能。因此,处理好顾客关系是组织外部公共关系成功的关键。各类组织都面临如何正确处理顾客关系的问题。

(一)提供优质的产品和服务,使顾客满意

组织将质量合格、性能优良的产品称为优质产品,将尊重顾客、了解顾客的需求作为自己的行为标准,将尽量满足顾客合理需求的服务称为优质服务。顾客购买组织的产品或接受组织的服务的消费行为形成了组织与顾客之间的关系。因此提供优质的产品和满意的服务是顾客关系的基础。如果不能给顾客提供优质的产品和满意的服务,就不能维系良好的顾客关系。知名企业的成功往往就在于其优质的产品和令顾客满意的服务。

【案例 4—6】

高端牛奶“特仑苏”

在食品消费市场上,牛奶始终被看作一种大众消费品,是被认定为“不可能做出花样来”的商品,然而蒙牛推出的特仑苏牛奶打破了这种保守的思维定式,剑指高端定位,在众人的质疑声中获得了市场的认可。2005 年底推出的蒙牛差异化品牌特仑苏牛奶,经历短短一年的时间,在上海市场的销售量就达到日均 1 万箱,而在其市场运作强势的北方地区,这个数字更高。2006 年 3 月底,特仑苏 OMP 奶高调上市,以增加品种的方式进一步巩固和细分市场。进入 2007 年,国内各大乳品品牌纷纷推出高端液态奶产品,而特仑苏依然保持强劲的增长势头,并以开拓者的身份引领着高端液态奶市场。据北京物美超市市场部经理左英杰介绍,特仑苏在高端牛奶中是销售最好的,其余各品牌的高端产品占据着相对低一些的市场份额,总体市场处于向上发展的势头。

特仑苏具有典雅而高贵的包装外观、整箱不拆零的终端销售方式,其奶蛋白含量超过 3.3%,超出国家标准 13.8%。在营养成分上优于普通产品。蒙牛在特仑苏纯牛奶包装盒上将“3.3”作了放大处理,此举对普通纯牛奶产生了极大的杀伤力,吸引了大批关注营养和健康的消费者。随后蒙牛又推出 OMP“造骨蛋白”概念,以高科技突出品牌的技术优势,从而烘托出品牌价值。产地优势，位于乳都核心区和林格尔——北纬40°左右优质奶源带、1 100米海拔、年日照近3 000小时、昼夜温差大等层层地缘优势，滋养12国精挑牧草，如此优越的地理位置和环境，加上蒙牛作为乳业领头羊的优势加工技术，使得特仑苏产品天生就含有丰富的天然优质乳蛋白，其整体营养含量更是高于普通牛奶，而且口味更香、更浓、更滑。在寻求新的品牌驱动上，蒙牛突破了以往以企业整体品牌驱动子品牌，建立子品牌关联知名度的打法，另辟蹊径，让特仑苏独立出蒙牛的品牌系列，在弱化蒙牛鲜明的企业品牌的同时，强化子品牌，凸显了其气质完全不同、包装完全不同、终端陈列不同。

特仑苏的价格比较贵，有多少人会去买呢？一项对爱喝牛奶的理由的调查中发现，消费者喝牛奶不只是为了追求健康，在经常喝牛奶的消费者中，15.79%的人有将其作为一种"好滋味的饮料"来细品的。而进一步的问卷指出，如果有各方面表现都出众的"特优质"液态奶新品，在价格为普通奶2—3倍的范围内都是可接受的。

2006年10月22日，IDF国际乳品联合会主席Jim Begg在第27届IDF世界乳业大会上宣布，蒙牛"特仑苏"获得IDF全球乳业"新产品开发"奖。这个奖项的获得展示了一个年轻的乳品企业战胜百年巨头的传奇，这也是中国企业代表首次登上全球乳业领奖台。Jim Begg指出，IDF大奖是全球乳业的最高荣誉。蒙牛"特仑苏"的获奖，对于中国乳业具有非常重大的意义，提升了中国在全球乳业中的地位。

2016年，特仑苏进行品质升级，限定专属牧场，以更高标准的严苛要求，孕育出每100毫升牛奶高达3.6克天然优质乳蛋白和120毫克天然高钙。

从以上案例可以看出，当组织以动态和发展的眼光来认识和服务于目标公众对象时，就会促进组织稳定地发展，实现双赢。

（资料来源：www.baidu.com）

（二）重视与顾客的信息沟通

组织应当高度重视与顾客之间的信息沟通，通过各种途径及时、有效、准确地向顾客传递相关的信息，如企业的政策方针和经营现状、产品的功能、使用方法、维修及售后服务的具体措施等。同时，也应注意收集顾客的需求变化和对产品的反应。随着人们生活水平的不断提高，顾客的消费期待、消费品位和消费品种也随之发生变化，组织应当及时把握顾客需求变化，对组织的产品和服务做出相应的调整以适应顾客的需求。这就需要顾客与组织之间的信息沟通保持顺畅。

（三）及时妥善地处理顾客投诉，维护顾客的合法权益

妥善处理顾客的投诉，积极维护顾客的合法权益，是建立良好顾客公共关系的根本。每个组织都会遇到顾客的投诉、质疑、批评与纠纷，组织应当做好充分的心理准备和思想准备，认真听取顾客对组织产品和服务的意见，并将顾客的提议行为看成对组织的关心、对组织的一种好意。不论面对的是误会还是实情，组织都应当以诚恳耐心的方式进行处理。首先，组织的公共关系人员面对顾客的投诉，应该用心倾听顾客的意见，站在顾客的角度考虑问题，争取在情感上与顾客保持一致，尽快平息顾客的不满，做好善后工作，以防事态扩大和恶化。其次，公共关系人员应该认真、严肃、迅速、准确地答复顾客的任何投诉或质疑，积极、慎重、耐心地解释和解决实际问题，并且建议组织的决策层改进组织的产品和服务，从根本上消除顾客的不满。

二、政府关系

政府关系或者说政府公众关系是组织与政府及其各职能机构、政府官员之间的沟通关系。政府是国家的权力执行机关，履行着管理整个国家经济生活的重要职能，组织的正常发展离不开政府有关部门的指导与关心，对于经济组织来说，政府既是管理者，又是外部公众，是组织所有传播和沟通对象中最具有社会权威性的对象。建立和维护好政府关系，有利于组织争取到良好的政府环境、法律保护以及行政支持和社会政治条件，从而获得稳定的发展机会。

处理好组织与政府的关系应从以下几方面入手：

(一)熟悉政府颁布的有关政策、法规

政府主要通过政策、法规来管理社会组织，组织的一切活动都必须在国家政策、法规允许的范围内进行。因此，组织的公关部门要熟悉政府所颁布的各项政策、法规、条例等，并及时进行分析研究，同时注意政策、法规的变动，根据变化修正组织的方针政策和实际行动方案。而且组织要求得生存和发展，就必须遵纪守法，使自身的活动在政府的政策法令内进行，同时政策相对于法律来说灵活性、变通性大，熟知政策，才能灵活运用政策，并最大限度地使组织受惠，让组织以更好更快的速度发展。

(二)熟悉政府机构的组织结构及其职能

政府机构上至国务院、省、地、市政府，下到街道办事处，其层次各不同，有的是组织直接领导，有的是间接领导。组织与政府日常交往的主要对象是其主管部门或一些相关的具体职能部门，而并不需要与所有政府部门打交道。熟悉政府机构的内部分工、工作范围、办事程序、负责人员，并与有关部门的工作人员保持应有的联系，可减少“公文旅行”“踢皮球”现象，提高办事效率。

(三)积极配合政府工作，自觉接受政府领导

组织要认真学习上级部门颁布的各项方针、政策，并深入贯彻落实，使组织的决策层及时、全面、准确地掌握政府的有关方针政策，使组织决策与政府保持一致。在利益关系上组织应以大局为重，以国家利益为重。

(四)加强与政府的信息沟通

组织除了要了解国家的有关方针、政策、法规外，还应及时将实际工作部门的具体情况反馈到政府的有关部门，并根据本地区、本行业、本部门的特殊情况，主动提出新的政策设想、法律建议，并通过适当的渠道进行宣传、说服工作，协助发现及纠正政策执行中出现的偏差或失误。同时，尽量争取有利于自身发展的法规、政策。

(五)努力树立组织在政府及主管部门视角中的良好形象

为了获得政府的支持与帮助，组织要努力营造自己在社会和消费者视角中的良好形象，把握一切有利时机，扩大企业在政府部门中的信誉和影响，使政府了解组织对社会、对国家所做的贡献和取得的成就。比如，组织可以将利润的一部分投资于公益事业、慈善事业、环保事业等，积极承担起社会责任，在公众与政府中树立起良好的口碑。

三、媒介关系

媒介关系是指社会组织与各种新闻媒介的关系，包括组织与非人格化的新闻机构，如报社、杂志社、广播电台、电视台等大众传播机构的关系；组织与新闻工作人员，如记者、编辑等的关系。新闻媒介对于组织而言具有双重身份，一方面，它是组织公共关系的客体，是组织竭力追求的公众；另一方面，它又是组织实现公共关系目标的重要中介，是组织与其他公众进行沟通的桥梁、联系的纽带。而且新闻媒介在一定程度上的影响力是相当巨大的，也是公共关系工作经常面对的工作对象，从某种意义而言，新闻媒介既可以帮助企业走上成功之路，也可以使企业声名狼藉。因此，企业要想建立良好的信誉和形象，就必须与新闻媒介建立良好的工作关系。

搞好组织与新闻媒介的关系应注意以下几点：

(一)了解、熟悉各种媒体、传播活动的特点和规律及其工作方式

了解其编辑方针、发刊周期、截稿时间等特点，使组织掌握发布信息的主动权，能不失时机地召开记者会等相关的沟通性会议，积极提供方便配合媒介人员的工作，争取媒介人员的支持。

(二)要大力支持新闻界人士的工作

新闻工作有自己的价值标准和职业规范，组织的领导人和公关人员不能迫使新闻媒体发表有利于自己的新闻，而阻挠其发布不利于自己的新闻报道，不能对新闻工作者施加任何压力，应充分尊重他们发表真实声音的权利。

(三)保证新闻真实性

社会组织向媒介人员提供的信息一定要客观公正，特别是在组织出现问题时，一定要提供真实信息，协助媒介人员做出客观的报道；以正确的态度对待新闻媒介关于组织的信息传播。面对媒介人员误解或不实际的报道，态度恳切、冷静客观、实事求是地把真实信息提供给媒介人员，以得到媒介人员的理解与支持。除此之外，公关人员还要在真实的基础上合理创造新闻，即把握新闻的特殊角度以引起人们的兴趣。

【案例 4—7】

17 把乐带回家

2017 年百事可乐推出《17 把乐带回家》，借势《家有儿女》，通过 12 年后这组国民家庭的重聚，继续讲述家的温情和共鸣。传递“有爱，就是一家人；在一起，才是家的意义”的情感真谛，围绕着这一中心，请来了影响整整一代年轻人的快乐家庭《家有儿女》原班人马重聚，通过 12 年后国民家庭的情感凝聚，在爱奇艺、微博、各大营销号自媒体账号上运用影视 IP、明星 IP、品牌 IP 引爆，向用户传递“把乐带回家”的情怀和百事背后的坚持以及一个关于“家”的温情的共鸣，短时间内进入大众视野，实现年度热卖。

（资料来源：www. ad-cn. net）

(四)重视媒介交往，制订专门媒介交往计划

社会组织应适时邀请新闻界人士前来参观访问，通过他们的切身感受，既为新闻媒介提供了新闻题材，使新闻报道更加客观真实，又为组织创造了新闻宣传的机会。同时，组织还应与新闻界保持长期接触，进一步增进组织和新闻媒介的相互了解。例如，常年保持与媒介关系的例行工作，规划好年度内需要与媒介合作的重大项目等。对这些工作做出预先安排，为媒介人员提供充分的材料并提前告知。

【案例 4—8】

媒介的力量

位居美国汽车业第三把交椅的克莱斯勒公司曾经创下了亏损 116 亿美元的纪录,并且濒临破产的边缘。临危受命的亚柯卡在其他方案都行不通的情况下,决定以公司全部资产做抵押向美国联邦政府申请贷款。消息传开,举国大哗,反对声鹊起,联邦政府一时拿不定主意。为了争取到全国公众和政府的理解支持,亚柯卡发起了强大的舆论攻势。媒介发表了一系列阐述公司主张的有亚柯卡亲笔签名的社论。这些社论的标题和内容是公众最为关心的问题:失去了克莱斯勒,美国的境况会更好吗?克莱斯勒有前途吗?克莱斯勒的领导部门是否有足够的力量扭转公司的局面?联邦政府的官员和国会的议员每天都拿着这些广告和社论边看边议。同时,亚柯卡还派出专人到国会和联邦政府进行游说活动。这些公关活动的开展,逐渐恢复了各界公众对公司的信任,国会也终于在圣诞节前夕通过了贷款法案。有了这笔巨资的支持,克莱斯勒最终起死回生,并在 20 世纪 80 年代东山再起。

(资料来源:max. book118. com)

四、社区关系

社区是组织生存和发展不可缺少的外部环境,是组织的根基,它是指一定地域内的人口集体,由地域、人口、制度、地缘四个要素构成。组织同其所在地的社区有着休戚与共的依存关系。组织在生产经营活动过程中,不可避免地与社区内的其他组织与民众发生这样或那样的联系,没有一个安定良好的社区环境,组织的日常生产和运营就无法正常进行。因此,社区公关的目的就是争取社区公众对本组织的了解和支持,使其知晓组织可能给社区带来的有利方面,从而为组织创造一个稳定的生存环境,奠定繁荣的根基。

维护好组织与社区公众间的关系应注意以下三个方面:

(一)树立居民意识,正确处理社区利益与组织利益之间的关系

社区是组织及其他社区公众共同使用的地方,因而组织活动必然对周围的环境产生影响。这种影响可以是积极的,也有可能是消极的。组织要树立居民意识,关心社区其他公众的利益,自觉遵守社区的各种规定,服从社区公约等。努力均衡社区利益与组织利益,不能为了自身暂时的利益不惜损害社区的利益,尽可能避免或减少自身活动对社区其他公众正常活动的影响,为自身树立一个有责任、有担当的社区成员形象。

(二)加强信息交流,增加相互了解

组织应当及时向社区公众宣传组织的宗旨、政策等,表达他们愿意为地方发展出力的愿望,以取得社区公众对组织的认可。并且组织的经济、文化等活动应努力立足本社区,尽可能地视当地公众为最基本、最直接的顾客,及时了解其需求变化,并及时跟进组织政策或产品上的变化。让社区公众与组织之间形成良好的沟通管道,加强两者的信息交流,增加相互之间的了解,明白对方的需求与避讳,努力使两者关系更加融洽。

(三)积极承担社区内的公共事务,支持各类公益活动

组织作为社区居民的组成部分,要密切掌握社区的最新动态和小区内重大的活动信息,及时给社区活动以人力、财力、物力上的支持,如捐助公共设施、赞助文艺表演、提供义务性的专业服务等。这样不仅能惠及社区公众,还能建立良好的组织形象。

【案例 4—9】

一家茶厂,带动七村致富

卢峰茶业有限公司位于永泰县同安镇占柄村,是永泰县首屈一指的茶叶生产公司,2012年被评为福州市农业产业化龙头企业。在发展的同时,其茶厂与附近的村民保持着良好的社区关系。每年3月底,茶园陆续进入采茶季。作为劳动密集型产业,茶青的采摘需要大量的劳动力。公司就会从附近村庄中选择工人,虽然茶厂位于占柄村,但用到的劳动力却涵盖占柄村及周边的西安村、红阳村、上庄村、同安村、樟坂村及兰口村共7个村。根据采茶熟练度的不同,每名工人每天能收入100至200元不等。茶叶的产期从3月底持续至10月底,每名工人每年可在茶园务工8个月,一年的收入能达到24 000元至48 000元。

除此之外,公司积极响应号召,成立非公企业党支部,探索支部企业联建模式,将17户贫困户纳入企业产供销体系,并与贫困户签订采购合同,解决贫困户茶农销售问题。

通过"公司+基地+农户"模式,公司实现了种植、加工、销售一条龙,生产的茶叶销往全国各地,受到一致好评。

(资料来源:www. baidu. com)

本章训练题

一、单项选择题

1. 公共关系活动的客体是(　　)。

A. 公众　　B. 政府　　C. 新闻媒介　　D. 企业员工

2. 公安、税务和上级管理部门属于(　　)公众。

A. 组织公众　　B. 社团型公众　　C. 政府公众　　D. 媒体公众

3. 消费者、协作者、竞争者、名流、记者、政府官员、社区居民这些属于(　　)。

A. 个体公众　　B. 组织公众　　C. 内部公众　　D. 外部公众

4. 以下选项中,属于公众特征的是(　　)。

A. 协同性　　B. 专业性　　C. 自主性　　D. 同质性

5. 某商店出售一批食品,事后发现这批食品已经变质。购买了这批食品的顾客,由于还没有食用,也没有发现问题,因而暂时没有反应,这时,他们就是(　　)。

A. 知晓公众　　B. 行动公众　　C. 潜在公众　　D. 社区公众

6. 那些对组织的生存和发展有一定影响,但没有决定性意义的公众,如政府公众、媒介公众及社区公众是(　　)。

A. 边缘公众　　B. 顺意公众　　C. 次要公众　　D. 独立公众

7. 效仿传播媒介所提供的"形象",这些"形象"成为公众追求"个性"和"流行"的模板体现了公众心理的(　　)。

A. 同质性　　B. 变化性　　C. 从众性　　D. 攀比性

8. 正式群体的成员和非正式群体的成员,都有认同群体的共同心理特征,都不否认自己是该群体的成员,这属于(　　)。

A. 归属意识　　B. 认同意识　　C. 凝聚意识　　D. 整体意识

9. 一句恰如其分的贴心问候也许会让员工感到舒心,一个宽容的微笑也许会让员工充满感动，一个信任的眼神也许会获得下属员工的忠心，这些细节都可以让组织中的员工关系变得和谐融洽，这属于员工关系处理的（　　）。

A. 双向有效的沟通　　B. 完善的福利制度
C. 培训和辅导　　D. 细致的人文关怀

10. 现代政府公共关系的本质是政府组织与公众之间的（　　）。

A. 双向沟通　　B. 单向沟通　　C. 形象沟通　　D. 舆论沟通

二、多项选择题

1. 以下选项中，属于公众特征的是（　　）。

A. 整体性　　B. 同质性　　C. 相关性　　D. 多变性
E. 多元性

2. 以下选项中，属于内部公众的是（　　）。

A. 消费者　　B. 员工　　C. 记者　　D. 股东
E. 协作者

3. 以下选项中，属于公众心理特征的是（　　）。

A. 同质性　　B. 攀比性　　C. 多变性　　D. 排他性
E. 从众性

4. 以下选项中，属于外部公众的是（　　）。

A. 消费者　　B. 员工　　C. 记者　　D. 股东
E. 协作者

5. 影响公众行为的有组织群体心理的是（　　）。

A. 从众　　B. 流言　　C. 逆反　　D. 时尚

三、判断题

1. 社会流行既是一种心理现象，又是一种行为活动。（　　）
2. 政府公众对象主要是指政府官员。（　　）
3. 边缘公众是指与组织虽有关系，但联系较少、影响较小的一类公众。（　　）
4. 按照发展过程，公众可分为非公众、行动公众、潜在公众、知晓公众。（　　）
5. 首要公众是指决定组织生存和发展的公众，他们对组织的生存、发展与成败有着举足轻重的影响。（　　）
6. 媒介关系也称新闻界关系，是指组织与新闻传媒机构的关系。（　　）
7. 社区关系也称区域关系、地方关系、邻里关系。（　　）
8. 搞好员工关系，首先要了解员工的意愿。（　　）
9. 政府关系是组织公共关系环境的轴心。（　　）

四、简答题

1. 公众包含哪四项基本含义？
2. 简述非公众、知晓公众、潜在公众、行动公众各自的特征。
3. 简述员工关系处理的方式。
4. 如何处理顾客关系？

五、案例分析题

2019 年 2 月 25 日，某女车主在西安利之星签订了分期购车合同，付款约 66 万元购买进口奔驰 CLS300 款轿车。3 月 27 日提车后，女车主称在未开出经销商店大门的情况下，发现车辆的发动机存在漏油问题，要求协商退换车辆，但双方未能达成一致。4 月 9 日，车主再次前往西安利之星 4S 店沟通此事。其间她坐在奔驰轿车引擎盖上，情绪激动地与多名 4S 店工作人员沟通。这段视频在网络发酵。当天，西安利之星 4S 店同意退车退款，并与车主签订了书面协议。

【要求】 结合所学知识，说明应如何看待此次事件。

第五章

公共关系传播

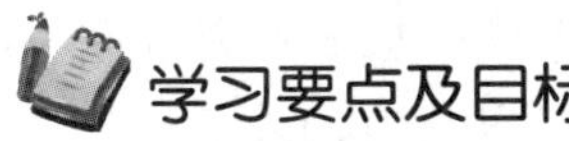

学习要点及目标

1. 了解传播及公共关系传播的含义；
2. 了解公共关系传播的要素、特点及原则；
3. 掌握各种公共关系传播媒介的优缺点；
4. 了解公共关系传播的类型；
5. 掌握各种公共关系传播活动的组织与实施。

核心概念

公共关系传播　大众传播　新闻发布会　展览会　策划新闻活动　公共关系广告

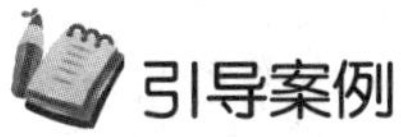

引导案例

华为 nova3 海报级自拍公关传播

一、背景

目前，手机行业处于“存量市场”，不同品牌的手机产品硬件差异变小，为了让自己的品牌能够脱颖而出，如何有效传达产品亮点并让用户欣然接受，已经成为手机品牌重点关注的问题。自拍功能点传播，很多厂商在手机前置摄像头的参数、名目繁多的美颜功能上下功夫。但普通用户无法接受各种硬件参数的堆砌，对单一功能点的传播，比如逆光自拍，无法传达自拍的整体效果。手机行业一直缺乏一个易于让用户接受，且足够简明扼要地说明自拍效果的概念，因而在传播时有些力不从心。

华为 nova3“海报级自拍”这一新的自拍概念的出现恰好解决了这一问题，简洁直观，又能让用户对手机的自拍效果有明确且较为完整的感知。高清、美颜、虚化等功能点通过“海报级自拍”这几个字集中概括。

二、策略

为了让手机的高清自拍功能被受众强烈感知，在执行中将照片打印成与人等高的尺寸，并打出“海报级自拍”概念。从线下媒体体验引向线上全平台传播，由数码圈，到摄影圈、时尚圈，再到娱乐圈，跨圈层渗透打响手机海报级自拍传播，掀起手机圈自拍新狂潮。

三、创意

海报对像素要求极高是一种共识，在大众认知中，海报与画质高清、美颜适度、肤色出众、虚化效果自然等关联。正是基于这样的洞察，将具备 2 400 万高清自拍实力的华为包装为具有“海报级自拍”功能的手机，即手机直接拍出可打印 1.5×2 米的高清海报，但依旧眉眼、发丝清晰。将拍照黑科技直接转化成用户可感知的话术。在发布会前在与数码、摄影、时尚媒体深度沟通“海报级自拍”概念中的核心卖点，强化媒体对该概念的认知。发布会上借明星代言人抛出自拍的高清海报与人的合影，发布会后第一波数码、摄影、时尚媒体的自拍海报正式披露，进而影响各圈层的普通受众，将手机高清自拍的卖点深植受众心中。

四、执行

(一)线下传播：用体验获取媒体认同，用感知营销传递手机高清自拍实力

线下邀请科技和时尚媒体体验“海报级自拍”，产品上市前通过线下媒体品鉴会，将手机拍摄打印的 2×1.5 米的海报真实呈现在媒体面前，从媒体端引发第一波将自拍打印成海报的体验风潮，让科技媒体从技术层面解读海报级自拍拍摄实力，让摄影媒体从专业角度分析成像效果，让时尚媒体从视觉层面上展现自拍海报既具有视觉震撼力又具有时尚美感。

(二)线上传播：“精准洞察＋圈层渗透”，步步为营，占领用户心智

产品上市后打造圈层联动，包括数码圈、摄影圈、时尚圈、娱乐圈。

第一波，数码圈解读海报级自拍硬件支撑。5 大门户数码频道加 5 大垂直数码频道加数码 KOL 全平台发力支持。

第二波，摄影媒体从专业角度解读海报级自拍。海报级拍摄一直是单反相机的特权，华为海报级自拍颠覆了用户心中的认知，专业摄影师拿华为拍出海报质感，佐证手机的拍摄实力。

第三波，海报级自拍席卷时尚圈玩出新花样。联合时尚芭莎、时尚 COSMO、男人装、YOKA、Onlylady 等时尚媒体为海报级自拍立时尚标杆。联动时尚达人，拍摄与自拍海报的花式合影，在传递高清海报的同时，从视觉层面拔高海报级自拍调性。

第四波，海报级自拍风靡娱乐圈，打造泛娱乐效应。手机海报级自拍让普通人轻松拥有自拍海报，而一向出现在各大海报上的明星也开启了与自拍海报的亲密互动，将娱乐属性进一步强化。海报级自拍因高清、好玩而更具传播力。

第五波，抖音达人玩转海报级自拍，扩散影响力。抖音达人延续海报级自拍的趣味属性，向不同阶层扩散。

五、效果

圈层渗透：由线下媒体体验引向线上，由数码圈到摄影圈、时尚圈，再到娱乐圈，跨圈层渗透，逐级打响海报级自拍。

霸屏传播：线上总曝光量达 1.6 亿人次，其中 34 篇阅读量突破 10 万＋。

行业标杆：“海报级自拍”概念掀起手机圈狂潮，友商随后纷纷提出“××级自拍”。

深植心智：“海报级自拍”已经成为华为一大标签，直观具体地呈现高清自拍实力。

(资料来源：金远奖公众号)

“传播”一词同公共关系一样，也是一个外来语，其英文“Communication”源于拉丁文“Comuny”，原意包括“传布”“沟通”“交流”“交往”等多种含义。它强调传者与受者的同等地位和相互作用，强调“双向”和“交互”的词义。公共关系活动的过程，其实就是组织与公众之间进行信息传播和沟通的过程。随着现代传播技术的迅猛发展，尤其是网络等新媒体的广泛应用，进一步丰富了公共关系的传播手段，为公共关系的发展开辟了更为广阔的空间。能否有效地利用各种传播媒介，遵循沟通活动的基本原则，营造有利的舆论环境，是组织公关目标

能否顺利实现的关键。

第一节 公共关系传播概述

一、传播及公共关系传播的含义

传播是人类社会赖以生存和发展的基础，自从人类诞生以来，就产生了传播行为。现代意义上的传播学产生于20世纪30年代的美国，40年代从美国传至欧洲，再传至日本，70年代末传入中国内地。目前关于传播的定义有两百多种。一般地讲，传播是指个人、组织、社会之间信息的双向传递、接受、共享和沟通的过程。

公共关系传播是指社会组织借助一定的载体和途径，将信息有计划地与公众进行交流和沟通的活动。与一般的传播相比，公共关系传播的基本含义表现在以下三个方面：

（一）侧重信息沟通的非宣传性传播

宣传性传播固然对统一人们的思想、改变人们的态度和行为具有较大的作用，但它相对来说是建立在受众被动接受的基础之上，有“灌输”的意味。公共关系传播的目的在于提高社会组织的透明度、知名度和美誉度，而这些又是建立在公众评估之上的，因此，就需要充分尊重公众的知晓权。

（二）注重双向交流

公共关系传播的目的不仅要改变公众的态度，还要根据公众反馈回来的信息调整自己的行为、完善组织的形象。这就要求组织与公众之间的信息传播应当是双向的，既有传递，又有反馈，互相理解，互相影响，互相适应，互利互惠，从而建立组织同公众之间的和谐关系。

【案例5—1】

了解员工心理，把握员工需求

美国马萨诸塞州巴莫尔的戴蒙德国际纸板箱厂，因市场萎缩，工人为前途担心。65%的员工感到管理层对员工不尊重，56%的员工对工作感到悲观，79%的员工认为他们没有得到因出色工作而该有的报偿。

为此，管理层推出“100分俱乐部”计划，即无论哪位员工，只要全年工作绩效高于平均水平的，即可得到相应的分数，如安全无事故20分、全勤25分等，每年结算一次，并将结果送到每位员工家里，如分数达到100分，便可获得一件印有公司标志和“100分俱乐部”臂章的浅蓝色的夹克衫。

两年后，工厂生产率提高了16.5%，质量差错率下降了40%，员工不满意见减少了72%，由于工业事故而损失的时间减少了43.7%，工厂每年多创收100万美元利润。年底评议时，86%的员工认为管理层对员工很重视，81%的员工感到自己的工作得到了承认，79%的员工认为自己的工作与组织成果关系更密切了。

（资料来源：www.docin.com）

（三）注重情感传播

在公共关系传播过程中，传播活动是在四个层次上进行的，依次是信息层次、情感层次、态度层次和行为层次。其中，信息层次是最基本的层次，一般社会组织就是依靠向公众传播信息逐步建立信誉的。一个优秀的公关人员，往往从情感入手，通过真情实感去打动公众，进而改变公众的态度，引导公众的行为，达到公众对组织支持和合作的目的。

二、公共关系传播的过程及要素

(一)公共关系传播的过程

传播的起点是传播者，其终点就是接受者，传话的内容称为信息，而信息又是由各种符号来表达的，这就构成了公共关系最简单的传播过程。自 20 世纪 20 年代以来，西方传播学家从各个不同的角度对传播过程进行探讨，提出了许多传播理论和对传播过程进行高度概括的传播模式。在此介绍几种比较典型的传播模式理论。

1. 公共关系传播的基本过程

根据传播原理，公共关系传播的基本过程可用图 5—1 的模式来表示。

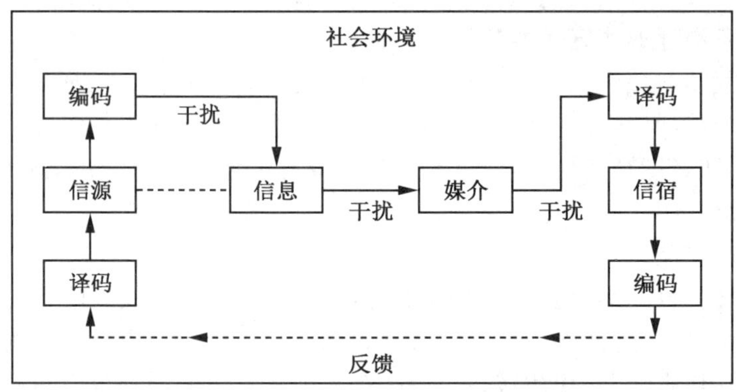

图 5—1　公共关系传播的基本过程

信源将信息内容经过编码成为信息，通过传播媒介，传送到信宿，但信宿须经译码过程才能接受信息的内容。信宿对信息的反应，须通过编码，反映给信源，信源也须经译码过程才能全部接受其反馈内容。而干扰可能产生在传播的各个环节。一切传播活动都在一定的社会条件下进行。

传播学关于传播过程的模式研究十分丰富，各种模式均力图勾画出传播活动的主要因素、各因素之间的关系，以及这些关系所形成的过程。如果将复杂的传播过程简化，可以归纳为如图 5—2 所描述的模式。

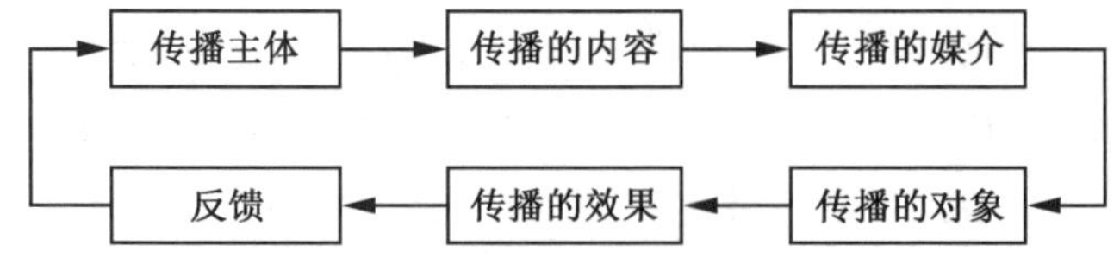

图 5—2　简化的传播模式图

虽然不能说这个模式非常准确地反映了现实的传播过程，但它包含了传播过程中最重要的因素，并揭示出这些传播因素之间的最基本的顺序关系和因果关系："传播主体"(如某公司公共关系部)制作出“传播内容”(如关于企业新产品上市的新闻稿),提供给“传播的媒介”(如报纸和电台)发表,告知和影响了“传播对象”(如消费者),引起了“传播的效果”(如消费者的关注),再“反馈”给“传播主体”。在这个过程中,缺少任何一个要素,都会影响传播过程的完整性,导致传播过程不能发生,或传播受阻,或达不到效果等。

2.“五 W”模式

美国传播学家哈罗德·拉斯韦尔在 1948 年发表的《社会传播的结构与功能》一文中,提出了构成传播过程的五种基本要素,并用五个疑问代词加以表述,即 who(谁),say what(说什么),in which channel(通过什么渠道),to whom(对谁说),with what effects(有什么效果),这就是所谓的“五 W 模式”或称“拉斯韦尔模式”。

英国传播学家 D. 麦奎尔等将该模式演变为如图 5—3 所示。

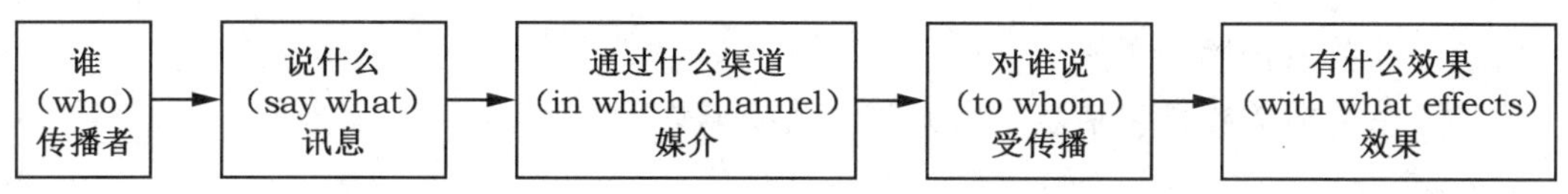

图 5—3　“五 W”模式图

3. 香农—韦弗的“传播数学模式”

美国信息学者 C. 香农和 W. 韦弗从信息论角度,提出了直线性单向传播数学模式。该模式运用通讯电路原理对传播进行了探讨,特别提出“噪声”这一负功能概念因素,影响了许多其他传播过程模式的研究和产生。其模式示意图如图 5—4 所示。

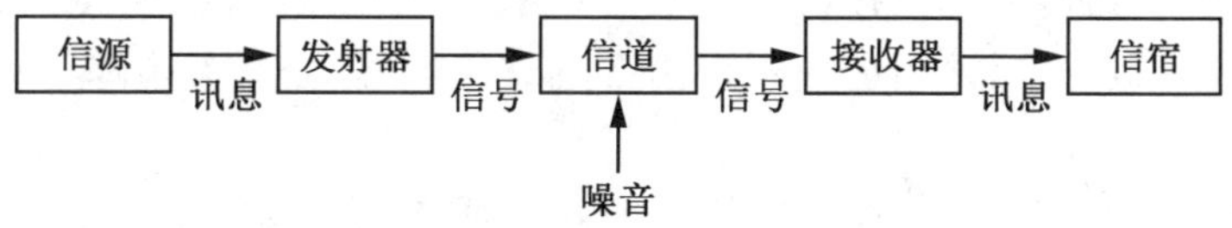

图 5—4　香农—韦弗的“传播数学模式”

4. 韦尔伯·施拉姆的“循环互动模式”

这种模式是一种双向的循环闭合运动过程。与上述两类模式相比较,其特点如下:

(1)该模式设置了反馈机制。传播者进行传播的主要目的已不是单纯地进行信息传递,而是为了获得反馈信息。

(2)该模式是以平等对称形式建立的。传播者与接受者随着传播频率不断加快,身份上已经没有严格意义上的区别,任何一方在一个传播过程中既是传播者,又是接受者。二者是相互均等、相互转换的。

(3)该模式体现了传播的闭合循环运行状态。传播活动作为一种人类社会运行的基本活动,随着人类的进步,科技的发展而不断提升,但是很难在现实生活中将一个传播过程严格地与另一个传播过程区别开来,因为人类传播是连续的、不间断的。

(4)该模式反映了信息传递与信息反馈的逻辑关系。施拉姆的“循环互动模式”可以看作是由两个香农—韦弗的“传播数学模式”组成,信息反馈过程既是前一个信息传递过程的结果,又是后一个信息传递过程的动因,即互为因果关系。其模式如图 5—5 所示。

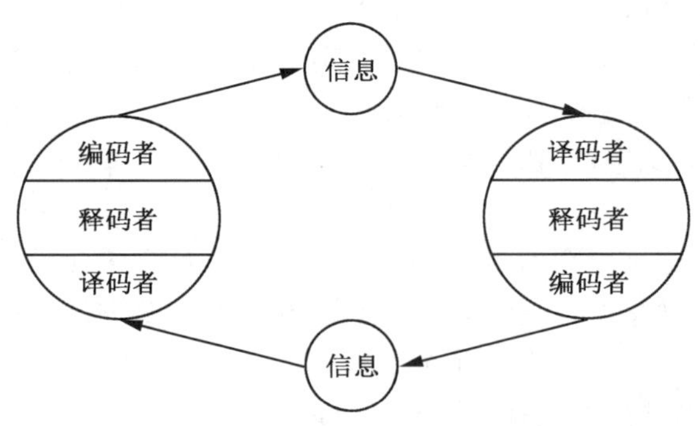

图 5—5　循环互动模式

(二)公共关系传播的要素

公共关系传播的要素包括基本要素和隐含要素两大方面。

1. 基本要素

公共关系传播是组织运用传播手段向公众传递信息的过程,它经历了由传播者到受传者的全过程,因此,也应当包含传播过程的五个要素。

对哈罗德·拉斯韦尔的传播五要素稍加调整,就形成了公共关系传播的基本要素:公共关系传播者、公共关系传播内容、公共关系传播渠道、目标公众以及公共关系传播效果。

(1)公共关系传播者。公共关系传播者是组织信息的采集者、发布者,是代表组织行使传播职能的人。在我国政治组织中,该角色一般由党和国家的新闻发布机构、新闻发布人以及各级党和政府的新闻、宣传部门担任(在其他一些国家还包括政府中的公共关系人员);在各种福利组织和营利性组织中,该角色由组织内部的宣传部门、公共关系部门或宣传人员、公共关系人员担任。

公共关系传播者是公共关系的主体,因为它是构成传播过程的主导因素。在协调公众关系、改善周围环境的过程中,在树立自身形象、提高信誉的过程中,在沟通内外联系、谋求支持与合作的过程中,公共关系传播者居于主动地位,起着控制者与组织者的作用。它的任务,是将外部的信息传达给组织内部公众,将有关组织的信息发布出去,传递给目标公众。

(2)公共关系传播内容。公共关系传播内容是指传播者发出的有关组织的所有信息。它大体上可以分为如下两类:

一类是告知性内容,即向公众介绍有关组织的情况,如组织的目标、宗旨、方针、经营思想、产品和服务质量等。在信息传播过程中,告知性内容往往以动态消息或是专题报道的形式出现。前者是关于组织新近发生的某一事件的基本事实的描述,比如关于商店开业、展览会闭幕、新产品问世、超额完成产值等情况的报道。后者是对事件全景或某一侧面进行的放大式描述,例如介绍新产品的设计过程、制作工艺、用途、专家鉴定情况等。

另一类是劝导性内容,即号召公众响应一项决议,呼吁公众参与一项社会公益活动,或者劝说人们购买某一种牌子的商品。在利用大众传媒进行宣传的过程中,政党、政府及其他非营利性组织发布的劝导性的内容,往往以社论、评论、倡议书的形式出现,而营利性组织发布的此类内容,则多以商业广告的形式出现。

(3)公共关系传播渠道。所谓传播渠道,是指信息流通的载体,也称媒介或工具。人们通常把用于传播的工具统称为传播媒介,而把公共关系活动中使用的传播媒介称为公共关系媒介。可供公共人员利用的传播媒介有两种：一种是大众传播媒介，一种是人际传播手段。具体来说，公共关系传播媒介是各种各样、丰富多彩的。常见的有语言媒介，如报纸与杂志、书籍与纪念刊、海报与传单、组织名片与函件等；有电子媒介，如广播、电视、录音、录像、幻灯和电影等；有标识，如摄影与图片、商标与徽记、门面与包装、代表色等；还有非语言传播媒介，如表情、体态、目光等。我们也可以把公共关系媒介分为基本媒介和综合媒介两种。所谓基本媒介，主要包括人与人之间的传播、广播、电视、印刷品、摄影作品、电影等；综合媒介则包括与新闻界的联络、特别节目、展览、会议等。显然，所谓综合媒介是各种基本媒介的集大成。

(4)目标公众。目标公众是指那些与组织有着某种利益关系的特定公众。它们是大众传播受传者中的一部分，是组织意欲影响的重点对象。这类公众的特点是：

第一，目标公众是有一定范围的，是具体的、可知的，也是相对稳定的，即每个组织都有自己的特定公众。

第二，公众是复杂的。尽管某些个人由于某种共同性构成了某一组织的公众，但他们之间还是有着明显的差异。

第三，公众趋向集合。当组织与公众之间的利益关系变得突出时，原来松散的公众集合体就会趋于集中，显示出它特有的集体力量。

第四，公众是变化的。当组织与公众之间的利益关系结束了，这一类公众就不复为该组织的公众。

(5)公共关系传播效果。这是指目标公众对信息传播的反应，也是公共关系人员对传播对象的影响程度。

人们对传播效果的研究经历了半个多世纪的历程，先是提出“传播万能论”，继而提出“有限效果论”(以“两极传播”为主要内容)，后来又由“两极传播模式”发展为“多级传播模式”。传播效果理论的演变告诉我们，大众传播媒介固然能够改变受众原有的观念，但其效果不是无限的。在实际工作中，公共关系人员不能把大众传播媒介作为唯一的手段，而应当将它与人际传播、组织传播等多种方式结合起来，以便收到更好的效果。同时，受众的被动地位是相对的，他们对信息的注意、理解和记忆都是有选择的。公共关系人员可以通过各种调查手段(如观察、访问、文献分析、抽样调查等)了解公众对信息的接受程度，“知己知彼，百战不殆”。此外，在信息传播过程中，还要重视专家、学者、社会名流等“意见领袖”的中转作用，设法通过他们影响公众。

2. 隐含要素

(1)编码。这是指传播者根据传播对象的特点，按照一定的规则，将内容编制成符号系统传播出去，以便传播对象易于理解和接收。既有符号，又有内容，也不等于信息传播就能成功。它还要求传播者善于根据内容、传播对象的特点科学地组织符号。“对牛弹琴”，说话不看对象，传播也会失败。这就是传播过程中的“编码”出了问题。相反，一个训练有素的公关人员却可以写出一篇很有新闻价值、符合规格要求的新闻稿，各新闻单位可能不改一字就予以刊登。

(2)译码。这是指目标公众接收到信息后，将信息的符号破译成自己有理解的内容。公关人员发出的信息是否能为公众接收，接收后是否为公众准确理解，这就要看传播者的编码能力和受传者的译码能力。

(3)干扰。这是指传播过程中放大或缩小信息量从而使信息失真的因素。干扰可以出现在传播过程中的任何一个环节，是影响传播质量、降低传播效果的重要因素。一般来说，公共关系工作者要想方设法清除传播过程中的干扰，以便改进传播质量，提高传播效果。

常见的传播干扰有以下几种：

①编码干扰。即传播者不善于根据对象或内容组织传播内容，从而影响外界的接收。消除方法就是提高传播者的编码能力。

②信息干扰。即信息本身使受传者产生误解、歧义或不理解。消除方法是尽量使信息简单、通俗、准确、有针对性。

③媒介干扰。即传播媒介本身出现的各种“噪声”，如书信上的字迹潦草、报刊上的印刷错误、电视节目上的静电干扰、扩音机发出的刺耳噪声等。消除方法是从技术上完善媒介性能。

④受传者干扰。即受传者本身各方面的条件影响了信息的正常接收。如受传者的文化水平、经济地位、社会经历、心理特征等都会影响信息的正常接收。消除方法：一是有计划有步骤地培养、提高受传者的兴趣、爱好、文化水平，二是制作信息时要有鲜明的针对性。

(4)共同经验。这是指传播者与受传者之间必须有“共同语言”。共同语言越多，传播效果越好。

(5)社会环境。一切传播活动都是在一定的社会环境中进行的，在不同的社会环境中，同样的传播活动会产生完全不同的传播效果。

三、公共关系传播的特点

(一)传播行为的受制性

公共关系传播是一种重要的组织行为，是为实现组织目标而服务的，因而要受到组织特性的制约。从时间和空间上、内容和形式上，它都要受到组织目标、组织制度、组织规范等的制约。

(二)传播内容的求实性

公共关系传播是组织的一种公共关系行为，其目的是为了沟通公众、服务公众，在社会公众心目中树立良好的社会形象，进而求得公众的理解与支持。因此，公共关系传播首先必须讲求其内容的真实性和态度的诚实性，要使公众感觉到组织的公共关系传播是客观的、实在的和公正的。

(三)传播渠道的多样性

公共关系传播的对象是公众，公众是一个类型复杂、层次多样的社会群体。他们当中有个人，有群体，也有组织；他们的年龄、性别、阅历、个性等都不尽相同，各自喜欢的信息渠道也就不同。因此，公共关系传播必须针对目标公众，采取多种传播渠道进行信息传播，保证公共关系传播的针对性和影响面。

(四)传播方式的策略性

公共关系是一门科学，也是一门艺术，公共关系传播在遵循传播规律和原则，确保传播内容真实和客观的前提下，还要掌握传播的技巧和谋略，创造性地运用各种传播的技术与方法，巧妙地向公众传播公共关系信息，从而有效地影响公众、服务公众、沟通公众、赢得公众，取得最佳的公共关系传播效果。

(五)传播活动的高效性

在公共关系传播中，可根据不同情况采取普遍性目标公众策略、选择性目标公众策略、集中性目标公众策略，确保公共关系传播的指向性和针对性。注重传播时机的选择，按组织发展的不同时期的特点来进行公共关系传播，注重选择传输通道，确保公共关系传播的高效性。公共关系传播要受到人们追求最佳效益的欲望所驱动，并以传播的最佳效益为原则。

四、公共关系传播的原则

（一）目的明确原则

弗兰克·杰夫金斯说过："公共关系是一组织为了达到与公众之间相互理解的特定目标，而有计划地采用的对内、对外传播方式的总和。"因此，公关传播是带有明确目的性的传播，它的总目标是树立、改善组织形象，形成有利的舆论环境，获得各界的支持。根据传播效果四层次理论，一般性目的可分为四种：（1）引起公众注意；（2）诱发公众兴趣；（3）取得公众的肯定态度；（4）促发公众的支持行为。

（二）双向沟通原则

双向沟通原则是指传播双方互相传递、互相理解的信息互助原则。具体包含以下三个内容：一是沟通必须由两人以上进行，二是沟通双方互为角色，三是沟通双方相互理解并有所交流。

双向沟通原则要求在实施过程中注意以下两个方面：

1. 创造沟通的共识区域

即沟通双方具有共同的经验范围。

2. 具备反馈意识

一方面是指沟通双方在互相理解后要有反应，包括信息反馈的主动、及时、对路和适量等；另一方面是指沟通双方应根据反馈来作自我调节，它实际是用结果（输出信息的实践结果）对原因的反作用来调节沟通，使沟通双方轮流充当施控者与受控者，彼此都对对方的行为产生制约力。

（三）平衡理论原则

平衡理论原则是指传播者利用"相似性"的人际吸引为中介，通过沟通与受众产生认同，达到协调的原则。具体可通过以下两种方式进行：

1. A—A 式平行沟通

公关传播就是要创造 A—A 式平行沟通的环境，即双方均以平等、理性的成人状态参与沟通，并随时注意公众反应，不断调节，使其保持在 A—A 状态之中。这种方法就是以个人心态的平衡去引导、建立双方关系的平衡。

2. 情感沟通

情感是形成态度的重要条件，平衡理论要求在沟通中诉诸情感，通过情感互动和思想交流，产生接近与认同，达到态度的一致和关系的平衡。

（四）整分合原则

这是指在整体规划下，将沟通过程的各相关部分进行有效综合的原则。即要把传播过程看作一个整体，处理好传播主体、传播客体、传播技术及传播观念之间的关系，对不同的传播客体、不同的传播内容，应选择不同的传播媒介和传播技术；同时，对各个公关传播环节、层次、方式要相互协调，避免出现冲突和矛盾。

（五）有效沟通原则

公关传播追求的是有效沟通，即通过沟通使公众理解、喜爱、支持组织。影响与公众有效沟通的因素有三个：一是信息的真实性与信息量的大小，二是传播者的方式与态度，三是传播内容的制作技巧与传播渠道的畅通。

第二节 公共关系传播的类型

按照传播的方式和内容，公共关系传播类型一般可分为四种：人际传播、群体传播、组织传播和大众传播。

一、人际传播

人际传播是指发生于个人与个人之间互通信息、交流思想、沟通感情的社会行为。它是构成并维持社会的前提，是人际关系得以实现的基础，也是最常见、最普遍渗透于人类生活的基本传播方式。其表现形式分为面对面传播和非面对面传播两种。前者一般通过语言、动作和表情等媒介进行交流，后者则通过电话、电报和书信等媒介进行交流。公关活动中往往会涉及大量而频繁的人际交流，公关人员在许多场合也需要个别地与顾客、专家、记者等进行交往。因此，人际传播是公关人员最直接、最具体的工作，也是公关工作中最为广泛的一种传播方式。它的特点是：

（一）私人性，易于情感沟通

由于人际传播一般仅限于个体之间的信息互动，因此，人际传播具有明显的个人性、私人性，最便于表达对交往对象的关注，与对方进行情感沟通。在所有的传播方式中，人际交往的情感色彩最浓，最容易达到晓之以理、动之以情的效果。

（二）交流形式多样，信息交流充分

人际传播多以面对面传播为主，在交流中，传播双方除了使用口语之外，还可以大量地使用表情、体态语进行交流，使彼此之间的信息交流更为通畅，不易造成误解。

（三）反馈直接、迅速

人际传播是传播双方的双向互动过程，在这一过程中双方同时充当传者和受者的双重角色，使各自都能不断地根据对方的反馈来调整传播内容，从而有效地控制交流的速度、广度和深度。

当然，人际传播毕竟是个体对个体的传播，其传播范围是极为有限的，如果信息需要得到广泛的传播，就必须借助其他传播方式。

二、群体传播

群体传播是指一群人按照一定的聚集方式，在一定的场合接受传播。在两千多年前的古希腊，就出现过许多公民聚集在广场、大厅里聆听演说的群体传播现象。著名学者亚里士多德专门写了一本著作《修辞学》，阐述了群体传播的特点。在现代社会，我们的演讲会、报告会、记者招待会等，都属于群体传播。这种传播的场合是公开性的，往往能容纳上百人，甚至几千人，如会场、展览厅、礼堂、广场、体育馆等。这种传播的对象一般是为了共同的兴趣而聚集在一起的。群体传播分小团体传播和公众传播两种。

（一）小团体传播

小团体传播是指小群体成员（十人左右）之间直接的、面对面的、多向性的沟通与交流。在现实生活及公共关系工作中，存在许多小团体传播情况，如在家庭成员之间、在班组和宿舍成员之间、在部门内部同事之间等。这种小团体沟通是介乎人际传播和组织传播之间的一种传播形式,即群体内的人际沟通活动,它不完全等同于人际关系。

1. 参与传播的人数较少,可进行直接的、面对面的交流

小团体传播的人数显然超过人际传播的两人,但也不是太多,否则无法保证每个参与者彼此保持面对面状态,从而影响参与的积极性和充分性。

2. 传播参与者之间多向性的沟通交流

小团体传播要求所有成员全部参与,每个成员向他人做出的信息传递均是对某一成员信息的反馈,成员之间互为启发和补充。

3. 传播活动效果依靠共同目标和行为规范的支持

小团体传播是在特定的文化背景下进行的,缺少人际传播的随意性,每一成员必须以完成共同目标为沟通宗旨和方向(如策划方案、创意设计),必须以规章、制度及活动原则来约束和规范自身沟通行为(如不允许攻击指责),以期达到相互启迪、充分交流的效果。

(二)公众传播

公众传播是指相对少数的传播主体,面向相对集中、人数较多的公众群体进行的传播,如专题报告演讲、展览、大型演出活动等。其特点如下:

1. 面向相对集中、明确、人数较多的公众群体

公众传播不同于小团体传播,其人数较多,传播覆盖面较大;又明显区别于大众传播,大众传播对象人数虽然众多,但很难明确具体参数(如具体人员的性质、方位、状态及人员之间的联系等),而公众传播的公众因参与同一活动聚集在同一场合,参数具体明确。

2. 传播者与传播对象大规模的现场参与

虽然受参与者人数越多则参与积极性越差的传播规律的影响,但由于公众传播是在一个特定现场进行的特定主题的大规模传播活动,因此容易激发公众的参与热情,形成极强的现场人气,再加上公众情绪相互感染,特别有利于营造热烈的气氛和舆论,形成轰动性传播效果,所以它是社会组织对内对外常用的一种有效传播手段。

3. 多种媒体的综合应用

由于公众传播往往是在特定的、拥有较大空间的场所进行的,为了取得相应的传播效果,必须同时运用多种媒体,尤其是声、光、电效果俱佳的现代多媒体。

三、组织传播

组织传播是指社会组织运行过程中所涉及的信息传播活动,包括组织内部成员与成员之间、部门与部门之间、成员与部门之间以及社会组织与相关的外部环境之间的信息交流沟通活动。组织传播是保证组织内部正常、和谐运行的信息纽带,也是组织从社会环境中汲取信息、获取支持的重要途径。这种传播方式经常使用组织自控媒介,如黑板报、内部刊物等媒介来进行信息传播,其目的是使组织内的公众能有共同的信念和目标,同心协力完成组织任务。日本著名企业家松下幸之助先生就制订过一个组织传播计划。他每日按时地利用公司内部闭路电视系统向全体员工进行一次简短的讲话,通报公司发展进程中存在的问题和要求,使该公司全体员工都能及时了解公司当天发生的事情,对凝聚组织内部员工的力量很有帮助。组织传播具有以下特点:

(一)传播的实质性主体是组织而不是个人

在大量组织传播中,传播是以组织的名义进行的,传递的是组织的观点、主张、态度和立

场，虽然有时是通过某一个人的言行来表述的，但此时这个人已不具有个体身份，只是组织传播中的工具，如新闻发言人。

(二)组织内部正式传播的层次性和有序性

组织内部正式传播是按组织的行政体制和内部制度规范所确定的程序方向进行的轴心化传播，是伴随着行政组织层次逐次展开进行的。组织内部正式传播严格控制越级的发生，确保传播方向规范性操作，过多的不合理的层次可能会导致讯息的衰减和失真。组织内部正式传播一般包括：下行传播、上行传播、平行传播。

1. 下行传播

下行传播是自上而下的沟通形式，是上级领导层将政策、命令等传达给下级的过程。下行传播是管理者发布指令，争取全体职工合作支持，采取行动的基本依据。有效的下行传播可以使职工准确、及时地完成上级布置的任务，并使职工认识其工作价值，激发荣誉感，消除对上级的疑虑和恐惧；反之，下达信息就会被曲解、失落或冷淡处置。

2. 上行传播

上行传播是自下而上的沟通形式，是下层成员向上级领导反映情况、汇报工作和提出建议的正常渠道。良好的上行传播能向决策层及时传递具体工作中的各项问题；同时，良好的下情上达也是与良好的上情下达相辅相成的。

3. 平行传播

平行传播是同级成员之间或同级部门之间的沟通形式。平行传播最重要的任务是协调组织内部各单位间、各职员间以合作一致的态度去完成共同的目标。平行传播具有以下效果：弥补上行传播和下行传播的不足；简化办事手续，节省时间，提高工作效率；培养组织的团体精神和员工间的友谊，并满足彼此间的需求。

(三)组织内部非正式传播的自由性和平等性

组织内部非正式传播是指组织运行程序系统以外所发生的传播，是组织内部正式传播的补充。非正式传播的随意性较强，规范性较差，不刻意要求信息是否具有相应的主题、范围、深度和系统，甚至信息的编码形式也趋于简单化、口语化、通俗化，从而提高了传播的自由性；非正式传播的参与双方虽然仍具有高低之分的组织身份，但传播是以无轴心状态进行，传播主体和客体反复交换，趋于平等。组织内部非正式传播较正式传播而言，更有利于情感的沟通和积累，更有利于积极、健康、自由、宽松的组织氛围的营造。

(四)组织外部传播的公众性和大众性

组织外部传播对象较内部传播对象数量更为众多，层次更为复杂，针对相对集中的传播对象可借助公众传播完成组织信息传递，针对高度分散的公众则可通过大众传播媒介进行信息传递。

四、大众传播

大众传播指通过报纸、杂志、广播、电视、网络等大众传播媒介，将大量经过复制的信息传送给广大受众的过程和活动。大众传播是公关活动中最主要的传播方式，其主要特点是：

(一)传播主体的组织化、专业化

大众传播的传播者一般是拥有现代化大众传播媒介的专业化的组织机构，它集中了大量经过专业训练的职业人员，对采集的信息进行选择、过滤和加工，按传播者的意图和受众的需要予以传播。

(二)传播手段的现代化、技术化

现代大众传播运用了当今世界大量先进的技术成果,特别是电子技术、通信技术、印刷技术的飞速发展和在传播领域的广泛采用,使大众传播能够高速度、大范围地复制和传播信息,促进公关活动的顺利进行。其传播的速度、广度和海量信息是人际传播无法比拟的。

(三)传播对象的广泛性

大众传播面对的公众是十分广泛和分散的,通过无线电波、同步通信卫星,大众传播的受众可以跨越地域、超越民族和国家,其数量无法准确把握。因为传播对象是广泛而分散的,传播内容自然无特别针对性,较少个人感情色彩,任何人都可以共享。这使得一些公众无法了解到自己需要的信息,而人际传播则可以满足特殊信息的需求。

(四)信息反馈比较缓慢、间接

大众传播过程中因为信息传递距离远、范围广,得到信息反馈十分困难,无法进行及时纠正或补充,并且因为缺少面对面的各种体态语或表情的表达,所以稍有不慎就可能造成公众的误解。当然,由于互联网的出现,这种状况已经有了明显的改善。而在人际传播过程中,信息可以迅速得到反馈,传播者可以根据反馈来评判自己发出信息的效果,从而及时加以补充、纠正、解释、澄清,保证信息传播准确无误。

由此可见,不同类型的传播方式在传递信息过程中有各自不同的特点。公关人员应准确把握它们的特点,根据实际情况选择传播方式。要想取得理想的传播效果,往往需要这些传播方式同时使用,取长补短。

第三节　公共关系传播媒介

传播媒介是公共关系信息传播的工具。随着科技与经济的飞速发展,可供选择的媒介也越来越多,如报纸、杂志、电视、广播、互联网、电影、霓虹灯、挂历、包装纸等均可作为广告媒体。不同的传播媒介具有各自不同的特点,起着不同的作用。选择什么样的传播媒介,对是否能把公关信息及时有效地传递给公众,具有重要的影响。了解和掌握这些媒介的特性,公关传播才能扬长避短,选择最适合的媒介或媒介组合,取得最佳的传播效果。

一、公共关系传播媒介的种类

信息传播媒介的种类十分丰富,概括起来有大众传播媒介和组织传播媒介两大类。

(一)大众传播媒介

传统的大众传播包括四大媒介——报纸、杂志、广播、电视,这是当今世界最有影响力的四大传统媒介,其最大的特点是传播的广泛性,是公关工作不可缺少的现代化传播手段。现在网络传播得到越来越广泛的使用,网络成为又一重要的大众传播媒介。

1. 报纸

报纸是以刊载新闻和时事为主,评论现实生活,引导社会舆论的定期的公开出版物。它是国内外十分重要的一种传播媒介。报纸的优点主要有:

(1)充分处理信息资料。广播和电视在传播上注重时间,往往比较直观、表面,而报纸却因为时间充分、篇幅充足,可以对事件进行更深入、更详尽的报道,甚至可以反映某些用口语和图像难以表述的事物。

(2)读者有充分的选择余地。广播和电视都在固定的时间播放,错过时机就难以再次接收,人们没有多少选择的主动权,而报纸的读者却可以按照自己的需要、阅读的习惯和时间自行决定阅读的时间、地点、顺序、速度和次数,并且还可以把几种报纸对同一事件的报道进行对比,将某一种报纸在不同时间里的报道进行对比。

(3)资料便于保存和检索。报纸上的信息内容都是以文字的形式固定下来,便于剪辑、保存和查找。人们可以把自己感兴趣的资料进行保存,作为历史资料和专门知识反复使用。

(4)制作容易,成本较低,易于流传普及。报纸印刷的设备、材料等造价较低,费用少,读者接收信息时也不需要任何设备。

但报纸也有缺点:第一,传播速度较慢。它传播新闻不如广播、电视迅速及时,在传播速度上无法与广播、电视相比;缺少同时性,不能像广播、电视那样迅速报道新闻事件。第二,感染力较差。报纸传递信息主要以文字形式表达,有时附以图表,需要抽象思维,不够生动形象,不能直观地报道,感染力相对较差。第三,读者的数量有一定的限制。因为阅读需要一定的文化水平和阅读能力,专业性印刷品更需要有专业知识的才行,而且人的习惯是听多于读,所以接受者数量受限,不如电视和广播普及。

2. 杂志

杂志又称期刊,是定期或不定期成册连续出版的印刷品。它是受到普遍欢迎的一种印刷类大众传播媒介。按其内容,杂志可分为知识性、趣味性和专业性杂志三类。除具备报纸的优点以外,它还有以下三个优点:

(1)全面性。在我国,各类杂志达几千种,涉及各行各业,发行量大,读者范围广。

(2)深入性。杂志由于编辑时间较长,可以免受时间因素的影响,因此在报道事件时可以有充分的时间去采访和分析,广泛收集资料,详加解释,还可以配置必要的图片和图表,提供详尽而深入的报道,其传播内容比报纸等其他媒介完整系统,具有独特的参考价值,能给读者留下深刻而完整的印象。

(3)专业性。杂志的专业性是十分明显的,针对性强,使公众便于选择自己所感兴趣的类型。社会组织可在周年庆等特殊时机,利用杂志来进行详尽报道,使公众全面了解组织的经营理念、组织精神及各方面情况。

杂志的缺点也是十分明显的:一是出版周期长,因而不能迅速地报道新闻事件,缺乏时效性;二是杂志要求读者具有相当的文化水平和理解力,对于专业性杂志来说,还要求读者具有一定的专业知识,限制了读者的接受程度。

3. 广播

广播是覆盖面最广的一种电子类大众传播媒介。特别是在我国,无线电广播与有线电广播的结合,构成了一个遍及全国城乡的大众传播网络。广播的优点是:

(1)传播迅速,覆盖面广。广播里的信息不受空间和时间的限制,通过电波可以在转瞬之间传遍地球的各个角落。

(2)收听对象非常广泛。文化程度稍低、视力不佳或行动不便的公众都可以收听,人们甚至可以边干活边收听、边开车边收听,不受工作条件及环境的限制。

(3)感染力较强。广播依靠声音传播内容,声音的优势在于具有传真感,听其声能如临其境、如见其人,能唤起听众的视觉形象,有很强的吸引力。

(4)制作成本低。其制作成本是电子类大众传播媒介中最经济的。

广播的主要缺点是:传播信息稍纵即逝,如果不及时录音,内容就无法保存;广播能有效利用的电波频道是有限的，不能像印刷品那样无限量地增加。因为只有声音，没有图像，其生动性不及电视。另外，广播自由选择节目的范围有限，也不能任意改变收听的时间、顺序，听众的地位很被动。

4. 电视

电视是我国发展最快、影响最大、普及最广的大众媒介，也是公共关系传播中最重要的现代手段之一。其优点是：

(1)形象生动。电视集音响、图像、动作、色彩于一身，在传播信息过程中，能同时诉诸人的听觉和视觉，形象生动，现场感强，最能激发人的兴趣和吸引人的注意力。

(2)艺术性强。电视可以使用多种艺术手法表达信息，增强感染力，制造舆论、引起共鸣的效果大。

(3)迅速及时。由于摄像、传播技术的发展，卫星直播电视技术的采用，电视传播可以做到时间上同时、空间上同位，人们可以在第一时间获取信息。

(4)广泛普及。电视信息以声音、图像为主，也不受文化水平的限制，老少皆宜、雅俗共赏，因而有较高的普及率。

但它与广播媒介有着共同的缺点，不易保存，频道有限，必须在固定时间按时接收等，且传播的内容较浅显，不能全面而深入地阐述信息内容，而且信息传递速度无法控制，接受者没有太多思考的时间。电视节目制作费用相对也比较高，需要一定的经济承受能力。另外，它不便携带，使观众的选择余地很小。

5. 网络

所谓网络传播，就是通过国际互联网这一信息传播平台，以电脑、电视机及移动电话等为终端，以文字、声音、动画、图像等形式来传播信息。网络传播可以理解为利用互联网这一媒介进行的信息传递，是一种兼具人际传播、组织传播内涵的新型大众传播。

随着现代科技革命的突飞猛进，特别是信息技术的快速发展，互联网已成为世界上规模最大、覆盖面最广、信息资源最丰富、运用最便捷的信息传播网络。中国人民大学舆论研究所所长喻国明教授说过，“互联网正在全面渗透到社会生活的各个方面，并成为社会舆论最重要的传播载体”。中国互联网络信息中心(CNNIC)发布的第 44 次中国互联网络发展状况统计报告显示：截至 2019 年 6 月，中国网民数量达到 8.54 亿，互联网普及率为 61.2%。在普及率达到六成的同时，中国网民增长速度延续了自 2011 年以来放缓的趋势，2018 年底网民增量为 2 598 万，普及率提升 1.6 个百分点。

随着新媒体时代的来临，新媒体公关应运而生。2006—2007 年是其萌芽阶段，新媒体公关只不过是将对传统媒体的工作方式转而在互联网媒体上开展，在网站、门户上继续发稿，但仅仅经过一年左右的发展，随着 Web2.0 时代来临，新媒体公关的工作核心就发生了重大变化，在新的公关形式中，互动占有的比重升高。新媒体的媒体环境使得每个人不再只是简单接受信息，而是可以同时发声和反馈，这就导致了曾经在传统媒体的“写好稿件，发对媒体”的思路变得落伍，互动营销时代的公关兴起。

紧接着，微博和微信的出现让 SNS 社区开始没落，在新媒体上简单的互动开始变得复杂和多样，公共关系迎来新媒体的社交时代，社会化媒体或社交媒体上更广泛、更多样的沟通，也成为公关工作新的研究方向。

简单地说，在传统媒体时代，公关公司要想推广一款新产品，需要为开发布会写稿、发稿、剪报、汇报，而在新媒体时代则需要为该产品建立微博和微信账户，定调性，搞线上活动甚至要为它建立粉丝管理体系。因为沟通环境变化，工作方式也会发生变化，新媒体时代的公关核心就是帮助客户与公众好好沟通。

建立在公共关系与互联网相结合最新成果基础之上的网络公关，为现代公共关系提供了新的思维方式、策划思路及传播工具。网络传播主要有以下优势：

(1)信息量大，速度快。网络以其超链接的方式将存储信息的容量无限放大，而传统媒体却要受版面、频道、时间等因素限制，无法任意扩大和丰富所发布的信息内容。在信息传播效率上，传统媒体所要发布的信息都必须经过采集、筛选、加工等多个环节才能够传递给受众，而网络传播将这个过程大大缩短，网络信息可以实现即时更新，大到国际、国家大事，小到生活琐事，均能在网上得到同步反映。

(2)传播手法多样。网络传播不仅集传统媒体传播手段之大成，而且在传播过程中可以把文字、声音、图像等融为一体，实现以往各种传统传播手段的整合，满足了受众多方面的需要。

(3)传播过程多向互动。传统的报纸、广播、电视等媒体是以传播者为中心的单向、线性传播，传播主体和受众之间存在信息不对称。而在网络信息传播中，传播者和受众可以任意互换角色，受众既是信息的接受者，也可以成为信息的传播者。受众的主体地位得以体现，不仅可以主动地获取或发布信息，而且可以实现无时空限制的交流沟通。

(4)交流具有开放性。在网络上，人们可以在不同国家、不同民族之间就文化传统、思想观念、宗教信仰和生活方式等各个方面进行交流。网络传播是完全开放的，全球共享、广泛参与是其鲜明特征。

(5)传播主体广泛。传统信息发布主体是某个具体的电台、电视台或者报社、杂志社。而在互联网上，每个网民都可以是信息发布者。同时，网络还具有传统媒体所没有的虚拟性，网络传播主体可以匿名，网民可自由发言，发言机会均等。

【案例 5—2】

海底捞的快速网络回应

2017 年 8 月 25 日，网上《法制晚报》发布的一篇《暗访海底捞：老鼠爬进食品柜 火锅漏勺掏下水道》调查报道，将海底捞推进了舆论的漩涡。3 个小时后，海底捞利用官方网站发出第一份回应声明，声明回应称其确实存在卫生问题，表示愿意承担法律责任，向公众道歉并向监督海底捞的媒体表达感谢。随后两个小时，它发布了一份更加深思熟虑的处理通报，这一处理有两个最大的亮点：第一，每项整改点名道姓地落实公司高层的责任人；第二，不忘安抚基层员工，让涉事门店员工无须恐慌，表明责任在管理层，在公司董事会，海底捞没有背锅的“临时工”。

公众为海底捞的公关点赞，赞的并非是它的声明有多么“高明”，而是赞它胜在了诚恳。在网络传播信息呈裂变趋势发展的当下，公众早已不是从前大众传播效果中形容的一击即中的“靶子”，而是勤思考，可以不断发声的独立个体，每个人都可能成为意见领袖，对企业造成致命一击。

（资料来源：www.sohu.com）

(二)组织传播媒介

公共关系传播除了要运用大众传播媒介以外，还需要运用组织传播媒介。

1. 文字类传播媒介

这主要包括公共关系刊物(杂志或小报、简报、通信)、宣传小册子(包括折页、活页印刷品)、传单和目录(单页、卡片等)、海报和招贴、壁报和宣传栏等。

2. 影视类传播媒介

这主要包括幻灯片(用于展览会放映、辅助会议演讲)、电视录像带(可用于展览会或参观讲解,综合性或专题性的资料介绍等)、电影(可供电影院、电视台公开放映,或供集会上放映)。

3. 语言类传播媒介

这主要指演讲、报告、对话、座谈、谈判、录音等。

4. 实物类传播媒介

这主要包括产品样品(用于展览、赠送)、产品赞助(赞助某项社会活动的制品)、模型(产品、设备或企业的模型,用作标志、展览和大型活动)、小纪念品(如用于宣传企业的名称、徽记、商标的小型用品)。

5. 个人传播媒介

这主要是指公关交际场合常用的各种个体媒介,如电话、信函、贺卡、礼仪电报、慰问礼品、名片等。

6. 图像标识系列媒介

这主要包括照片与图画(用作新闻稿、广告、刊物的插图,以及展览会陈列),以及组织标识(如徽记或标志、商标、门面装修、建筑物、产品包装,乃至人员着装、用品上的代表色彩等)。

7. 特别的活动媒体

在许多特别设计、策划的公关活动中,往往突出某种形象生动的媒体。如潍坊风筝节中的“风筝”、哈尔滨冰灯节中的“冰灯”、海南椰子节的“椰子”等。

【案例 5—3】

Meow Mix

传统猫粮品牌 Meow Mix 决定追根溯源并重新使用其最具识别力的品牌元素之一,即一段伴随着不断重复的猫叫声的广告歌曲,这段广告歌曲已经停播了 16 年。营销者选择了歌手和电视真人教练库洛·格林以及他的波斯猫来出演广告。这首广告歌的视频在各个经销店中都获得了关注。新闻报道得到了 1 200 个媒体投放。

(资料来源:www.xuexila.com)

二、公共关系传播媒介的选择

适当的媒介可以有效地将组织信息迅速准确地传递给公众,直接影响到传播的效果。正确地选择传播媒介,一般要考虑以下几个因素:

(一)媒介的覆盖面

传播媒介主要发挥影响的地域即为某一媒介的覆盖面。企业在选择传播媒介时,一定要考虑传播媒介的覆盖面,尽可能使传播媒介的覆盖面与公共关系传播对象的分布区域相一致,这样才能达到传播的效果。

(二)媒介的可信度

公共关系传播的目的是树立组织良好的形象,争取公众的信任、支持与合作。如果选择没有信誉的媒介，公众会因对该媒介的不信任而推及对传播信息的不信任，媒介的社会影响力直接影响到公共关系的宣传效果，正式报刊的可信度显然是非正式报刊所不可比的，中央电视台的可信度更非街头招贴可比。只有选择可信度高的媒体，才有利于实现组织目标。

（三）公众的媒介习惯

选择传播媒介，要考虑公众接触媒介的习惯。公众对象有性别、年龄、职业、民族等方面的差异，应针对不同的公众对象选择不同的媒介。如对以知识分子为主要对象的传播最好选择报纸、杂志媒介；对以农民为主要对象的传播最好选择广播、电视媒介；对以高科技人员为主要对象的高科技介绍性信息最好选择专业杂志或专业印刷品媒介。

（四）商品的特点

不同的商品，其特点、性能是不同的。具有不同特性的商品，消费对象不同，媒介的适应性也不同。例如，生产儿童用品企业的广告，可选用电视作为媒介；生产时装企业的广告，选择电视或杂志作媒介，能增加美感和吸引力。

（五）媒介的费用

公共关系传播媒介的选择要依据组织的实力，量力而行。选择一种媒体还是多种媒体组合，一方面要从传播效果考虑，争取获得最佳传播效果，但同时也要考虑本组织的实际支付能力。当两者发生矛盾时，组织应根据自己的财力，选择费用少、收效比较好的传播媒介。

在考虑媒介的收费价格时，要注意进行科学的考虑，不仅要考虑广告价格的绝对金额，还要考虑广告价格的相对金额，即计算其单位费用。收费价格相同的两种媒介往往其单位费用是不同的。

例如，两份报纸同样在第四版位置登广告，按 1/4 版 4 000 元价格收费。其中甲报发行 500 万份，乙报发行 300 万份，那么通过计算可知：甲报单位收费价格时每万份收费 8 元，乙报则是每万份 13 元多。

有时收费多的媒介，其单位价格比收费少的单位价格还要低。比如，一家电视台在一般时间播出广告收费是 30 秒 3 000 元，而在黄金时间播放广告收费是每秒 3 600 元。表面上看，后者收费多于前者。但通过调查得知，在一般时间电视观众有 10 万人，而在黄金时间观众有 30 万人，计算一下分配到每个观众的收费价格：在一般时间是 0.03 元，在黄金时间是 0.012 元。

所以，当组织选择传播媒介、了解广告价格之后，还要进一步进行分析、计算，然后从中选择最佳广告媒介，以保证使费用的投入最大限度地收到传播效果。

第四节　公共关系传播活动的实务操作

公共关系人员为了达到预期的目标，配合整个公共关系方案的实施，要进行各种各样的公共关系专题活动。这些专题活动一般围绕一个明确的主题而展开，是企业或组织就某一方面的问题与公众进行重点沟通。专题活动有它们共同的特点，因而也就有举办这些活动的普遍性方法，即公共关系的一般工作程序法。但是，由于这些活动有不同的公众对象，有不同的公众对象的权益要求，就要做不同方面的具体工作，也就有了不同的具体工作步骤和方法。本节着重讨论公共关系实务活动中最常见的几种形式：新闻发布会、展览会、庆典活动、对外开放参观、赞助活动、策划新闻事件以及公共关系广告等。

一、新闻发布会

新闻发布会又称记者招待会，是社会组织为公布重大新闻或解释重要方针政策而邀请记者参加的一种公共关系专题活动。它是社会组织传播信息、吸引媒体的客观报道，搞好新闻媒介关系行之有效的途径和手段。

（一）新闻发布会的特点

1. 正规隆重

形式正规，档次较高，地点精心安排，邀请记者、新闻界（媒体）负责人、行业部门主管、各协作单位代表及政府官员。

2. 沟通活跃

双向互动，先发布新闻，后请记者提问回答。

3. 方式优越

新闻传播面广，报刊、电视、广播、网站集中发布（时间集中，人员集中，媒体集中），迅速扩散到公众。

（二）新闻发布会的筹划与准备

1. 确定新闻发布会的主题

在召开新闻发布会之前，先要明确发布会的主题，即新闻发布会的中心议题，主题应集中、单一，不能同时发布几个不相关的信息。

2. 选择新闻发布会的时间和地点

新闻发布会的时间通常也是决定新闻何时播出或刊出的时间，因为多数平面媒体刊出新闻的时间是在获得信息的第二天，因此要把发布会的时间尽可能安排在周一、二、三的下午为宜，会议时间保证在 1 小时左右，这样可以相对保证发布会的现场效果和会后见报效果。发布会应该尽量不选择在上午较早或晚上。部分主办者出于礼貌的考虑，有的希望可以与记者在发布会后共进午餐或晚餐，这并不可取。如果不是历时较长的邀请记者进行体验式的新闻发布会，一般不需要做类似的安排。在时间选择上还要避开重要的政治事件和社会事件，媒体对这些事件的大篇幅报道任务，会冲淡企业新闻发布会的传播效果。

新闻发布会的地点应选择与发布会的主题、规格、气氛相符合的场所。场地可以选择户外（事件发生的现场，便于摄影记者拍照），也可以选择在室内。根据发布会规模的大小，室内发布会可以直接安排在企业的办公场所或者选择酒店。

3. 媒体邀请

媒体邀请的技巧很重要，既要吸引记者参加，又不能过多透露将要发布的新闻。在媒体邀请的密度上，既不能过多，也不能过少。一般企业应该邀请与自己联系比较紧密的商业领域记者参加，必要时如事件现场气氛热烈，应关照平面媒体记者与摄影记者一起前往。

邀请的时间一般以提前 3 到 5 天为宜，发布会前一天可做适当的提醒。联系比较多的媒体记者可以采取直接电话邀请的方式。相对不是很熟悉的媒体或发布内容比较严肃、庄重时可以采取书面邀请函的方式。

4. 选定新闻发布会的主持人和发言人

主持人和发言人的素质高低也是新闻发布会成功与否的一个重要条件。主持人一般应由具有较高专业技巧的人担任。发言人则清楚地掌握企业整体情况及方针、政策和计划等问题，并且回答的问题具有权威性。主持人和发言人必须思维敏捷、反应快、口齿灵活，面对记者提出的各种尖锐、敏感问题，能够应对自如，游刃有余。

5. 准备材料

要根据新闻发布会的主题准备好各种有关材料，提供给媒体的资料一般以广告手提袋或文件袋的形式整理妥当，按顺序摆放，并在新闻发布会前发放给新闻媒体，顺序依次应为：

(1)会议议程。

(2)新闻通稿。

(3)演讲发言稿。

(4)发言人的背景资料介绍(应包括头衔、主要经历、取得成就等)。

(5)公司宣传册。

(6)产品说明资料(如果是关于新产品的新闻发布的话)。

(7) 有关图片。

(8)纪念品(或纪念品领用券)。

(9)企业新闻负责人名片(新闻发布后进一步采访、新闻发表后寄达联络)。

(10)空白信笺、笔(方便记者记录)。

6. 会场布置与安排

布置会场是准备工作中的重要环节，要创造一个安静、舒适的会议环境，便于发布会的顺利进行。一般包括以下几个方面：

(1)酒店外围布置。如酒店外横幅、竖幅、飘空气球、拱形门等，为新闻发布会渲染气氛。

(2)背景布置。背景板主要衬托出会议主题，所以在设计及选材上一定要慎重考虑，新闻发布会主要采用高清晰写真布，这种材料因为无异味、不反光和高清晰的特点，所以对新闻发布会的现场气氛营造和媒体摄像都大有好处。

(3)席位摆放。发布会一般是主席台加下面的课桌式摆放。注意确定主席台人员。需摆放席卡，以方便记者记录发言人姓名。

(4)道具准备。最主要的道具是麦克风和音响设备。一些需要做电脑展示的内容还包括投影仪、笔记本电脑、连线、上网连接设备、投影幕布等，相关设备在发布会前要反复调试，保证不出故障。

(5)外围布置。一般在大堂、电梯口、转弯处有导引指示欢迎牌，一般酒店有这项服务，事先可请好礼仪小姐迎宾。如果是在企业内部安排发布会，也要酌情安排人员做记者引导工作。

7. 做好费用预算

根据新闻发布会的规格与规模做出可行性的预算，如租用场地、印制资料、购置礼品以及支付交通费等。如有必要，还可在发布会之后邀请记者用餐，来融洽与新闻界的关系。

(三)新闻发布会的一般程序

(1)来宾签到及分发会议资料。

(2)主持人宣布会议正式开始，介绍与会代表。

(3)主持人对发布会的背景和目的做简要介绍。

(4)发言人讲话。若有几位发言人，应安排好次序和讲话重点。

(5)回答记者提问。

(6)主持人宣布会议结束。

(7)安排其他活动。

【案例 5—4】

“一带一路”国际城市影视联盟华中区新闻发布会流程

序号	时间	内容	后台备注
1	14:38	新闻发布会倒计时视频播放灯光秀 周圆梦演奏	播放倒计时视频 播放演奏视频
2	14:47	主持人进行热场 主持流程宣布开幕	播放主背景
3	14:58	奏国歌	播放国歌视频
4	15:00	播放主旨视频《影像》	播放《影像》视频
5	15:06	喻枚娥女士致欢迎辞	播放喻枚娥平面图
6	15:10	孙志忠讲话	播放孙志忠平面图
7	15:13	孙志忠颁发证	播放主背景
8	15:18	潘志明致祝贺词	播放潘志明平面图
9	15:22	王永振演唱	播放《一切都是最好的安排》视频、《今夜无人入睡》音频视频
10	15:30	孙文钦讲话	播放孙文钦的平面图
11	15:35	刘江笛演奏	播放《春到湘江》《扬鞭催马运粮忙》音频
12	15:45	柳小辉讲话	播放柳小辉平面图
13	15:50	郝攻讲话	播放郝攻平面图
14	15:55	赵晓兵讲话	播放赵晓兵平面图
15	16:00	罗子然舞蹈	播放《笛中花》音频
16	16:04	授牌	播放主背景
17	16:08	曹潺发布项目及讲话	播放曹潺平面图 播放《中国婚俗》宣传片 依次播放三大项目的平面图
18	16:23	邹昌龙演唱	播放《父老乡亲》《中国喜洋洋》音频
19	16:43	启动球	播放启动球视频
20	16:53	模特秀	播放模特秀音频视频
21	16:56	合影休息	
22	17:30	晚餐	

（资料来源：华嘉快递公众号）

(四)新闻发布会的注意事项

(1)所发布的信息应准确无误。

(2)主持人和发言人应该密切配合，共同维护组织的形象。

(3)会议主持人要充分发挥主持和组织作用，用自身的言谈和感染力，既要活跃会场气氛，又要消除紧张空气，巧妙地将记者提问引向主题；不要随便延长预定会议时间。

(4)发言人讲话时，应紧扣主题，切忌冗长。对于不愿发表和透露的东西，应婉转地向记者做解释。不要随便打断记者的提问，也不要以各种动作、表情和语言对记者表示不满。即使记者的提问带有很强的偏见或带有挑衅性，也不能激动发怒。遇到回答不了的问题时，不能简单地说“不清楚”“不知道”“我不能告诉你”等，应采取灵活而又通情的办法给予回答，切忌因此引起记者的不满和反感。

(五)新闻发布会后的总结工作

(1)尽快整理出新闻发布会的记录材料，并对新闻发布会的筹备、组织和实施进行总结，吸取经验，找出不足，将总结材料归档备查。

(2)收集到会各记者采写的新闻稿件，并逐一分析记者所发稿件的内容及倾向，检查是否达到预定目标，是否有由于自身失误而造成的谬误。

(3)收集各方面对发布会的反应，以便改进日后工作。

二、展览会

展览会是一种通过实物、文字、图像、音像资料或操作演示等形式，在一定时间和地点集中向公众展示组织的成果、风貌、特征，树立组织形象的公关专题活动。展览会综合运用多种传播手段，是新企业和新产品塑造形象的最优的公共关系传播活动之一。

(一)展览会的特点

展览会具有其他传播活动所不具备的特点：

1. 传播效果的直观性

展览会活动策划是一种直观、形象和生动的传播方式。展览会活动策划主要以实物展出为主，同时辅以现场演示或专人讲解操作，从而使参观者对展品有深刻的印象，增强公众对产品、社会组织的可信度。

2. 传播方式的复合性

所谓传播方式的复合性，是指同时使用多种媒介进行交叉混合传播。

这里的多种媒介包括：(1)实物媒介，如展品、模型、实物展示、展台及展厅布置；(2)文字媒介，如印刷宣传资料、组织或产品介绍资料、展品的文字注释等；(3)声音媒介，如讲解、交谈、广播录音或现场广播；(4)图像资料，如各种幻灯片、照片、录像等；(5)人体媒介，如主持展览的各种服务人员、礼仪人员等。

3. 沟通方式的高度集中性

展览会活动策划可以集中许多行业的不同展品，也可以集中全国甚至全世界各种品牌的同类产品，这就为参观者提供了更多的方便和选择余地，节省了参观者的大量时间和费用。同时也为参展者树立形象、打开产品销路提供了条件。

4. 与公众沟通的双向性

展览会活动策划给社会组织提供了和公众直接接触、相互交流的机会，一方面组织通过展览会，向公众介绍自己的产品、创新发明；另一方面通过与公众的洽谈、讨论、咨询，或者对产品提出改进意见等方式反馈信息，促进组织改进自身的经管与管理，提高自身的创新能力，开发更多的新产品，为消费者服务。

5. 活动的新闻性

各类展览会活动策划，特别是大型展览会，往往是新闻媒体报道的热点话题。展览会一般都预先做广告、搞宣传，开幕时，还会邀请各级政府官员、知名人士前来祝贺。参展单位可以利用展览会制造新闻、扩大影响，并利用这一机会与新闻界搞好关系。

【案例 5—5】

四季沐歌展览会

四季沐歌用了不到 8 年的时间，一跃成为行业内排名数一数二的品牌，并且准备用 3—5 年的时间打造出行业第一品牌的雄伟战略，其成长速度可谓迅猛。四季沐歌在快速成长的过程中，也一直在借用展会的力量进行全国网络布局，因而几乎在每个展会上都会看到四季沐歌形象独特、个性鲜明的展厅，四季沐歌"无力界创新整合"的营销战略思想在太阳能展会上得到了充分贯彻。

飞天产品上市，四季沐歌展厅借用火箭发射的形式，将产品架到半空；工程展会上，四季沐歌整合了建筑与一体化资源，盖起了安装太阳能热水器集热模块的木屋子，推出绿房子计划；无氟飞天产品上市，四季沐歌展厅又变成了有风车、有花草、有树木，让产品长出绿色藤蔓的创意，无一不在昭示无氟飞天产品的环保性能和健康特点，只要观众一到展厅，立刻能够体验到"无氟无害，新热水时代"的环保、健康、惬意的意境。

四季沐歌参加的这些展会，在众多参展厂商中既不是占地面积最大的，也不是摆出机器最多的，但它总是以最新的面孔出现在大家的眼前，体现出大品牌的应有风范和品位，每次展会的效果都非常好，极大地促进了四季沐歌在全国各地的发展。

（资料来源：www. chinamenwang. com）

(二)展览会的类型

展览会从不同的角度可划分为不同的类型。

1. 按展览会的性质区分

按展览会的性质，可分为宣传性展览会和贸易性展览会。宣传性展览会的重点是宣传组织形象，具有一定的整体性和概括性。这种展览会通常通过展出照片资料、图表和有关实物来达到宣传的效果。贸易性展览会的重点是开拓商品市场，促进商品销售。这种展览会主要展出实物产品。

2. 按展览的规模区分

按展览的规模，可分为世界性、全国性、地区性、行业性及企业自己举办的展览会。不同规模的展览会应根据展品的数量和涉及范围的大小来确定。

3. 按展览的内容区分

按展览的内容，可分为综合性展览会和专业性展览会。综合性展览会是一种全方位的展示活动，展示规模很大，参展项目繁多、内容全面、综合概括性强。专业性展览会是围绕某一特定专题或某一内容而举办的，内容单一、规模小，但主题鲜明、内容集中而有深度。

【小贴士】

世界博览会

世界博览会(Expositions，以下简称世博会)分为两种形式：一种是综合性世博会，另一种是专业性世博会。世博会是一项由主办国政府组织或政府委托有关部门举办的有较大影响和悠久历史的国际性博览活动。参展者向世界各国展示当代的文化、科技和产业上正面影响各种生活范畴的成果。

1851 年 05 月 01 日，世界上的第一次博览会在英国召开。世博会的起源是中世纪欧洲商人定期的市集，市集起初只涉及经济贸易。到 19 世纪，商界在欧洲地位提升，市集的规模渐渐扩大，商品交易的种类和参与的人员越来越多，影响范围越来越大，从经济到生活艺术到生活理想哲学……到19世纪20年代，这种具规模的大型市集便成为博览会。

4. 按展览的时间区分

按展览的时间，可分为长期固定形式的展览会、定期更换内容的展览会和一次性展览会。

5. 按展览的地点区分

按展览的地点，可分为室内展览会和露天展览会。大多数展览会在室内举行，不受天气的影响，举办的时间可以延长。但室内展览会的布置较为复杂，所需的费用也较大。露天展览会则布置简单，费用较少，但受天气影响太大，往往由于天气原因而影响展览效果。

(三)展览会的安排与组织

1. 确定展览会的主题

每一次展览会都应有明确的主题，只有主题明确才能使参展物有机地结合在一起，并以此决定展览会中将使用的沟通方法、展览形式和接待形式。

2. 确定展览会的地点

要综合考虑多方面的因素来选择展览会的地点，如参展的内容、交通情况、周围环境等。

3. 准备好展览会所需的各种资料

要事先准备好参展展品、录音录像资料及各种小册子、技术资料等辅助宣传资料，并备好各种纪念品。

4. 培训展览会工作人员

展览会工作人员的素质和展览技能的掌握，对整个展览效果起重要影响。对讲解员、接待员、服务员等进行良好的训练和专业知识培训，能够满足展览会的要求，使参观者满意。

5. 构思展览会的结构

要提前拟定出活动的整体结构，包括设计会标、主题画、整体布局、拟定前言和结束语等。

6. 搞好经费预算

要根据展览会所要达到的效果来考虑花费标准，既要节约，又要留有余地。支出费用主要有场地租金、设计和布展费、展品模型费、运输费、广告费、印刷费、各种劳务费等。

(四)进行展览会的效果测定

展览会的效果是指实施公共关系传播活动所带来的经济效益和社会效益。测定方法有很多种，如举办有奖测验活动、设置观众留言处、主动征求意见、召开观众座谈会、登门访问或发放调查信件等。

三、庆典活动

隆重的庆祝典礼谓之庆典，是社会组织围绕重要节日或自身重大事件举行庆祝的一种公共关系活动。如果庆典活动组织得隆重大方、气氛热烈，将会给公众留下深刻的印象。借这些活动对内可以营造和谐氛围，增强员工凝聚力；对外可以协调关系，扩大宣传，塑造形象。公关人员应当研究和掌握组织这类活动的规律，通晓其规范要求和仪式。

(一)庆典活动的类型

1. 开幕庆典

开幕庆典又称开幕式，是指组织为首次与公众见面的、具有纪念意义的事件而举行的展现组织新风貌的各种庆典活动。目的是让公众认识组织，并通过庆典活动扩大组织的知名度。

2. 闭幕庆典

闭幕庆典是组织重要活动的闭幕式或者活动结束时的庆祝仪式，包括各种博览会、运动会和文化节日的闭幕典礼，重要工程的竣工或落成典礼，学校学生的毕业典礼，组织重要活动或系列活动的总结表彰或者为其圆满结束举行的各种庆典活动等。

3. 周年庆典

周年庆典是组织以“生日为契机”而举办的一种传统庆祝活动。周年庆典的活动方式应该新颖独特，增强活动对公众的吸引力。

4. 节日庆典

节日庆典是指组织在社会公众重要节日时举行或参与的共庆活动。其中包括法定的节日（国庆、元旦、春节等）和某一具体单位的成立纪念日，如“校庆”“厂庆”等。庆典是提高知名度、扩大社会影响的公共关系活动，同时可以总结一段时间的工作，借此机会谋求新闻媒介报道。

（二）庆典活动的组织

1. 庆典主题策划

要求主题新颖别致、不落俗套。例如，杭州丽晶饭店举办5周年庆典，主题策划为“千叟宴”，邀请杭州90岁以上的千位老人免费参加宴会，结果在整个杭州市引起轰动效应，大众媒体纷纷采访报道。

2. 确定来宾及发放请柬

来宾要具有一定的代表性，一般包括政府官员、地方实力人物、知名人士、新闻记者、社区公众代表、客户代表或特殊人群等。

请柬提前7—10天发放。对重要来宾，在请柬发放的当天应电话致意，庆典前一天再电话落实。

3. 设计庆典活动程序

庆典活动的程序根据其类型不同而不同，但基本上包括以下几个环节：(1)邀请来宾；(2)接待来宾并留言或题字；(3)主持人宣布庆典开始，介绍来宾，宣布活动程序；(4)由组织领导和来宾代表讲话；(5)安排活动，参观、座谈或宴会。

4. 布置庆典活动的接待工作

设置接待室。对所有来宾，都应热情接待，耐心服务。对重要来宾，要组织专人接待。对客人的签到、留言、食、宿等事务性工作，均应有专人负责。

5. 落实致辞人和剪彩人

致辞人和剪彩人分己方和客方。己方为组织最高负责人，客方为德高望重、社会地位较高的知名人士。选择致辞人和剪彩人应征得本人同意。

6. 安排礼后活动

典礼或仪式结束后，可以组织来宾参观本企业的生产设施、服务设施，以及产品或商品陈列。这是让上级、同行和社会公众了解自己、宣传产品或商品的好机会。

四、对外开放参观

对外开放参观，是公共关系活动中的重要手段之一。它是组织通过直接的人际接触，来传递组织信息，谋求社会公众的好感与信任的最有效手段之一。组织利用开放的机会接待来访者，直接向来访者展开宣传攻势，证实组织存在的价值，同时最直接地了解公众的看法。这不仅可以得到公众的理解、信任与好感，而且可以做到双向沟通，是提高美誉度的最好契机。

(一)对外开放参观的目的

对外开放参观是将组织内部有关场所和工作程序对外开放。它可以让公众亲眼看见组织的整洁环境、先进的工艺、现代化的厂房设备、科学的管理制度、高素质的人员以及对社区和社会所做的贡献，还可以通过厂史、校史等资料向公众立体性地、全面地展示组织的过去、现在和未来前景。组织公众前来参观的目的主要有四点：一是扩大组织知名度，二是促进业务拓展，三是密切组织与公众的关系，四是增强员工及家属的自豪感。

(二)对外开放参观活动的注意事项

1. 明确参观活动的目的和主题

组织的任何一次对外开放活动，都应确定一个明确的主题，即通过这次活动让对象公众留下怎样的印象，取得什么效果，达到什么目的。

2. 安排好参观的时间

组织对外开放的时间以不影响组织的正常工作为标准，同时要考虑选择公众方便的时候开放。另外，要有足够的时间来准备开放组织活动的工作。

3. 成立专门机构

为使开放组织活动办得有声有色、尽善尽美，最好成立一个专门的筹备委员会，其成员可包括组织的领导人员、公关人员、行政和人事部门人员等。

4. 做好宣传准备工作

要想使开放组织活动获得成功，最重要的是做好各种宣传工作，如编写通俗易懂的解说词，准备一份简单明了的说明书，搞好环境卫生和参观地点的装饰、场景的布置、实物的陈列等。

5. 撰写参观活动的路线

参观活动不是一种自由、随便的活动，不能任由参观者到处乱走动，要提前拟定好参观路线，制作向导图及标志，标明办公室、餐厅、休息室、医务室、卫生间等有关方位。如有保密和安全需要，应注意防止参观者越过所限范围，以免发生意外的伤亡事故和影响正常的工作秩序。

6. 做好向导

应当有专人做向导工作，由向导陪同参观者沿规定好的参观路线进行参观，并设置明显的路标为参观者导向，在人们可能最感兴趣的地方，安排专人做集中讲解。

7. 做好服务接待工作

即对参观者应热情友好、服务周到，认真做好接待工作。要提供休息场所，还可适当开展一些娱乐活动或开放俱乐部等，有条件的可准备一些茶水、饮料、点心，或准备签名册，以作纪念。

8. 其他工作安排

对外开放参观活动不仅仅是公关部门的责任，也是组织内全体员工的责任，除了公关部门的准备、组织工作要做好外，还要让员工了解开放的责任，并积极配合，保证各条沟通路线畅通，使参观者各方面都感到满意，留下美好的印象。参观活动结束后，还需要进行一系列的公关活动，如致函向来宾道谢，登报向各界鸣谢，召开参观者代表座谈会，听取意见和建议，以改进管理。必要时，可给参观者准备一些纪念品。

【案例 5—6】

庆丰包子铺邀请市民参观“开放式后厨”

2015 年 11 月 29 日，庆丰包子铺组织北京部分百姓走进庆丰包子铺后厨及馅料配送中心，参观庆丰包子制作全过程，新华网记者对此进行了全程报道。在庆丰包子铺西单店，参观者在就餐区可以通过玻璃窗直观看到包子的包制过程。店里还安装有监控屏幕，通过监控屏幕可以清楚看到后厨各个角落的情况。庆丰包子铺已经通过互联网技术，实现了后厨可视化，参观者通过在店内设立的监控展示屏幕可看到生产过程中的每一个环节，让整个包子制作过程清晰可见。参观者需要穿上白色工作服，戴上口罩和帽子，经过消毒后，在相关负责人员的带领下走进后厨，对面案间、洗消间、库房、粗加工间、冷荤间进行参观。从馅料存储、拆包到和面、包制包子，整个操作过程都很规范、有序，环境干净、卫生。

加工配送中心的参观更加严格，进入生产车间时，所有人员都必须脱掉大衣，摘下书包，穿上消过毒的工作服、雨靴，戴上帽子、口罩，洗干净手并用酒精消毒，还要经“风淋通道”吹掉灰尘，蹚过消毒池，方可进入生产车间。

此次开放参观后，新华网以“京城百姓走进庆丰包子铺后厨”为题进行了详细报道，红餐网、华夏讯网、网易、今日头条、腾讯网等都给予了转载，没有到现场参观的消费者可以通过多个媒介了解到这些情况。

（资料来源：《公关世界》，2016 年第 1 期）

五、赞助活动

赞助活动是社会组织无偿地提供资金或物质支持某项社会事业或社会活动，以获得一定形象传播效益的公共关系活动。这种活动，可以使提供赞助的组织与赞助的项目同步成名，是一种信誉投资和感情投资行为，是一种有效的公共关系手段。

(一)赞助活动的作用

任何一个组织的慷慨赞助活动都是与某项社会事业或特殊事件紧密相连的，对组织发展及塑造公关形象具有特别重要的意义。

第一，通过赞助活动树立组织关心社会公益事业的良好形象，为组织的生存和发展创造更有利的社会环境。

第二，赞助活动总是与组织的名称一起出现在新闻媒体的宣传报道中，这样会大大提高组织的社会知名度，扩大其社会影响。

第三，赞助活动表明组织对社会具有很高的责任感，体现组织在履行社会责任和义务方面的积极态度。

第四，赞助活动能够证明组织的经济实力，赢得社会公众的信任。

第五，赞助活动还能增强组织宣传广告的说服力和影响力，扩大营销。

(二)赞助活动的类型

赞助活动的具体形式可以是多种多样的，其中常见的赞助形式有以下几种：

1. 赞助体育运动

这是企业赞助最常见的一种形式。随着人民生活水平的提高，人们对体育运动越来越感兴趣。进行体育运动的赞助，尤其通过对世界性体育比赛的赞助，能让企业的知名度弘扬于世界范围内。例如，2019 年 6 月 6 日，全球知名的美国营养品公司康宝莱宣布正式成为国际冠军杯(ICC)运动营养品官方合作伙伴。目前全世界有超过 190 名世界级运动员和运动队在使用康宝莱系列运动营养品，无形之中为康宝莱的国际知名度又增加了砝码。

【案例 5—7】

李宁赞助新兴体育赛事

如今越来越多的人热爱运动，尤其是网球、暴走、户外运动、自行车等新兴项目，各式各样的俱乐部也如雨后春笋般涌现。中国男子篮球职业联赛(CBA)是其中规模大、营销策略较为成熟的俱乐部之一，具有独立法人资格的全国性群众体育组织，商业化运作成熟。李宁品牌签订 CBA 装备赞助商，合同为期 5 年，总金额达到 20 亿元人民币，每年平均 4 亿元。李宁公司在发布的业务运营汇报中说道：中国 13 亿人口中有 3 亿人打篮球，因此，篮球成为中外体育品牌的必争之地。赞助官方专业体育组赛事对于拓展篮球市场，自然是最佳选择之一。

（资料来源：《当代体育科技》，2016 年第 23 期）

2. 赞助社会慈善和福利事业

这是企业谋求与社区和政府搞好关系的重要手段，也是企业向社会表明其为社会分忧，承担其责任和义务的手段。例如，享誉全国的肯德基快餐企业，倡导每位员工每年出资 40 元人民币资助一名贫困地区失学儿童的活动，使肯德基得到社会公众更多的赞誉和支持，也为企业自身树立了很好的公共形象。

3. 赞助教育事业

赞助教育事业由来已久，因为一个国家的文化教育水平标志着这个国家经济发展的状况，也预示着这个国家未来发展的趋势。企业赞助教育事业，既能促进教育事业的发展，又能提高企业在人们心中的美誉度。例如，我国香港企业家霍英东、李嘉诚、邵逸夫、曾宪梓等人先后捐资设立各种教育奖励基金，资助国内教育事业的发展，其中邵逸夫一人就捐资 6 亿元，资助数十所学校建设图书馆和教学楼，成为成功赞助教育的典范。

4. 赞助文化生活

企业进行文化生活方面的赞助，不仅可以培养与公众的良好感情，而且可以大大提高企业的社会效益。例如，2018 年 6 月 9 日，深圳非遗生活文化产业有限公司赞助的首届深港澳“手绘非遗”大赛，让更多的年轻人、社会人士了解非遗，参与到非遗的传承、创新与保护中来，从而提升了其品牌形象。

(三)赞助活动的安排与组织

1. 做好赞助活动的选择与研究

赞助内容可以由社会组织主动选择对象予以资助，也可以根据请求再做出反应。无论采取哪种形式的赞助，都要进行赞助项目的前期研究。首先，赞助活动最根本的要求是具有积极的社会意义和广泛的社会影响，使组织和社会同时受益。其次，从组织的公共关系目标、经营政策入手，分析赞助活动能否达到树立企业良好形象、扩大社会影响力的目的。最后，成立专门的赞助机构，负责赞助事宜，保证赞助工作顺利进行。

2. 制订资助计划

在赞助选择与研究的基础上，由负责赞助工作的机构，根据组织的赞助方向和政策制订赞助计划。它一般包括赞助的宗旨、赞助的对象、赞助的费用预算、赞助的形式和举办赞助的组织管理等。通过它可以控制赞助范围，防止赞助的规模超过组织的承受能力。

3. 赞助活动的实施

在实施赞助活动中，赞助机构应派出专门的公关人员负责落实赞助事宜，充分运用各种有效的公共关系手段与技巧，全力扩大赞助活动对社会的影响。

4. 赞助活动的效果测评

一次赞助就是组织的一次重大公关活动，因此在活动结束时，应该进行效果测评，收集各个方面如公众、新闻媒介、受赞助组织对此次赞助的看法、评论，检查各项指标的完成程度，找出存在的不足及原因，并把这些写成总结存档，为以后的赞助活动提供参考。

(四)赞助活动应注意的问题

1. 量力而行，切忌盲目赞助

企业的赞助活动应以企业和企业所面对的社会环境为出发点，制定出切实可行的公共关系政策、方针和策略，切忌盲目。

2. 公关政策要公开

企业应将公共关系政策公之于众，应保持与被赞助者和需要赞助的活动组织者之间的联系，用财政预算的预捐款项，及时帮助需要赞助的组织或者活动。另外，企业应将赞助计划列入企业为其生存和发展创造环境的长期计划，分清所需赞助事业的轻重、缓急，逐步实施。

3. 灵活掌握赞助款项

企业的公共关系部应随时把握社会赞助的供求状况，做到灵活掌握赞助款项。

4. 加强科学管理

企业对赞助活动应进行科学管理，注意跟踪评估，要保证企业的赞助能给企业带来良好的社会效益。商务公关赞助活动结束之后，商务公关人员还要注意跟踪调查此项赞助的效果。如果赞助活动得到了新闻媒介的广泛宣传，得到了受益方的感谢，获得了重要部门的认可，则说明赞助活动已经产生了有益的影响。此时，商务公关人员应该及时将这一信息再反馈给公司的最高管理部门，扩大信息交流，并且通过适当的方式将此信息传递出去，以扩大和巩固赞助活动的效果。

六、策划新闻事件

策划具有新闻价值的事件也叫作“制造新闻”或“策划新闻”，是组织争取新闻宣传机会的一种技巧。即在真实的、不损害公众利益的前提下，策划、举办具有新闻价值的事件或活动，吸引新闻界和公众的注意力，制造新闻热点，争取被报道的机会，使本组织成为新闻的主角，以达到提高知名度、扩大社会影响的目的。这需要公关人员具备“新闻脑”，富于创造性和想象力。策划新闻事件的具体方法有以下几种：

(一)利用公众在某一时期关注的热点制造新闻

在不同地区的不同时期，有大多数公众都十分关注的重大事件，围绕这些事件会形成当时当地的热门话题。因此，社会组织如果能把自己的活动与这些热点有机结合起来，从公众的需求和社会组织的需要出发来制造新闻，就会对一大批公众产生影响，从而引起新闻媒介的关注。

(二)抓住“新、特、奇”来制造新闻

在激烈的企业形象竞争中，要成功地制造新闻，公共关系人员必须独出心裁，使公共关系活动具有新、奇、特的条件，即突出主题的“新”、形式的“奇”、内容的“特”。

(三)要事先制造一些热烈气氛，以强化制造新闻的效果

在媒体高度竞争、追求“眼球经济”的今天，要想成为新闻并不容易。因此，很多社会组织在制造新闻时，会有意识地制造一些悬念以吸引公众和媒体的注意力，或者事先就制造一些热烈气氛，使公众有一种先入为主的感觉。

【案例5－8】

法国白兰地的精彩"亮相"

1957年某日，美国首都华盛顿一些主干道上竖立着巨型彩色标牌："欢迎您，尊贵的法国客人！""美法友谊令人心醉！"整洁的售报亭悬挂着一长列美、法两国的小国旗，它们小巧精致，在微风中轻柔地飘拂，传递着温馨的情意，报亭张贴的"今日各报"的广告牌上，最鲜艳夺目的是美国鹰和法国鸡干杯的画面和"总统华诞日，贵宾驾临时"及"美国人醉了"等大标题，它们吸引着络绎不绝的路人光临。

马路上，许多轿车、摩托车、自行车涌向白宫……

白宫周围，已是人山人海。人们满面笑容，挥动法兰西小国旗，期待着贵宾的出场。

贵宾是谁呢？不是政府要员，不是社会名流，在美国总统艾森豪威尔诞辰日，光临华盛顿的法国特使却是两桶法国白兰地！

原来，这是法国公关专家精心策划实施的一副公关杰作。

白兰地当时在法国国内已享盛誉，畅销不衰。厂商的目光开始瞄向美国市场。为此，他们邀集了几位公关专家，慎重研讨公关方案。受聘请的专家们通过调查，收集了有关美国的大量信息，并经仔细斟酌，提出了一项颇具新意的设计。

公关宣传的基点是法美人民的友谊，整个规划的主题是"礼轻情意重，酒少情意浓"。择定的宣传时机是美国总统艾森豪威尔67岁寿辰。要求公关活动尽可能广泛地利用法美两国的新闻媒介，赠送的是两桶窖藏长达67年的白兰地酒。贺礼由专机送往美国，酒桶邀法国著名艺术家特别设计制作。然后于总统寿辰日，在白宫的花园里举行隆重的赠送仪式，由4名英俊的法国青年身穿法兰西传统的宫廷侍卫服装抬着这两桶白兰地正步前行，进入白宫。

这项公关规划立即得到公司最高决策者的批准，并且获得法国政府的赞赏和支持，外交渠道的绿灯也亮了。

于是，美国公众在总统寿辰一个月之前就分别从不同的传播媒介获得了上述信息。一时间，法国白兰地成了新闻报道、街谈巷议的热门话题。千百万人都期盼着这两桶名贵的白兰地光临。

于是，便出现了前面所述的万人空巷的盛况。

当这两桶仪态不凡的美酒亮相时，群情沸腾，欢声四起，有些人甚至大声唱起了法国国歌《马赛曲》。

此刻，美国公众似乎已经闻到了清醇芬芳的酒香，更由此而品尝到了友谊佳酿的美味。从此，法国白兰地昂首阔步地迈进了美国市场，国家宴会和家庭餐桌上几乎都少不了它的倩影！

（资料来源：zhidao. baidu. com）

（四）制造新闻时，要有意识地把企业和某些权威人士或社会名流联系在一起

社会名流、明星、权威人士往往是媒体的宠儿，他们的一举一动都会成为媒体追逐的对象。因此，如果能把社会组织制造的新闻事件和社会名流、明星、权威人士联系起来，一方面利用名人效应调动大众传媒采访报道，另一方面借用名人的知名度和美誉度，提高企业在公众中的形象。

（五）善于利用传统的节日或纪念日制造有关企业的新闻

到了春节、中秋节、端午节等传统节日，与家人、朋友团聚，叙亲情、讲友情又成为人们的首选话题。社会组织可以利用这一时机制造新闻,引起人们的关注。例如,美国拉蔡食品公司在中国农历新年来临之际,用幻灯片介绍了各种用拉蔡食品为材料烹调的美食,以“全家齐动手,共享天伦之乐”的主题推出。于是,一直没有什么新奇东西的拉蔡食品公司在这个春节期间获得了新闻界的注意,新食谱也受到了居民们的欢迎。

(六)注意与各新闻媒介联合举办各种活动,以增加企业在新闻媒介中亮相的机会

制造新闻能不能成功,其标志是能不能引起新闻界注意并加以报道,新闻媒体是最后的“把关人”。所以在某种程度上,制造新闻“谋事在组织,成事在媒介”,这就要求社会组织与新闻界建立良好的关系。为此,一方面社会组织的公共关系人员要了解新闻界的经营宗旨、经营风格、报道重点和工作方式,以便有的放矢地策划新闻;另一方面,社会组织要注意与新闻机构联合举办活动,在活动中增进与新闻媒体的关系,从而增加被新闻媒体报道的机会。

七、公共关系广告

广告在现代社会中是一种传递信息的重要工具。随着科学技术的进步和商品经济的发展,各式各样的广告无孔不入地渗入人们生活的各个领域,发挥其强大的传递信息、引导消费、美化环境、潜在教育的作用。利用广告开展公共关系活动,宣传组织形象,是公共关系部门的一项重要工作任务,这就形成了公共关系广告。公关广告既属于公共关系活动的一部分,又属于广告的范畴,它集公共关系的特点与广告的特点于一身,形成了一种特殊的广告。

(一)公共关系广告的含义和特点

1. 公共关系广告的含义

所谓公共关系广告,就是指为扩大组织的知名度,提高信誉度,树立良好的形象,以求社会公众对组织的理解与支持而进行的广告宣传性工作。

2. 公共关系广告的特点

(1)广泛性。公共关系广告是广告的一部分,是广告的一种重要表现形式,其适应范围很广,任何社会组织都可以运用公共关系广告树立组织形象。

(2)间接性。公共关系广告通过宣传组织的信誉,树立组织的形象这种间接的方式,使公众对组织产生好感,进而与组织建立起相互信任、相互支持和相互合作的良好关系。

(3)长期性。公共关系广告的宣传与公共关系工作一样,是一种长期的、持久的努力,试图在广大的社会公众心目中树立起组织的良好形象。

(4)反复性。公共关系广告的宣传是反复的信息传播,而不是像一般的新闻报道那样的一次性传播。公共关系广告的反复传播,能在社会公众中留下深刻的印象。

(二)公共关系广告的类型

根据社会组织公共关系目标的不同,公共关系广告可采用不同的广告类型。常见的公共关系广告的类型主要有以下几种:

1. 组织广告

这是传播组织自身各种信息的广告,其重点是宣传组织的自然状况、组织的文化等,其目的是让更多的社会公众了解组织,树立自己的良好形象。

2. 观念广告

观念广告通过提倡或灌输某种观念和意见,影响公众的态度与行为。向社会宣传企业的经营目的、管理哲学、价值观念、方针政策、企业精神等,在广告中创造性地以一些口号的形式概括出来,使它成为一个基本的象征和基本信念,对内产生凝聚力,对外产生号召力,使企业的形象连同它的观念和口号深入公众心目中。例如，美伊战争时期，统一润滑油在中央电视台做的广告："少一份摩擦，多一份润滑！"又如，为了树立尊敬父母的观念，统一企业做了三幅公关广告——"慈母手中线，游子感恩结""爸爸的脚步""今天陪爸爸走一段路"，三者均获得台湾某广告金像奖。

3. 声势广告

这主要是指借开业、大型庆典活动等制造声势，以唤起公众的注意、兴趣，提高组织的知名度。

4. 信誉广告

信誉广告是社会组织通过公众对其优质产品、优质服务的良好信誉以及在国内外评优获奖情况进行宣传的广告，是宣传组织的信誉和良好形象的最直接的一种公关广告形式。

5. 致歉广告

这是指社会组织就自身工作不足之处或自身过错向公众致歉，表示诚意，或以致歉的方式表达已获得的进展和进一步发展，以退为进，出奇制胜。

6. 解释广告

在社会组织形象被歪曲、造成公众误解时，及时向公众解释事实真相，阐明态度，宣传其政策、方针，澄清混淆视听的传言，以矫正被损害的形象，维护声誉——这是一种表明组织对某些事件的立场、态度的广告。

7. 倡议广告

以社会组织名义率先发起一项对社会有重要意义和影响的活动，或倡议一种新观念，显示其社会责任感、伦理道德观、创新精神等，显示其良好的社会风范，显示其率先开拓、领导潮流、敢为天下先的胆识，为公众所瞩目和称道。例如，一家国际大酒店在其施工工地树一广告牌，上书"建立卫生城市，争做文明市民"。

8. 谢意广告

这是指在节日、纪念日之际，或社会组织举办某种活动圆满结束时，向消费者公众或社会各界公众表示衷心的感谢。社会组织的表达谢意之举，更加增进与公众的情感交流，维系与公众的关系，烘托友谊的氛围。如日本亚细亚航空公司在某 15 周年庆典之际，做了一个公关广告，标题是"每一次相遇，我们都心存感激，未来，就从此刻延续"，正文是："由于您的关爱，我们拥有今日成果，对于您的知遇，我们由衷感激。而今 15 年的相处，我们更加了解您的需求，当您走入亚航的新天地，您将感受到由内而外的焕然一新，更典雅的风貌，更体贴的关怀，让您拥有最舒适的航程。新的亚航天地，更加精致温馨，诚恳期待您。"

9. 公益广告

这是指社会组织为社会公益活动提供服务的广告传播。它包括完全以公益性为主题制作的广告(如为保护环境、社会安全、援助受灾的灾民而修建公益设施等)。这类广告将公益事业本身作为传播的主题，在为社会公众服务的同时，也为本组织赢得了社会公众的好感。例如："夜深了，请您调低电视机音量，以免影响邻居休息。""今天下雪路滑，保险公司提醒市民请注意交通安全。"类似这种细心、及时、真诚的提示，缩小了公众与组织之间的心理距离，体现了组织对公众的关心、爱护，赢得了公众的喜爱。

由于公益广告用极其凝练、富有艺术性的文字和创意性的画面与公众达成一种感情上的沟通和心理上的契合，很容易使公众对组织产生某种认同感，从而改善和强化了组织在其心目中的印象，因此，这是社会组织树立形象、赢得公众信任和支持的一种有效手段和策略。

10. 响应广告

响应广告即用来表示组织与社会各界具有关联性和共同性，以获得各界公众的信任与支持的一种广告。其内容可以是联络感情性质的，如表达对其他组织的祝贺、支持和赞许；也可以是社会性的，如响应和支持公众生活中的某一重大主题。这类广告一方面显示组织关心、参与公众生活，向公众或其他组织表达善意和好感；另一方面借助于社会主题的影响或借助于对方的传播机会来扩大本组织的影响。

响应广告较为常见的形式是祝贺性广告。如某公司新开业，另一公司以同行的身份刊登广告致以热烈祝贺，这是表示愿意携手合作、共同繁荣，可收到广结良缘之效。其他如报道性广告，即正面描述组织举办各种活动的情况，以显示自己的实力，提高组织的知名度。例如，赞助体育比赛、文艺活动、纪念活动、主办展览等，也属响应广告一类。

公共关系广告往往不拘泥于某种固定的类型，而是经常出现几种类型交叉或混合，尤其是与商品广告的结合越来越密切。所以，公共关系广告在实际运用中应灵活掌握，以便充分发挥其作用。

(三)公共关系广告的表现原则

制作公共关系广告不能随心所欲、草率行事，必须坚持以下原则：

1. 内容真实

公共关系广告必须以事实为依据，既不能夸张，也不能掺假，要始终按照客观事实的本来面目进行宣传。若其内容不真实或言过其实，就会损害公众的利益，对组织的声誉是不利的，会导致组织的声誉下降。必须谨慎使用诸如“领导世界新潮流”这一类词语。

2. 合规重德

合规重德是指公共关系广告要符合国家有关方针政策和法律的规定，注重社会道德规范的要求。在当前改革开放的形势下，公关广告不仅是一种简单的经济现象，而且是一种社会意识形态，它的内容和形式对社会文化和社会风气的好坏都将产生一定的影响，因此，公共关系广告的制作必须做到合规重德。

3. 寓意深刻

公共关系广告要宣传什么主题，要达到一个什么样的宣传效果，要运用什么样的宣传方式使听众最易接受、启迪最深，这些都是公共关系广告立意构思的重要内容。公共关系广告的创作必须通过宣传使公众认识到组织的整体形象，领悟到组织的群体精神，感受到组织的强大凝聚力；否则，广告宣传也就失去了意义。例如一则理发店广告：“别以为你丢失了头发，应看作你赢得了面子。”寥寥数语，却引发人们无尽的联想。

4. 构思新颖

公共关系广告的效果在于新颖性、启发性，有艺术感染力。为此，创意要时时更新，用语要时时出新，不能囿于格式化，忌讳人云亦云和千篇一律。创作人员要发挥艺术想象力，使构思独特，内容简洁完整，令公众产生新奇、惊喜之感，这样广告所要传达的信息也就深深刻印在人们的心中了。

5. 友善悦人

公共关系广告的宗旨是尽可能多地争取朋友，协调与同行间的关系。在广告制作过程中，要通过文字的表达和感情的倾诉密切组织与同行间的关系，在和谐的气氛中使接触者感受到组织的亲切和温暖。就是对竞争对手，也不要肆意贬低，对那些曾排挤和刁难过自己的公众，也不要肆意攻击。另外，公关广告应给人以真善美的熏陶，使人获得精神上的愉悦和享受。

(四)公共关系广告的表现技巧

1. 以诚求胜

用真诚的广告宣传,在公众心目中树立良好的声誉,获得公众的信赖和好感,从而提高组织的美誉度。例如,美国的快餐店"麦当劳"初入北京时,为了达到迅速扩大知名度,塑造企业良好形象的公关目标,他们确定了以"社区服务"为主题,做了一次成功创意的广告宣传。身穿麦当劳服装的职员们在长安街、中山公园、地铁车站非常认真地清洗打扫公共卫生,在川流不息的过往行人纷纷投来赞许目光的同时,"麦当劳"的企业形象和声誉也广为传播。

2. 以奇制胜

就是要想到别人想不到的东西,使得广告一问世便能产生强烈的效果。其表现形式有两个:一是奇在内容上,即围绕公众的关心点,寻求独特的诉求方式;二是奇在手法上,即运用独特的手法吸引公众注意。例如,德国某豆浆公司的广告:"亚洲人为什么能发明瓷器、造纸术和发现磁力原理?为什么远在2000年前中国人能筑起万里长城?是什么使他们头脑那么聪明的?——我们已经找到了答案:亚洲人爱吃黄豆。"

3. 以新赢人

即以新颖的形式、新奇的内容,引起人们的关注。同时要留意挖掘幽默感。例如,美国皇冠牌香烟在旅游区张贴宣传画,上写"禁止吸烟"四个大字,下注"皇冠牌香烟也不例外"的字样。

4. 以巧动人

这是指用广告点燃公众的兴奋点,具体可以通过以下三种方式来表现:

(1)贴切地利用社会的重大事件,如水灾、奥运等。

(2)巧妙地利用新闻热点,如"3·15""9·18"等日子。

(3)适时地利用社会关注的焦点。例如,"9·11"事件发生时,中国银行率先提出向受难者捐助200万美元。

5. 以情感人

广告语言要善于"煽情"。即以真情来打动人们,引起人们的共鸣。例如,南京起重机械厂的广告:"在最需要的地方,助您一臂之力。"

6. 以理服人

在短短的广告词中把道理讲清说透,可起到画龙点睛的作用。具体包括写实、警示、哲理、权威四种形式。例如,美国汉堡王快餐店的广告:"如果你还是个孩子,请去麦当劳;如果你认为你已长大成人,请来汉堡王。"

本章训练题

一、单项选择题

1. 现代公共关系传播的本质是组织与公众之间信息的(   )。

A. 双向交流　　B. 单向交流　　C. 双向管理　　D. 单向管理

2. 组织与公众联结的方式是(   )。

A. 大众传播　　B. 传播　　C. 人际沟通　　D. 舆论宣传

3. 公共关系与宣传的工作方式不同,前者是一种(   )的传播过程。

A. 单向　B. 双向　C. 横向　D. 纵向

4. 与公共关系传播相比，广告的信息传播原则是(　　)。

A. 引人注目　B. 真实可信　C. 求真务实　D. 全员公关

5. 自我与他人、个人对个人的传播活动属于(　　)。

A. 自我传播　B. 人际传播　C. 组织传播　D. 大众传播

6. 不受空间限制，传播范围最广的大众传播媒介是(　　)。

A. 电视　B. 报纸　C. 广播　D. 杂志

7. 针对性强的大众传播媒介是(　　)。

A. 报纸　B. 杂志　C. 广播　D. 电视

8. 组织以自身的名义，在社会上率先发起某种活动，提倡某种有进步意义的新思想是(　　)。

A. 观念广告　B. 公益广告　C. 倡议广告　D. 响应广告

二、多项选择题

1. 电视传播信息的优势有(　　)。

A. 视听结合，传达效果好　B. 纪实性强，有现场感

C. 交互传送，便于沟通　D. 传播迅速，影响面广

2. 杂志传播信息的弱点有(　　)。

A. 内容翔实　B. 出版周期长　C. 声势小　D. 理解能力受限

3. 电视作为大众传播媒介的缺点包括(　　)。

A. 记录性较差　B. 公众选择余地小　C. 接收方式不灵活　D. 制作周期长

E. 制作费用高

4. 公关广告与商品广告的差异在于(　　)。

A. 直接目的不同　B. 根本目的不同

C. 内容不同　D. 新闻界的报道方式不同

E. 应用范围不同

三、判断题

1. 公关广告和商品广告都属于付费的宣传活动。(　　)

2. 人际传播的情感影响力往往要超过大众传播，主要得力于说话人的表情和目光。(　　)

3. 公共关系的根本职责是传播推广。(　　)

4. 公共关系传播推广职责的首要任务是告知公众。(　　)

5. 辐射式传播的特点是便于集中。(　　)

四、简答题

1. 什么是公共关系传播？

2. 公共关系传播的要素和特点是什么？

3. 公共关系传播有哪几种类型？

4. 公共关系传播媒介有哪些？

5. 如何组织与实施公共关系传播活动?

五、案例分析题

IBM公司的"金环庆典"活动

美国IBM公司每年都要举行一次规模隆重的庆功会,对那些在一年内做出突出贡献的销售人员进行表彰。这种活动常常是在风光旖旎的地方进行。对3%做出了突出贡献的人进行表彰,被称作"金环庆典"。在庆典中,IBM公司的最高层管理人员始终在场,并主持盛大、庄重的颁奖酒宴,然后放映由公司自己制作的表现那些做出了突出贡献的销售人员工作情况、家庭生活,乃至业务爱好的影片。在被邀请参加庆典的人员中,不仅有股东代表、工人代表、社会名流,还有那些做出了突出贡献的销售人员的家属和亲友。整个庆典活动自始至终都被录制成电视(或电影)片,然后被拿到IBM公司的每一个单位去放映。

IBM公司每年一度的"金环庆典"活动,一方面是为了表彰有功人员,另一方面也是同企业职工联络感情、增进友情的一种手段。在这种庆典活动中,公司主管同那些常年忙碌、难得一见的销售人员聚集在一起,彼此毫无拘束地谈天说地,在交流中,无形地加深了心灵的沟通,尤其是公司主管那些表示关心的语言,常常能使在第一线工作的销售人员"受宠若惊"。正是在这个过程中,销售人员更增强了对企业的"亲密感"和责任感。

(资料摘自:wenku. baidu. com)

【问题】

1. IBM公司的"金环庆典"活动属于什么类型的公共关系活动?
2. 它对企业公共关系的发展有着什么样的现实意义?

第六章

公共关系调查

学习要点及目标

1. 明确公共关系调查的意义；
2. 了解公共关系调查的内容；
3. 了解公共关系调查的基本程序；
4. 理解并掌握公共关系调查的原则、常用的调查方法；
5. 能够撰写公共关系调查报告。

核心概念

公共关系调查　公共关系调查内容　公共关系调查程序　公共关系调查方法

引导案例

从行业调查看中国公共关系业发展趋势

《2016 年度中国公共关系业调查报告》显示，2016 年度中国公共关系市场的年营业规模达到 500 亿元人民币，年增长率约为 16.3%。与 2015 年的 13.2%相比，增幅有所上升。

2016 年是中国公共关系行业发展进程中重要的一年。伴随"一带一路"倡议的持续推进和具体实施，中国公共关系市场机遇增加，在国家力推"大众创业、万众创新"的背景下，中国公共关系行业新生力量不断涌现，市场保持稳定而快速的增长。

上述调查显示，2016 年度中国公共关系服务领域的前 3 位分别是汽车、IT(通讯)和快速消费品。汽车在近年的行业调查中均位居榜首，表明其服务需求依然很大，预计未来几年这一趋势不会有大的改变。但值得注意的是，近年来，汽车领域的危机公关事件不少，公关公司如何更好地在品牌塑造方面与企业进行沟通，如何走出千篇一律的活动模式，创新性地进行品牌传播，需要多下功夫。本次调查中，IT(通讯)跃升至第二位，达到 12.3%，这跟智能手机全面普及密切相关。位居第三位的快速消费品的份额为 11.8%，继续成为近年来行业的主要服务客户。

2016 年度的行业调查，首次将娱乐/文化列为调查项目，出人意料的是，该领域位居第五。这表明，随着人们物质生活的提高，娱乐和文化等精神方面的需求不断增加，它为公共关系行业发展提供了更大的服务空间。

从本次行业调查和近年来传播环境带来的变化分析，我们可以基本预见未来中国公共关系行业的发展趋势。把握好这些趋势对行业发展具有重要的指导意义。

首先,国家大战略正发挥引领作用,为公共关系行业带来新的发展机遇。伴随"一带一路"倡议的持续推进和实施,很多中国企业已经在进行国际化的布局。

其次,资本加速进入公共关系行业,行业上市、兼并重组成为常态。据统计,参与本次调查的公关公司中有近20家通过主板、新三板以及兼并收购等多种形式,打通与资本市场的通道。可以判断,未来中国公关行业格局是:一部分通过兼并重组形成实力强大的综合性国际传播集团,它们规模大,业务范围广,客户相对稳定,国际化水平高;另一部分则是在单项领域具有专业特色的公关公司,它们数量多,聚焦垂直化和专业化。

再次,数字营销正成为行业发展的主流趋势。据统计,本次调查的公司中,新媒体业务营收在3 000万元以上的公司占比50%,比上一年增加16个百分点。另外,随着传播环境和方式的变革,营销、公关和广告的行业边界更为模糊,竞争也更趋激烈。

(资料来源:《国际公关》,2017年第2期)

公共关系是现代组织管理工作中一种相当复杂的活动,这是由于各类社会组织面对的公众是不同类型,因此,它们所采取的公共关系手法自然也是千差万别的。然而,各种类型的公共关系活动中又有某些共同的规律可循。按照这些规律操作,才能达到预期的效果,发挥公共关系的最佳效益。要做到这些,必须按照一定的程序开展公共关系工作。为此,斯科特·卡特李普将这一程序概括为公共关系的"四步工作法",认为"公共关系问题的解决过程,是一个持续的、循环往复的过程,各步骤相互联结,缺一不可,呈现出一个动态的环状结构"。所谓的公共关系的"四步工作法",是指公共关系工作程序,包括公共关系调查、公共关系策划、公共关系实施和公共关系评估四个环节。本章主要介绍第一个环节——公共关系调查。

第一节　公共关系调查的意义与内容

公共关系的一条基本原则就是从事实出发,这就要求公共关系部门及时了解组织周围环境的信息,掌握公众的动态,了解组织自身的生存状况。美国公共关系专家格鲁尼格教授认为:现代的社会组织可以分成两大类,一类是开放性组织,它们积极地对待环境变化,了解公众对自身的反映,并及时调整自己的经营战略,因此可以主宰自己的命运,在市场中如鱼得水;另一类属于封闭性组织,它们与外部环境处于割裂状态,世界的变化、技术的进步、市场的变迁、竞争对手的发展、公众要求的变化对它们都没有任何影响。它们我行我素,到头来只能是丧失了自我更新的机会,自生自灭。可见,是否重视调查研究,关系到组织的生死存亡。调查研究是组织内所有部门都必须予以重视的大事,其中,公共关系部门应当发挥信息中枢的核心作用。

一、公共关系调查的意义

公共关系调查是全部公共关系工作的起始点,它为公共关系目标的确立和公共关系计划的制订提供了基本依据,也为公共关系方案的实施提供了根本保证,是社会调查的一种表现形式。公共关系调查是指社会组织通过运用科学方法,收集公众对组织主体的评价资料,进而对主体公共关系状态进行客观分析的一种公共关系实务活动。

公共关系调查是公共关系工作开展的必要前提,是组织"运筹帷幄"的重要依据。正如美国公共关系专家西蒙所说:“不论人们如何表达公共关系活动的流程,调查研究都是举足轻重的。如果把公共关系活动视为一个‘车轮’,调查研究便是这个‘车轮’的‘轴’了。”

(一)使组织准确进行形象定位,有利于塑造良好组织形象

一个组织的生存发展,除了依赖于组织自身的实际行动,还依赖于相关的社会组织和个人对本组织的行为和政策的理解与合作程度。由于受主观与客观条件的影响和限制,组织对自身形象的评价往往感觉良好。通过公共关系调查,组织可以了解和掌握自身在公众心目中的形象地位,找出组织自我期望的形象与公众心目中的实际形象之间的差距,确定问题的症结所在,针对差距和症结,策划行之有效的公共关系活动方案,构建或矫正,甚至重塑组织形象。

(二)为组织决策提供科学依据

及时地为组织提供决策依据,并能有效地预测和检验决策的正确性是公共关系调查的主要任务之一。要保证决策的正确,离不开正确的目标和最优的方案,这就要求组织必须充分占有大量信息资料,而调查是最好的方法。因为只有通过调查,才能了解公众的要求、愿望、态度和行为,进而才能做出符合公众要求、切合实际的决策,并且加以认真实施,提升组织在公众心目中的良好形象。

(三)使组织及时把握公众舆论

公共关系调查可使组织及时地把握公众舆论并适时地做出决策。公众舆论是指公众的意见或看法,是社会上全体或部分成员的一致意见或共同信念,并处于不断扩大或缩小的动态中,它是公众对组织的一种浮动的表层认识。但是,当少数人的观点、态度扩张为多数人的观点、态度,分散的、彼此孤立的意见集合为彼此呼应的公众整体意见,声势尚小、影响甚微的局部意见变成声势浩大的公众的共同反响时,组织的形象将会受到很大的影响。积极的公众舆论有利于组织塑造良好的形象,消极的舆论则有损于组织的形象,甚至会造成形象危机。因此,通过公共关系调查,可以收集到与组织方针、政策、行为有关的公众舆论,加以科学、准确的分析,不断调整组织的政策和行为,改善组织与公众的关系,及时地引导舆论和把握舆论。

(四)提高组织公关活动的成功率

“知己知彼,百战不殆。”组织在开展某项公共关系之前,必须对自身的主观和客观条件进行必要的详细的了解,对参与活动的人力和组织所能承受的财力进行分析,必要时还要作现场考察。通过调查,组织只有对所要开展的公共关系活动的主客观条件有了足够的了解,才能保证公共关系活动有充分的准备和切实可行的计划,并取得好的效果。

二、公共关系调查的内容

公共关系调查的内容范围是十分广泛的,大致可以分为三个基本方面,包括组织形象调查、相关公众调查和组织所处的社会环境调查。

(一)组织形象调查

所谓组织形象,就是组织在公众心目中留下的印象。换言之,组织形象也就是公众对组织的看法和评价。随着现代科技的不断发展,同类产品在质量、价格等方面的差异越来越小,组织形象就成了企业的重要资源,在很大程度上左右着公众的市场选择。所以,公共关系人员首先要对组织现有形象有所了解,做到心中有数。组织形象调查又可以分为以下三个部分:

1. 组织自我期望形象调查

公共关系调查工作首先要通过组织内部的调查分析，了解组织的自我评价，揭示组织对公共关系工作的期望值，这是公共关系调查的第一步。组织自我期望形象调查是指一个组织自己所期望达到的形象目标，它是一个组织开展公共关系活动的内在动力和方向。期望值越高，组织所做出的努力就越大。但不切实际的期望往往成功率很低，因此，组织自我形象设计要注意主观愿望与实际可行的结合。

2. 组织实际形象调查

一个组织的自我期待形象往往与公众心目中的实际社会形象有较大差距。组织必须借助公众评价和社会舆论来反映组织的实际社会形象。组织的实际形象调查可以分为以下两个部分：

(1)形象地位测定。

一个组织实际的社会形象，需要用公众对该组织的认识、看法和评价来反映，这些指标又可以概括为知名度和美誉度这两个综合指标。

知名度是社会公众对该组织认识、知晓的程度。其计算公式为：

$$\text{组织在该地区的知名度}=\frac{\text{该地区知晓公众数}}{\text{该地区公众总数}}\times 100\%$$

美誉度是社会公众对本组织信任和赞誉的程度。其计算公式为：

$$\text{组织在该地区的美誉度}=\frac{\text{该地区持赞赏态度的公众数}}{\text{该地区知晓公众人数}}\times 100\%$$

一个组织的形象好坏，通过知名度和美誉度两个指标就可以反映出来。将调查获得的数据进行综合，就构成了一个组织形象地位图(见图6—1)，它是公共关系专家测定组织实际形象的主要工具。

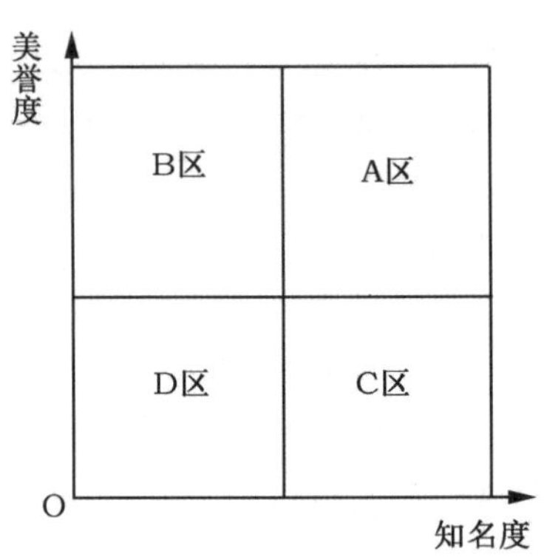

图6—1　组织形象地位图

象限A区代表高知名度和高美誉度。这说明组织的公共关系属于最佳状态，将来的问题是如何保持荣誉，并更进一步。但是也要注意，过高的知名度会给美誉度造成压力，组织必须时刻保持高度的警惕。

象限B区代表低知名度和高美誉度。这说明组织的公共关系处于较为稳定、安全的一种状态。公共关系工作的重点应该是在维持美誉度的基础上，提高知名度。

象限C区代表着高知名度和低美誉度。处于这种形象地位，说明组织的公共关系属于臭名远扬的恶劣状态。在这种情况下，公共关系工作的重点首先应该在于降低负面知名度，减少舆论界的注意，默默地努力改善自身，设法挽回荣誉，提高美誉度，再求发展。

象限D区代表低美誉度和低知名度。处于这种形象地位，说明组织的公共关系处于原始状态。在这种状态下，组织首先应该完善自身，争取较高的美誉度，之后做好提高知名度的工作。

(2)形象要素的分析。

了解组织在公众心目中的实际社会形象后，公共关系人员还必须了解公众为什么会形成这样的印象。因此，有必要进一步分析构成组织形象的具体要素。组织形象包含很多方面的内容，对企业而言，具体涉及经营方针、产品质量、服务态度、办事效率、业务水平等各种要素。为了精确表达公众的意见，这些要素指标可以用语意差别量表来表现。以表6－1为例，我们可以看出，这家公司的知名度不太高，主要是由于业务缺少创新、领导者能力较差、组织综合实力不强，这种形象地位大致相当于高美誉度和低知名度的企业。因此，企业应该加强领导者能力。

表6－1　　组织形象要素分析表　　单位：人

评价 调查项目	非常	相当	稍微	中	稍微	相当	非常	评价 调整项目
经营宗旨正确		60	30	10				经营宗旨不正确
产品质量好			30	60	10			产品质量差
服务态度端正				15	20	65		服务态度恶劣
工作效率高			25	65	10			工作效率低
技术创新能力强					20	70	10	技术创新能力强
管理水平高				10	40	50		管理水平低
领导者能力强					10	10	80	领导者能力差
组织综合实力强					30	60	10	组织综合实力弱

3. 组织形象差距比较分析

将组织自我期望形象（虚线）与组织实际形象（实线）进行对比，就可以发现其中的差距。而揭示二者之间的差距，为今后的公共关系工作指出了前进的方向。实际上，公共关系工作的目标就是弥补或者缩小这种差距。其方法可如图6－2所示，用1—7作为数值标尺，将组织形象要素分成7个档次，比如经营指标非常不正确为1，相当不正确为2，稍微不正确为3，一般为4，以此类推，并根据表6－1中调查项目的实际数据，计算出每一项目评价的平均值。其计算方法是调查项目的评价人数乘以相应栏目的数值，将该项目各档次评价总分相加，再除以调查总人数。如表6－1中第一栏“经营宗旨正确”一项平均值为：

(60人×6＋30人×5＋10人×4)/100人＝5.5

根据上述的调查结果，计算公众对每一个调查项目评价的平均值，将各个平均值分别标定在数值标尺的相对位置上，连接各点，就形成了组织的形象曲线图，虚线为组织的自我期望形象，实线为组织实际形象，两条曲线之间的差距就是组织形象差距，如图6－2所示。

(二)相关公众调查

1. 公众构成

任何一种公共关系活动都很难全面地影响所有的公众。开展公众构成情况调查有利于

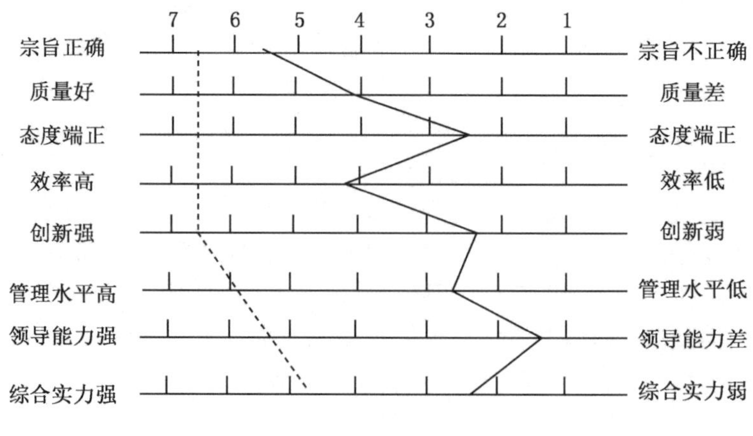

图 6—2　组织形象要素图

确定公共关系工作的基本范围和重点对象，避免盲目开展公共关系工作。公众构成情况主要包括：第一，内部公众构成情况，如组织成员的数量构成、职称职务构成、需求层次构成、劳动态度构成、思想素质构成等；第二，外部公众构成情况，如外部公众的数量构成、空间构成、特征构成、需求构成、观念构成、与组织的结构状态构成、对组织的重要性构成、对组织的依赖性构成等。

2. 公众需求

社会组织是为人的需要而存在，为人的需要而发展的。社会组织要有效地开展公共关系工作，必须做好对公众需求情况的调查工作，以掌握公众需求信息，不断设法满足公众的合理需要。公众需求情况调查主要涉及两个方面：第一，公众的物质需求情况，如公众对改善物质生活环境的需求、公众对获得优质物质产品的需求、公众对获得各种有形服务的需求等；第二，公众的精神需求情况，如公众对组织接纳的需求、公众对合法权益的需求、公众对获得满意服务的需求、公众对获得重要信息的需求、公众对获得组织重视的需求等。

3. 公众评价

任何公共关系工作的开展，必须基于对组织实际社会形象的清楚认识，组织形象实际上就是公众对社会组织各种评价的综合。因而，社会组织开展公共关系调查，必须着重收集公众对组织的评价性信息。公众对组织的评价主要包括：第一，对组织产品的评价，如对产品的内在质量的评价、对产品外形的评价、对产品价值的评价等；第二，对组织服务质量的评价，如公众对组织服务项目、服务方式、服务措施、服务水平的评价等；第三，对组织管理水平的评价，如公众对组织管理机构及其办事效率的评价、对组织经营创新和管理革新的评价、对组织管理效益的评价等；第四，对组织人员素质的评价，如公众对组织领导人、中层管理人员、专业技术人员、一般员工、公共关系人员及特殊人物的评价等；第五，对组织外向活动的评价，如公众对组织外向宣传活动、公益活动的评价等。

【案例 6—1】

“有奖求教”，家具俏销

万斯家具厂的产品连续 3 年滞销，究其原因，在于与用户的实际需要和具体要求脱节。针对这一弊病，厂长巴莫开出了一张处方。

尊敬的顾客：

我厂受变形金刚的启发，最近聘请了一批高级家具设计工程师，为你们设计了一种可变形的多功能家具。为了使这种家具既能满足您的需要，解决您住房窄小的困难，又能给您带来方便、舒适和美的享受，恳请您来信指教，我们将根据您的意见进行设计。凡来信指教的顾客，将在报上公布您的名字，发一张优惠20%的购物卡，凭此卡可购买一件多功能的家具；意见被采纳的指教者，赠送一件多功能家具。

万斯家具厂厂长巴莫

2015年3月1日

这封有奖求教信在报上刊登后，收到1 814封指教信。巴莫严守信用，立即在报上用大号黑体字"可变形多功能家具凝聚着这些先生和女士的智慧和心血"，排印了一个通栏标题，在这个标题下，依来信的先后顺序公布了指教者的姓名，并给每个指教者寄出一封感谢信和优惠卡。这种家具一投放市场，立即被抢购一空，一个月的销售等于过去3年销售总量的960倍。

（资料来源：www.doc88.com）

(三)组织社会环境调查

1. 经济环境

经济环境包括国内外的经济发展战略，本地区、国内、国外的经济发展水平，国民收入水平及其发展趋势，社会公众的支出模式及其变化，社会公众的储蓄和信贷情况等。

2. 政治环境

政治环境包括国际组织颁布的行业规范与产品标准，国际惯例，政府部门颁布的法律、法规、规章、制度等，国家政策的变化及其对组织的潜在影响，组织与政府的关系等。

3. 科技环境

科技环境包括行业内的新发明、新技术及其更新速度，专业领域内的技术标准及技术变革，科技发展对公众生活或消费习惯的改变，科技发展对组织经营、管理的改变等。

4. 文化环境

文化环境包括组织所处区域的民族、宗教信仰、价值观念、风俗习惯、行为方式及其变化，社区的教育、科技、文明状况，组织与新闻媒介的关系等。

【案例6—2】

通用汽车公司的公关调查

通用汽车公司的管理者看待东欧的态度非常客观，既看到了机会，也看到了一些威胁。在向东欧拓展时，采用了不同于对手的策略。通用的管理者预料到了重组东欧汽车公司的种种困难。因此，他们没有简单地将这些企业接管过来，而是开办了一些新的企业进行小规模的尝试性经营，在试营业的过程中对当地的情况进行调查。他们在波兰的华沙、匈牙利的圣戈特哈德、德国的爱森纳赫建立了一些小工厂。这些工厂的工人经过培训后，主要是将西方生产的预制零件组装成汽车。通用公司希望既能获得东欧市场的低成本劳动，又能获得西方制造的高质量零部件。

通用汽车公司取得了极大的成功。与大众和菲亚特不同，他们避免了要改变这些工人的态度和做法的麻烦。在这些小的方面取得成功以后，通用的管理者决定在波兰和匈牙利生产这些低成本的汽车零部件，然后运往通用公司在国外的生产基地进行组装。这项冒险也取得了成功。如今，通用汽车公司在欧洲既拓展了它的组装业，也拓展了它的汽车零部件生产业。

（资料来源：wenku. baidu. com）

5. 竞争环境

竞争环境包括组织所属行业的国内外发展状况，组织在行业竞争中所处的地位，竞争对手的政策、措施及实施情况，竞争对手的市场情况和发展态势，竞争对手的公共关系动向等。

第二节　公共关系调查的程序

公共关系调查是一种对社会组织的公共关系现象进行科学考察的科学认识活动，它必须根据人的认识过程和认识规律科学安排运作程序。所谓公共关系调查的程序，一般来讲，指的是对社会组织客观存在的公共关系现象进行科学调查的基本过程。公共关系调查的程序一般可以分为以下五个阶段：

一、确定调查选题

组织进行公共关系调查的第一个步骤是确定调查选题，也就是确定要研究解决什么问题以及所要达到的目标。然而公共关系调查的内容范围是十分广泛的，公共关系工作中所需要的公共关系信息也是千头万绪的，况且公共关系调查的具体内容和具体要求总是由社会组织公共关系工作的具体目标、具体对象、具体内容和具体要求规定的，因此在确定调查选题之前，通常要先做初步的调查，明确问题所在。作为公共关系活动的一个操作内容，社会组织所选择的调查课题是多种多样的，可以是与经营、销售有关的问题，如公众的消费习惯、消费倾向、消费情趣等，也可以是社会组织与各类公众之间的关系状况，如上级部门对组织的评价、同行的看法、新闻界对组织在一段时期内的报道倾向等。

二、制定调查方案

调查选题确定以后，就要制定调查方案。调查方案是对调查本身的具体设计，主要包括调查的目的和要求、调查的对象、调查的项目和内容、调查的工具、调查的时间安排、调查的地理区域、调查的对象、调查资料的搜集和整理方法、调查质量的控制方法、调查经费预算等，是指导公共关系调查工作的总纲。在设计公共关系调查总体方案时，需要注意以下几点内容：

（一）确定调查内容

调查内容是为调查目的服务的，要通过调查的具体选题来确定。如果调查是以探测性为目的，即对某个问题进行初步的认识和粗略的了解，调查项目就应主要用来描述其状态和过程，以收集有关社会现象的信息；如果调查是以解释性为目的，那就要注重对问题因果关系的探讨，为分析原因打下基础。调查的项目和内容不要过多或过长，避免被调查者产生厌倦心理。

（二）准备调查工具

进行公共关系调查常常要用到各种辅助工具，如调查提纲、调查表格、调查问卷、观察记录卡片等。

（三）选定调查对象

公共关系调查对象是相对的社会组织或群体，但这些组织和群体又是由个体组成，社会调查大多是从个体入手进行的。被调查者群体的确定对调查结果影响很大，不同性别、年龄、民族、地域、学历、偏好的人群在回答同样的问题时，可能产生一定的差异。

（四）明确调查方式

组织在进行调查前应事先确定好公共关系调查的方式，从全面调查、抽样调查、典型调查、重点调查等多种调查方式中选择与调查选题最匹配的方式，以保证调查的质量。

1. 全面调查

全面调查又叫普查，是对一定范围内需要调查的全体对象进行逐个调查的一种调查方式。全面调查一般适用于两种情况：一是调查对象总体数目相对不大，不需要花费太多的人力、物力、财力和时间；二是调查对象数目庞大，但为了全面、准确地掌握情况，值得去调查。当调查对象总体规模不大时，全面调查是准确获取信息资料的最佳选择；当调查对象的总体规模十分庞大时，全面调查花费的人力、物力、财力是巨大的，而且调查时间很长，不适合普通的组织使用，也不适宜对问题进行深入细致的调查。

2. 抽样调查

抽样调查又叫样本调查，是从需要调查的对象总体中，抽取若干个个体即样本进行调查，并根据调查的情况推断总体的特征的一种调查方式。抽样调查可以把调查对象集中在少数样本上，并获得与全面调查相近的结果。这是一种比较经济的调查方法，被广泛采用。

3. 典型调查

典型调查是从总体样本中有意识地挑选出少数具有代表性的对象进行调查，以达到了解总体的特征和本质的一种调查方式。典型调查适用于调查总体同质性比较大的情形。同时，它要求研究者有较丰富的经验，在划分类别、选择典型上有较大的把握。

4. 重点调查

重点调查是指在全体调查对象中选择一部分重点个体进行调查，以取得统计数据的一种非全面调查方式。由于重点个体在全体调查对象中只占一小部分，调查的标志量在总体中却占较大的比重，因而对这部分重点单位进行调查所取得的统计数据，能够代表总体发展变化的基本趋势，是一种补充性的调查方法。

（五）选择调查方法

常用的调查方法有访谈调查法、问卷调查法、观察调查法、媒介调查法等。调查方法的确定要根据调查工作的实际需要来选择，具体内容参见本章第三节。

此外，对调查的时间、地域、质量控制、经费预算等内容也要加以全面细致的考虑。

三、实施调查方案

实施调查阶段，是整个公共关系调查过程中最为重要的阶段，也是花费最昂贵、最容易出错的阶段。公共关系调查能否按照调查方案中所确立的调查任务的要求和所设计的调查方案的规定有效地进行，关键是看资料搜集或调查方案的实施情况。在这一阶段，调查的主要工作是资料的搜集，最普通的方法是由被调查者自行答卷和调查人员访谈两种。问卷发放的总数与回收上来的数目之比称为回收率。对于回收率，调查人员应有足够的估计，回收率为100％的可能性是很小的。美国社会学家肯尼迪·贝利认为：50％的回收率是令人满意的，60％是相当成功的，而70％以上则是非常成功的。

四、分析调查结果

公共关系调查人员只有将调查搜集的资料、数据进行整理分析，才能准确把握存在的问题，指导公共关系活动的开展。分析调查结果是运用科学的方法，对收集到的资料进行提纯和整理，并加以分析和研究的信息处理过程，是公共关系调查能否发挥应有作用的关键。组织取得调查资料后，首先要对资料进行鉴别、订正、分类与汇总，根据调查目的进行加工整理，使资料系统化、简单化和表格化，达到准确、适用和完整的目的；然后进行数据统计分析，数据统计分析包括数据输入、整理、归类、统计和分析；最后对分析后的数据进行加工，提出合理建议和预测。

五、拟定调查报告

当对调查资料进行整理分析后，一般应该形成书面形式的调查结果，即形成一份完整的公共关系调查报告。公共关系调查报告是指用以反映通过公共关系调查所获得的主要信息成果或初步认识成果的书面报告。调查报告集中地反映了调查过程中所获得的信息成果和认识成果，便于组织的领导人员或决策人员参考，便于将调查成果应用于公共关系活动。

(一)拟定调查报告的步骤

(1)综合分析经过提纯和整理的信息资料，确定调查报告的题目。

(2)对调查工作进行简要总结，对关键环节加以说明。

(3)根据整理过的信息资料，对组织公关状态的变化情况加以说明。

(4)针对组织实际情况和调查结果，结合组织公关目标，找出差距和问题。

(5)针对差距和问题，提出切实可行的建议或意见。

(二)调查报告的格式与要求

调查报告一般包括封面、目录、概要、正文、结论和附件等部分。

(1)封面应写明调查题目、承办部门和人员、日期。

(2)目录中应列出调查报告正文的一级标题和二级标题。

(3)概要是对正文、结论和建议部分的简要总结，要做到点明主题、高度概括、精练简短。

(4)正文中应包括调查目的、方法、步骤、样本分布、调查内容、统计方法、调查数据、误差估计等内容，也可包括结论和建议，写作时要做到中心突出、材料典型、逻辑性强、条理清晰、语言简洁、有说服力。

(5)结论是全文的小结，要形成结论，并提出合理的建议和措施。

(6)附件中应列入有关论证和说明正文的资料，如调查表、访谈记录、参考资料等。

(三)拟定调查报告的注意事项

公共关系调查报告既应该体现调查者的调查能力和写作水平，也应该体现调查在公共关系活动中的重要地位和巨大作用。因此，拟定调查报告时要注意以下几点：

1. 确保调查报告内容的客观性和真实性

这是对调查报告最基本的要求。即调查报告必须以调查所获得的信息资料为依据，包括以信息资料为依据确定主题，以信息资料为依据概括情况，以信息资料为依据提炼观点，以信息资料为依据说明问题等。

2. 确保调查报告体例的系统性和完整性

系统性是指调查报告的体例安排和内容表述应该具有严谨的逻辑性；完整性主要是指调

查报告的结构应该包括题目、目录、概要、正文、结论、建议和附件等几个部分。

3. 确保调查报告表述的准确性和通俗性

准确是指行文要把握好分寸,恰如其分地反映事实;通俗是指用语要简洁、朴实、易懂,不需要修饰和美化。

4. 充分利用统计图、统计表来说明和显示资料

第三节　公共关系调查的原则及方法

一、公共关系调查原则

公共关系调查要为组织提供策划依据,所以调查活动和调查过程应有很强的科学性。为了保证公共关系调查的科学性,调查人员必须遵循以下几项原则:

(一)客观性原则

公共关系调查是为了准确地了解公众对组织形象的评价。坚持调查的客观性是调查人员所应遵循的最重要的原则。调查人员在调查过程中,应从客观事实出发,要注意区分公众的客观态度和主观臆想。公众的客观态度是指调查对象对组织形象的直接感受和评价,而主观臆想则是指调查对象对组织形象的一种想象和愿望。在调查过程中,只有把握了调查对象的客观态度,才能对公众的有关评价得出科学、准确的结论。此外,调查人员在调查过程中,切忌主观性,不可随心所欲地给客观事实加上主观猜测的成分,而应从客观事实出发,不回避,更不掩盖事实。只有这样,才能充分保证调查结果的信度和效度。

(二)全面性原则

公共关系调查的客观性本身要求调查的全面性。公共关系调查的全面性要求调查人员在搜集调查人员对组织形象的评价时,必须注意搜集各个方面公众的意见。这里应注意两点:一是调查对象必须能够代表公众,如果调查对象没有代表性,尽管他们对组织形象的评价是客观的,但这并不能代表公众的整体客观态度;二是调查所得的资料必须全面,既要有调查对象的正面意见,也要有调查对象的反面意见,既注意到一方面的公众的意见,也要注意到另一方面公众的意见,并注意各种意见之间的联系,不能一叶障目,不见泰山,以偏概全的调查对组织是十分有害的。

(三)时效性原则

公共关系调查是了解调查对象在某一确定时间对组织形象的评价,调查的结果具有很强的时效性。对一组织来说,调查所得信息的价值,与提供信息的时间成正比,迟滞的信息会导致组织失去取胜的良机。所以,在调查过程中,调查人员不仅要注意调查信息的准确性,还要注意调查信息传递的快捷性。此外,客观事物总是处在不断运动和变化之中,公共关系的一次调查,只能反映此时此刻公众的态度,这种态度会随着时间的延续而发生变化。遵循公共关系调查时效性原则,有利于组织及时地收集情报并作出果断的决策。

(四)计划性原则

公共关系调查是组织形象管理的重要一环。组织不可企望通过一次调查获得所有情报。公共关系调查工作应列入组织的整体运作计划中,使之制度化、规范化。公共关系调查的制度化、规范化不仅可以使组织适时得到有价值的信息,组织还能不断地总结调查的经验,提高

调查工作质量。此外，对一项具体调查工作来说，事前必须要制定一个完整、严密的调查计划，对调查任务及完成任务的人力、物力做出合理的安排；对调查中可能会遇见的各种问题及其对策都要考虑充分。这样，才能保证调查的顺利进行，提高调查工作的效率。

（五）伦理原则

在公共关系调查中，伦理原则是调查人员应当遵循的基本原则之一。在调查过程中，使调查对象受到某种程度的伤害，对调查对象采取欺骗手段，使调查对象处于某种心理压力之下，或是调查人员在调查过程中在进行资料分析时，片面地引用调查事实等，都被认为是非道德的行为。调查人员在调查过程中，既要注意调查的科学性，又要注意调查行为符合道德规范。如果调查人员的行为不道德，就难以取得调查对象的信任，这样，调查结果的客观性、全面性就难以保证，调查人员与调查对象之间的关系，应当是诚实和公开的关系，而绝不是隐瞒和欺骗的关系。

（六）精确性原则

公共关系活动是一项非常复杂的系统工程，成功的活动应该使其中的每一个环节或者子系统都做到天衣无缝，这就要求通过调查与搜集的信息必须首先做到精确无误。在公共关系调查过程中，精确性原则有以下含义：第一，应用统计学的原理规划调查工作；第二，运用相关的数学模型对信息进行科学分析；第三，用具体数据显示或表达调查的结果。

二、公共关系调查方法

所谓公共关系调查方法，是指用以保证公共关系调查目的得以顺利实现的途径、方式、手段、措施等。公共关系调查方法对于公共关系调查任务的顺利完成具有重要的作用，具体来说，公共关系调查常用的方法有抽样调查法、问卷调查法、访问调查法、观察法、实验法以及文献调查法等。

（一）抽样调查法

抽样调查法有两大类：概率抽样和非概率抽样。

1. 概率抽样

概率抽样就是使总体内所有个体具有相同的被抽入样本的概率。这样的样本被称为随机样本。抽样概率又可以分为简单随机抽样、等距随机抽样、分层随机抽样、整群随机抽样以及结合使用上述两种或两种以上抽样方法的多阶段随机抽样。

（1）简单随机抽样，又称纯随机抽样，是对总体中的所有个体按完全符合随机原则的特定方法抽取样本，即抽取时不进行任何分组、排列，使总体中的任何个体都同样有被抽取的平等机会。

（2）等距随机抽样，又称系统抽样或机械抽样，就是把总体的所有单位按一定的标志排队编号，然后按规定的间隔距离，每隔若干单位顺序抽取每个样本单位，然后组成样本。

（3）分层随机抽样，又称类型随机抽样或分类随机抽样，就是先将总体依照某一种或几种特性分为几个子总体，每个子总体为一层，然后从某一层中随机抽取一个子样本，将这些子样本合在一起即为总体的样本。

（4）整群随机抽样，也称聚类随机抽样，就是将总体按照某种标准划分为一些子群体，每个子群体作为一个抽样单位，用随机的办法从中抽取若干个子群，将抽出的子群中所有个体合在一起作为总体的样本。

（5）多阶段随机抽样，通俗地讲，就是把抽取样本单位的过程分为几个阶段进行，先抽大单位，再在大单位中抽取中单位，然后在中单位中抽取小单位。

2. 非概率抽样

非概率抽样是以人的主观经验和人的主观设想来抽取样本。它不是严格按随机抽样原则来抽取样本的，所以称为非概率抽样或非随机抽样。非概率抽样无法推断总体，也无法确定误差和可信程度。

非概率抽样有偶遇抽样、主观抽样、定额抽样和滚雪球抽样四种类型。偶遇抽样和定额抽样是民意测验中最为常用的非概率抽样。

第一，偶遇抽样，也称方便抽样，是指研究者将其在一定时间内、一定环境里所能遇见或接触到的人都选入样本的方法。

第二，定额抽样，也称配额抽样，与分层随机抽样相似，也是按调查对象的某种属性或特征将总体中所有个体分成若干类或层，然后在各层中抽样。样本中各层或类所占的比例与它们在总体中所占的比例一样。但不同的是，分层抽样中各层的子样本是随机抽取的，而定额抽样中各层的子样本是非随机抽取的。

(二)问卷调查法

问卷调查法是指由公共关系调查者向调查对象提供问卷并请其对问卷中的问题做答而收集所需的公共关系信息资料的公共关系调查方法。问卷是用于收集信息资料的一种重要工具，它的形式是一份精心设计的问题表格。问卷依其问题的构成特点可分为封闭式问卷和开放式问卷两种。封闭式问卷的提问是在提出问题的同时，给出若干个备选方案，要求被调查者选择其中一个或几个作为回答；开放式问卷的提问是只提出问题，不提供具体答案，而由调查者自由填答。此外，问卷还可依发送方式分为邮寄问卷和送达问卷两种。从问卷的结构来看，一般来说，各种问卷往往都包括说明信、指导语、问题、答案、编码等几个部分，其中问题和答案是问卷的主体。在问卷的设计过程中，关键是要设计好问卷的问题和答案。问卷调查法有着许多不同于其他调查方法的特点，其优点在于：可以节省时间、经费和人力；具有较好的匿名性，有利于收集真实的信息；所获得的信息资料便于定量处理和分析；可以较好地避免调查者的主观偏差，减少人为误差。其缺点在于：回收率一般较低；不适于对文化水平低的人作调查；由于被调查者填写问卷时调查者一般不在场，因而所获得的信息资料的质量往往难以保证。尽管如此，问卷调查法却不失为现代公共关系调查的一种科学规范的调查方法。

(三)访问调查法

访问调查法是公关调查中使用最普遍的一种调查方法。根据调查者与被调查者接触方式的不同，访问调查法可以分为人员访问、电话访问、邮寄访问和网络访问四种。

1. 人员访问

人员访问是最古老的一种方法，它是指派调研员直接与被调查对象面谈，然后根据被调查者的回答，当场记录取得资料的方法。人员访问调查时既可以根据事先拟定的问卷上的问题顺序发问，也可以通过自由交谈来获得资料。这种方法不但能迅速取得资料，而且富有较强的灵活性，同时具有激励的效果，并能保持较为完整的样本；但是这种方法也有一些缺点，比如费用较高、动用大量的人力，并且在调查的过程中很难得到有效的控制，不免产生一些不负责任甚至欺骗的行为。

2. 电话访问

电话访问是指调查人员根据事先拟定的提纲，向被调查者提出问题、汇集答案的数据收集方法。随着移动电话和私人电话的日渐普及，电话访问法已经成为一种普遍的调查方法。

它的优点很多，比如，能够迅速及时地获得事件发生当时的情报，可以在很短的时间内，立即获得调查资料；所需要的费用较低，仅需付电话费用即可；调查者与被调查者不直接接触，易于被调查者接受，避免心理压力等。当然，电话访问法也有一些缺点，比如，它具有局限性，总体不完整，只能选择有电话的家庭或者个人进行调查；访问时间不能太长，使得问题难以深入等。

3. 邮寄访问

邮寄访问，又称通信访问，是指将设计好的问卷通过邮局或电子邮件寄给被调查者，请其填好后按规定的时间寄回以取得资料的方法。为了提高回收率，采用此法时，一般附有回邮的信封和邮票并可采取赠送纪念品的办法。使用邮寄访问的优点是：(1)调查可以覆盖的区域比较广泛，对样本能作地理上的分配；(2)时间比较充足，被调查者能够有较长时间考虑以从容地填写问卷和回答问题；(3)费用较低。

这种方法的缺点主要是：(1)回收率低，各细分市场的回收率不一致，使设计样本的地理分布产生误差；(2)费时，被调查者答复迟缓，无法控制问卷回收时间，往往费时较长；(3)容易发生替代现象，自己没有时间或者不愿意回答而找别人代答，从而破坏了样本的代表性。但是，在人文特性或被调查的要件并非十分重要的情况下，邮寄访问是一种既经济又有效的调查方法。

4. 网络访问

网络访问是借助互联网来与被调查者接触以收集数据或资料的一种调查方法。这种方法可以再分为网上问卷调查、网上焦点座谈和 BBS 调查等几种方式。网络访问与传统的调查方式相比，有其独特的优势：(1)费用较省，可以节省调查在印刷、录入、复核、交通、联络等方面的时间和费用。(2)节省时间，无时空、地域限制，只要是网络覆盖的地方，都可以成为调查的范围；调查可以全天候进行，被访问者可自行决定时间和地点回答问卷，非常便利。

(四)观察法

观察法是由调查员直接或通过仪器在现场观察记录调查对象行为动态的一种方法。使用观察法进行调查的过程中，调查人员不许向被调查对象提问题，是在被调查对象未注意的情况下由调研人员用眼睛或照相机等仪器观察被调查对象行为、态度和表现，从而推断被调查对象对某种产品或者服务的满意程度。观察法由于分类的标准不同而有多种划分方法，本书将观察法分为两种：直接观察法和间接观察法。

1. 直接观察法

直接观察法就是派调查人员去现场直接察看。通过直接观察，我们可以直接观察即时行为，即如果对消费者的购买行为感兴趣，我们可以直接观察消费者实际的购买活动。使用直接观察方法要确定是定期观察还是不定期观察。

【案例 6—3】

肯德基公司的调查研究

美国肯德基公司遍布全球六十多个国家，连锁店数目高达九千九百多个。然而肯德基公司总部在万里之外，怎么能相信它的下属循规蹈矩呢？一次，上海肯德基有限公司收到 3 份国际公司寄来的鉴定书，其中有对他们外滩快餐厅的工作质量 3 次鉴定评分，分别为 83、85、88 分。公司中方经理都为之瞠目结舌，这 3 个分数是怎么评定的？

原来，肯德基公司雇用、培训了一批人，让他们佯装顾客，秘密潜入店内进行检查评分。

这些人来无影、去无踪，而且没有时间规律，这就使快餐厅的经理、雇员时时感受到某种压力，丝毫不敢疏忽。

（资料来源：wenku. baidu. com）

2. 间接观察法

不能通过直接观察法获得信息时，就要采用间接观察法。比如对过去行为的研究，就不能直接观察，而必须求助于间接观察——我们不观察某一个行为本身，只观察这个行为的影响或结果。

（五）实验法

实验法是指通过变量和实验程序的控制，研究者可以更加有把握地进行变量之间因果关系的判断。实验法是公共关系调查走向科学化的标志。

常用的实验法主要有两种：

1. 现场实验

现场实验是最简便的一种实验调查方法，要求实验者在现场处理或者变动自变量，然后测量其影响。这种实验通常是在市场上进行小范围的实验。例如，调查人员想要了解某种产品的需求价格弹性，便可以选定一个商店，选择几个不同的时间，同一产品安排几种不同的价格。通过分析购买数量的增减变化，就可以得到所需要的信息。现场实验的最大优点就是实验环境非常接近于真实环境，获得的资料较真实，而且能够有效地提高实验的外部效度。但它缺乏一定的控制能力，既缺乏对自变量的控制，也缺乏对外生变量的控制，从而影响实验结果的内部有效性。

【案例 6—4】

现场实验帮助“列·运动包公司”胜诉

美国的列·运动包公司状告K中心商场集团引进的“帝·巴黎包”运动包生产线生产的运动包看起来像列·运动包。根据列·运动包公司的指控，K中心商场集团让消费者误认为他们是在购买列·运动包，但事实上并不是。为了证实这一点，列·运动包公司进行了一次现场实验。

选择了两组妇女进行现场实验。给第一组妇女看的是两个软边的轻质“列·运动包”，包上的所有标签都去掉，所有的词句、设计厂家等说明都印在这种椭圆形包的内层。给第二组妇女看的是两个“帝·巴黎包”，包上的品牌明显可见，所有的标签和悬挂物都保留着它们在K中心商场店中的样子。从这两组妇女中了解：她们是否看得出戴着“假面具”的包的来源，或公司，或品牌？她们辨认或识别的是什么？如果靠某些东西来辨认的话，那这样做的理由是什么？

每组妇女的样本都是200人，是分别在芝加哥、洛杉矶和纽约的大商场——拦截面访（在中心位置进行）中选择的。对被调查者的选择没有采用概率样本，而是按年龄分布作的配额选择（即按比例分配各年龄段应访问的妇女数）。

实验研究的结果说明许多消费者无法区分两种式样的包的来源，这一结果支持了列·运动包公司的立场。现场实验帮助列·运动包公司说服法庭批准了一个反对K中心商场集团的预审结果。K中心商场集团同意停止销售帝·巴黎包。

（资料来源：www. jinchutou. com）

2. 实验室实验

实验室实验即在实验室内，利用专门的仪器和设备进行调研。它在新产品、包装、广告设计等方面的初始测试中有着较为广泛的应用。比如，调查人员想知道几种不同的广告宣传的优劣程度，可以通过测试被测对象的差异，从而选择出宣传效果较好的广告。实验室实验可以通过隔离实验环境，有意识地控制、操纵实验条件，从而减少外生变量的影响，这是现场实验所不能做到的。但实验室实验的外部效度较差，可能会与实际情况出现较大的偏差。

此外，实验法实验的周期较长，研究费用昂贵，严重影响了实验方法的广泛使用。

(六)文献调查法

文献调查法是在第一手资料难以得到或不够用时，通过组织内部或外部的文献资料分析所要调查问题的方法。它是公共关系调查中比较常用的一种方法，主要通过第二手资料来收集信息，了解情况。第二手资料主要包括出版物、政府或社团档案等。出版物包括公开出版的杂志、报纸和内部发行简报、内刊等印刷材料，这类文献数量多、易于查找，但材料中不可避免地渗入了作者的个人观念，使用时要注意甄别。政府和社团的档案包括文件、统计资料、会议记录、大事记等，这类文献真实可靠，价值较大，但不容易得到，有时不能公开引用。

文献调查法对文献资料的研究一般分四个步骤进行：首先是资料的收集；其次是建立文献分类检索系统；再次是资料储存；最后进行检索，分析研究资料。分析研究资料是对资料进行纵向和横向分析研究，分清问题产生的原因、解决问题的条件和因素，提出建议和措施。

本章训练题

一、单项选择题

1. 实验法的本质特点在于它的(　　)。

A. 实践性　　B. 客观性　　C. 动态性　　D. 综合性

2. 能够较为直观地显示组织自我形象与实际形象之间差距的是(　　)。

A. 组织形象要素差距图　　B. 组织形象要素调查表

C. 组织形象地位四象限图　　D. 组织形象知名度调查表

3. 小刘想对Z市人口居住情况进行一个调查，他把Z市随机地分成了几个情况相似的区域，然后从中选取了10个区域并对这些区域的家庭情况进行了全面的调查。在这个例子中，小刘运用的是(　　)。

A. 分层随机抽样　　B. 分群随机抽样　　C. 判断抽样　　D. 整群随机抽样

4. 能体现总体中每个子体的机会完全相等的抽样方法是(　　)。

A. 简单随机抽样法　　B. 系统随机抽样法　　C. 分层随机抽样法　　D. 分群随机抽样法

5. 关于间接资料，下列说法中不正确的是(　　)。

A. 是未经加工的资料

B. 一般是以文字、图像等书面形式表达的资料

C. 获得成本低

D. 需要一步加工处理后，才能提高其使用率

6. 根据市场调查的实践经验，市场调查的首选是(　　)。

A. 文案调查　　B. 实地调查　　C. 面谈调查　　D. 邮寄调查

7. 问卷法一般是(　　)。

A. 直接调查　　B. 间接调查　　C. 口头调查　　D. 非标准化调查

8. 当调查范围小而且调查项目比较复杂时,比较适宜的调查方法是(　　)。

A. 文案调查法　　B. 电话调查法　　C. 入户面访法　　D. 邮寄调查法

9. 下列选项中,属于观察法的缺点是(　　)。

A. 直接可靠　　B. 适用性强　　C. 简便易行　　D. 受时空限制

10. 下列市场调查方法中,不属于观察法的是(　　)。

A. 参加商品博览会　　B. 商场安装摄像机记录顾客购物行为

C. 参加展销会　　D. 询问商场营业员商品销售情况

二、多项选择题

1. 第一手资料是通过实地调查获取的,实地调查的方法有(　　)。

A. 访问法　　B. 观察法　　C. 实验法　　D. 测量法

2. 市场调查方案的内容包括(　　)。

A. 前言部分

B. 市场调查课题的目的和意义

C. 市场调查课题的内容和范围

D. 市场调查将采用的方法

E. 课题的研究进度和有关经费开支预算

3. 市场调查收集资料的基本方法有(　　)。

A. 访问法　　B. 观察法　　C. 实验法　　D. 文献调查法

E. 时间序列法

4. 在具体调查中选择哪种调查方法时,作为取舍的根据为(　　)。

A. 调查的项目　　B. 收集资料的费用　　C. 资料的来源　　D. 时间紧迫程度

E. 调查方法的管理

5. 第一手资料是通过实地调查获取的,实地调查的方法有(　　)。

A. 访问法　　B. 观察法　　C. 实验法　　D. 测量法

6. 面谈调查的主要缺陷是(　　)。

A. 费用高　　B. 范围大　　C. 问卷回收率低　　D. 时间长

E. 效率高

7. 邮寄调查具有的优点是(　　)。

A. 成本低　　B. 不受空间限制　　C. 应用广泛　　D. 回收率高

8. 随机对比实验的调查方法的优点是(　　)。

A. 能够预算实验误差　　B. 可以提高实验结果的可靠性

C. 可以节省分析过程和时间　　D. 费用开支小

E. 应用中花费时间短

9. 统计表由(　　)部分构成。

A. 总标题　　B. 横行标题　　C. 纵栏标题　　D. 数字资料

10. 在各种平均指标中,不受极端值影响的平均指标是(　　)。

A. 算术平均数　　B. 调和平均数　　C. 中位数　　D. 几何平均数

E. 众数

三、判断题

1. 与其他调查方法比较，文献调查法能够超越时空条件的限制，获得其他方法所不能获得的信息。（　）
2. 在公关调查中，随机抽样法是一种准备率高，但又省时、省力、省钱的好方法。（　）
3. 组织的自我期待形象，是一个组织自我希望具有的社会形象。（　）
4. 开放式问卷的特点是答案比较规范，公众回答方便，结果便于定量分析。（　）

四、简答题

1. 什么是公共关系调查？公共关系调查的内容包括什么？
2. 简述公共关系调查的程序。
3. 进行公共关系调查时要遵循哪些原则？
4. 常用的公共关系调查方法有哪些？
5. 问卷调查法的优缺点是什么？

五、案例分析题

长城饭店日常的调查研究

长城饭店日常的调查研究通常由以下几个方面组成：

一、日调查

（一）问卷调查

每天将表放在客房内，表中的项目包括客人对饭店的总体评价、对十几个类别的服务质量评价、对服务员的服务态度评价，以及是否加入喜来登俱乐部和客人的游历情况等。

（二）接待投诉

几位客务经理24小时轮班在大厅内接待客人反映情况，随时随地帮助客人处理难题、受理投诉、解答各种问题。

二、月调查

（一）顾客态度调查

每天向客人发送喜来登集团在全球统一使用的调查问卷，每日收回，月底集中寄到喜来登集团总部，进行全球性综合分析，并在全球范围内进行季度评比。根据量化分析，对全球最好的喜来登饭店和进步最快的饭店给予奖励。

（二）市场调查

前台经理与在京各大饭店的前台经理每月交流一次游客情况，互通情报，共同分析本地区的形势。

三、半年调查

喜来登总部每半年召开一次世界范围内的全球旅游情况会，其所属的各饭店的销售经理从世界各地带来大量的信息，相互交流、研究，使每个饭店都能了解世界旅游形势，站在全球的角度商议经营方针。

这种系统的全方位调研制度，宏观上可以使饭店决策者高瞻远瞩地了解全世界旅游业的形势，进而可以了解本地区的行情；微观上可以了解本店每个岗位、每项服务及每个员工工作的情况，从而使他们的决策有的放矢。

综合调查表明，任何一家饭店，光有较高的知名度是远远不够的，要想保持较高的“回头率”，主要是靠优质服务，使客人满意。怎样才能使客人满意呢？经过调查研究和策划，喜来登集团面对竞争提出了“宾至如归方案”。计划中提出在3个月内对长城饭店上至总经理，下至一般服务员进行强化培训，不准请假，合格者发证上岗。在每人每年100美元培训费的基础上另设奖金，奖励先进。其宗旨就是向宾客提供满意的服务，使他们有宾至如归的感觉。

随着这一方案的推行，饭店的服务水平又有了新的提高。

（资料来源：baike. baidu. com）

【问题】

1. 长城饭店靠什么赢得了顾客，赢得了市场？
2. 长城饭店在公共关系调查方面对我们有何启示？
3. 如果你是一位总经理，你认为还应从哪些方面来做好日常的公共关系工作？

第七章

公共关系策划

学习要点及目标

1. 理解公共关系策划的含义；
2. 掌握公共关系策划的模式；
3. 理解掌握公共关系策划的一般程序；
4. 掌握公共关系策划的原则及方法；
5. 熟练掌握公共关系活动策划的方法；
6. 学会编写公共关系策划书。

核心概念

公共关系策划　公共关系活动模式　公共关系策划方案

引导案例

像素种子年度品牌推广传播方案

一、项目背景

2017 年 4 月，面对发展黄金期产业对人才等资源的急切需求，像素种子应运而生。背靠手握影游双擎的完美世界集团，像素种子占领了中国数字艺术创作型精英人才孵化地的定位，致力于在游戏、动漫、影视等领域培养设计、研发、运营等高端人才。此次项目为完美世界旗下教育板块的新兴数字艺术教育品牌像素种子铺设的 2017 年至 2018 年营销传播方案。

二、项目调研

在调研过程中，发现像素种子的目标消费者多为北京数字艺术相关专业在读、第二、三梯队院校出身的学生，他们已有相关技能，而并不顶尖的背景导致其发展存在天花板，但依旧热爱行业，想要以其为职业目标。这类学生有两个显著特点：一是迫切需要更好的平台来提高技能，锻炼相关能力；二是需要做出展现自己水平的作品，但受制于能力、资源、理念等条件无法实现。看似能够满足他们需求的两类机构，现有数字艺术教育品牌及高校相关专业皆在不同方面有所不足。在这种情况下，像素种子以其专业、资源、硬件和大量合作优势，成为产业中冉冉升起的一颗新星。

三、项目策划

根据对像素种子所在行业的机会与威胁及其自有优劣势的分析，策划团队铺设了其营销传播的战略矩阵，并根据各情况下的战略提取出像素种子在年度传播过程中的信息架构，为像素种子设计出品牌定位——“中国数字艺术教育行业的耕耘者”，以及传播活动的核心信息——“让每一个潜力创想在沃土发芽”。

选择的传播方法如下：

(1)分众分渠道，全网覆盖传播；

(2)作为行业权威专家，用内容吸引流量；

(3)建立深层情感和精神联系。

主要传播渠道包括：

(1)大众媒体对重要传播节点持续大型报道，以及为一般传播活动保持曝光量；

(2)垂直行业媒体用于纪录片头版推广、各活动深度报道、持续品牌形象塑造；

(3)业内 KOL(Key Opinion Leader，关键意见领袖)用于各活动及传播物料推广，以及直播及线下活动参与。

四、项目执行

(一)重点传播战役

(1)拍摄并传播像素种子学员成长连续纪录片，以该形式进行首轮的品牌宣传，同时以学员的经历和“大 V”(指经过个人认证并拥有众多粉丝的微博用户。——编者注)的出场为内容吸引受众注意力，提升像素种子学院的知名度，突出“通过教育浇灌希望与梦想”的核心理念。

(2)独家赞助中国独立游戏嘉年华，在 2018 年 4—7 月举办中国独立游戏设计大赛。像素种子学院联合中国独立游戏联盟进行全国高校动员宣讲会，并独家赞助、冠名比赛活动，由鲜师天团导师担任比赛评委提供专业的评价和指导。

(3)与“高高手”“自化”等线上数字艺术教育平台合作，在平台推出部分免费的、由像素种子制作的精品课程，推出置顶广告以增加“像素种子”的曝光度。

(4)推出高校学生进修计划，通过海外名企名校放学实习及 30 天封闭实战工作坊两大短期培养方式，辅以大量前期深入宣讲及后期项目深度报道。

(二)年度长期传播

(1)联合权威第三方咨询公司或行业研究公司发布数字艺术及数字艺术教育产业报告，为学员及其家长解答就业方向的疑惑，给受众以信心和明晰的发展方向指导。

(2)与中国国际数码互动娱乐展览会(China Joy)合作举办数字艺术作品展，展品为像素种子学院第一期学员的作品，学生在展会与观众互动，借助中国最大的数字互动娱乐展会扩大品牌认知。

(3)利用完美世界自有院线，在《魁拔 4》《大圣归来 2》等视效电影前播放贴片广告，宣传像素种子的核心理念。

(4)邀请“大 V”参观像素种子学院，体验里面的先进设备和技术应用过程，同时进行微博直播，扩大影响力。

(资料来源：《国际公关》，2017 年第 6 期)

公共关系策划是开展公共关系工作的第二步，是公共关系工作中一个非常重要的环节。公共关系策划是在公共关系调查研究的基础之上，对组织的公共关系工作进行的谋划，以此来开展相应的公共关系活动，并提出评估公共关系活动的指标。因此，公共关系策划的好坏，直接影响公共关系成功与否，同时也影响着组织的生存与发展。

第一节　公共关系策划概述

一、公共关系策划的含义

公共关系策划是社会组织为实现公共关系目标对公共关系活动的性质、内容、形式和行动方案进行谋划与设计的思维过程。公共关系策划是一个科学的谋划、构思和设计最佳方案的过程。

公共关系策划在公共关系工作程序中处于核心地位。通过公共关系策划,能更好地利用组织现有的资源,发挥其优势,更易于公共关系目标的实现。策划是社会组织树立形象,提高知名度、美誉度、信誉度,从而提高竞争力的重要手段。

二、公共关系策划的意义

公共关系工作的实质就是对组织进行形象管理,而公共关系策划对组织形象管理有着十分重要的作用和意义。

(一)增强组织形象管理的有效性

信息社会,任何组织的环境和公众态度都处在不断的变化之中,组织在公众中的形象也会不断变化。因此,组织要求得生存与发展,就必须不断开展公共关系活动,无疑,公共关系活动的有效性十分重要。而科学的公共关系策划思想与方法可以帮助组织恰当地设计、选择公共关系活动方案,在策划过程中考虑各种因素,运用各种有利资源,对每个环节做出安排,这必将提高公共关系活动的成功率。“运筹帷幄之中,决胜千里之外”“先谋后事者昌”“凡事预则立,不预则废”都是策划有效性的表现。

(二)增强组织形象管理的目的性

组织的公共关系目的是建立在公关调研基础之上的,而策划则紧紧围绕公共关系目标而制定、进行,传播实施又紧紧围绕策划方案展开,环环相扣,始终目的明确。所以,公共关系策划可以增强形象管理的目的性。公共关系策划首要的问题就是寻找组织形象存在的问题,以确定工作目标,进而不断建设、完善、提高组织形象地位,公共关系策划使公共关系活动不会无的放矢。

(三)增强组织形象管理的计划性

公共关系是一项系统工程,有长期目标、短期目标,通过公共关系策划,可以为整个公共关系工作拟定一个实施策划,再为每一个目标制定出具体的实施计划,对工作的各个方面、各个环节做一个统一安排,从而极大地增强了计划性。一个目标清晰、任务明确、计划周密的行动,其成功的把握性会大大增强。

三、公共关系策划的价值

(一)公共关系策划属于公关活动中最高的层次

公关活动可分为三个层次,即初级公关活动,如布置、召集一般会议和公关日常工作;中级公关活动,如赞助、广告、问卷、信息收集、刊物编审、员工培训等;高级公关活动,是创造意识、创新思维、施展才华的广阔天地,这种策划可以用于树立公共关系形象、内部公关、危机处理、品牌战略等各个方面，可以面对任何目标公众。

(二)公共关系策划是公共关系价值的集中体现

公关活动是一个连续不断的过程，在许多重要的情况下，没有公共关系策划必然会使企业丧失先机，有时，科学的、优秀的策划所带来的效果无法估量。

(三)公共关系策划是公关运作中的飞跃

大量的调研工作、基础工作，都将通过策划加以提炼和升华。社会组织如果要设计出新的形象，并想把新的形象传播到公众心目中去，就需要一系列从无到有、从旧到新、从分散到系统的形象塑造过程，不经过飞跃，组织的公关目标就无法实现。

(四)公共关系策划是公共关系竞争的法宝

公关竞争就是形象的竞争，更是智慧的竞争。有思路才能有出路，但是思路从哪里来呢？这就需要科学的策划，无论是形象定位，还是品牌战略，都是如此。

四、公共关系活动模式

公共关系策划，最终要以一定的活动模式来呈现。所谓的公共关系活动模式，就是有一定的公共关系目标和任务以及由此所决定的若干技巧和方法所构成的，具有某种特定公共关系功能的工作方法系统。其模式类型有：

(一)建设型公共关系

建设型公共关系是社会组织初创时期或新产品、新服务首次推出时期，为开创新局面进行的公共关系活动模式。目的在于提高知名度和美誉度，形成良好的第一印象，或使社会公众对组织及产品有一种新的兴趣，形成一种新的感觉，直接推动组织事业的发展。在宣传策略上，建设型公共关系的重点应放在“新”上，以崭新的姿态、崭新的形象出现在公众面前，给人以新鲜感、新奇感，以新取胜，以新博得公众的好感。

建设型公共关系的活动内容主要包括：主动向社会公众介绍情况，举办大型的公关活动，向社会征集企业名称、徽标，以及向社会招聘高级人才等。

建设型公共关系采用的方法，一般有开业广告、开业庆典、新产品试销、新服务介绍、新产品发布会、免费试用、免费品尝、免费招待参观、开业折价酬宾、赠送宣传品、主动参加社区活动等。

(二)维系型公共关系

维系型公共关系是指社会组织在稳定发展期间，用来巩固其良好形象的公共关系活动模式。目的是通过不间断的、持续的公关活动，巩固、维持与公众的良好关系和组织形象，使组织的良好印象始终保留在公众的记忆中。其做法是通过各种渠道和采用各种方式持续不断地向社会公众传递组织的各种信息，使公众在不知不觉中成为组织的顺意公众。

维系型公共关系是针对公众心理特征而精心设计的，具体可分为“硬维系”“软维系”两种形式。

1.“硬维系”公共关系

“硬维系”是一如既往，即指那些维系目标明确、组织与公众都能理解意图的维系活动，如向老顾客发优惠卡、纪念品，甚至免费提供商品或服务，通过各种优惠服务和感情联络，来维系已经与组织建立了良好关系的公众。

2.“软维系”公共关系

“软维系”是含而不露，即指那些维系目标不甚明确，带有较强公益和奉献色彩的维系活动，如组织的禁止吸烟、保护环境、注意交通安全的公益广告，向公众免费赠送带有组织信息的生活日用小商品，或举办商品使用讲座等。通过这些平淡无奇的活动，不露声色地维系和发展已建立起来的公共关系。这些活动既无大张旗鼓的声势，也无气氛热烈的场面，犹如春天的细雨，“随风潜入夜，润物细无声”，能起到大规模公关活动所起不到的作用，所以被形容为“不战而胜”。

(三)防御型公共关系

防御型公共关系是指社会组织为防止自身的公共关系失调而采取的一种公共关系活动方式。预防的目的是在组织与公众之间出现摩擦苗头的时候，及时调整组织的政策和行为，铲除摩擦苗头，始终将与公众的关系控制在期望的轨道上。

防御型公共关系的特点，在于确切地了解自身组织的公共关系现状，敏锐地发现其失调的预兆和症状，针对失调采取对策，及时消除隐患，同时进一步促使其向有利于良好的公共关系状态方面转化，因此特别适用于组织发展过程中的战略决策，是战略型领导者最重视的公共关系活动之一。

(四)矫正型公共关系

矫正型公共关系是指社会组织在遇到问题与危机、公共关系严重失调、组织形象受到损害时，为了扭转公众对组织的不良印象或已经出现的不利局面而开展的公共关系活动。其目的是对严重受损的组织形象及时纠偏、矫正，挽回不良影响，转危为安，重新树立组织的良好形象。其特点是“及时”：及时发现问题，及时纠正问题，及时改善不良形象。通常的处理方法为：查明原因，澄清事实，知错就改，恢复信任，重修形象。

(五)进攻型公共关系

进攻型公共关系，是指社会组织采取主动出击的方式来树立和维护良好形象的公共关系活动模式。当组织需要拓展(一般在组织的成长期)，或预定目标与所处环境发生冲突时，主动发起公关攻势，以攻为守，及时调整决策和行为，积极地去改善环境，以减少或消除冲突的因素，并保证预定目标的实现，从而树立和维护良好形象。这种模式，适用于组织与外部环境的矛盾冲突已成为现实，而实际条件有利于组织的时候。其特点是抓住一切有利时机，利用一切可利用的条件、手段，以主动姿态开展公共关系活动。

(六)宣传型公共关系

宣传型公共关系是运用大众传播媒介和内部沟通方法开展宣传工作，树立良好组织形象的公共关系活动模式。其目的是广泛发布和传播信息，让公众了解组织，以获得更多的支持。主要做法是：利用各种传播媒介和交流方式，进行内外传播，让各类公众充分了解组织，支持组织，从而形成有利于组织发展的社会舆论，使组织获得更多的支持者和合作者，达到促进组织发展的目的。其特点是：主导性强，时效性强，传播面广，快速推广组织形象。根据宣传对象的不同，具体又可分为对内宣传和对外宣传。

1. 对内宣传

对内宣传是公共关系人员最经常进行的工作之一，它的主要对象就是组织的内部公众，如员工、股东等。宣传的目的是让内部公众及时、准确地了解与组织有关的各方面信息，如组织的现行方针和决策、组织各部门的工作情况、组织的发展成就或困难和挫折、组织正在采取的行动和措施、外界公众对组织的评价，以及外部社会环境的变化对组织的影响等，以鼓舞士气，取得内部公众的谅解和支持，做到上下一心，增强凝聚力，形成统一的价值观和企业精神。宣传可采用多种形式和手段，如内部刊物、黑板报、图片宣传栏、宣传窗、员工手册、广播、闭路电视、全体大会、演讲会、座谈会、讨论会、表彰颁奖会、专门恳谈会等。对于内部的特殊公众——股东，采用年终总结报告、季度报告、股东刊物、股东通讯、财务状况通告等形式进行宣传。

2. 对外宣传

对外宣传的对象包括与组织机构有关的一切外部公众，目的是让他们迅速获得对本组织有利的信息，形成良好的舆论。对外宣传主要运用大众传播媒介，其表现形式有两种：一种是公关广告。一个组织可以把它的形象塑造作为广告的中心内容，宣传组织的管理经验、经济效益、社会效益和已经获得的社会声誉等。另一种是新闻宣传，即通过新闻机构和记者这类第三者的身份传播企业信息，树立良好形象。广告宣传虽有传播效应，是企业常用的宣传方式，但费用高，可信度有局限性。新闻宣传可信度高，比较客观，容易为公众接受，且不用花钱。但其前提条件是事件必须要有“新闻价值”。对组织来说，应尽量争取通过新闻宣传来提高组织形象，具体有两种基本方法：一是善于发现组织中具有新闻价值的事件，及时提供给新闻媒体；二是要巧借媒介来“制造新闻”。

【案例 7－1】

张一元的品牌宣传推广

张一元作为北京老字号中连锁经营较为成功的品牌之一，面对当前的市场环境和社会环境，在茶叶产品和经销市场深挖品牌文化传承和创新传播方式，为北京老字号的发展提供了经验积累。

2008 年，张一元作为北京奥运村中国茶艺室的独立运营商，张一元茉莉花茶先后接待了一百五十余个国家、一万多名国际友人，通过 150 场茶舞表演、180 场茶艺表演和以张一元精品茉莉花茶为代表的上百种茶品，让世界更多地了解中国茶文化。

2009 年，张一元茉莉花茶入选“中国世博十大名茶”，并成为 2010 年“上海世博会联合国馆指定用茶”，成为唯一获此殊荣的花茶品牌。上海世博会期间，许多联合国官员和中外贵宾来到张一元的展位参观、品茶，对张一元的茉莉茶香赞不绝口。与此同时，张一元还在国外举办多场宣传推介会，进一步将中国茶推向世界。

张一元为了更好地发扬中国传统文化，举办了张一元 2008 首届清明民俗节，开展了一系列的以清明节为主题的相关活动。2011 年 8 月份，张一元举办了以“花茶领群香 · 中国张一元”为主题的“张一元 · 首届中国茉莉花茶节”，节日期间，张一元茉莉花茶举办了多种具有亮点、新意的活动。之后又陆续开展了以元旦、春节、端午节、中秋、国庆节等中国传统节日为主题的茶文化活动，形成了具有茶文化特色的张一元四大民俗风情节，不断传播着中国茶文化，让世界进一步了解中国茶文化。

作为中国茶的代表，张一元先后服务于 2008 年北京奥运会、2010 年上海世博会和 2015 年米兰世博会，让中国茶载入了奥运世博史册，让中国茶在国际舞台绽放，也让自己的品牌在世界范围内得以宣传推广。

（资料来源：《公关世界》，2017 年第 11 期）

（七）交际型公共关系

交际型公共关系是在人际交往中开展公共关系工作的一种模式，是指以人际接触为手段，与公众进行协调沟通，为组织广结良缘的公共关系活动。它的目的是通过人与人的直接接触，进行感情上的联络，为组织广结良缘，建立广泛的社会关系网络，形成有利于组织发展的人际环境。所以，交际型公共关系活动实施的重心是：创造或增进直接接触的机会，加强感情的交流。它的特点在于：(1)灵活性。即利用面对面交流的有利时机，充分施展公共关系人员的交际才能，达到有效沟通和广结良缘的目的。(2)人情味强。以“感情输出”的方式，加强与沟通对象之间的情感交流。一旦建立了真正的感情联系，往往会相当牢固，甚至超越时空的限制。交际型公共关系活动可以分为团体交往和个人交往。团体交往包括招待会、座谈会、工作午餐会、宴会、茶话会、联谊会、现场参观团队、考察团、团拜和慰问等。个人交往有交谈、上门拜访、祝贺、信件往来、个别参观、定期联络、问候等。

【案例 7—2】

吉拉德的明信片

乔·吉拉德是美国最出色的汽车推销员，多年来他推销的新车数量居美国推销人员之首。其成功的秘诀何在呢？按吉拉德本人的说法是：“真正的推销工作开始于把商品推销出去以后，而不是在此之前。”他说：“买主还没走出我们商店的大门，我的儿子已经把一封感谢信写好了。”“当顾客把汽车送回来修理时，我就尽一切努力使他的汽车得到最好的维修，你得像医生那样，他的汽车出了毛病，你就要为他担忧。”顾客们非常喜欢吉拉德给他们寄去的卡片，卡片的内容随时间、季节的变化而变化。他每月几乎要发出 13 000 张明信片，通过这些明信片，与顾客保持长期联系，了解他们的希望、要求和不满，为他们提供各种各样的帮助。

吉拉德的这种交际方式充满着人情味，所以他与顾客的关系十分融洽，这能使他随时把握顾客的“消费脉搏”，为他在今后的推销活动中提供更适合顾客所需的服务创造条件。

（资料来源：zhidao. baidu. com）

交际型公共关系具有直接、灵活的特征，是公共关系活动中应用最多、极为有效的一种模式。不过，在开展交际工作时，应该坚持公共关系的原则，不能使用不正当的手段，如欺骗、贿赂等。还应明确社会交际只是公共关系的一种手段，绝不是公共关系的目的，也不要把私人间的一切交际活动都混同于公共关系。

(八)服务型公共关系

服务型公共关系是一种以提供优质服务为主要手段的公共关系活动模式，其目的是以实际行动来获取社会的了解和好评，建立自己良好的形象。对于一个企业或者社会组织来说，要想获得良好的社会形象，宣传固然重要，但更重要的还在于自己的工作，在于自己为公众服务的程度和水平。所谓“公共关系就是百分之九十要靠自己做好”，其含义即在于此。组织应依靠向公众提供实在、优惠、优质的服务来开展公共关系，获得公众的美誉度，离开了优良的服务，再好的宣传也必将是徒劳的。例如，上海航空公司的“六心级”服务，即订座取票省心、候机登机顺心、空中服务舒心、个性服务称心、特殊照顾贴心、货物托运放心，便是典型的服务型公共关系。

(九)社会型公共关系

社会型公共关系是组织通过举办各种社会性、公益性、赞助性的活动，来塑造良好组织形象的模式。它实施的重点是突出活动的公益性特点，为组织塑造一种关心社会、关爱他人的良好形象。目的是通过积极的社会活动，扩大组织的社会影响，提高其社会声誉，赢得公众的支持。社会型公共关系的特征是：公益性、文化性、社会性、宣传性。实践证明：经过精心策划的社会型公共关系活动，往往可以在较长的时间内发挥作用，潜移默化地加深公众对组织的美好印象，其效果要优越于单纯的商业广告。可采用的形式有两种：

1. 以组织机构本身具有社会影响的项目为中心

这种场合的公共关系活动是“自己搭台，自己唱戏”，如利用开业大典、竣工仪式、周年活动、组织内部重大事件、节庆吉日等机会，邀请各界宾客、社会公众共同参加庆祝活动，渲染喜庆气氛，借庆典活动，同各界人士广交朋友，扩大自己的社会影响。

2. 以组织所处的社区或有关组织的重要节目为中心

这种条件下的公共关系活动是“外人搭台，自己唱戏”，一般是利用社会上的传统节日、民俗、具有社会影响力的公益事业、相关组织的重要活动等机会，积极参与，以此来树立自身的形象。

(十)征询型公共关系

征询型公共关系是以采集社会信息为主、掌握社会发展趋势的公共关系活动模式。其目的是通过信息采集、舆论调查、民意测验等工作，加强双向沟通，使组织了解社会舆论、民意民情、消费趋势，为组织的经营管理决策提供背景信息服务，使组织行为尽可能地与国家的总体利益、市场发展趋势以及民情民意一致；同时，也向公众传播或暗示组织意图，使公众印象更加深刻。征询型公共关系活动实施的重心在于操作上的科学性以及实施过程中的精细和诚意。具体的实施过程是：当组织进行一项工作后就要设法了解社会公众对这项工作的反应。经过征询，将了解到的公众意见进行分类整理加以分析研究，然后提出改进工作的方案，直至满足公众的愿望为止。

征询型公共关系的工作方式有：产品试销调查，产品销售调查，市场调查；访问重要用户，访问供应商，访问经销商；征询使用意见，鼓励职工提合理化建议；开展各种咨询业务，建立信访制度和相应的接待机构，设立监督电话，处理举报和投诉等。例如，著名的美国通用汽车公司雪佛莱部的车主关系部专门建立了特别用户名册，它任意抽选雪佛莱用户共 1 200 名，聘为用户顾问，分客车和卡车两部分，公司以定期函件联系，征询他们对雪佛莱的产品及服务的意见，并将这些意见提供给公司的业务部门，作为改进与车主关系的指导。

第二节　公共关系策划的一般程序

一、确定公共关系策划目标

公共关系目标是组织在一定时期内公共关系工作所要达到的目的以及衡量这一目的是否达到的具体指标，而公共关系策划目标是组织通过公共关系活动的实施所希望达到的形象状态和理想标准。确定公共关系策划目标是科学开展策划工作的重要一步，它既指导公共关系活动的开展，又是评估组织公共关系具体活动方案实施效果的标准。公共关系目标的确定可以是定量的，也可以是定性的；可以规定时间，也可以规定责任，但一定要具体、明确。

(一)公共关系策划目标的分类

1. 按照策划目标的时间长短划分

公共关系策划目标可以分为长期目标和短期目标。长期目标涉及组织的长远发展，时限一般为 5 年或更长；短期目标是长期目标的具体化，旨在适应组织短期内的需要，并为长期目标服务。

2. 按照策划目标的性质划分

公共关系策划目标可以分为战略目标和战术目标。战略目标是组织公共关系的总体目标,是全局性和长期性的安排。战术目标是组织局部的、短期的或是应对特殊情况而制定的目标。

3. 按照策划目标的功能定位划分

公共关系策划目标可以分为以传播信息为公共关系目标、以联络感情为公共关系目标、以改变态度为公共关系目标、以引导行为为公共关系目标。

(二)公共关系策划目标的内容

当目标确定之后,所有的工作都要以目标为核心,无论是开展公共关系策划,制定具体方案,还是将方案付诸实施,对公共关系效果进行评价,都要围绕既定的目标进行。公共关系目标是一个复杂的目标系统,其内容可以包括:

(1)提高组织的知名度、信任度和美誉度。

(2)使组织与公众保持沟通,并完善其渠道;

(3)依据社会环境的变化趋势,调整组织的行动;

(4)妥善处理公关活动中的纠纷,化险为夷;

(5)帮助企业提高产品及服务的市场占有率等。

(三)公共关系策划目标的要求

公共关系策划的目标是组织公共关系活动的导向,在确定目标时要注意以下事项:

1. 公共关系目标应与组织的整体目标相一致

公共关系人员在策划目标时,应有全局观念,通盘考虑,使该项公共关系活动方案不仅要实现该项活动的特定目标,而且要有助于在公众中不断完善和提高组织整体形象。

2. 公共关系目标应有一定的灵活性

公共关系目标是组织为完善、提高在社会公众中的形象而努力的整体目标,必须具有一定的稳定性。但在保持相对稳定的前提下,也要有一定的灵活性,要使目标随组织内部和外部环境的变化而具有调整的灵活性。

3. 公共关系目标应按重要程度和执行的先后顺序排列

按重要程度和执行的先后顺序排列公共关系目标,有助于按轻重缓急分别实施。

4. 公共关系活动目标应尽可能具体化

对每一个目标应尽可能分解为若干更为具体的小目标,同时对每个小目标都应有具体规定和定量指标,并指明完成的时间期限。

二、分析策划目标的对象公众

确定与组织有关的公众即确定目标公众。这就应选择与本组织的信念和发展利益相同、相近,或利益关系特别重要的公众作为目标公众。因为他们对组织的支持和信赖程度直接关系到组织的生存和发展,因而应考虑他们的权利和要求。这就需要作必要的公众分析研究。

在进行公共关系策划时,对目标公众的分析应包括以下内容:

(1)目标公众分属于哪些不同的社会组织和社会群体?他们居住在什么地方?他们当中谁是意见领袖?

(2)目标公众的共同利益要求及特殊利益要求是什么?

(3)目标公众习惯读什么书刊？喜欢收看什么电视节目及收听哪些广播节目？

(4)目标公众对本组织的看法如何？他们对本组织感兴趣的原因是什么？

(5)目标公众与本组织目前的关系如何？

对这些问题分析得越透彻，公共关系目标就越有针对性，策划就越有可行性。

三、制定公共关系策划方案

制定公共关系策划方案是及时将公共关系活动的运行程序和运行手段进行选择与确定的过程，是寻找公共关系目标并使之得以实现的过程。在制定具体方案的过程中，要采用多种方法进行思考与创意，以保证提出的方案富有新意、具体可行，能够实施顺畅，达到预期的效果。有时可以根据可行性与现实性，制定出多种可供选择的方案。制定公共关系策划方案是组织公共关系活动策划的中心，主要包括设计活动主题、选择传播媒介、选定公共关系活动模式、预算活动经费和完善审定方案等几个环节。

(一)设计活动主题

公共关系活动主题是对公共关系活动内容的高度概括，对整个公共关系活动起着主导作用，是贯穿整个活动过程的主线和核心，是公共关系活动目标的具体化。公共关系活动的主题有多种表现形式，可以是一个口号，也可以是一个简单的陈述。设计公共关系活动的主题要做到以下几点：

1. 针对性强，充分体现活动目标

公关活动主题必须与组织的公共关系目标保持一致，主题必须服务于目标。偏离目标的主题，会给公众造成错觉，从而起到误导的作用，因此策划者对此一定要慎重。

2. 独特新颖，有鲜明的个性

在传播技术长足发展，各种信息扑面而来的当今社会，没有个性的信息如同过眼烟云，不会给人留下深刻的印象。只有通过主题将策划对象的信息个性体现出来，使其新颖独特，才能产生强烈的感召力和巨大的影响力。

3. 形象生动，适合公众心理需求，可亲可信

公关活动主题要能真正打动公众的心扉，切中公众的心愿，但同时还要注意其可信性，一味地哗众取宠、迎合低级趣味的主题是要不得的。

4. 简明扼要，易于理解、记忆和传播

心理学的研究表明，人们对评议的记忆，其音节在 16 个以下的为最佳效果，超过 16 个音节便容易产生排斥心理。因此，主题的表述必须通俗易懂、简短凝练，以期为公众所理解和接受。例如，美国得克萨斯州奥斯汀市的一家“良愿”旧货店，扩大和改建之后，在重新开张之前，他们设计了为期 3 天的庆祝开张活动，主题是“再看一眼”，获得了顾客的青睐，使公关活动空前成功。

(二)选择传播媒介

公共关系活动是一种传播活动，必须选择适当的传播媒介，建立起组织与公众进行信息交流的最佳渠道和最佳方式，保证组织与公众有效地进行双向沟通。不同媒介的权威性、客观性、公共性、技巧性、人情味的差异会对传播活动的影响力有很大的影响，所以公共关系人员在传播活动开始之前必须进行精心的策划和选择。

(三)选定公共关系活动模式

公关活动模式有明显的针对性，一种模式往往只适用于特定的目标和任务。在组织公关

策划中，选择公关活动模式时，绝不能生搬硬套，而应根据企业的特点和特定要素，科学地选择。可供选择的公关活动模式主要有两大类 10 种形式，即上一节介绍的战略型公共关系活动模式和战术型公共关系活动模式。

（四）预算活动经费

公共关系活动经费预算包括行政开支和项目开支两部分。行政开支经费包括劳务工时报酬、设备设施费用、日常行政办公费用（如房租、水电费、电话费、办公费）等。项目开支经费包括传播媒介费用、实际活动费用、突发事件开支及机动费用等。编制组织公共关系活动预算的常用方法有：

1. 投资报酬法

投资报酬法就是把公共关系开支当作能获得报酬的投资，按投资报酬率来分配公共关系活动经费的方法。这种方法的优点是注重经济效益，但公共关系的效益常常是间接、长期、分散和无形的，难以确切进行计算。

2. 销售额比例法

销售额比例法是指组织按一定时期内的销售金额作为计划基数，抽取一定比例作为活动预算经费。这种方法简单易行、计算方便，但难以确定最佳比率，缺乏弹性，而且销售额本身在一定程度上也取决于公共关系活动投入的力度，出现了因果关系的倒置。

3. 项目目标作业法

项目目标作业法是指按活动目标和工作计划详细列出完成公共关系任务所需各项活动的经费，然后进行汇总。有时为了防止意外情况的发生，可在经费预算上适当留有余地的情况下，核定最后的预算金额。这种方法要求公共关系活动计划本身制定得合理，并充分考虑组织的财务状况。

4. 平均发展速度预测法

平均发展速度预测法是指运用历史资料计算出公共关系经费实际开支的发展速度，根据这一发展速度确定组织公共关系活动经费预算额度。这种方法可以保证组织的公共关系活动经费预算适应组织的发展，但对组织管理水平要求较高，要求组织有丰富的管理经验和科学的管理方法。

每种公共关系活动预算方法都有各自的优点和缺点，组织应该在实际的公共关系活动中，根据组织的情况和活动的特点来选择合适的预算方法。

（五）完善审定方案

完善审定方案是对策划的活动方案进行再分析、修改、完善和定稿的过程，是公共关系策划工作中的重要环节。策划方案的审定过程也就是方案的比较优化过程，即如何增加方案合理值的过程。方案的完善和优化一般要从强化方案的目的性、增强方案的可行性、降低耗费三个方面来考虑。

完善审定方案一般由组织领导、专家和具体工作人员通过咨询、答辩、论证等方式共同完成，一般应注意以下几个问题：

1. 目标的合理性

主要考察公共关系目标是否准确，目的是否明确，能否得到组织内、外部公众的理解和支持。

2. 方案的可行性

公共关系活动方案不仅要有利于实现组织的公共关系目标，还要考虑行动时机是否最佳，活动是否可行，能否抓住公众的心理、兴趣和需要。

3. 费用的合理性

公共关系活动费用应该与活动效果成正比，但我们经常会发现相同的投入却未必有相同的回报，所以公共关系策划人员要对活动方案的成本和效益进行认真的分析比较，实现资金的合理使用。

4. 问题的预防性

任何一项公共关系活动方案在实施过程中都有可能会遇到意想不到的情况和问题。公共关系策划人员在审定方案时，要从不同角度进行分析，提出可能遇到的情况和问题，并事先提出相应的预防和补救措施。

四、撰写公共关系策划书

策划人员在计划好方案之后，必须将方案的内容写成公共关系策划书，以便企业领导进行审批和下一步组织实施方案。从方案设计完毕到具体的实施，策划书是一个中介点。策划书的格式与内容通常包括：(1)活动主题；(2)活动目标；(3)活动基本程序；(4)传播与沟通方案；(5)经费预算；(6)效果预测。

【案例 7—3】

平顶山学院 40 周年校庆公关策划方案

一、活动背景

2017 年金秋时节，平顶山学院将迎来 40 年华诞，这是该学院发展史上的一个重要里程碑；学院决定筹备启动校庆工作是为了回顾学校 40 年的历史，展现 40 年的办学成就，展望美好的未来，扩大知名度，在与高等院校的竞争中占领优势，凝聚各方力量，推动学校全面、快速地发展为全国一流大学。

二、活动主题

总结办学经验，展示学校风采，增进校友之情，共谋发展前景。

三、活动目标

(1)扩大学校在社会的影响力，塑造良好的社会形象，提升社会的认知度与美誉度。

(2)营造出学校特有的丰富的文化氛围和学术风采，激发老师和学生的集体荣誉感和自豪感。

四、活动程序

为了推动平顶山学院教育事业，增强学校办学实力，同时为 40 周年校庆活动提供必要的财力、物力支持，要广泛动员社会关心支持教育的力量，共襄校庆盛举。制定捐赠办法，做好筹资规划，落实鸣谢措施。

(1)邀请领导、来宾、校友。

(2)编印(出版)校史、校友录、学术报告集。

(3)举办新闻发布会。

第一次新闻发布会定于 2017 年 7 月 1 日，在平顶山电视台举行，届时媒体将对学校办学 40 周年的消息向社会进行大范围的宣传报道；第二次新闻发布会将在近 9 月初举办，届时也将通过媒体把学校 40 周年校庆筹备的情况向社会公告，同时制定 40 周年校庆的一些活动类方案，如大型文艺汇演时间的通告。

(4)制作专题宣传片。

为了迎接校庆，一方面，挖掘学校历史辉煌及成就，另一方面，学校在条件允许的情况下，对校园文化进行添加和补充，同时还将学校文化建设进行统一的布置，力求突出发展成果及自我办学特色，做到能够以崭新的面貌迎接学校40周年的到来。

(5)开展一系列相关活动。

①委托电视台请专业人士制作学校校歌的MV，同时在媒体上推出学校的宣传纪录片。

②开展有关学校历史的征文及“我的母校”演讲活动。

③发动和号召届时到会的所有师生的签名活动，体现“母校情深”的统一，表达出“我以平顶山学院为荣”的自豪感。

④开展多样的绘画展、摄影展、书法展，构建“文化长廊”。

⑤组织文艺活动排练和师生活动布展，准备校庆文艺晚会活动。晚会尽可能邀请部分校友参与演出并把学校领导到各地参加庆祝活动的录像，穿插到文艺晚会中播出。

⑥开展校友座谈会。

⑦发动和组织广大校友，鼓励并引导各地校友会在当地各类媒体上刊登、播发各类祝贺母校40周年华诞消息报道或纪念文章，营造喜庆气氛，联系媒体参与进行跟踪报道并对活动实况进行录像和录音，同树平顶山学院40年名校卓越形象，共造平顶山学院40华诞喜庆气氛。

(6)起草校庆文稿，印制文字资料。

(7)登记接收礼品和钱物并进行展示。

(8)举行庆祝大会。

(9)组织各类校庆相关活动。

五、活动实施方案

(一)启动阶段

1. 成立筹备领导机构和工作机构

2. 研究确定校庆日和名称并在校内外开展营造迎校庆氛围的具体活动

(1)以“今天是你的生日——我的母校”为题举办主题征文活动，引起学生注意，使学生产生情感共鸣。

(2)以“我的老师”为主题开展形式多样的绘画展、摄影展、书法展，以此加强师生的情感交流。

(3)针对“平顶山学院40周年校庆”，面向校园开展校歌征集活动，目的是完善校园软件工程与开辟在校师生的参与途径，也用于创造校园文化的独特性。

(4)开展校徽征集活动，目的是完善学校的文化建设，使校徽成为师生的情感归属标志，体现学校在社会上的认识。

(5)以“母校，我为你骄傲”为题，举办庆祝平顶山学院40周年演讲活动，以突出校园40年来取得的成就和社会影响为主题。并将获奖作品编入校历。

3. 启动活动经费筹集工作

学校接受来自社会各界人士的捐赠，用于庆典活动和校园建设。

4. 研究确定规划项目和校园景观项目

5. 完成学校校庆筹备领导小组确定的其他任务

(二)筹备阶段

1. 学校内部公关活动

(1)建设各地校友联络点,编辑校友通讯簿,设立校友网站。

(2)编撰校史,并编印画册,同时将校史制成专题片。

(3)出版《校庆主刊》,让全校师生以及社会人士关注校庆。

(4)设计校庆宣传佳品,并作为嘉宾的赠送礼品,如精美时尚的手提袋、书签、皮制公文包、相册、挂历、保温杯等。

(5)开展校园环境美化、校舍整修工程,比如,图书馆、食堂等重修工程,完善绣山活动中心建设,李秀厅换新工程,以及校园绿化工程等。

(6)制定学术交流活动方案,设立校友论坛、高校论坛、专家论坛等。

(7)组织文艺活动排练。

(8)庆典会场的布置工作以及校区校园装扮工作。

2. 学校外部公关活动

(1)提前拟定邀请嘉宾单位及名单,如省、市、区领导,一些社会名流(体、影、歌星),国内著名学者,其他高校代表,往届校友(尤其是一些知名的老校友),优秀毕业生代表,海外人士,新闻人士,农高会组委会领导以及家长代表等,提前半个月至1个月将请柬送达被邀请人员手中,并在请柬上写明校庆活动的时间、地点、方式等具体事项。

(2)利用庆典活动,与更多的企业和单位交流接触,请他们参加40周年校庆活动,并向其推荐学生,扩大学校的就业渠道,提高学校的就业质量。

(3)大量宣传。争取新闻报道,通过报纸、电视、广播、杂志、网络等公布网址、联系人、联系方式等,并大力宣传平顶山学院,让更多的社会各界人士关注校庆活动。

(三)庆典阶段

1. 举行隆重而别有创意的开幕式

首先进行“奏国歌,升国旗”的仪式和检阅学校仪仗队;接着是“百人激情腰鼓”并伴有舞狮,随着最后两声的戛然而止,由校长宣布“平顶山学院校庆开幕式正式开始”,全场起立,高唱平顶山学院校歌;然后,学校领导、教师代表、知名老校友代表、社会各界代表、学生代表及家长代表上台发言。

2. 举行“平顶山学院40周年纪念章”颁发仪式

由学生代表以及校友代表为社会各界人士颁发。

3. 举行一场庄重而盛大的在校优秀生现场入党宣誓活动

4. 举办多台文艺演出活动

以不同的主题或不同的形式举办文艺演出活动,如以“奋斗”“腾飞”“辉煌”“梦想”等为主题的歌唱晚会、曲艺晚会、舞蹈晚会、校友联谊活动、师生共舞活动等。

六、经费预算

媒体宣传费用约60 000元,校庆各项活动筹办费用约8 000元,招待费用约10 000元,纪念品制作费用约1 000元,校园环境整饬费用约1 000元,合计80 000元。

七、效果评价

(一)准备充分

“凡事预则立,不预则废”在这次活动中得到了充分体现,正是因为有了翔实的考虑、周全的计划和充分的准备,这次活动才有了成功开展的前提。

(二)密切配合

多部门、多方面的积极协助和努力,是活动得以完成的保证。如在活动中得到了各大领导的支持与参与,并且调动了广大师生参与进来,宣传之后,也得到兄弟校的支持与他们的积极参与。

(三)分工具体,安排合理

在活动没有开始之前,负责人就已经将材料、任务合理分配,同时也注意到宣传组织及工作时间的协调。

(四)活动影响范围大

除了在校内做好庆典活动,同时将其扩展到整个省市教育行业。

(五)活动全面深入

从初期活动内容的确定到联系相关部门,宣传组织各年段的师生参与活动,一直到活动的全面开展及高质量的完成,后期总结讨论,充分做到了理论联系实际,并且升华了理论,提高了全体师生的认识。

(资料来源:max. book118. com)

第三节 公共关系策划的原则及方法

一、公共关系策划的原则

公共关系策划的原则是指导我们进行公共关系策划的思想基础和行为规范,是在公共关系工作实践中总结出来的实际经验。在公共关系工作中只有坚持这些原则,才能把公共关系工作做得更好。公共关系策划过程中应遵循的原则有:

(一)利益性原则

利益是公共关系策划和公共关系行为的原动力,可以刺激公众、激发公众,使公众萌发欲望冲动,形成利益关心和利益认识,继而产生对一定利益目标的持续。因此,进行公共关系策划时,必须使组织利益与社会公众利益相结合,使社会效益与经济效益相结合。

(二)整体性原则

整体性原则是指为实现组织整体目标而在公共关系策划中使用的重要手段,具体而言,是指在开展公共关系策划时,策划者必须从组织整体和公共关系整体的角度出发,考虑问题要全面、周到、细致。整体性原则要求从整体的角度去考虑目标、范围、程序、方法等问题,保证公共关系策划过程完整、有序。在公共关系方案实施过程中,还要考虑各项工作、各个环节都会相互联系、相互影响,以保证公共关系策划工作整体效应的实现。

(三)针对性原则

针对性原则也叫目的性原则,是指公共关系策划必须针对某个需要解决的具体问题,即针对某个特定问题确定策划目标。针对性原则的具体内容可以针对社会公众现实的心理状态确定活动目标,促使社会公众的状态向着有利于树立良好形象的方向转化;也可以针对提高组织的知名度和美誉度,塑造良好的组织形象;还可以针对组织面临的公共关系状态。

(四)可行性原则

可行性原则是指公共关系策划方案应当切实可行,符合组织的实际情况,实施后能取得良好的结果。可行性原则要求对策划方案进行合法性、严谨性、操作性、利害性、效益性和应变性等方面的分析,还要进行可行性试验和可行性评估。

(五)新颖性原则

新颖性原则是指公共关系策划活动应当新颖、独特,不落俗套。新颖性原则要求策划的公共关系活动要用新奇的方式来解决组织遇到的问题,树立良好形象;新颖性原则要以针对性原则为基础,不要盲目模仿他人,争取通过独特的方式来有效地解决组织遇到的实际问题。

【案例 7—4】

"佳贝爱 TA,宝贝大晒"公关策划

2016 年,佳贝艾特(Kabrita)策划了"佳贝爱 TA,宝贝大晒"互动项目,不是普遍综艺娱乐的"剧本式"制作,而是激励用户产生 UGC(User Generated Content,用户生成内容,即用户原创内容),大力提升了消费者对营销活动的积极性与参与性。在品牌与产品的营销中,打开了娱乐化营销的新大门,让消费者在营销面前放松警惕,甚至充满热情地接受营销活动,不仅能增加品牌影响力,更能从消费者认知品牌的开始就建立与消费者的情感联系,为后期培养消费者黏性与购买惯性打下基础。

一、活动缘起

近年来,我国内地消费者虽然开始关注羊奶粉,但与牛奶粉相比,羊奶粉是相对较新的婴幼儿奶粉品类,各个品牌的竞争也相对激烈,想要在这块新市场中取得优势也是一个巨大的挑战。佳贝艾特抓住了当下宝妈宝爸们的"爱晒娃"心理,联动金鹰卡通亲子综艺节目《爱宝贝,晒一晒》、芒果 TV 等权重媒体,为品牌量身定制了一档线上线下整合互动的全民晒娃精准营销活动——"佳贝爱 TA,宝贝大晒"互动项目,给宝妈宝爸们提供了广阔的"晒娃"平台,让"晒娃"从个人社交平台走向大众媒体,迅速、广泛地引起消费者关注、促进消费者参与。

二、活动方式与数据表现

此次佳贝艾特策划的"晒娃"互动活动整合网媒、电视、线下母婴渠道商,经由海选、复赛等传播的不同阶段扩散影响力、聚集关注人群。线上在微信公众号中向宝妈宝爸们征集宝宝的趣味视频,整合后在金鹰卡通《爱宝贝,晒一晒》节目播出;也有在微博上征集宝宝们的萌照,选出每周的"爱晒之星";线下在各个地区举办晒娃大赛,选出各个地区的"佳贝艾特萌宝"以及"每月人气之星"。

"佳贝爱 TA,宝贝大晒"活动之所以引起了公众广泛关注和参与,是靠着对宝妈宝爸们心理的精准拿捏,让参与者间产生竞争攀比甚至炫耀的心态,不断推动优秀 UGC 内容的产生,并不断吸引更多参与者想要"踢馆"。既能不断扩大影响范围,又能不断推动参与者们认真参与活动。在线上线下的评比中,奖品和赛场布置都充满了佳贝艾特的影子,不论是奖品还是现场提供的饮品,都是佳贝艾特羊奶粉。"佳贝爱 TA,宝贝大晒"互动项目这一具有创新性的精准整合营销活动一举夺得了第九届金投赏国际创意节媒体公司组创意铜奖。

(资料来源:《公关世界》,2017 年第 3 期)

(六)灵活性原则

灵活性原则是指公共关系策划活动要随着形势的变化,及时、主动、积极地进行,不断完善策划方案，以保证实施的效果。灵活性原则要求公共关系策划人员增强超前意识和变化意识，根据形势变化及时调整策划方案；要准确预测策划对象的发展变化趋势，掌握其变化规律，正确预测其变化的可能结果；要根据变化的情况和趋势，及时修订策划方案，使方案更加符合实际情况，实现策划目标。

二、公共关系活动策划的方法

公共关系活动策划的方法是公关实务工作的重要内容之一。相对于公关危机事件的突发性而言，公共关系活动是组织有目的、有计划开展的，具有主动、积极、进攻和开拓的特点，能最大限度地发挥公关人员的主观能动性，体现公关人员的智慧。

（一）逆向思维法

人们在进行思维时，往往喜欢按照习惯的思路去探求问题的答案，然而，这种解决问题的方法陈旧落套、缺乏新意，问题也难以理想解决，如此，就需要人们从与习惯思路相反的角度，突破常规定势，做反向思维，以找到出奇制胜之道。逆向思维也叫求异思维，它是对司空见惯的似乎已成定论的事物或观点反过来思考的一种思维方式。敢于"反其道而思之"，让思维向对立面的方向发展，从问题的相反面深入地进行探索，树立新思想，创立新形象。例如，"司马光砸缸"。有人落水，常规的思维模式是"救人离水"，而司马光面对紧急险情，运用了逆向思维，果断地用石头把缸砸破，"让水离人"，救了小伙伴的性命。运用逆向思维去思考和处理问题，实际上就是以"出奇"来达到"制胜"的目的。

（二）类比启迪法

这是指人们根据已知的事物或道理，比喻性地启迪我们以相类似的方法去解决未知的问题，这种方法被美国的创造学家称为"提喻法"，它是以不同知识背景、不同气质的人组成小组，相互启发、集体攻关。提喻法有两个重要的思考出发点：一是变陌生为熟悉，即进行拟人类比、直接类比、象征类比、幻想类比；二是变熟悉为陌生，以已知的各种事物，运用新知识或新角度来观察、分析和处理，其过程同样必须进行各种类比。最后，再通过特定的标准，对想象力产生的各种类比进行选择和判断，得出最佳的创造思维成果。

（三）审时度势法

公共关系活动具有很强的时效性，公共关系策划者必须认识到这一点，审时度势，充分利用有效的时间，抓住机遇，适时开展公共关系活动，以增加信息传播的有效性。

1. 审时、借时

"时"意指时间、时机。所谓"审时"，是指详细审查、仔细研究时间、时机的特征，监测时间、时机的发展变化；"借时"是指借助于有利的时间和时机。一般来说，公共关系人员在策划中抓住时机，可以从以下三个方面入手：

（1）争先。即要有捷足先登的意识，才可能在激烈竞争中占据优势，以获得良好的公共关系效应。

（2）乘机。时机或机遇总是随着时间流淌，稍纵即逝。因此，善于把握机遇，乘机策划公共关系活动的杰作，便成了策划家们驾驭时机的主要工作。对公共关系策划者来说，一般有三种时机可乘：

①乘周期循环之机。周期循环之机指的是节假日、纪念日等每一年或每10年一循环的时机，对任何策划者来说，均是存在的，如果乘机得当、策划得法，就能策划出成功的公共关系活动。

②乘可预料之机。有些机遇虽然不是周期的，但却是可以根据各种信息予以推测、预料的，如工程竣工之日、公司开业之时等，利用这些机遇，也可使组织公共关系策划获得良好的效果。

③乘突如其来之机。事实上，许多绝好的公共关系机遇是无法预料、无规律可循的，对这一类机遇的把握，既能使公共关系策划获得意想不到的成功，又能显示策划者驾驭时机技艺的高超。这要求公共关系策划者：一是要有灵通的信息渠道；二是要有把握可乘之机的意识，当突如其来的机遇来临时，立刻就有了绝妙的公共关系策划。

(3)后发。后发即"后发制人"之意，它是在对诸多相关信息进行分析、运筹之后，策划出更为成熟的公共关系活动，以达到后来居上的效果。后发制人方法的最大好处是：能在开始时巧妙地掩饰自己的意图，并在对竞争对手及社会信息作全面准确的分析认识后，推出更有针对性、更为成熟的策划方案，其成功率也更大。

2. 度势、运势、造势

"势"是一种比喻的说法，指的是事物本身以及与影响事物的环境共同形成的一种倾向性的无形力量。所谓"度势"，意指揣度、估计形势；所谓"运势"，即指借助和运用一定的形势，开展公共关系活动；而"造势"则是指制造一种气氛，创造有利的形势。公共关系策划不仅要审时借时，还要审时度势，借时运势、借时造势，以制定出切实可行的公共关系活动方案。度势、运势、造势是公共关系策划活动中经常采用的方法，具体可分为两种：

(1)借势。即借用比组织更受人们关注的各种事物，与组织即将要进行的公共关系活动结合起来，从而把新闻界及公众的关注目光转移到本组织方面，起到公共关系活动的良好效果。

①借名人之势。名人具有一种光环效应，吸引着广大的公众，也是新闻记者追踪的对象。因此，公共关系策划者往往借名人之势进行策划。如法国"白兰地"打开美国市场，就是借用美国总统艾森豪威尔之势，借给总统祝寿之机，一举确立了"白兰地"酒在美国市场上的知名度。

②借热点之势。"热点"即是新近流行或被人们普遍关注的事物或现象，公共关系策划者如果能恰到好处地借用"热点"，那往往能收到意想不到的效果。如"健力宝"的扬名就是借用洛杉矶奥运会、汉城奥运会、北京亚运会、上海东亚运动会、巴塞罗那奥运会等体育热点之势，一步步扩大知名度。一般来说，体育大赛、政治风云、战争烽火、文化盛事、社会时兴等都是人们所关注的热点。

(2)造势。如果说"借势"是策划者为组织的公共关系活动借用比组织更有影响力的事物，那么"造势"则是策划者通过巧妙思维，利用某一表面看来微不足道的契机，为组织与公众关系建立和发展烘托出一个有利的趋向与势头。

①无中造有，即在没有任何可资凭借的事物的情况下，公共关系人员经过策划，酿造了有利于组织的舆论势头。

②小中造大，即抓住一个微不足道的小事或小细节，将其中动人的或丰富的蕴涵通过公共关系传播予以放大，造成一个有利于组织公共关系建立和发展的良好态势。北京长城饭店的公关经理布朗女士借"服务员将小纸条夹进客人翻开的书中"一事，在饭店里掀起公关意识教育活动，引起新闻媒体的注意和报道，一件不起眼的小事最后演变成较有轰动效果的公关活动，这便是"小中造大"的策划。

(四)强化特色法

特色即一个组织所独具的区别于其他组织之处。在公共关系活动中，组织的特色得到强化突出，经过传播后，组织的形象便会很鲜明地在公众心目中得到确立，因此在公共关系策划中，强化特色法也经常被采用。

本章训练题

一、单项选择题

1. 某药店门口有免费量血压、免费咨询等服务，这属于（　　）公关活动。

A. 宣传型公关　B. 交际型公关　C. 服务型公关　D. 社会型公关

E. 防御型公关

2. 美国宾夕法尼亚州在建立核电厂之初，建立核电知识教育中心，使公众能够认识、了解核电站的重要性及安全性，支持核电站的建立。这种做法是属于（　　）公关活动。

A. 宣传型公关　B. 交际型公关　C. 服务型公关　D. 社会型公关

E. 防御型公关

3. 农夫山泉推出“一分钱阳光工程”，每销售一瓶饮用水，捐出一分钱用于改善贫困山区学生的学习设施，这属于（　　）公关活动。

A. 宣传型公关　B. 交际型公关　C. 服务型公关　D. 社会型公关

E. 防御型公关

4. 美国克莱斯勒汽车公司曾濒临破产，新任总裁亚柯卡以公司全部资产为抵押向联邦政府贷款，并据理力争，向公众说明实际情况并开始大规模宣传，赢得了公众和政府的信任，获得了贷款，使克莱斯勒起死回生，这种做法属于（　　）公关活动。

A. 维系型公关　B. 防御型公关　C. 进攻型公关　D. 矫正型公关

E. 建设型公关

5. 下面选项中，不属于策划的主要要素的是（　　）。

A. 策划实施　B. 策划目标　C. 策划对象　D. 策划方案

6. 广州塔用 10 万元进行征名，这是属于（　　）公关活动。

A. 宣传型公关　B. 交际型公关　C. 服务型公关　D. 社会型公关

E. 防御型公关

二、多项选择题

1. 常见的公共关系活动模式有（　　）。

A. 宣传型公关　B. 交际型公关　C. 服务型公关　D. 社会型公关

E. 防御型公关

2. 关于公共关系目标和组织总目标的关系，正确的表述是（　　）。

A. 两者无关　B. 两者平行

C. 公共关系目标服从于组织总目标　D. 组织总目标从属于公共关系目标

E. 公共关系目标服务于组织总目标

3. 在公共关系目标制定过程中，应注意计划目标的（　　）。

A. 一致性　B. 具体性　C. 可行性　D. 可分解性

E. 激励性

4. 公共关系策划应遵循的原则有(　　)。
A. 利益性原则　　B. 整体性原则　　C. 针对性原则　　D. 可行性原则
E. 新颖性原则

5. 公共关系活动策划的方法有(　　)。
A. 逆向思维法　　B. 类比启迪法　　C. 审时度势法　　D. 强化特色法
E. 有效沟通法

三、判断题

1. 服务型公关模式以提供各种实惠的服务工作为主,目的是以实际行动获得社会公众的好评。(　　)
2. 宣传型公共关系的主要对象是组织的外部公众。(　　)
3. 公共关系策划是"四步工作法"中的第二步。(　　)
4. 公共关系活动的主题有多种表现形式,可以是一个口号,也可以是一个简单的陈述。(　　)
5. 公共关系策划的目标必须是具体、明确的。(　　)

四、简答题

1. 公共关系策划的含义是什么?
2. 公共关系策划的原则有哪些?
3. 公共关系策划的一般程序是怎样的?
4. 公共关系策划活动的模式有哪些?
5. 如何进行公关专题策划方案的制作?
6. 公共关系策划的方法有哪些?

五、实践操作题

休闲服饰是某知名服装公司的主打产品,公司的目标客户群主要是讲究个性时尚、注重休闲消费的都市白领消费群体。为进一步拓展全国市场,该企业决定在公司成立20周年之际开展主题为"引领时尚,飞扬个性"的大型公关活动,以此来塑造品牌个性,吸引目标消费者,提升市场影响力,从而在激烈的服装市场竞争中保持优势。

作为此次活动的公关策划人,请简要编写出你的策划书。

六、案例分析题

佳贝艾特的新媒体传播策划

佳贝艾特源自荷兰百年乳企海普诺凯集团(Hyproca),是世界上较早推出的婴幼儿羊奶粉品牌。为进一步扩大与维护佳贝艾特在全球婴幼儿配方奶粉市场中的影响力与份额,佳贝艾特在全球进行着范围广泛、因地制宜、因人制宜的新媒体传播策划活动。

一、佳贝艾特的海外推广

佳贝艾特羊奶粉品牌在海外推广的过程中,因地制宜,选择当地消费者容易接受的推广活动。比如在美国举办明星推荐会,在荷兰则采用了"药房 + 医务机构"模式。还将传统媒体和新媒体相结合,开展多渠道传播。线上渠道重点考虑母婴相关论坛,还通过 Facebook、推特等网络平台，在提高消费者对佳贝艾特羊奶粉的参与度的同时，提升目标顾客的认知度和忠诚度，增强了用户黏性。

其 POSSE 体系——同时在官网和其他平台渠道发布信息的营销方式，取得了良好的效果。其 POSSE 体系运用最成功之处就在于它在“其他平台渠道”如 Facebook、博客等的发布。

(一)以 Facebook 为平台的国际传播

佳贝艾特在众多的营销活动中，最成功的当属在世界排名领先的社交网站 Facebook 上进行的营销活动，曾一度荣获美国《公关日报》“2015 年度数字公关和社交媒体”冠军。这种分享方式不仅获得了更多关注(佳贝艾特官方 Facebook 评论量增加近 1 400%)，也增加了品牌的曝光度，进而对增强消费者对品牌的好感与信赖感产生了作用。Facebook 的宣传成功地塑造了佳贝艾特高端、专业，并倡导科学育儿理念的品牌形象，以及安全、营养的产品形象。

Facebook 中，阿拉伯国家、土耳其、俄罗斯等国家的佳贝艾特用户分享了很多的亲子图片，直观生动地展示了有佳贝艾特参与的亲子生活，这些消费者亲自传播的图文透露出健康、快乐、温馨，能让人产生“佳贝艾特能给宝宝带来健康快乐，佳贝艾特倡导和谐亲子关系、家庭关系”的品牌联想。

(二)通过独家报道开展贴近性传播

在美国，佳贝艾特通过发布独家报道分享美国妈妈真实的育儿案例，对佳贝艾特羊奶粉不易上火、不易过敏的特质进行了非常具有消费者贴近性的宣传。这不仅有产品的直接消费者——幼儿母亲分享亲身经历，更在分享中提到佳贝艾特是医生也认可推荐的羊奶粉。这种将权威性藏在贴近性中的营销方式，同时具有亲和力和说服力，可以对消费者产生潜移默化的影响，是很好的产品形象塑造方式。

(三)借助博客开展口碑宣传

在荷兰，佳贝艾特邀请了消费者号召力极强的时尚育儿博主为佳贝艾特进行专门的博文宣传，博文探讨了羊奶好处，并且对佳贝艾特不易过敏、不易上火、易消化和吸收的特点给予很高的评价，从而扩大了佳贝艾特的品牌影响力、增强了消费者的信任度和关注度。

二、佳贝艾特在我国内地的推广

作为一个国际性品牌，佳贝艾特在我国内地的推广注重“寓教于乐”，从提升品牌的服务力方面下功夫。2016 年，佳贝艾特为构建“关注宝宝全面发展”的更高端的品牌形象做出了相应的努力——进军早教领域，以儿歌视频的形式，对宝宝早期的语言、记忆、节奏感、画面感进行积极影响，推出了一套儿歌视频《奇奇儿歌》投向网络。作为婴幼儿奶粉品牌，佳贝艾特不仅致力于传递关注婴幼儿的身体健康，而且关注婴幼儿全面发展的品牌理念，传递一种更健康、更科学、更符合时代潮流的育儿理念，从而吸引认同这些理念的消费者也推广这样的理念，增加消费者对品牌的好感。

(资料来源:《公关世界》，2017 年第 3 期)

【问题】

1. 佳贝艾特的传播推广策划主要选择哪种传播媒介？其媒介的选择主要考虑了什么因素？

2. 你认为佳贝艾特的公关策划是否成功？请说明理由。

第八章

公共关系实施与评估

学习要点及目标

1. 明确公共关系实施与评估的意义;
2. 了解公共关系实施的特点;
3. 掌握公共关系实施的原则及方法;
4. 了解影响公共关系实施的障碍性因素;
5. 了解公共关系评估的程序及方法。

核心概念

公共关系实施　公共关系评估

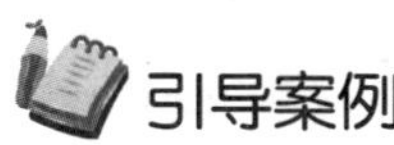

引导案例

风靡写字楼!每益添百香果创意派饮引消化力风潮

在很多人看来,白领做的是一份相当轻松的工作。但对当代白领而言,这份工作却不像外人想象的那么光鲜,很多白领都承受着巨大的生活压力、工作压力,吃饭时间不规律、不专心、吃饭时间有限等现状给其健康和工作带来一定的影响。他们的工作餐,需要加以解放,他们需要更多的消化力来享用每天的美食。

为帮助白领群体解放工作餐,消除负担,以"唤醒消化力,解放工作餐"为主题,2018 年"十一黄金周"前夕,每益添在广州、北京、南京三市开展网红爆款每益添百香果派饮活动,来到各大写字楼下,为白领送上美味的每益添百香果,让白领的工作餐不再成为其负担。

一、外观新奇,热舞吸睛

通过搭建巨大的饭盒造型活动区,表演活力四射的扭腰舞,每益添百香果创意派饮活动瞬间吸引大量白领围观。巨大的餐盒象征着"解放工作餐"的活动主题,通过最直接的关联,让白领在最短时间内领会每益添的用意。同时,在激情的热舞中,自然地展现每益添百香果带来的巨大活力,引发白领消费者尝试的兴趣。

二、趣味游戏,体验消化

在体感游戏区域,参与互动的白领用身体控制屏幕上的益生菌在肠道内游走,碰到食物并把它消灭是玩家的目标,在这一趣味互动的游戏过程中,每益添帮助白领深入了解益生菌对消化食物的作用,潜移默化地帮助白领完成这一认知。

三、美味尽享，消化无忧

在试饮活动中，除了能够享用美味的每益添百香果，还有星级大厨亲自掌勺制作的星级美食供白领品尝。有每益添的加持，白领可以尽情享受美味，用每益添百香果的消化力帮助消化全部美食。

每益添百香果的线下创意派饮区别于常规路演活动，其针对的人群比较集中，目标更为明确。活动通过对白领人群生活的深刻洞察，运用场景营销方式设置沉浸式互动体验项目，让他们在游戏与美食中感知肠胃消化力的重要性，同时体验每益添百香果的独特美味。

这项公关活动让公众对每益添百香果产生了极强的认知，获得了良好的公关效果。

概括起来，每益添百香果的公关实施有以下几个特色：(1)以周密、准确的调查资料作为制订计划的依据；(2)分阶段划分目标公众，逐层实施公关计划；(3)采用多媒介、立体式的传播沟通手段。

从调查研究到分析公众，从媒介传播到计划目标实现的每一步骤、每一环节都实施得十分精细，并借助写字楼开展公关活动，从而树立了成功的样板。

（资料来源：www. chinaks. ne）

第一节　公共关系实施

一、公共关系实施的意义和特点

(一)公共关系实施的意义

公共关系实施是将公关策划变为实际行动的过程，主要是对自己计划的检验和修正的过程。这个阶段是整个公关活动中最为复杂、变化最多的环节。其重要意义体现在以下几个方面：

1. 公共关系实施是解决问题的中心环节

公共关系最终是要解决其相关一些问题，在公关四步法中的公关调查、制订方案是发现问题、研究问题的过程，而策划方案的实施则是公关中直接解决问题的过程。

2. 公共关系实施决定着公共关系策划实现的程度和范围

成功的公关实施不仅在于能完成策划方案，实现策划目标，而且要由实施人员具有针对性地修改和弥补策划方案的不足。这样的公关实施活动，表现为实施人员在运作过程中，选择最有效的实施途径，采用多种手段、方法和技巧。公关实施不仅决定策划方案能否实现，同时也决定了方案的实施效果。

3. 公关关系策划实施的后果是后续方案制定的基础和重要依据

公共关系策划方案的实施都会产生一定的影响和后果。公共关系的过程是一个不断累积的过程。因此，在制订下一次的公关活动计划时，既要以前期的公关活动实施后的公关状态为依据，又要针对新出现的问题进行策划方案的修正，这是公关工作的循环往复和继承性所要求的。

(二)公共关系实施的特点

公共关系实施过程应该是一个完整的过程，其实就是利用多种传播手段，把公共关系计划所确定的内容变为现实的过程。如果说，公共关系策划方案的制定是一种分析和策划的过程，那么，公共关系实施则是一种行动的过程。它是整个公共关系活动的关键环节，具有如下特点：

1. 实施效应的联动性

一项公共关系策划方案涉及众多的因素和变量，它会对各类公众产生广泛的影响。然而，只有在计划实施后这种影响才能真正体现。公共关系实施所产生的联动影响主要表现在以下两个方面：首先，计划的实施，会对众多的目标公众产生深刻的影响。一项公共关系策划方案成功实施后，常常会使该社会组织的异己力量变为自己的合作者和支持者。即使有时不能令目标公众的立场发生彻底的转变，也会使其在观点、态度等方面产生不同程度的变化。至少也可以令目标公众从对社会组织的负态度（敌视、偏见、漠然、无知）向正态度（了解、理解、感兴趣、支持）方向有所转化。其次，公共关系策划方案的实施有时还会对整个社会的文化、习俗产生深刻影响。

2. 实施过程的动态性

公共关系实施是由一系列连续活动构成的过程，是一个思想和行为需要不断变化、不断调整的过程。这是由于，一方面，一项公共关系策划方案无论制定得多么周密、具体和细致，它总免不了与实际情况存在着一定的差异；另一方面，随着时间的推移、实施的进展、环境的变化，实施过程中仍会遇到一些新情况和新问题。因此，不断地改变、修正或调整原定的实施方案、程序、方法、策略等是实施活动中不可避免的正常现象。这种现象的出现说明计划实施正处于顺利状态，并非在实施计划中有随意性。如果不考虑社会环境的发展而引起的条件变迁，却按一个固定的模式去机械地“执行计划”，那就不仅不能实现自己的计划目标，反而会给组织自身招来新的麻烦。讲实施过程的动态性，并不意味着实施人员可以随意以一些无关大局的变化为借口而不按原计划去实施。公共关系实施的动态性与实施人员的主观随意性不可混为一谈。

3. 实施活动的创造性

由于计划的实施是一个不断变化和需要调整的动态过程，实施者需要依据整个实施方案中的原则和自己所处的环境、面临的条件确定自己的实施策略，比如准确地选择传播渠道、媒介与方法，合理地选择时机，正确地分配任务，灵活地调整步骤等。公共关系实施的过程绝不是一个简单的照章办事的过程，而是一个由一系列不同层次的实施者发挥主观能动性的过程。实施人员应该充分地发挥自己的积极性、主动性和创造性。从这个意义上说，公共关系实施的过程也是一个对原计划进行艺术的再创造的过程。

二、影响公共关系实施的因素

影响公共关系实施的因素很多，一般来说，主要有计划目标障碍、传播沟通障碍、意外干扰障碍三个方面。

（一）计划目标障碍

公共关系计划的计划目标障碍是指所拟定的目标不明确或不正确、不具体而给实施带来的障碍。例如，目标损害公众利益，或者目标过高或过低，因此，目标要切合实际，可以比较并可衡量，指出期望的结果，以及在实施者的职权范围内等。

为排除计划目标障碍，实施人员在开展公共关系工作之前应当从多方面检查公关目标，就是要求计划的制定者促使活动的目标明确具体，为此必须注意以下方面：目标是否切合实际并能够达到；目标是否比较并可衡量；目标是否可控并可操作；目标是否与组织的期望一致；目标是否规定了完成期限和完成期限的合理性；目标实施中的人员配置及其职权范围。

明确具体的计划目标是公关实施人员行动的依据，也是对计划实施进行控制监督和评估的基础。

（二）传播沟通障碍

从某种意义上说，公共关系计划的实施过程就是组织运用各种传播媒介，将预先制作好的公共关系信息传递给以目标公众为主的各类公众，以引导他们改变态度和行为，创造出有利于社会组织存在、发展的社会环境和舆论环境的过程。但实施过程中的传播沟通往往不是一帆风顺的，它常常会因传播沟通的方式方法不妥、传播媒介选择不当等因素而使实施工作不能取得很好的实施效果。因此有必要对传播障碍中的几种主要障碍进行分析：

1. 语言障碍

由于语言方面的原因引起的信息传播障碍称为语言障碍。语言是交流思想的工具，但不是思想本身，加之人们用语言表达思想的能力千差万别，故用语言表达思想、交流信息时，难免出现误差。所以在传播沟通时，一定要强调语言的运用技巧，如修辞、比喻、音调等，否则会对某些特定的对象造成语言方面的沟通障碍。如一位知识分子用大量专业术语写成的新闻广播稿，就不能吸引那些只受过初等教育的人。做不同工作的人虽然都说一种语言如汉语或英语，但他们也说一些不同的“语言”，如财务部门的主管可能在与计划部门的主管进行交谈时用一些专业述评而使对方迷惑，这类沟通问题就是我们所说的“行话”。另一种语言障碍就是多义词，同一句话在不同的环境或对不同的人表示的意思不同，因此，在传递信息时，传播者必须将那些易引起误解的词句表达明白、清楚。由于语言沟通不畅造成沟通失误，甚至引起某些纠葛，在日常生活和工作中比比皆是。而存在于公共关系计划实施过程中的语言沟通障碍常会造成公共关系工作陷入被动的局面。

2. 风俗习惯障碍

风俗习惯是指在一定的文化历史背景下形成的具有固定特点的调整人际关系的社会因素，如道德习惯、礼节、审美传统等。风俗习惯是世代相传的一种习俗。不仅不同国家、不同民族的风俗习惯不同，有时同一国度、同一民族因居住地区的距离远近不同也会形成不同的习俗。

【案例 8－1】

希腊总理吻别土耳其总理夫人事件引轩然大波

土耳其总理埃尔多安和身着传统服装的夫人艾米娜·埃尔多安，率一百多名政府官员、工商界领袖和新闻记者的庞大阵容，对希腊进行了历史性访问。

在希腊进行拜会和各种餐宴期间，希腊方面都谨守客人的习俗，但偏偏在最后送行一刻，希腊总理卡拉曼利斯一时忘情，依国际礼节拥抱了埃尔多安夫人艾米娜，并在艾米娜的两颊各热烈亲吻了一次。

艾米娜显然没有准备，神色愕然，但随即含笑接受亲吻。土耳其总理埃尔多安虽然在一旁从头到尾都维持着含笑神情，但可以看出也有些不自然，显然有意装作视而不见。

上述镜头传回土耳其后，立即引起轩然大波，尤其是保守派媒体和若干专栏作家，群起抨击希腊官方不懂外交礼节，有的甚至指控希腊蓄意羞辱土耳其。由于反响巨大，土耳其国营电视台接到政府命令，不得播映这一引起争议的镜头。

（资料来源：www. baidu. com）

3. 观念障碍

观念属于思想范畴，由一定的经验和知识积淀而成，是一定条件下人们接受、信奉并用以指导自己行动的理论和观点。观念对沟通起着巨大的作用，观念本身是传播的重要内容，同时又对信息传播有巨大的影响。有的观念是传播的动力，而有的观念可成为传播的障碍。因此，有必要认真对待沟通障碍中的观念障碍。主要的观念障碍表现为两种：

(1)封闭观念造成的沟通障碍。封闭观念主要源于自给自足的小农经济。这是人们多数从事简单劳动，不需要分工协作，也没有丰富的社会关联，经过长时间沉淀，就形成了一种排斥外来观念或事物的自我封闭，从而导致信息传播受阻。

(2)极端观念破坏沟通。由于固执地坚持某一极端的观点或立场而造成对沟通的破坏。如在对某一有争议的事件作出最终判断时，由于争论的双方只是抓住对方沟通过程中的某一环节、方面或特点，各执一端，彼此排斥，各自无法听进对方的意见，结果常常闹得不欢而散。

当然，观念障碍还有许多其他类型。封闭的观念排斥传播活动的开展；僵化的观念窒息双向交流；极端的观念破坏传播的完成。观念障碍既可能在传播者身上存在，也可能在受传者身上存在。

4. 心理障碍

现实的传播与沟通过程中还常受人的认知、情感、态度等心理因素所影响，消极的心理状态常会造成传播障碍。认知不当、情感失控、态度欠妥都会导致传播障碍。例如，由于人们的认识程度不同，在说服受教育程度较低的公众，只提供所述论点的有利方面比利弊俱陈更为有效，而对受教育程度较高的公众同时晓以利害才更为有利。

同认识程度一样，沟通信息的传播常常受人们情感的影响。例如，对一件可引起争论的事件作出裁决后，人们总是特别喜欢去寻求那些自己所喜好的信息。即使那些无可争议的事件也会出现这种情况。比如，某一品牌电冰箱广告的最热心读者往往是那些刚买过这个牌子的电冰箱的人。因为这类广告传播的信息对他们刚刚采取购买决策起到积极的强化作用。

了解、认识并掌握在传播沟通中的公众心理障碍，可以及时排除这种障碍，以达到公共关系的沟通目的。

5. 舆论障碍

舆论障碍，是指传言、小道消息和谣言所造成的传播障碍。

所谓传言，一是指辗转流传的话，二是指某人向他人传述另一个人的话。小道消息又称小道新闻，即所谓“小道”传播的关于某人某事的“报道”。传言和小道消息，都是通过非正式传播渠道传播的。

传言和小道消息有积极作用的一面：一是领导者常常可以从中获得一些有价值的信息；二是通过有益的传言，可以化解矛盾，增强人们之间的协作和团结。传言和小道消息也有消极作用的一面，主要表现在：造成泄密，危害工作；造成工作被动；影响团结等。

谣言是通过非正式渠道流传的无事实根据的消息。如果说小道消息有一些内容可能属实的话，那么谣言则纯属无稽之言。从谣言的来源看，大致可分为有意捏造和无意讹传两类。如果说传言和小道消息可能还有点积极作用，那谣言就只有消极作用。人们常把谣言比做一把“杀人剑”，比如，一个创业功臣，在艰难困苦中没有倒下，却往往被“桃色新闻”的谣言所淹没。因为这正是怀有恶意的人毁掉好人形象的“选中点”。这种谣言一经传出，就会形成一种消极的舆论力量，给人增加精神负担和心理压力，影响人们的感情方式和行为方式，造成严重的消极影响。

除以上5种主要传播障碍外，还有由组织机构臃肿、信息传递层次过多造成的沟通缓慢、信息失真等组织沟通障碍，以及一些由于政治、生理方面的原因或技术、方法不当所造成的障碍。排除各种沟通障碍，首先，应注意缩小传播者与其公众之间的差异，尽量站在公众的立场上，从公众的需求出发，用较容易接受的语言或一些简单的事例来说明沟通的内容，尽量缩小传播者与公众之间在语言、习俗、态度、观念等方面的差距。其次，应注意今天的公众比以往更多地受各种大众传播媒介的影响，而他们更乐于接收那些与他们自身利益密切相关的信息以及那些符合其心理特点（认识、态度、情感等）的信息。

（三）意外干扰障碍

社会组织发生意外事件是不可避免的，这些事件很有可能对组织产生不利影响，这些事件主要包括人为的纠纷危机，如公众投诉、媒介的批评、不利舆论的流传等；非人为的灾害危机，如水灾、火灾、地震等。意外干扰具有突然发生、来势迅猛、后果严重、影响面广的特点。面对复杂多变的客观现实，公关人员必须时刻保持清醒的头脑，未雨绸缪。

三、公共关系实施的原则

公共关系计划实施过程中的动态性、创造性及影响的广泛性构成了实施活动的复杂性。为了在复杂的实施活动中不偏离既定的公共关系战略目标，公共关系实施人员必须遵循公共关系实施的原则。

（一）目标导向原则

目标导向原则是指公共关系策划方案与实施过程，要保证公共关系实施活动不偏离组织目标，即对实施活动进行引导、促进，以把握活动进程和方向。执行目标导向原则实际上是对实施的控制，而控制属于公共关系活动的一种手段。

（二）控制进度原则

控制进度原则就是根据整个公共关系策划活动的目标和需要，按照一定的程序，掌握工作的进度和速度，以提高组织公共关系的信誉，达到实施效果。例如，某些赞助活动在电台和报刊已经公布，但赞助的纪念品尚未制作完成，致使赞助活动难以顺利进行，从而影响赞助机构的声誉。因此，在公共关系实施过程中，由于分工不同，实施人员各负其责地展开工作，也会出现一些工作不同步的现象，因此，控制公共关系活动进程是实施监督、检查的有效措施。

（三）整体协调原则

所谓整体协调原则，就是在计划实施的过程中使所涉及的方方面面达到和谐、合理、配合、互补和统一的状态的原则。这个原则强调在各个实施过程中的环节之间、部门之间及实施主体和公众之间和谐化、合理化，使之不发生矛盾或少发生矛盾，即使当矛盾产生时，也能及时加以解决。

最常见、最普遍的协调有两类：纵向协调和横向协调。无论哪种协调，在信息沟通的过程中，都要保证信息具有明晰性、一致性、正确性、完整性的特点。

总之，协调的目的是要达到全体实施人员思想观念上的共同认识和行动上的一致，保证实施活动的同步与和谐，做到整个实施部门统一意志、统一指挥、统一行动，提高工作效率，减少或杜绝人力、物力和财力方面的浪费。

（四）反馈调整原则

反馈是指把施控系统的信息作用于受控系统（对象）后产生的结果再输送回来，并对信息的再输出产生影响的过程。

反馈调整的过程是：公共关系计划制订者确定公共关系目标，根据公共关系计划的目标制定具体的实施方案，在实施方案制定的基础上，组织有关部门和人员对方案进行评估，然后把评估结果同原定的公共关系目标进行比较，发现问题后再重新修订整个公共关系计划，这是第一步。第一步工作完成后，则开始将修订过的公共关系方案付诸实施，实施后再将实施结果与原定目标进行比较以影响、调整下一步公共关系计划的制订与实施。

(五)选择时机的原则

在公共关系计划的实施过程中，必须考虑一个关键因素——时机。正确选择时机是提高公共关系计划成功率的必要条件。正确选择时机要注意以下几个问题：

(1)避开或利用重大节假日；

(2)避开或利用国内外重大事件；

(3)不应在同一时间内同时进行两项公关关系活动，以免其效果相互抵消。

【案例 8－2】

广州酒家"老字号品牌十年轻化玩法"

随着最早一批"00 后"已经成年，年轻人尤其是"千禧一代"正在成为中国社会消费的主力军。毫不夸张地说，年轻人主导着未来的消费格局，即使是经历岁月洗礼后保留下来的文化精品——老字号品牌，在当下消费升级和新零售的大趋势下，也都在积极推动品牌的年轻化，试图得到年轻人的青睐。

作为为数不多的最早一批"触网"的老字号品牌——广州酒家，在 2018 年中秋节通过线上线下融合推广的方式跟年轻人打成一片，拉近了品牌与年轻人之间的距离。

一、年轻人的审美：最美不过中秋夜，Ins 风遇上老字号月饼

广州酒家中秋品牌战的开端战是一场线下主题活动，在位于深圳的"造酥"门店举行了主题为"Ins 中秋玩乐荟"的冰皮月饼主题活动，邀请了来自广州和深圳两地的数十名时尚、美食和摄影达人，以及数百位从全国各地慕名而来的年轻粉丝共聚"造酥"，让活动现场颇具人气。

现场邀请了专业的摄影师进行全程指导，一众达人和粉丝纷纷尝试拍摄 Ins 风主题的冰皮月饼照片，并通过社交媒体对主题活动进行分享直播，大家一起感受作品清新唯美的画风。这场看起来寻常的线下活动对于广州酒家来说却蕴含着不一样的意义。

首先，"Ins 中秋玩乐荟"是一种审美的宣誓和引领。Ins 风因其简约时尚、自然、年轻却又恰如其分地略带复古温暖的风格成为一种潮流，深受当代年轻人的喜欢，广州酒家选择用这样的风格让年轻人重新认识品牌，其实就完成了一次跟年轻人在审美上同频率的对话。

其次，Ins 风是广州酒家的一把从线下打通线上的钥匙。分享传播的内容如果能够让用户觉得给自己贴上一个正向的标签，建立自己美好的社交形象，用户参与品牌传播的意愿度就会大大提升。

而参与"Ins 中秋玩乐荟"的达人和粉丝拍摄的 Ins 风的照片，其实就是充满美感、能够彰显用户品味的素材，激发了他们的分享欲。

二、年轻人的社交方式：UGC 贯穿始末引爆话题，全民创意秀图点燃中秋热情

相比被动地接受信息和观点的方式，年轻人在社交网络上更加喜欢发表态度和观点。社会化媒体时代的一个营销关键点，就是如何驱动用户"主动 UGC(原创)＋自发二次传播"，广州酒家在整个中秋活动中都在积极引导用户进行 UGC，抓住了年轻人在社交媒体上的行为

脉络。

以“Ins 中秋玩乐荟”的活动为例，为了在线上放大这次活动的影响力，广州酒家同步组织了全民创意秀图活动，通过奖品激励活动现场的参与者，在拍摄完 Ins 风主题的冰皮月饼照片后，将照片上传至广州酒家集团微信公众号。“人气奖”的设置让参与者自发完成转发并邀请好友点赞的行为，为公众号实现了一波流量导入。

通过对用户 UGC 的引导彻底释放了年轻人的中秋热情，通过用户参与的数据可以看到大量现场用户上传了他们精心拍摄的 Ins 风主题的冰皮月饼照片，增强了用户跟品牌之间的互动和交流，拉近了品牌与受众之间的距离。

鼓励用户 UGC 的另一个好处是，用户对于将 UGC 内容分享到社交媒体上的意愿度更高，这也直接扩大了活动在社交媒体上的影响力。广州酒家在深度研究年轻人在社交媒体上的行为方式后，尝试用年轻人自己的方式让年轻人完成跟品牌之间的对话。

三、年轻人的洞察：中秋团圆夜游子难回家，趣味分屏合拍实现另类团聚

广州酒家联手抖音发起“一拍即合团圆起来”挑战赛的活动，邀请大家通过“分屏”拍摄的方式，实现和家人、朋友的另类团聚。而在活动上线后短短几个小时内，点击浏览人数就达数百万，在抖音百万粉丝达人“徐浪浪 and 芒果琳”和“苦瓜哥哥”的引导下，整个活动最终获得了不错的参与度。

“一拍即合团圆起来”挑战赛的背后，折射的是广州酒家对于年轻群体细致入微和精准的用户洞察，让广州酒家赢得用户好感。中秋节本是团圆节，但是很多年轻人漂泊在外无法回家跟亲人团聚，年轻人漂泊的苦谁人能懂？巧的是广州酒家真的懂了，借助抖音的流量优势和技术特点，巧妙地将年轻人的伤感情绪转化为趣味化的另类团聚，打动了年轻人的心。

抖音作为全国最大的短视频平台，代表的是年轻人的时尚和潮流，在抖音平台的布局，给广州酒家品牌带来了新的活力，也激发了年轻人强烈的参与感，增加了品牌与年轻人之间的互动和交流，让品牌更容易与年轻人产生情感上的共鸣。

四、品牌传播思考总结

品牌传播的目的简单来说就是为了给品牌贴标签，对于已经在用户心智中形成固定标签的老字号来说，年轻化寓意着需要撕掉过往的标签重塑品牌在用户心智中的认知。

提到老字号，大家脑海中最先浮现的可能是一幅老态龙钟的传统画面。但是广州酒家在这个中秋举办“Ins 中秋玩乐荟”完成了在审美上跟年轻人同频率的对话，用年轻人热爱的社交方式激励用户 UGC 以扩大品牌在社交媒体的影响力，深度洞察年轻人内心的小世界，巧妙地将年轻人的伤感情绪转化为趣味化的另类团聚，通过这一系列操作拉近了品牌跟年轻人之间的距离，也让老字号品牌在年轻群体中焕发了第二春。

（资料来源：www. sohu. com）

四、公共关系实施的方法

公共关系方案的实施是一个复杂而又多变的过程，从客观上说，用科学的方法作指导，可以让公关方案得到更有效的实施。在实际操作中，常采用以下几种方法：

（一）直线性排列法

直线性排列法是按公共关系行动、措施的内在联系为先后顺序逐一排列出来，一步一步有序地向目标迈进（如图 8—1 所示）。

第一步 → 第二步 → 第三步 → 第四步 → 目标

图 8—1　直线性排列法

直线性排列法的优点在于，当前一步行动没有取得成功时则不急于开展第二步工作，不易造成人力、财力、物力的浪费；其缺点是比较费时间，缺乏灵活机动性。

(二)多线性排列法

多线性排列法是将几个行动同时展开，共同向成功迈进的排列方法。这种排列方法可以缩短整个计划实施的时间，但花费的人力、物力、资金相比第一种排列的方法要多，而且一旦前面一步的工作不能获得成功，下一步工作将造成浪费(如图 8—2 所示)。

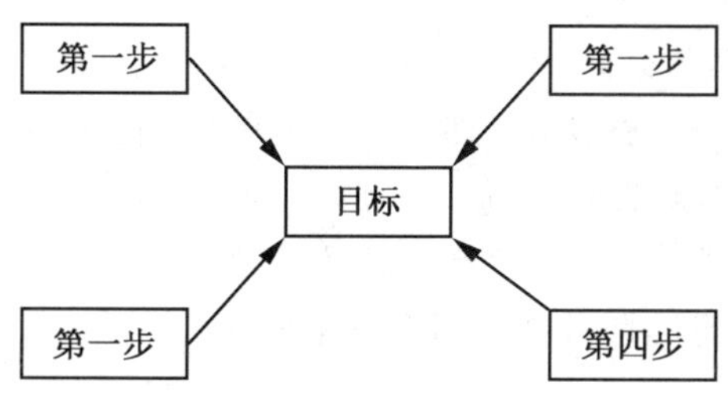

图 8—2　多线性排列法

【案例 8—3】

美国一家牛奶公司打算将该公司的消毒牛奶打入日本市场，但该公司遇到一系列的障碍：

(1)日本消费者对喝消毒牛奶有利于健康的观点持怀疑态度。

(2)日本消费者联盟反对此产品，担心消毒牛奶的安全问题。

(3)靠近大城市的牛奶场场主反对消毒牛奶，害怕与其竞争。

(4)由于利益集团施加压力，几家零售商表示不愿意经销消毒牛奶。

(5)卫生福利部门和农林部门表示，需要观察一阶段，再决定是否赞成消毒牛奶的推销。

为了排除这种障碍，这家公司采取了以下行动：

第一步，与日本卫生部联系，使之批准销售该产品；

第二步，说服大零售商来经销消毒牛奶；

第三步，与牛奶场取得联系；

第四步，对消费者进行教育。

通过这种线性排列，该公司避免了人力、物力的浪费。

(资料来源：www.baidu.com)

(三)计划评估法

凡实施一项方案或组织一项复杂的工程，事先要有明确的目标，据此做出工作设计，并绘制推进工作的网络图，进行优选后作为控制实施的蓝本。这个网络图不仅有各项工作的名称，而且还表明它们之间的相互关系以及每项工作的起止时间和关键线路。实施者可以根据这个网络图指挥、控制公共关系活动，合理调配工作进度，发现问题并及时解决，从而紧凑、有序地完成计划。

(四)测试工作法

这是为了保证公共关系策划方案获得成功,避免不必要的损失,实施者先将策划方案在小范围内或在样本公众内实施,待取得经验后根据反馈的信息对策划方案进行调整,最后在大范围的公众中实施策划方案。

第二节 公共关系评估

一、公共关系评估的含义和作用

(一)公共关系评估的含义

所谓公共关系评估,就是根据特定的标准,对公关计划、实施及效果进行检查、评价,从中发现问题,判断其优劣,及时修订计划,进一步调整和完善组织形象的过程。也就是说,在肯定成绩的同时,发现新的问题,不断地调整组织的公共关系目标、公共关系政策和公共关系行为,使组织的公共关系成为有计划的持续性的工作。

(二)公共关系评估的作用

公共关系评估是公共关系工作程序的最后一步。它在整个公关计划实施过程中都具有重要作用。评估控制着公关实践每个活动及环节。

1. 公共关系评估是改进公共关系工作的重要环节

通过公共关系评估,分析和评价组织形象的状况,提出报告,为领导层的管理决策提供参考依据。

2. 公共关系评估是后续公共关系工作的必要前提

通过公共关系评估,发现前次或前一时期的公共关系活动的缺陷与不足,为进一步改善公关活动提供依据。

3. 公共关系评估也是鼓舞士气、激励内部公众的重要形式

通过公共关系评估,将已经取得的公关活动成效反馈给内部员工,增强全体员工的公关意识,提高公关人员的信心和公关工作水平。

4. 公共关系评估是有效提高公关部门效率的手段

通过公共关系评估,衡量经费预算,衡量人力、物力的配备与开展公关活动之间的平衡性,衡量公关活动的效率。

二、公共关系评估的内容

公共关系评估的目的就是取得关于公关工作过程、工作效益的信息,并作为决定开展、改进公关工作和制订公关计划的依据。全面的公共关系效果评估工作,可以分解为诸多方面分别进行,然后具体分析各自的绩效,最终形成的成果就是评估报告。

(一)公共关系工作程序评估

公共关系工作程序评估,是对公共关系工作的各个步骤、各个环节的工作进行评估、估计或研究,公共关系评估研究的内容及要点如下:

1. 调查研究过程评估的要点

(1)公共关系调研的设计是否合理?

(2)调查方法的选择是否得当?

(3)获得信息资料的手段是否科学?

(4)公共关系调研对象选择是否具有典型性和代表性?

(5)调查工作的组织实施是否合理?

(6)公共关系调研的分析和结论是否科学和合理?

(7)沟通信息的表现形式是否恰当?

2. 计划制订过程的评估要点

(1)总体计划是否可行、合理? 战略构想是否周密、科学?

(2)计划目标是否科学?

(3)目标公众选择有无遗漏,是否科学?

(4)媒介选择及媒介策略是否得当?

(5)经费预算是否合理?

3. 实施过程的评估要点

(1)各项准备工作、沟通协调工作是否落实到位?

(2)实施过程安排是否合理、周到、有创新?

(3)信息制作的内容是否准确?

(4)传播效果是否明显?

(5)实施过程的安排是否得当?

(6)实施效果是否达到目标要求?

4. 实施效果的评估要点

(1)了解信息内容的公众数量,就是要对开展公共关系活动前后公众对组织的认识、了解和理解等变量进行比较。

(2)改变观点、态度的公众数量。这是评估实施效果的一个更高层次的标准。因为“态度”所涉及范围很广,内容丰富而复杂,而且不容易在很短时间内发生变化。评价一个人的态度,要根据一段时期内他在所有有关问题上的立场和观点而定,而不能仅凭一时一事来判定一个人的立场和态度发生了重大变化。

(3)发生期望行为与重复期望行为的公众数量。人们行为的改变会受多种因素的影响,这就如同态度与知识、观点的关系一样,在行为与知识和观点之间,在一定条件下也会发生联系。可以认定的是,行为发生变化的人在行为发生改变之前,肯定接受了某些信息或在某些方面被说服了。评估一项公共关系活动在改变人们长期行为方面取得的效果,需要较长时期的观察,并要取得足以说明人们行为调整后不断重复与维持期望行为的有力证据。

(4)达到的目标与解决的问题。这个评估标准是公共关系活动效果评估的最高标准。公共关系计划目标的实现,可以表现为取得理想的效果、筹措资金的数额达到预期的指标、在立法方面取得胜利等。有时,公共关系活动产生的结果并非完全与计划的目标一致,但这些结果同样是积极的,这时就可以认为是实现了计划目标的某些方面。在这种情况下,这些结果也应该作为评估公共关系活动效果的根据。

5. 对社会经济与文化发展产生的影响

这种影响要同其他因素一起共同作用，并在较长的时间里以复杂的、综合的形式表现出来。因此，对这种影响效果的评估并非是公共关系人员所能完成的，这是留给社会学家和心理学家的论题。我们这里涉及这个问题，主要是为使公共关系活动效果评估的理论体系完整化，并希望在思想上引起人们对这个问题的重视。对于那些通过自己的职业行为履行社会责任，并对社会经济及文化的发展产生积极作用的公共关系人员，后人将给他们以公正的评价。

(二)公共关系活动类型评估

按公共关系活动形式可把公共关系划分为日常公共关系活动和专项公共关系活动两大类。按公共关系计划制订时间的长短，可把公共关系划分为年度公共关系活动和长期(3 年至 5 年)公共关系活动。公共关系活动类型评估的内容及要点如下：

1. 日常公共关系活动效果评估

(1)组织的全员公共关系运作情况；

(2)领导者开展内外部公共关系活动的情况；

(3)全体员工的公共关系意识和行为表现情况；

(4)组织的各部门在经营管理各环节上的公共关系投入情况；

(5)组织内部公共关系协调状况；

(6)公共关系网络和日常的组织沟通情况；

(7)组织外部公共关系和人际协调情况；

(8)组织的知名度和美誉度情况；

(9)公共关系人员的工作状况；

(10)公共关系人员与领导工作配合和沟通状况等。

2. 专项公共关系活动效果评估

(1)项目的计划是否合适？

(2)其目标与组织总目标、公共关系战略目标是否一致？

(3)项目的目标是否已经实现？

(4)传播沟通策略和信息策略是否有效？

(5)公共关系协调状况如何？

(6)对公众产生了哪些影响？

(7)组织的形象有何种改变？

(8)项目预算是否合理？

(9)组织管理工作的成效如何？

3. 年度公共关系活动效果评估

(1)年度公共关系计划目标是否实现？

(2)年度公共关系计划方案是否合理？

(3)实现状况如何？

(4)年度内日常公共关系工作成效如何？

(5)年度内单项公共关系活动的类型、数量及成效分析。

(6)年度公共关系活动经费预算和使用情况及合理程度。

(7)内外部公共关系的开展以及成效。

(8)公共关系机构与公共关系人员的绩效情况。

(9)组织的公共关系应变能力如何?

4. 长期公共关系活动效果评估

长期公共关系活动效果评估包括某一长期公共关系项目以及公共关系长期工作的成效分析,它是一个总结的过程,需要将日常工作评估结果、专项活动评估结果、阶段性工作评估结果一并吸收进来,进行系统的分析,从而获得一个总的结论。

另外,长期公共关系活动效果评估还包括对公共关系活动的经历进行客观评估。同时,应将前几种公共关系活动效果评估的内容和要点加以归纳和分析。但是,要特别注重公共关系战略的得失问题、公共关系变动规律问题、公共关系与经营管理的关系问题等。

(三)公众关系状态评估

对主要公众关系状态进行评估研究,旨在通过各类公众关系的变化来评估以往公共关系工作的成效。公众关系状态分析应分两步进行,即内部公众关系与外部公众关系。

1. 内部公众关系评估

(1)组织的政策在沟通中被全员接受的程度;

(2)员工的士气;

(3)组织的凝聚力;

(4)组织中的各种工作关系处理情况;

(5)双向沟通带来的生机和活力;

(6)影响员工关系的因素测评;

(7)沟通渠道需做改进之处;

(8)传播策略以及目标的欠缺之处;

(9)公共关系贯通于各种经营管理活动的各个环节中有否障碍?等等。

2. 外部公众关系评估

(1)消费者关系评估。要弄清消费者的态度和行为变化的特点,评估组织对消费者关系的传播沟通以及人际协调方面的工作成效。

(2)媒介关系评估。要弄清媒介态度冷漠还是热情、积极支持与否,采取何种沟通策略以及取得何种成效。

(3)社区关系评估。要了解各类社区公众对自己以及有关活动的看法。

(4)政府关系评估。要了解政府的支持情况、组织与政府的沟通效果、政府关系的沟通协调策略等。

三、公共关系评估的程序

(一)设立统一的评估目标

统一的评估标准是检验公关工作的参照系,有了参照才能通过比较来检验公关计划与实施的结果,即使评估目标中有较多的定性与定量的东西,也仍需要制定一个统一的评估目标,并详细规定调查结果如何运用,这也为收集与评估相关的资料工作提供参考。

(二)将评估目标具体化

通过使用能够观察或能够测量的标准将评估目标具体化为许多分目标,使公关活动实施更加明确,也有利于评估工作的顺利进行;同时目标分解还可以使公关实施计划的实施过程更加明确化和准确化。

(三)选择适当的评估标准

评估标准选择的正确与否直接关系到评估的价值和标准取向。通常评估标准包括定性和定量两个方面。定量标准是对评估标准给予特定的数量化,但需要指出的是数量的表示有绝对数量和相对数量两种。而定性标准是对评估对象进行性质描述。

(四)确定收集资料的最佳方法

公关评估必须以一定的资料为依据,了解公共关系活动的效果,可能有多种方法和途径,如调查、组织活动记录、小范围的实验都是收集有关信息的重要途径。具体采用哪种方法收集资料,应该根据评估的目的和评估的标准来确定。

(五)研究评估资料并形成评估报告

收集到的资料必须经过充分的研究,在尊重客观事实的基础上实施评估方法,并形成评估报告。

(六)将评估结果向领导报告

将评估报告及时向领导层报告,一方面可以保证管理层及时掌握情况,有利于进行全面的协调,另一方面也可以体现公共关系在实现组织长期目标过程中的重要作用。

(七)总结经验和吸取教训

在评估过程中,对具体活动的全部资料进行认真分析、研究和提炼,对活动的成功经验和失败教训作出客观的评估,并对此作充分总结,找出工作中的缺点和不足,以便开展以后的公关工作。

四、公共关系评估的方法

在进行公关效果评估时,应该注意到一项公关活动总是处于一定的社会环境中,最好在评估公关效果时尽可能排除公关活动之外的因素干扰,以客观评估公关活动的影响。在组织进行公关评估时,常用的方法主要有以下几种:

(一)直接观察法

即公关人员以旁观者身份与其他公众一样接触各种公关活动,对于公关工作效果进行判断。公关人员比较了解公关策划的意义、会直接参与实施,通过实地的考查能记录各个环节的进展情况与实施状况,并可以实施效果作直接的观察与评估。采用这种方法,简单易行,评价人不需要经过特别的训练,费用又最省,故也最常被利用。但是评价中个人主观感情成分也较多。由于只是靠一般观察、感觉来判断,因此一般也无法进行精确的量化分析。

(二)内部、外部监察法

内部监察法是由组织内部人员,如与公关部平行的部门负责人或上级负责人,对公关部的表现进行调查和评价。主要针对其所开展的工作和所取得的成果,目前存在的问题和将来的计划,以及必须采取的措施提出建议。

外部监察法是由组织聘请外部专家对企业的公共关系进行调查、访问和分析,对企业的公共关系活动及效果做出较为客观的衡量和评价,并就未来的活动提出建议和咨询。

有条件的组织,上述两种监察法可同时采用。与此同时,公关部也应自己做出总结报告。这样,综合分析各方所提出的研究评价报告,就可对公关活动得出更为客观准确的评价。

(三)公众调查法

公众调查法是指选用一定数量的调查对象,用问卷、表格、访谈等方式,了解他们对一定问题的意见、态度和倾向，在充分调查的基础上，进行数据处理和分析，形成科学的评估报告。这种评估方法能够从多方面检测公关效果，但是由于涉及公众较为广泛，耗费较大。

（四）新闻舆论分析

新闻舆论分析是指通过大众传播媒介对组织的报道来评价公关活动效果。具体方法是通过统计新闻报道的数量，推测新闻界对本组织的重视程度；通过分析新闻媒介的级别层次，推测本组织的影响范围；通过研究新闻报道的方法，推测所产生的社会效果；通过了解新闻报道后的反响程度，推测组织在各类公众中的知名度和美誉度。舆论是公共关系的基石，也是衡量公共关系成效的重要指标，但须指出的是，舆论的改善不仅仅是公共关系的功劳，舆论的恶化也不可简单归罪于公共关系所为。因此，根据新闻报道的分析来检测公关效果并不绝对可靠。

（五）成本效益法

公关评估必须考虑到成本效益，公关实施是否用最少的开支使组织的公关活动效果最大化是一个重要的指标。因此，公关评估必须讲究成本和效益。

五、造成公共关系评估误差的原因

在对公共关系有效性进行评估的过程中，常见的一些错误如下：

（一）将数量等同于结果

这种错误的假设是，如果一个新闻发布稿是有效的，那么 3 份新闻稿将有 3 倍的效果。但是，这些报道对目标受众的真正影响和效果却无法用数量来衡量。

（二）将估计等同于评估

这种错误在于仅仅依赖经验或直觉来对某项公关活动的有效性进行评估。即使有些公关专家的评估听上去很专业，但如果不是从客观角度来说明公关的有效性，那么仍然不能够作为公关评估的可靠依据。

（三）样本只选取积极评价者

很多关于未来公关活动的错误策划都是基于一些积极的评价，而这种做法会带来诸多风险：某些人更倾向于按照提问人喜欢听到的话来回答；对访谈者的选择过程在无意识的情况下产生偏差。因此，样本必须通过科学、系统的方法来选择，以避免上述错误发生。

（四）努力的目标是知识

最常见的公关目标可能是增加公众对某一事物的知识。但是对人类学习过程的研究表明，在知识水平达到一定层次后，在大部分人群中知识的增长会大幅减缓。因此有时公关目标评估时不一定要测量公众掌握了多少公关传播的信息量。

（五）将知识等同于有利的态度

在公众获得公关信息所传递的知识之后，进行前测、后测的结果表明公众对某事物的知识已经提高，但这并不意味着公关活动是有效的，因为熟悉并不意味着积极的评价。

（六）态度意味着行为

尽管受众的积极态度和积极评价可以看作公共关系合理的目标之一，但是以为有利的态度会转变成所期待的理想行为的推断是不正确的。公关人员必须意识到在评估公众舆论时，有必要对他们的行为，至少是潜在的行为做出预测。

本章训练题

一、单项选择题

1. 下列选项中,不属于公共关系实施原则的是(　　)。
A. 目标导向原则　B. 控制进度原则　C. 整体协调原则　D. 把握舆论原则
E. 选择时机原则
2. 在公共关系评估的评估人中,(　　)是从自我角度来评估的。
A. 公关活动的主办者　B. 公关活动中的公众　C. 公关专家　D. 新闻媒体
3. 在公共关系评估的评估人中,(　　)是从参与者角度来评估的。
A. 公关活动的主办者　B. 公关活动中的公众
C. 公关专家　D. 新闻媒体
4. 在公共关系评估的评估人中,(　　)是从专业角度来评估的。
A. 公关活动的主办者　B. 公关活动中的公众
C. 公关专家　D. 新闻媒体
5. 公共关系实施是"四步工作法"中的第(　　)个步骤。
A. 一　B. 二　C. 三　D. 四
6. 公共关系评估是"四步工作法"中的第(　　)个步骤。
A. 一　B. 二　C. 三　D. 四

二、多项选择题

1. 下列选项中,属于公共关系实施效果评估的有(　　)。
A. 发送信息的数量
B. 改变公众态度的数量
C. 达到的目标与解决的问题
D. 发生期望行为和重复期望行为的公众数量
E. 产品自身存在严重缺陷
2. 影响公共关系实施的传播沟通障碍有(　　)。
A. 语言障碍　B. 风俗习惯障碍　C. 观念障碍　D. 心理障碍
E. 舆论障碍
3. 公共关系实施的方法有(　　)。
A. 直线性排列法　B. 多线性排列法　C. 曲线性排列法　D. 计划评估法
E. 测试工作法
4. 公共关系实施的特点有(　　)。
A. 创造性　B. 联动性　C. 时效性　D. 动态性

三、简答题

1. 公关活动实施的方式有哪些?
2. 公关评估分为哪几个阶段? 各阶段的主要内容是什么?
3. 造成公共关系评估误差的原因有哪些?

四、案例分析题

假设你是某面包公司的业务员，现在公司派你去偏远地区销毁一卡车的过期面包（不会致命的，无损于身体健康）。在行进的途中，刚好遇到一群饥饿的难民堵住了去路，因为他们坚信你乘坐的卡车里有能吃的东西。这时报道难民动向的记者也刚好赶来。对于难民来说，他们肯定要解决饥饿问题；对于记者来说，他是要报道事实的；对于你业务员来说，你是要销毁面包的。

（资料来源：www.baidu.com）

【要求】 你既要解决难民的饥饿问题，又要让记者不报道过期面包这一事实，请问你将如何处理？

说明：(1)过期的面包不会致命；(2)不能贿赂记者；(3)不能损害公司形象。

第九章

公共关系礼仪

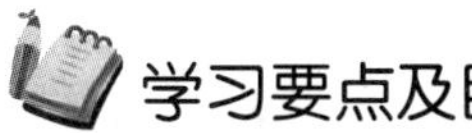

学习要点及目标

1. 了解礼仪的特性及功能；
2. 掌握公共关系人员仪表修饰的要求；
3. 掌握公共关系人员着装的基本原则及基本礼仪要求；
4. 明确日常社交的基本礼仪和礼节；
5. 了解不同餐饮活动中要把握的礼仪和礼节；
6. 了解涉外交往中应遵循的礼仪要求。

核心概念

礼仪　个人形象　日常社交礼仪　餐饮礼仪　涉外礼仪

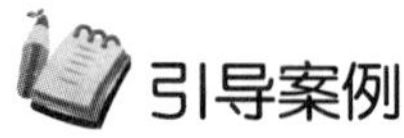

引导案例

如何给领导排座

公关礼仪众多，遍布各个公关活动场景，对于公关人员而言，无论是产品发布会、饭局还是坐车，公关人员都需要作为陪同出场，这其中就会涉及领导的排座问题，需要公关人员安排与沟通，而这又是一门学问，容不得一丝马虎。

一、饭局

饭局一般分两种情况：一种是圆桌，一种是方桌。如果是圆桌，主方人数不够可以选择主客方两个人对坐，如果主方人数比较多，则建议与客方交叉坐，主方领导在对门的中间即可；若是方桌，则是两边各坐一位主人，然后主人的身边依次根据重要程度坐重要的客人。

二、坐车

坐车这种情况比较简单，主人坐在后座靠右边的门，客人可以和主人坐在后座，但是随从(秘书、公关人员等)请往副驾驶座，除非领导有特殊要求。

三、产品发布会

(一)有合作方

产品的发布会一般存在两种情况，即有合作方与没有合作方。有合作方时，舞台基本没有主席台。参会者坐在舞台下方，一般主公司靠近座位两方中间的走道，然后双方公司的座位遵循交叉安排的规律。

（二）没有合作方

没有合作方时，舞台基本会有主席台。如果参会的领导人数是奇数，大领导坐中间，其他人依次排序；而如果参会的领导人数是偶数，一般是1号领导和2号领导同坐中间，1号领导在2号领导的左手边，然后是3左4右依次排序。

总之，基本原则就是"领导中间坐，然后就是领导的左手边为上，其他的左右左右依次排开"。

（资料来源：baijiahao. baidu. com）

交往是人类社会活动的基本形式之一，是人类社会发展中最奥秘和最丰富的学问，也是公共关系中最生动和最活跃的组成部分，是社会组织与内、外部公众沟通的重要途径。了解社交的基本原理，认识公共关系社交的特点，掌握和应用公共关系社交礼仪，有助于社会组织不断赢得赞许、支持、合作和友谊，对进一步完善和发展公共关系具有重要意义。

第一节　礼仪概述

礼仪是人们在一定交往场合中的行为规范和交往准则。

"不学礼，无以立。"礼仪是一个人道德水准和教养的重要标志，是一个人立足社会、成就事业、获得美好人生的基础。懂礼仪的人具有绅士风度，淑女风范；懂礼仪的人总是温文尔雅，彬彬有礼；懂礼仪的人展示的是落落大方、高贵典雅的形象；懂礼仪的人态度自然得体，充满自信，令人有说不出的舒服与自在。我们通常所说的气质、风度，是指人的内在美与外在美的和谐统一，是一个人德、才、学识诸方面修养在行为上的外化，从而产生了一种使人妙不可言的美好感觉。要提高一个人的气质、风度，应从礼仪修养入手。

一、礼仪的内容

"礼"是一个抽象的概念，它的本意是"敬神"。礼经中国几千年历史的浸润和熏染，其含义在不断地演变，时至今日，礼已经深入人类的日常生活和社会活动，引申为表示人与人之间、组织与组织之间或国与国之间的友好和敬意。因此，礼是指人们在长期的生活实践中约定俗成的行为规范与准则。一般而言，与"礼"相关的词常见的有礼貌、礼节、礼仪。礼的核心是礼貌，礼的形式是礼节，礼的规范是礼仪。

（一）礼貌

礼貌是指人们在交往过程中表示敬重、谦虚、恭敬、友好的行为规范，它体现一个人的基本品质。礼貌的外部表现主要是仪表仪容适度修饰，姿态举止端庄得体，态度亲切和蔼，说话文明谦虚恭敬，待人接物彬彬有礼。如尊老爱幼、热情待客等。

礼貌是人的道德品质修养的最简单、最直接的体现，也是人类文明行为的最基本的要求。

（二）礼节

礼节是指人们在日常生活和交际过程中表示问候、致意、致谢、慰问、哀悼等的惯用形式或具体规定，是礼貌的具体表现方式。如熟人路遇相互打招呼，宾主见面相互握手，逢年过节互相拜访，亲朋好友遇喜事送礼物，宴会中相互敬酒，对遇病痛灾难者进行慰问，等等。

现代礼节主要包括：介绍的礼节、握手的礼节、打招呼的礼节、鞠躬的礼节、拥抱的礼节、亲吻的礼节、举手的礼节、脱帽的礼节、致意的礼节、作揖的礼节、使用名片的礼节、使用电话的礼节、约会的礼节、聚会的礼节、舞会的礼节、宴会的礼节等。

(三)礼仪

礼仪是对礼节、礼貌的统称，是指人们在社会交往中由于受历史传统、风俗习惯、时代潮流等因素的影响而形成，既为人们所认同，又为人们所遵守，以建立和谐关系为目的的各种符合礼的精神所要求的行为准则或规范的总和。

1. 礼仪是一种行为准则或规范

礼仪是一种程序，表现为一定的章法。陌生人进入一个新的地域，就要对那里的习俗和行为规范有所了解，只有遵守这种习俗和规范，才能融入当地的环境。

2. 礼仪是一定社会关系中人们约定俗成、共同认可的行为规范

在人们的交往活动中，礼仪首先表现为一些不成文的规矩、习惯，然后才逐渐上升为大家认可的，可以用语言、文字、动作进行准确描述和规定的行为准则，并成为人们有章可循、可以自觉学习和遵守的行为规范。

3. 礼仪是一种情感互动的过程

在礼仪的实施过程中，既有施礼者的控制行为，也有受礼者的反馈行为。即礼是施礼者与受礼者互相尊重、情感互动的过程。

4. 礼仪的目的是实现社会交往各方面的互相尊重

礼仪通过实现社会交往各方面的互相尊重，达到人与人之间关系的和谐。在现代社会，礼仪可以有效地展现施礼者和受礼者的教养、风度与魅力，它体现着一个人对他人和社会的认知水平、尊重程度，是一个人的学识、修养和价值的外在表现。只有处于互相尊重的环境中，人与人之间的和谐关系才能建立并逐步发展。

从以上几个方面理解，我们可以对礼仪作如下概括：礼仪是人们在社会生活中处理人际关系时，为表示礼貌、礼节而用来约束自己、尊重他人的社会道德行为规范。

二、礼仪的核心理念

尊重为本：人们在交往过程中严于律己、尊重他人的一种特殊的行为规范。

善于表达：礼仪是指适当地表示人与人之间相互尊重的形式。

形式规范：以标准化的、规范化的形式表达尊重。

【案例 9—1】

“95 后”小伙带客户坐地铁

2019 年 9 月，南京一个“95 后”的小伙子在某社交平台发帖讲述自己的遭遇：去机场接客户开会时为了不耽误开会时间带客户坐了地铁，结果被老板怒斥“不带脑子”“必要的商务礼仪都不懂”。但客户反馈其实不错，如图 9—1 所示。

对于这件事情，许多网友认为：支持坐地铁，但事先要沟通。具体问题要具体分析，老板最怕你自作主张。

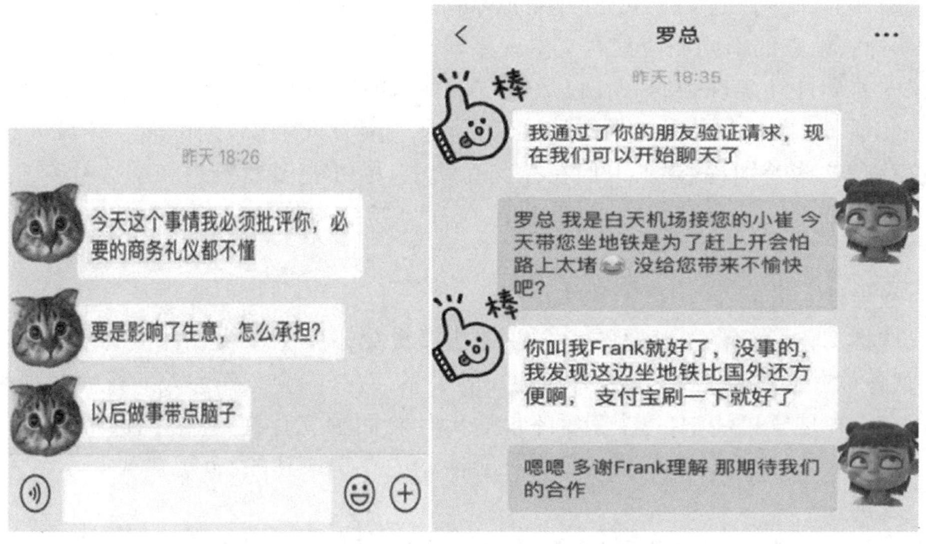

图 9—1　老板怒斥与客户反馈截图

（资料来源:《扬子晚报》）

三、礼仪的特性

礼仪是人们在漫长的社会实践中逐步地形成、演变和发展的。现代礼仪是在一番脱胎换骨之后形成的,它具有规范性、多样性、继承性、差异性等特性。

(一)规范性

礼仪是一种规范,它不是人们主观臆断形成的结果。礼仪规范是对人们在社会交往实践中形成的一定礼仪关系的概括和反映,通过风俗、习惯和传统的方式保留下来。每个人要想在社会场合表现得彬彬有礼、很有修养,都必须无条件地遵守礼仪规范。任何人如果不按照被社会认可的礼仪规范去工作、生活,而是随心所欲地按自己的方式去做,那么其行为必然令很多交往对象难以接受。所以,规范性是礼仪的一个重要特性。

(二)多样性

世界各地民俗礼仪千奇百怪,几乎没有人能说清楚世界上到底有多少种礼仪形式。

礼仪作为一种行为规范,涉及社会生活的各个方面,从而决定了礼仪的多样性的特点。任何人,由于不同的职业、不同的生活领域都需要遵循不同的礼仪规范,因此,不管在内容上,还是形式上,礼仪都是丰富多样的。

(三)继承性

人们交际活动中的行为习惯以准则的形式固定下来,这种固化程式随着时间的推移沿袭下来,从而形成种种行为规范。礼仪是一个国家民族传统文化的重要组成部分。每一个民族的礼仪文化,都是在其民族固有传统文化的基础上,通过不断吸收其他民族的礼仪文化而发展起来的,人们对待流传下来的礼仪规范应采取“取其精华,占其糟粕”的态度。

(四)差异性

礼仪作为一种行为准则和约定俗成的规范,是各民族礼仪文化的一个共性。但对于礼仪的具体运用，会因时间、地点等现实条件的不同而呈现差异性。这主要表现在同一礼仪形式常常会因时间、地点的不同而使其意义出现差异。

礼仪的差异性还表现为同一礼仪形式，在不同场合，针对不同对象，会有细微差别。如同样的一句话，对北方人说可能觉得是笑话，但对于南方人来说，则可能会令彼此尴尬。正因为礼仪存在这些差别，就要求人们在社交互动中，尽可能多地熟悉和掌握社交礼仪，熟练地运用礼仪规范来展示自己的风采，使自己在社交场合中保持良好的形象，促进社会交往的成功。

（五）社会性

礼仪这种文化形态有着广泛的社会性。礼仪贯穿于整个人类的始终，遍及社会各个领域，渗透到各种社会关系之中，只要有人和人的关系存在，就会有作为人的行为准则和规范的礼仪的存在。在现实生活中，每个人都不能脱离社会而独立存在，每个人都希望在自己的交际活动中取得成功，那么礼仪就是一把在社会活动中取得成功的“金钥匙”。

（六）发展性

礼仪是逐渐形成的，并随着时代的发展而变化。任何时代的礼仪都体现着时代的要求。一方面它是在人类的交际活动实践之中形成、发展、完善起来的；另一方面，社会的发展，历史的进步，由此而引起的众多社交活动的新特点、新问题的出现，又要求礼仪有所变化，这就使礼仪具有相对的变动性。如从封建时代的“三从四德”到社会主义时代的男女平等，礼仪随着社会的进步而更新，以符合时代的要求。

（七）综合性

礼仪是一门专门研究人的交际行为规范的科学，这是它有别于其他学科的标志。但在另一方面，它又广泛吸收了其他许多学科的成果，用以充实、完善自身。在这个意义上，又可将它视为一门综合性学科。

（八）限定性

礼仪主要适用于交际场合，适用于普通情况下一般的人际交往与应酬。在这个特定范围内，礼仪肯定行之有效。离开了这个特定的范围，礼仪则未必适用。这就是礼仪的限定性特点。必须明确，当所处场合不同，所具有的身份不同时，所要应用的礼仪往往会因此而各有不同，有时甚至还会差异很大。一般而论，适合应用礼仪的，主要是初次交往、因公交往、对外交往这三种交际场合。

（九）可操作性

切实有效，实用可行，规则简明，易学易会，便于操作，是礼仪的一大特征。礼仪既有总体上的原则、规范，又在具体的细节上以一系列的方式、方法，仔细周详地对原则、规范加以贯彻，使得人们能够广泛地运用其于交际实践，并得到广大公众的认可。

四、礼仪的功能

“读书是学习，使用也是学习，而且是更重要的学习”，学习的目的全在于运用。当前，礼仪之所以被提倡，之所以受到社会各界的普遍重视，主要是因为它具有重要的功能——既有利于个人，又有利于社会。

（一）弘扬礼仪传统

文明古老的中华民族，以其聪颖的才智和勤奋的力量，创造了人类历史上最灿烂的文化。中华民族，素以礼仪之邦著称于世。几千年来，各族人民都创造了一整套独具特色的礼节、仪式、风尚、习俗、节令、规章和典制等，并为广大人民所喜爱、所沿袭，这些礼仪习俗，反映了我国民族的传统美德与优良品质，勾画了我国民族的历史风貌。

【案例 9—2】

新郎为岳父、岳母敬茶

某酒店正在举行婚礼，在司仪的主持下，新郎跪下身向岳父、岳母敬茶。一名旁观者小声地评价："跪都没有跪相，摇摇晃晃的，茶都要洒出来了。"另一人接口道："这种礼节很久不用了，现在又开始时兴起来。"第三人不禁问道："什么时候废除的呢？"

敬茶是我国自古就有的民俗，向长辈敬茶以示对长辈的敬意，敬客斟茶通常以斟半杯为礼貌，俗称"茶七酒八"；有的地方则流行三道茶仪式。按照我国传统文化的习俗，无论在任何场合，敬茶与饮茶的礼仪都是不可忽视的一环。

（资料来源：www. baidu. com）

(二)提高自身修养

在人际交往中，礼仪往往是衡量一个人文明程度的准绳。它不仅反映一个人的交际技巧与应变能力，而且反映一个人的气质风度、阅历见识、道德情操、精神风貌。因此，在这个意义上，完全可以说礼仪即教养，而有道德才能高尚，有教养才能文明。

(三)有助于美化自身、美化生活

个人形象，是一个人仪容、表情、举止、服饰、谈吐、教养的集合，而礼仪在上述方面都有其详尽的规范。当每个人都重视美化自身、人人以礼待人时，人际关系将会更加和睦，生活将变得更加温馨，此时，美化自身便会发展为美化生活。这也是礼仪所发挥的作用。

(四)促进社会交往，改善人际关系

古人认为："世事洞明皆学问，人情练达即文章。"这句话，讲的其实就是交际的重要性。运用礼仪，除了可以使个人在交际活动中充满自信、胸有成竹、处变不惊之外，其最大的好处就在于，能够帮助人们规范彼此的交际活动，更好地向交往对象表达自己的尊重、敬佩、友好与善意，增进彼此之间的了解与信任，进而有助于和谐社会的建立。

(五)净化社会风气，推进社会主义精神文明建设

细节往往决定一个人的成败。反映个人教养的礼仪，是人类文明的标志之一，一个人、一个单位、一个国家的礼仪水准如何，往往反映这个人、这个单位、这个国家的文明程度、整体素质与整体教养。古人曾指出"礼义廉耻，国之四维"，将礼列为立国的精神要素之本。而在日常交往中，诚如英国大哲学家约翰洛克所言："没有良好的礼仪，其余的一切成就都会被人看成骄傲、自负、无用和愚蠢。"荀子也曾强调："人无礼则不立，事无礼则不成，国无礼则不宁。"

第二节 公共关系人员的个人形象设计

公共关系礼仪的首要作用是塑造个人形象。个人形象是个人在社会交往中所得到的整体评价，是一个形象的系统。在人际交往中，第一印象非常重要。公共关系人员作为社会组织代表者，是特殊的个体，所以他们必须在严守公共关系种种礼仪规范的前提下彰显个人形象魅力。当然，思想道德修养深、知识文化水平高、公关能力强的公共关系人员，既能以其形象的规范之美取得人们的好感和信任，又能以其形象的个性魅力征服人们的心。

一、公共关系人员的仪表礼仪

曾有一部电影，其中有这样一段台词，一位作曲者和一位作词者探讨旋律与歌词孰轻孰重，最后得出的结论是：悦耳的旋律在第一时间吸引住人们的耳朵，之后出色的歌词打动人们的心灵。人们通常会对交往对象的个人形象倍加关注，并且都十分重视遵照规范的、得体的方式塑造、维护自己的个人形象。因为个人形象的重要性体现在它可以真实地体现个人教养和品位，可以客观地反映个人的精神风貌与生活态度，可以如实地展现个人对待交往对象所重视的程度，并且，它是个人所在单位的整体形象的有机组成部分。

仪表即人的形貌外表，是一个人精神面貌的外观体现，它一般包括人的仪容、仪态、发型、表情等具体因素。在人际交往、涉外交往中，每个人都必须时时刻刻注意维护自身形象，特别是要注意维护自己在正式场合留给别人初次见面的第一印象。

（一）仪容的修饰

仪容修饰被视为仪表礼仪的核心部分。仪容是指一个人的容貌，包括五官的搭配和适当的发型衬托。就个人的整体形象而言，容貌是整个仪表的一个重要环节，它反映一个人的精神面貌、朝气和活力，是传达给接触对象感官最直接、最生动的一个信息。

一个人先天性的容貌是无法改变的，但可以通过一定的修饰技巧，使一个长相平凡的人变得楚楚动人，比原来更加漂亮、更加美丽，这不仅是自己对仪表美的要求，也是满足交往对象审美享受的需要。

公共关系人员在仪容修饰方面主要从发型和化妆两方面着手。

1. 发型

人与人之间的交往中，人们注视他人的第一眼首先是从头看起。头发是我们每一个人的制高点，是交往对象无法忽视的重要部分。通常情况下，发型修饰要满足以下几点要求：

(1)干干净净，就是要求勤洗发、勤理发，努力使自己的头发保持清洁卫生的状态。具体来说，应当至少三天洗一次发，至少半个月理一次发。此外，还须随时随地检查自己头发的清洁度。

(2)整整齐齐，就是要求公共关系人员必须把头发“按部就班”地梳理“到位”，不允许蓬松凌乱。即使有一缕头发因不服“管理”而“突出”，也是“犯规”的。为了使头发保持既定的发型，可使用美发用品对之加以固定。但更重要的是保持头发整齐，“一丝不乱”。唯其整齐，才有干净可言。

(3)长短适当，是指在头发的长度方面，对商界人士有一个比较特殊的要求：宜短不宜长。男士发长一般不超过 7 厘米，且前发不覆额，侧发不掩耳，后发不及领；女士头发的长度则相对“宽松”些，但在庄重严肃的工作场合，则要做到：前发不遮眼，后发不过肩，头发过肩者必须扎起或绾起。

(4)简洁自然，就是要求公共关系人员在正式场合，发型发色应当传统一些，保守一些，规范一些，切勿过分新潮，过分怪异，不宜染烫过于夸张的发型发色。

2. 化妆

化妆是一种通过对美容用品的使用来修饰自己的仪容、美化自我形象的行为。简单地说，化妆就是有意识、有步骤地来为自己美容。化妆可以使人们更加美丽、更加自信。作为公共关系人员应该掌握的化妆原则有以下两个方面：

(1)美化的原则。要使化妆达到美的效果，首先必须了解自己的脸的各部位特点，孰优孰劣要心中有数；还要清楚怎样化妆和矫正才能扬长避短，变拙陋为俏丽，使容貌更迷人。这些要在把握脸部个性特征和正确审美观的指导下进行。

(2)自然的原则。自然是化妆的生命，它能使化妆后的脸看起来真实而生动，不是一张呆板生硬的面具。化妆失去了自然的效果，那就是假，假的东西就无生命力和美化可言。自然的化妆要依赖正确的化妆技巧、合适的化妆品；要一丝不苟，井井有条；要讲究过渡、体现层次；要点面到位、浓淡相宜；要整体协调，使妆面协调、全身协调、场合协调、身份协调，以体现自己的不俗品位。

【案例 9—3】

小吴的变妆

小吴，某高校文秘专业高才生，毕业后就职于一家公司做文员。为适应工作需要，上班时，她毅然放弃了“清纯少女妆”，化起了整洁、漂亮、端庄的“白领丽人妆”：不脱色粉底液，修饰自然、稍带棱角的眉毛，与服装色系搭配的灰度高偏浅色的眼影，紧贴上睫毛概况描画的灰棕色眼线，黑色自然型睫毛，再加上自然的唇型和略显浓艳的唇色，虽化了妆，却好似没有化妆，整个妆容清爽自然，尽显自信、成熟、干练的气质。但在公休日，她又给自己来了一个大变脸，化起了久违的“清纯少女妆”：粉蓝或粉绿、粉红、粉黄、粉白等颜色的眼影，彩色系列的睫毛膏和眼线，粉红或粉橘的腮红，自然系的唇彩或唇油，整个人看上去就是青春活力少女。

心情好，自然工作效率就高。一年来，小吴以自己得体的外在形象，勤奋的工作态度和骄人的业绩，赢得了公司同仁的好评。

(资料来源：www. doc88. com)

总之，要使化妆“说其有，看似无”，就像被化妆的人确确实实长了这样一张美丽的面容，像真的一样。化妆时不讲艺术技法手段，胡来一气，敷衍了事，片面追求速度，都有可能使妆面失真。职场男士和女士面容修饰都有具体的标准要求，如表 9—1 和表 9—2 所示。

表 9—1　　职场男士面容修饰的标准要求

具体部位	要求详解
眼睛	无眼屎、不充血、不斜视，眼镜端正，洁净明亮
耳朵	内外干净，无耳屎
鼻子	鼻孔干净，不流鼻涕，鼻毛不外露
胡子	刮干净或修整齐，按国际惯例，商务人士男子不蓄胡须
嘴	牙齿整齐洁白，口中无异味，嘴角无唾沫，会客时不嚼口香糖
脸	洁净，无明显粉刺
手	清洁，指甲不长于 2 毫米，指缝要干净

表 9—2　　职场女士化妆的标准要求

基本要求	要求详解
清淡雅致	以清淡为主，即自然妆，重点讲求自然大方、朴实无华、素净雅致
简洁明快	以简妆、工作妆为主调，主要化妆部位是嘴唇、面颊和眼部
适度合宜	针对工作实际需要，讲究化妆的程度适当
色彩自然	在用色上柔和自然，不能过分妖艳
化妆的礼仪是避免当众化妆或补妆，不要在异性面前化妆，勿出现残妆，勿使化妆妨碍他人工作，妆应以淡妆为主	

(二)仪态的美化

仪态美即姿势、动作的美，是人体具有造型性因素的静态美和动态美。培根说："相貌的美高于色泽的美，而优雅合适的动作的美又高于相貌的美。"这是因为姿态比相貌更能表现人的精神气质。因此，基本仪态应体现文雅、庄重、健康、大方得体。公共关系人员要通过规范、优雅的行为举止来展现其良好的气质与风度。

仪态美主要表现在坐、立、行、眼神以及手势等方面。

1. 站姿

站姿就是人们站立时的姿势与体态，它是仪态美的基础。良好的站姿能衬托出美好的气质和风度。古人云"立如松"，是说人的站立姿势要像青松一般端直挺拔才美。正确的站姿应该是身体直立正直，头、颈、身躯、双腿与地面垂直，重心在两脚之间；脚尖稍向外呈"V"字形；挺胸收腹，形体庄重、平稳。

从侧面看，下颚微收，两眼平视，挺胸收腹，形体显得庄重、平稳，两脚间距离不超过一脚。要点是：头正，腰直，肩平，挺胸，收腹。站立时精神要振奋，不论怎样复杂的姿态，腰部一定要直，下巴往后缩，肩膀要平，让一切变化都在脚部，上半身始终保持挺直端正，身体不能晃动。

作为公共关系人员来讲，正规的礼仪基本站姿应是：

(1)头正。头部抬起，两眼平视前方，表情自然明朗，稍带微笑，下巴稍微向后缩，但避免出现双重下巴，嘴微闭。

(2)肩平。双肩平正，微向后张，使上体自然挺拔，上身肌肉微微放松。

(3)臂垂。两臂自然下垂，稍微移向臀部后面，女士右手握住左手自然垂于体前；男士双手自然垂于体侧，中指对准裤缝。

(4)躯挺。胸部挺起，腹部往里收，腰部正直，臀部向内向上收紧。

(5)腿并。两腿挺直，膝盖、脚跟相碰，大腿肌肉略有收缩感，两脚尖略为分开(大约一拳左右大小)。

(6)重心稳。身体重心通过两脚中间，放在脚前端的位置上。

但是在某些场合，也可以调整自己的姿态。

对女士来讲，身体姿态基本不变，只是两脚的摆放可以略加调整，如丁字步，即一脚稍微向前，脚跟靠在另一脚内侧。

对男士来讲，两手可以搭放背后，两脚可以略微分开，与肩同宽。

如没有穿衣镜，背靠着墙，尽量使其接触，如此自然会收缩肚子。背靠墙而立，让足跟、小腿肚、臀部、背部、后脑和墙接触，在头上顶本书，让书的一边和墙接触，走动离开墙，为了不让书掉落，你会本能地挺直脖子，下巴后收，胸脯挺起。

站立时忌讳两腿交叉站立；臀部撅起；双手或单手叉腰；无精打采，东倒西歪；攀肩勾背，双臂交叉抱于胸前；探脖、塌腰、耸肩；头部左偏右斜；双手插入衣袋或裤袋中；身体抖动或晃动，或下意识地做小动作，玩弄小物品，不停地拨弄头发，咬手指甲等。

2. 坐姿

正确的坐姿是指坐时姿势要端正，上身正直稍向前倾，头平正，两眼平视，下巴往后收，脖子要直，胸部挺起，脊椎骨和臀部成一直线，两臂贴身，自然下垂，两手随意放在腿上，两腿间距与肩宽同，两脚自然着地，宜体现稳重、端庄的神态。坐是一种静态造型，端庄优美的坐姿，会给人以文雅、稳重、大方的美感。

(1)端坐姿势的基本要求。

端坐时最基本的要求是：坐得端正稳重、自然亲切、文雅自如。端坐的具体要领：如果坐靠背椅，走到座位前，背向椅子，使腿肚贴到椅子边，上体要直，轻稳坐下，双膝并拢，双脚靠拢，垂直于地面，也可视情况向一侧倾斜。坐高靠椅和沙发而人又相距较远时，也可跷腿而坐。方法是将左腿稍向右倾，右腿搁在左大腿上，两小腿相靠，双腿平行。坐下的动作不要太快或太慢、太重或太轻。太快显得有失教养；太慢则显得无时间观念；太重给人粗鲁不雅的印象；太轻给人谨小慎微的感觉。应大方自然、不卑不亢轻轻落座。

在长辈面前，双手扶膝，端坐不靠，可以表现诚恳求教的态度，易引起对方的好感。

女士穿裙子入座时，应清理一下裙边，将裙子后片向前拢一下，以显得端正娴雅；有时可膝盖交叠，小腿靠紧，腰部用力，挺胸。一切的优美姿态让腿和脚来形成。

(2)端坐时两手、两腿和两脚的摆法。

端坐时对手、腿和脚的摆法也有规范的要求：

①两手摆法：有扶手时，双手轻搭在扶手上或一手搭在扶手上一手轻放在腿上；无扶手时，两手相交或轻握或呈“八”字形置于腿上。

②两腿摆法：椅高适中时，两腿稍靠或稍分，分开时不能超过肩宽，但女士两腿不能分开；椅面低时，两腿并拢，自然倾斜于一方；椅面高时，一腿搁于另一腿上，脚尖向下。

③两脚摆法：脚跟脚尖全靠或一靠一分，也可一前一后或右脚放在左脚外侧。

(3)女士8种优美坐姿。

在一些社交场合，女士要达到坐姿优美，通常是改变腿位和脚位，而膝部以上同端坐时基本一致。

①标准式：坐下后，上身挺直，双肩平正，两臂自然弯曲，两手交叉叠放在两腿中部，并靠近小腹。两膝并拢，小腿垂直于地面，两脚保持小丁字步。

②前伸式：在标准坐姿的基础上，两小腿向前伸出一脚的距离，脚尖不要翘起。

③前交叉式：在前伸式坐姿的基础上，右脚后缩，与左脚交叉，两踝关节重叠，两脚尖着地。

④屈直式：右脚前伸，左小腿后屈，大腿靠紧，两脚前脚掌着地，并在一条直线上。

⑤后点式：两小腿后屈，脚尖着地，双膝并拢。

⑥侧点式：两小腿向左斜出，两膝并拢，右脚跟靠拢左脚内侧，右脚掌着地，左脚尖着地，头和身躯向左斜。注意大腿和小腿要成90°，小腿要充分伸直，尽量显示小腿长度。

⑦侧挂式：在侧点式基础上，左小腿后屈，脚绷直，脚掌内侧着地，右脚提起，用脚面贴住左踝，膝和小腿并拢，上身右转。

⑧重叠式：重叠式也叫“二郎腿”或“标准式架腿”等。在标准式坐姿的基础上，两腿向前，一条腿提起，腿窝落在另一腿的膝关节上边。要注意上边的腿向里收，贴住另一腿，脚尖向

下。重叠式还有正身、侧身之分，手部也可交叉、扶把手等多种变化。二郎腿一般被认为是一种带有不严肃、不庄重的坐姿，尤其是女子不宜采用。其实，这种坐姿常常被采用，因为只要注意上边的小腿往回收和脚尖向下这两个要求，其外观不仅优美文雅，大方自然，富有亲近感，而且可以充分展示女子的风采和魅力。

(4)男士6种优美坐姿。

同样，男士优美坐姿的不同也表现在腿位和脚位上。

①标准式：上身正直上挺，双肩正平，两手放在两腿或扶手上，双膝并拢，小腿垂直地落于地面，两脚自然分开成45°。

②前伸式：在标准式的基础上，两小腿前伸一脚的长度，左脚向前半脚，脚尖不要翘起。

③前交叉式：小腿前伸，两脚踝部交叉。

④屈直式：左小腿后屈，前脚掌着地，右脚前伸，双膝并拢。

⑤斜身交叉式：两小腿交叉向左斜出，上体向右倾，右肘放在扶手上，左手扶把手。

⑥重叠式：右腿叠在左腿膝盖上部，右小腿内收、贴向左腿，脚尖自然地向下垂。

(5)端坐时的忌讳。

忌讳双腿平直伸开呈叉开状，将脚尖翘起左右晃动，或把双脚缩在坐椅下面；忌讳两脚呈内八字形，即两脚尖朝内，脚跟朝外；忌讳跷二郎腿脚尖对着别人，频繁地抖动；忌讳在别人面前双手抱膝或手捂小腹处；忌讳旁若无人，整理头发和衣服，不时摆弄手指、衣角、手帕及其他小件物品；忌讳脱掉鞋子或把脚露在鞋外；忌讳双手交叉于脑后仰坐在工作台旁；忌讳在椅子上前俯后仰，或者把腿架在椅子或沙发扶手上、架在茶几上；忌讳与人谈话时，将上身往前倾或以手支撑着下巴；在谈话时将双手置于膝上或扶手上高昂起头容易被人判读为示意结束。

3. 走姿

走姿即行走姿态。行走是人体美的一种动态表现。每个人都是一个流动的造型体，优雅、稳健、敏捷的走姿，会给人以美的感受，产生感染力，反映出积极向上的精神状态。

有人说，你若想了解一个城市人们的素质和生活节奏，只要在街上观察人们走路的姿态就可以了。比如美国人走路，脚步匆匆，表明生活节奏快；而洒脱的步伐中有一种稳重的气派，说明其素质较高。

(1)规范的走姿。

走路的步态要端正、轻盈、稳健、充满活力，体现一种动态美。女子的步态要轻盈、有节奏，展示出曲线美；男子的步态稳健，充满阳刚之气。

基本要领：上体应保持正直，抬头两眼平视，下巴后收与地面平行，两眼平视前方，胸部挺起，精神饱满，面带微笑；双脚平行，跨步均匀，两脚之间相距约一只脚或一只半脚；步伐稳健，步履自然，要有节奏感。女性穿裙子时，裙子的下摆与脚的动作应力求表现出韵律感；腰要适当收紧，走路要有腰力；身体重心稍稍向前；迈步时，脚尖可微微分开，但脚尖脚跟应与前进方向近乎一条直线；两臂自然协调摆动，手臂与身体的夹角一般在15度；上下楼梯，上体要直，脚步要轻，要平稳，一般不要手扶栏杆。具体来说，要做到以下几点：

①头正：双目平视，收颔，表情自然平和。

②肩平：两肩平稳，防止上下前后摇摆。双臂自然摆动，前后摆幅在30°—40°，两手自然弯曲，在摆动中离开双腿不超过一拳的距离。

③躯挺：上身挺直，收腹立腰，重心稍前倾。

④步位直。男子行走时步位一般要求两脚跟交替前进在两条平行线上，两脚尖稍外展。

女性的步态是否优美，关键在步位和步度。步位是指脚落地的位置，两脚要踩在一条直线上，这样可使臀部摇幅适中，迈步时以大腿带动小腿，不要耸肩抬头，注意呼吸平衡，保持手不乱晃。步度是指跨出去的距离要适中，过大难看，过小又走不快。只要注意这两点，走路时才能给人以袅袅婷婷的感觉。

⑤步速平稳。走路的时候，两脚平行，轮番前进，不要分别踩在两条平行线上，两脚要踩在同一条线上。臀部、腰部随腿脚自然摆动。走姿需要注意的是身体直立，眼睛平视前方，步履轻松、优美，脚大致走在等宽的直线上。走路时膝盖和脚腕都要富于弹性，否则会失去节奏，显得浑身僵硬。让步伐和呼吸配合成有韵律的节奏。

行走的姿态也不是一成不变的，它随不同的场合而出现的强弱、轻重、快慢、幅度及姿势不同。例如，在室内走路，脚步轻松而平稳；在病房或阅览室，步伐轻盈柔和；外出游玩轻快活泼；参加仪式稳健大方；参加丧礼沉重缓慢。虽说有差异，但满足走姿的基本要领就是姿态优美、风度翩翩。

(2)变向行姿。

这是指在行走中，需转身改变方向时，采用合理的方法，体现出规范和优美的步态。

①后退步：与人告别时，应当先后退两三步，再转身离去，退步时脚轻擦地面，步幅要小，先转身后转头。

②引导步：用于走在前边给客人带路的步态。引导时要尽可能走在客人左侧前方，整个身体半转向旅客方向，保持两步的距离，遇到上下楼梯、转弯、进门时，要伸出左手示意，并提示请客人上楼、进门等。

③前行转身步：在前行中要转弯时，要在距所转方向外侧的一脚落地后，立即以该脚掌为轴，转过全身，然后迈出另一脚。即向左转弯，要右脚在前时转身；向右转弯，要左脚在前时转身。

(3)行走时的忌讳。

忌讳行走摇晃肩膀，双臂大甩手，大幅度扭腰摆臀；忌讳步子太大或太小、双手插入裤袋、双手反背于背后；忌讳身体前俯后仰、左右摇晃、左顾右盼、晃肩、躬腰、腆肚，两脚尖不要向里侧或走外八字；忌讳急跑步或脚跟用力着地而发出声响；忌讳抢道而行，不打招呼，不致歉意；忌讳与人并行勾肩搭背。

4. 表情

表情，泛指一个人面部呈现的具体形态，指的是人通过面部形态变化所表达的内心的思想感情。在公共关系交往中，热情友好、待人以诚的公共关系人员，有必要正确地把握和运用好自己的表情。唯有这样，公共关系人员的友善与敬意才会真正为交往对象所理解。这不只是公共关系人员的一种职业要求，而且应当是其待人接物所“必备”的一种修养。公共关系人员在人际交往中所应用的表情语言异常丰富，不过一般来说，认真的眼神和真诚的微笑，则是公共关系人员的基本表情。

(1)眼神。

眼神也称目光语，它是交际中通过视线接触所传递的信息。眼睛被喻为“心灵的窗户”，是人体传递信息最有效的器官，它能如实地反映人的喜怒哀乐。在社交场合交谈时，一定要注意眼神的礼仪，目光要坦然、温和、大方、亲切，正视对方的两眼与嘴部的三角区，表示对对方的尊重，但凝视的时间不可太长，因为长时间凝视对方，会让对方感到紧张、难堪。如果面对熟人、朋友、同事，可以用从容的眼光来表达问候，征求意见，这时目光可以多停留一些时间。与人对视时，切忌迅速移开，不要给人留下冷漠、傲慢的印象。对方缄默或失语时，不应再看对方。

公共关系人员必须注意以下几个问题：

①不能对关系不熟或一般的人长时间凝视，否则将被视为一种无礼行为。

②与新客户的谈话，眼神礼仪是：眼睛看对方眼睛和嘴巴的“三角区”，标准注视时间是交谈时间的 30%—60%，即“社交注视”。

③眼睛注视对方的时间超过整个交谈时间的 60%，属于超时注视，一般情况下是失礼的。但亲人或情侣间超时的亲密注视，可表示重视、感兴趣等。

④眼睛注视对方的时间低于整个交谈时间的 30%，属于低时注视，一般情况下也是失礼的，表明其内心自卑或企图掩饰什么或对交流不感兴趣。

⑤眼睛转动的幅度不要太大，速度也不要太快或太慢。眼睛转动稍快表示聪明、有活力，但如果太快，则表示不诚实、不成熟，给人轻浮、不庄重的印象，如“挤眉弄眼”“贼眉鼠眼”；如果眼睛转得太慢，则会给对方留下目中无人、反应迟钝、精神恍惚等不良印象。

在一些公务场合，公共关系人员要注意不能出现那些不利于人际交往的眼神。

①瞪眼：不是每个人把眼睛瞪得大大的都十分可爱，如果你对他不满，这种目光会让他产生更大的敌意；如果你只是想强烈地表达你的情绪，这种眼神则太过夸张，有时还会显得有点呆。

②盯：不管有意无意，盯着对方都是不礼貌的。这种目光会引起对方较强烈的心理反应，容易造成误会，让对方产生压力，有受到侮辱甚至挑衅的感觉。

③眯眼：眯着眼睛看人，会让人产生你想隐藏自己的心理而窥视他人或你在打什么小算盘的误会。另外，对异性眯起眼睛，还眨两下眼皮，是一种调情的动作，视为办公室之大忌。

④斜视：从眼角把目光投向别人，传递的是一种漠然、漠视和漫不经心甚至是轻蔑的情绪，十分不友好。

注意眼神的注视范围。目光注视区分为：公务注视区（额中至双眼部）、社交注视区（双眼至下颌）、亲密注视区（双眼至前胸）、侧扫区（亲密关系或非常厌恶关系）。注视区的选择视场合而定。一般情况下，眼神要有三度，如表 9—3 所示。

表 9—3　眼神的三度标准

眼神的三度	标准要求
集中度	用眼睛注视对方脸部的三角部位，即以双眼为上线、嘴为下顶角也就是双眼和嘴之间的三角部位
光泽度	精神饱满，在亲和力的理念下保持神采奕奕的眼神，再辅之以微笑与和蔼的面部表情
交流度	迎着对方的眼神进行目光交流，传递你对对方的敬意

（2）微笑。

人的面部表情除了眼神外，恐怕最明显的标志要算是哭与笑了。为了显示公共关系人员的素养，应当展开“微笑社交”，这也是公共关系人员应有的礼貌修养的外部表现。微笑是自信的象征，是礼貌的表示，是心理健康的标志。在各种场合恰当地运用微笑，可以起到传递情感、沟通心灵、征服对方的积极心理效应。在与人交流时，可以在开口之前先以微笑示好；在与人交流时，如果对方向自己投以微笑，一定要以微笑回应。如微笑着向别人道歉，会消除对方的不满情绪；微笑着接受批评，能显示你承认错误但又不诚惶诚恐；即使微笑着委婉拒绝别人，也代表你的大度，不会使人感到难堪；等等。当然，微笑也需要适时适地，它并非是在任何情况下都可以套用的化解问题的最好方式。

①保持乐观、稳定的心理素质，不大喜大悲，遇事沉着冷静。妥善处理工作中的各种问题，特别是自身的工作失误，上岗后及时进入角色，忘掉一切烦恼和不快。

②微笑要从内心发出，不要做作，做作的微笑叫皮笑肉不笑，反会把人吓跑。

③微笑时，眼睛也应含着笑意，否则光露牙齿或抿嘴微笑而目光不配合就会很难看。

④将"前""C""茄子"各读 50 遍，你会发现发音时嘴形似微笑，多读会有助于你自然地微笑。

⑤微笑与天性有关，但后天的培养也很重要，随时提醒自己保持愉快的心情，保持微笑，空闲时可对着镜子练习，直到你满意、习惯为止。

【案例 9－4】

微笑的魅力

一次，飞机起飞前，一位乘客请空姐给他倒一杯水吃药，空姐很有礼貌地说："先生，为了您的安全，请稍等片刻，等飞机进入平衡飞行后，我会立刻把水给您送过来，好吗？"

15 分钟后，飞机早已进入平衡飞行状态。突然，乘客服务铃急促地响了起来，空姐猛然意识到：糟了，由于太忙，她忘记给那位乘客倒水了。当空姐来到客舱，看见按响服务铃的果然是刚才那位乘客，她小心翼翼地把水送到那位乘客眼前，微笑着说："先生，实在对不起，由于我的疏忽，延误了您吃药的时间，我感到非常抱歉。"这位乘客抬起左手，指着手表说道："怎么回事，有你这样服务的吗？你看看，都过了多久了？"空姐手里端着水，心里感到很委屈，但是，无论她怎么解释，这位挑剔的乘客都不肯原谅她的疏忽。

接下来的飞行途中，为了弥补自己的过失，每次去客舱给乘客服务时，空姐都会特意走到那位乘客面前，面带微笑地询问他是否需要水，或者别的什么帮助，然而，那位乘客余怒未消，摆出不合作的样子，并不理会空姐。

临到目的地前，那位乘客要求空姐把留言本给他送过去，很显然，他要投诉这名空姐，此时空姐心里很委屈，但是仍然不失职业道德，显得非常有礼貌，而且面带微笑地说道："先生，请允许我再次向您表示真诚的歉意，无论您提出什么意见，我都会欣然接受您的批评！"那位乘客脸色一紧，嘴巴准备说什么，可是没有开口，他接过留言本，开始在本子上写了起来。

等到飞机安全降落，所有乘客陆续离开后，空姐本以为这下完了，没想到，等她打开留言本，却惊奇地发现，那位乘客在本子上写下的并不是投诉信，相反，这是一封热情洋溢的表扬信。

是什么使得这位挑剔的乘客最终放弃了投诉呢？在信中，空姐读到这样一句话："在整个过程中，你表现出的真诚的歉意，特别是你的 12 次微笑深深打动了我，使我最终决定将投诉信写成表扬信！你的服务质量很高，下次如果有机会，我还将乘坐你们的这趟航班。"

（资料来源：www.doc88.com）

5. 手势

手势是运用手指、手掌、拳头和手臂的动作变动，表达思想感情的一种态势语言。它是态势语的重要组成部分，也是体语中一种极有表现力的"语言"和传播媒介。人们双手各五个手指的屈伸，能表达某种特定的含义，而在各个国家或地区含义往往不同，用错了会出笑话，甚至可能引起误会、麻烦、反感,因此,了解国际通行的一般手势尤为必要。

美国心理学家詹姆斯认为,在身体的各部分中,手的表达能力仅次于脸。在社会交往中,手势有着不可低估的作用,生动形象的有声语言再配合准确、精彩的手势动作,必然能使交往更富有感染力、说服力和影响力。适当地运用手势,可以增强感情的表达。但与人谈话时,手势不宜过多,动作不宜过大,要给人一种优雅、含蓄而彬彬有礼的感觉。避免僵硬死板、缺乏韵味。同时配合眼神、表情和其他姿态,使手势更显协调大方。

(1)社交中的常用手势。

①垂放是最基本的手姿。其做法有:一是双手自然下垂,掌心向内,叠放或相握于腹前;二是双手伸直下垂,掌心向内,分别贴放于大腿两侧。它多用于站立之时。

②背手,多见于站立、行走时,既可显示权威,又可镇定自己。其做法是,双臂伸到身后,双手相握,同时昂首挺胸。

③持物,即用手拿东西。其做法多样,既可用一只手,又可用双手,但最关键的是,拿东西时应动作自然,五指并拢,用力均匀。不应翘起无名指与小指,显得成心作态。

④鼓掌是用以表示欢迎、祝贺、支持的一种手姿,多用于会议、演出、比赛或迎候嘉宾。其做法是,以右手掌心向下,有节奏地拍击掌心向上的左掌。必要时,应起身站立。但是,不应以此表示反对、拒绝、讽刺、驱赶之意,即不允许"鼓倒掌"。

⑤夸奖这种手势主要用以表扬他人。其做法是,伸出右手,跷起拇指,指尖向上,指腹面向被称道者。但在交谈时,不应将右手拇指竖起来反向指向其他人,因为这意味着自大或藐视。以之自指鼻尖,也有自高自大、不可一世之意。

⑥指示是用以引导来宾、指示方向的手姿。其做法,是以右手或左手抬至一定高度,五指并拢,掌心向上,以其肘部为轴,朝一定方向伸出手臂。要特别注意切忌伸一根手指头指人指路,这是没有教养的表现。

(2)不同国家对手势的解释。

①大拇指伸出,在中国表示胜利、佩服,第一、首领等;在日本表示男人、父亲;在美国、荷兰、澳大利亚、新西兰等地区表示幸运;在印度、德国则表示想搭车。拇指向下一般表示品德不好、坏或不成功,而在英国、美国,表示不同意;在法国表示死了;在印尼、缅甸等地区则表示失败。

②伸出中指,菲律宾表示愤怒、轻蔑;美国、法国、新加坡表示下流;沙特则表示恶劣行为或极度不快。

③向上伸食指,中国表示数字一或请注意;美国表示请稍等片刻;法国是学生请求发言的表示;缅甸表示最重要;日本表示最优秀。

④小指伸出,中国表示渺小,看不起;日本表示女人,小孩儿;韩国表示女朋友;而缅甸、印度一带则用来表示厕所;菲律宾表示小人物。

⑤食指弯曲,中国表示数字九;日本表示小偷;泰国、朝鲜表示钥匙;印尼表示心肠坏;墨西哥则用来表示金钱。

⑥伸出中指压在食指上,在中国表示数字十;菲律宾、马来西亚、新加坡、美国、法国、墨西哥等表示祈祷;荷兰表示发誓;斯里兰卡表示邪恶;而在中国香港则表示关系密切。

⑦用拇指和食指搭成圆圈,在日本、韩国缅甸等均表示金钱;美国表示同意或成功;印尼则相反,表示不成功,表示傻瓜,无用;而在巴西则表示肛门。

做手势动作时忌讳在别人面前拉拉扯扯,或在背后指指点点;忌讳讲到自己时,用手指着自己的鼻尖，讲到别人时，用手指点别人；忌讳手势动作过多过快，手舞足蹈；忌讳在别人面前用手指掏鼻孔、剔牙、挖耳朵、抓头皮、打哈欠、搔痒等。

6. 蹲姿

在仪态美方面，蹲姿也是不容忽视的。在社交场合，有时需要拿取低处物品或拾起落在地面上的物品时，可能会在众人面前蹲下去。如果不加以注意，同样会有损个人形象。在公共场合下蹲时，有两点切勿遗忘。一是不可以双腿敞开而蹲，在国外，这种姿势是公认的最不淑女的动作；二是尽量不要面对或背对他人而蹲，若是在他人面前侧身而蹲，就不必担心妨碍于人了。同时，弯腰曲背，低头翘臀，也是既不文雅又不礼貌的动作。

要使自己的蹲姿文明得体，最重要的是使自己蹲下来之后，双膝以上并拢在一起。具体的做法有三种：

(1)交叉式蹲姿。下蹲时右脚在前，左脚在后，右小腿垂直于地面，全脚着地。左腿在后与右腿交叉重叠，左膝由后面伸向右侧，左脚跟抬起脚掌着地。两腿前后靠紧，合力支撑身体。臀部向下，上身稍前倾。女士必须将腿靠紧，臀部向下。

(2)高低式蹲姿。下蹲时左脚在前，右脚稍后(不重叠)，两腿靠紧向下蹲。左脚全脚着地，小腿基本垂直于地面；右脚脚跟提起，脚掌着地。右膝低于左膝，右膝内侧靠于左小腿内侧，形成左膝高右膝低的姿态。臀部向下，基本上以左腿支撑身体，上身尽量保持直立。

(3)单膝点地式。即右腿在前，弯曲下蹲；左脚在后，脚尖点地，左膝着地，双腿紧贴；臀部向下，身体的重心落在右腿上。这种方法实际上是半蹲半跪，主要适合于穿超短裙者采用。

二、服饰礼仪

服饰，是对人们衣着及其所用装饰品的一种统称。服饰礼仪是人们在交往过程中为了相互表示尊重与友好，达到交往的和谐而体现在服饰上的一种行为规范。

(一)服饰的重要性

服饰是一种文化，它反映着一个民族的文化水平和物质文明发展的程度。服饰具有极强的表现功能，在社交活动中，人们可以通过服饰来判断一个人的身份地位、涵养；通过服饰可展示个体内心对美的追求、体现自我的审美感受；通过服饰可以增进一个人的仪表、气质，所以，服饰是人类的一种内在美和外在美的统一。要想塑造一个真正美的自我，首先就要掌握服饰打扮的礼仪规范，让和谐、得体的穿着来展示自己的才华和美学修养，以获得更高的社交地位。

服饰是形体的外延，是一种无声的语言。孔子说过："人不可以不饰，不饰无貌，无貌不敬，不敬无礼，无礼不立。""饰"就是服装，孔子将服饰与礼的关系分析得十分透彻。可见，学习服饰礼仪、遵守服饰礼仪，是人际交往成功的一个前提，在事业上，穿着得体能够帮助你获得更大成功。在商务场合，服装只要运用得当，就是最有利的沟通工具之一，也是最便捷的人际交往"名片"。

因此，我们要学会运用服饰这一武器来"武装"自己，获得成功。

【案例 9—5】

服饰对人际交往的影响

国外有位心理学家曾经做过这样一个试验：分别让一位身穿笔挺漂亮军服的海军军官，一位戴金丝眼镜、手持文件夹的青年学者，一位打扮入时的漂亮女郎，一位挎着菜篮子、脸色疲惫的中年妇女，一位留着怪异头发、穿着邋遢的男青年到马路边去搭车。结果是：漂亮女郎、海军军官、青年学者的搭车成功率高，中年妇女次之，搭车最困难的是那个男青年。

试验充分说明仪表不容忽视，它不仅给人以视觉上的享受，而且给人以人格上的尊重，在交往之初起着决定性的作用。

（摘自：www. dao88. com）

(二)着装的基本原则

得体的穿着，不仅可以显得更加美丽，还可以体现一个现代文明人良好的修养和独到的品位。作为职场人士，必须掌握如下职业着装的基本原则：

1. 着装的 TPO 原则

TPO 是三个英文单词首字母的缩写，它们分别代表时间（Time）、地点（Place）、目的（Occasion），即着装应该与时间、地点和场合相辅相成。

(1)时间原则。

服饰打扮必须根据时间来定。不同时段的着装规则对女士尤其重要。男士有一套质地上乘的深色西装或中山装足以走天下，而女士的着装则要随时间而变换。

第一，季节性，一年有春夏秋冬，四季交替。冬装讲究保暖、御寒，让人见到你如同见到冬日的阳光，感觉温馨而非增加寒意。夏天服装要透气、吸汗、凉爽，犹如雨后的一缕清风，让人神清气爽。

第二，早晚性，一般有日装、晚装之分。日装要求轻便、舒适，便于活动，但款式不可以使身体裸露。而晚装则要求艳丽、华贵、珠光宝气，可适当裸露，因此日装、晚装不能颠倒。

第三，时代性，不同的时代有不同的着装风格。要顺应时代的潮流和节奏，过分复古(落伍)或过分新奇(超前)都不合时宜，并会使自己与公众拉大心理距离。

(2)地点原则。

不同的环境、地点需要与之相协调的服饰。豪华宾馆铺着丝绒地毯的会客室与陈旧简陋的会客室，穿着同一套服装得到的心理感受会截然不同。置身于闹市还是流连于乡村，停留于国内还是身处国外，处于办公室还是家中，在绿草丛生的林荫中或在曲折狭窄的小巷里，着装的款式应当有所变化。俗话说，“入乡随俗”“到什么山头唱什么歌”，穿着打扮也应如此。

(3)场合原则。

每个人的着装总会有一定的意愿表示，即自己留给别人的印象如何。即衣着要与场合协调。与顾客会谈、参加正式会议等，衣着应庄重考究；听音乐会或看芭蕾舞，则应按惯例着正装；出席正式宴会时，则应穿中国的传统旗袍或西方的长裙晚礼服；而在朋友聚会、郊游等场合，着装应轻便舒适。试想一下，如果大家都穿便装，你却穿礼服就有欠轻松；同样，如果以便装出席正式宴会，不但是对宴会主人的不尊重，也会令自己颇觉尴尬。

每个人都有自己的社会角色，或者在不同场合中扮演不同的角色。不同的职业、不同的角色，有不同的穿着要求。例如，教师、干部一般要穿得庄重一些；青少年、学生穿着要朴实、大方、整洁，不要过于成人化；医生穿着要显得稳重和富有经验。总之，着装应适应自己的社会角色，商务谈判、应聘面试、陪同随从等角色转化，其服饰需要与之相适应。

【案例 9—6】

小黄的最后一轮面试

小黄去一家外企进行最后一轮总经理助理的面试。为确保万无一失，这次她做了精心的打扮。一身前卫的衣服、时尚的手环、造型独特的戒指、亮闪闪的项链、新潮的耳坠，身上的每一处无论走到哪里都是焦点，简直是无与伦比、鹤立鸡群。而她的对手只是一个相貌平平的女孩，学历也并不比她高，所以小黄觉得胜券在握。但结果却出乎意料，她并没有被这家外企所认可。主考官抱歉地说："你确实很漂亮，你的服装配饰无不令我赏心悦目，可我觉得你并不适合干助理这份工作。实在很抱歉。"

我们应该时刻注意自己的衣着和配饰，并分清场合。对于配饰，宜少不宜多，否则给人一种张扬、零乱、不稳重的感觉。

（资料来源：百度文库）

2. 着装的配色原则

服装设计的三大要素是"造型""色彩""材质"。俗话说，没有不美的颜色，只有不美的搭配。一般来说，着装配色要求得到一种既丰富又调和的和谐之美。和谐美历来被认为是服饰色彩的最高原则。

(1)色彩与肤色。

肤色也关系到着装的色彩选择，浅黄色皮肤者，也就是我们所说的皮肤白净的人，对颜色的选择性不那么强，穿什么颜色的衣服都合适，尤其黄色系与蓝色系最能突出洁白的皮肤，令整体显得明艳照人，即使是穿不加配色的黑色衣裤，也会得体动人。暗黄或浅褐色皮肤，也就是皮肤较黑的人，要尽量避免穿深色服装，特别是深褐色、黑紫色的服装。一般来说，这类肤色的人选择红色、黄色的服装比较合适。肤色呈病黄或苍白的人，最好不要穿紫红色、褐色、土黄色的服装，以免使其脸色呈现黄绿色，加重病态感。皮肤黑中透红的人，则应避免穿红、浅绿等颜色的服装，而应穿浅黄、白等颜色的服装。

总体上，东方人的皮肤属于黄色，那么芥末黄和绿色会把皮肤里的青色和土黄色衬托出来，显得肤色更黄、更青，对这两种色彩要慎用，除非你有很好的先天条件。

(2)协调色搭配。

协调色搭配有两种类型：

①同类色搭配：也叫统一法搭配，即配色时尽量采用同一色系中各种明度不同的色彩，按照深浅不同的程度搭配，以便创造出和谐感，比如，青配天蓝，墨绿配浅绿，咖啡配米色，深红配浅红等。同类色配合的服装显得柔和文雅，比如粉红色系的搭配，让整个人看上去柔和很多。穿西服按照统一法可以选择这样搭配：如果采用灰色色系，可以由外向内逐渐变浅，深灰色西服→浅灰底花纹的领带→白色衬衫。这种方法适用于工作场合或庄重的社交场合的着装配色。

②近似色相配：是指两个比较接近色系的颜色相配，如红色与橙红或紫红相配，黄色与草绿色或橙黄色相配等。比如绿色和嫩黄的搭配，给人一种春天的感觉，整体感觉非常素雅，淑女味道不经意间流露出来。

(3)对比色搭配。

即指用两种性质相反的色彩的组合。

①强烈色配合法：是指两个相隔较远的颜色相配，利用冷暖、深浅、明暗两种特性进行组

合，如黄色与紫色、红色与青绿色，这种配色比较强烈。黑色与黄色是最抢眼的搭配，红色和黑色的搭配，非常隆重，但却不失韵味。在进行服饰色彩搭配时还应先衡量一下，你是为了突出哪个部分的衣饰。注意不要把深褐色、深紫色这类的颜色与黑色搭配，这样会和黑色呈现“抢色”的后果，令整套服装没有重点，而且服装的整体表现也会显得很沉重，昏暗无色。

②补色配合法：是指在配色时利用冷色、深色明暗两种特性相反的色彩进行组合的方法。它可以使着装在色彩上反差强烈，静中求动，突出个性。黑白搭配是永远的经典，但有一点要注意，运用补色配合法时忌上下二分之一对比，否则给人以拦腰一刀的感觉，要找到黄金分割点即身高的三分之一点（穿衬衣从上往下第四、第五颗扣子之间），这样才有美感。

（4）运用流行色。

人们有时会兴起对某种颜色的偏爱，使其迅速流行起来。由于适应了人们的审美心理，流行色往往会引人注目、受人喜爱。

3. 着装与形体相配的原则

树无同形，人各有异。“尺有所短，寸有所长。”人的形体不可能十全十美，但是穿着打扮可以建立在正确认识自己形体特点的基础上，运用服饰美学的技巧来为自己显美隐丑。例如，体形矮小的人，适合上下颜色协调一致，产生整体加长的效果，不适合对比过强的两种颜色；身体矮胖的人，可用同色系、同质地的面料，深暗的颜色和细竖条纹有很好的收缩面积、增加长度的作用；身材高大的人，尤其是高瘦的人，需借助服装的圆润线条和色彩组合使之丰满起来。

4. 着装与年龄相配的原则

服饰对年轻人是格外恩惠的，几乎没有什么禁忌。但少女应尽量避免穿过于华丽的服装，如闪光面料制作的，或缀有过多装饰品的服装，因为这会使少女失去清新、纯净的美，反而显得俗气。中老年女性的服饰也有一定的限制，但这不等于中老年女性服装都是一些灰暗的颜色和平淡的款式。

中老年女性的服饰，要体现雍容、典雅、华丽、冷静的气度。在色彩上，不宜太纯（因为这些色彩过于活泼）；可以选择明亮度暗的色彩，如暖色中的土红、砖红、驼色、红棕色，冷色中的湖蓝、海蓝、墨绿等。其他一些高明度的色彩，如蛋清、银灰、米色、乳白色，也是十分淡雅、明快的色调，能表现出中老年人的特殊气质；甚至黑、白、灰色也能组成非常和谐的色调。在款式上，不宜线条复杂，以简洁为佳，有适当的放松度，不宜穿着紧裹在身上的服装，既不舒适，也不利于健康，但也不要过于肥大。在面料上，趋向于含蓄、高雅，比较挺阔，以中档和高档为宜，能体现中老年人成熟干练、严肃大方的气质。

（三）女士着装礼仪

“云想衣裳花想容”，相对偏于稳重单调的男士着装，女士着装则亮丽丰富得多。得体的穿着，不仅可以显得更加美丽，还可以体现一个现代文明人良好的修养和独到的品位。

在重要会议和会谈、庄重的仪式以及正式宴请等场合，女士着装应端庄得体。

1. 着装的要求

（1）上衣：讲究平整挺括，较少使用饰物和花边进行点缀，纽扣应全部系上。

（2）裙子：以窄裙为主，年轻女性的裙子下摆可在膝盖以上 3—6 厘米，但不可太短；中老年女性的裙子应在膝盖以下 3 厘米左右。裙子里面应穿着衬裙。真皮或仿皮的西装套裙不宜在正式场合穿着。

（3）衬衫：以单色为最佳之选。穿着衬衫还应注意以下事项：衬衫的下摆应掖入裙腰之内而不是悬垂于外，也不要在腰间打结；衬衫的纽扣除最上面一粒可以不系上，其他纽扣均应系好；穿着西装套裙时不要脱下上衣而直接外穿衬衫。衬衫之内应当穿着内衣但不可显露出来。

(4)鞋袜：应是高跟鞋或中跟鞋，高筒袜或连裤袜。鞋袜款式应以简单为主，颜色应与西装套裙相搭配。穿裙服时着丝袜，能增强腿部美感。腿较粗的人适合穿深色的袜子，腿较细的人适合穿浅色的袜子。一般不要选择鲜艳、带有网格或有明显花纹的丝袜。穿丝袜时，袜口不能露在裙子外面。

2. 不恰当的着装

(1)过分的时髦。现代女性热爱流行的时装是很正常的现象，即使你不去刻意追求流行，流行也会左右着你。有些女性几近盲目地追求时髦。例如，一家贸易公司的女秘书在指甲上同时涂了几种鲜艳不谐调的指甲油，当她打字或与人交谈时，就会给人一种厌恶的压迫感。一个成功的职业女性对于流行的选择必须有正确的判断力，同时要切记：在办公室中，主要表现工作能力而非赶时髦的能力。

(2)过分暴露型。着装不要过于暴露和透明，尺寸也不要过于短小和紧身，否则会给人以不稳重的感觉。

(3)过分正式型。这个现象也是常见的，其主要原因可以说是没有适合的服装。职业女性的着装应平淡朴素。

(4)过分潇洒型。最典型的样子就是一件随随便便的 T 恤或罩衫，配上一条泛白的“破”牛仔裤，丝毫不顾及办公室的原则和体制。

(5)过分可爱型。在服装市场上有许多可爱俏丽的款式，但不适合工作中穿着。这样会给人轻浮、不稳重的感觉。

(四)西装

西装是男性最主要的职业装，穿着搭配协调才能彰显男士的品位与风度。在重要会议和会谈、庄重的仪式以及正式宴请等场合，男士一般以西装为正装。一套完整的西装包括上衣、西裤、衬衫、领带、腰带、袜子和皮鞋。

(1)上衣。衣长刚好到臀部下缘或差不多到手自然下垂后的大拇指尖端的位置，肩宽以探出肩角 2 厘米左右为宜，袖长到手掌虎口处。胸围以系上纽扣后，衣服与腹部之间可以容下一个拳头大小为宜。

(2)西裤。裤线清晰笔直，裤脚前面盖住鞋面中央，后至鞋跟中央。

(3)衬衫。长袖衬衫是搭配西装的唯一选择，颜色以白色或淡蓝色为宜。衬衫领子要挺括；衬衫下摆要塞在裤腰内，系好领扣和袖口；衬衫领口和袖口要长于西服上装领口和袖口 1—2 厘米；衬衫里面的内衣领口和袖口不能外露。如果西服本身是有条纹的，应搭配纯色的衬衫，如果西服是纯色，则衬衫可以带有简单的条纹或图案。

(4)领带。领带图案以几何图案或纯色为宜。系领带时领结要饱满，与衬衫领口吻合要紧；领带长度以系好后大箭头垂到皮带扣处为准。

(5)腰带。材质以牛皮为宜，皮带扣应大小适中，样式和图案不宜太夸张。对于腰围较大的男士，可改用吊带将裤子固定住。

(6)袜子。袜子应选择深色的，切忌黑皮鞋配白袜子。袜口应适当高些，应以坐下跷起腿后不露出皮肤为准。

(7)皮鞋。搭配造型简单规整、鞋面光滑亮泽的式样。如果是深蓝色或黑色的西装，可以配黑色皮鞋；如果是咖啡色系西装，可以穿棕色皮鞋。压花、拼色、蛇皮、鳄鱼皮和异形皮鞋，不适于搭配正式西装。

穿西装应该注意以下几个方面：

(1)西装应在拆除袖口上的商标之后才可以穿着。

(2)西装外套上的口袋只是装饰性的，一般不装东西。

(3)西装上衣里面最好不穿毛衣或毛背心，以更好体现西装的层次感。

(4)站立状态时应将纽扣系好。双排扣的上衣，纽扣要全部系好；单排扣的上衣，三粒扣的以系中间一个或者上面两个为宜，两粒扣的应该系上面的一个扣，单粒扣的一定要系好。

(五)饰物

在社交活动中，人们除了要注意服装的选择外，还要根据场合恰当选择饰品，为服装增辉添彩。

1. 佩戴首饰的原则

首饰不仅仅是一种饰品和点缀，而且是一种无声的语言和有意的暗示，尤其在一些比较正规的场合，就必须按惯例和规范行事。因此，佩戴首饰要合“理”循“礼”，才能恰到好处地起到扮美人的作用。

(1)合“理”。

所谓合“理”，是说在选择佩戴首饰时，务必要考虑自己的年龄、形体、肤色、着装、职业等因素，并尽量与之保持协调一致。

①年龄：以戴戒指为例，少女可以不戴，也可以选择小巧玲珑的非镶嵌类款式，如星月戒、如意戒、闪光戒；已婚的青年妇女可以选戴珠宝镶嵌戒，也可以选择龙凤戒、桃形戒等寓意已婚的戒指；中老年妇女推崇端庄、稳重、吉祥，戴素圈戒、福字戒、寿字戒比较合适。

②形体：戒指的粗细应与手的粗细成正比。戴项链应考虑脖子的长短、粗细，如脖子粗短则宜戴长而细的款式，脖子细长则应戴短而粗的款式。

③肤色：黄种人宜戴红色、黄色等暖色调的珠宝首饰。翡翠浓绿的色彩与黄皮肤十分相称。脸红的人忌红色、紫色、海蓝色和鲜绿色，黑皮肤者忌戴白色与粉红色的珠宝。

④着装：包括款式、质地与色彩。穿工作装讲究传统保守，不宜戴时髦流行的时装首饰。穿休闲装可以不戴首饰，也可戴一些造型奇异的时装首饰。

(2)循“礼”。

所谓戴首饰要循“礼”，是指在正式场合佩戴首饰时，要遵守“以少为佳、同质同色、免生歧义”这三项原则。

①以少为佳：出席婚礼时首饰戴得比新郎、新娘还多，参加葬礼时打扮得珠光宝气，都很失礼。白领丽人上班时一只手腕上同时戴手镯、手链，动不动就像“呼啦圈”一样晃动不已，无疑也会显得缺乏敬业精神。

②同质同色：戴两种或两种以上的首饰时，其质地和色彩应尽量相同或一致。

③免生歧义：就是要求人们在正式场合佩戴首饰要懂得一些“首饰语言”，以免产生误会或麻烦。在许多国家和地区，戴戒指都被视为暗示着佩戴者的婚恋状况。

2. 饰物佩戴的基本礼仪

不同的饰物，在佩戴过程中需要遵循的礼仪也不同。

(1)戒指。戒指一般只戴在左手，而且最好仅戴一枚，至多戴两枚，戴两枚戒指时，可戴在左手两个相连的手指上，也可戴在两只手对应的手指上。戒指的佩戴可以表达一种沉默的语言，往往暗示佩戴者的婚姻和择偶状况。戒指戴在中指上，表示正处在恋爱之中；戴在无名指上，表示已订婚或结婚；戴在小手指上，则暗示自己是一位独身者；如果把戒指戴在食指上，表示无偶或求婚。有的人以手上戴多个戒指来炫耀财富，这是不可取的。男子戴戒指也很普遍，有些是订婚戒指或结婚戒指，有些是装饰性的。男子应选择较粗大的金银质地、不戴镂空花或镶嵌他物的戒指。并且一般只戴一枚，图案也不要太过于花哨，以能显示男子的阳刚之气为宜。

(2)耳环。耳环是女性的主要首饰，其使用率仅次于戒指。但在公务场合一般以选择耳钉为宜。耳环的选配应根据脸型的特点，如圆形或方形脸不宜佩戴圆形耳环，因为耳环的小圆形与脸的大圆形或方形并置，对比之下，方形更方，圆形更圆。

(3)项链。项链是一种男女均可佩戴的首饰。但男士所戴的项链一般不外露，一般项链应精致小巧为好，项链上不挂坠子。男子忌带珍珠项链，不过男子可以戴玉坠子，玉坠有一定的吉祥之意。通常，所戴的项链不应多于一条，但可将一条长项链折成数圈佩戴。项链的粗细应与脖颈的粗细成比例，如脖子细长的女士佩戴仿丝链，显得玲珑娇美；佩戴项链应和自己的年龄及体型协调，如马鞭链粗实成熟，适合年龄较大的妇女选用；佩戴项链也应和服装相呼应，如身着柔软、飘逸的丝绸衣衫裙时，宜佩戴精致、细巧的项链，显得妩媚动人，而穿单色或素色服装时，宜佩戴色泽鲜明的项链。

(4)领针。领针，即专用于别在西式上装左侧领子上的饰物。严格地讲，它是胸针的一个分支，男女皆可选用。佩戴领针，数量以一枚为限。而且不宜与胸针、纪念章、奖章、企业徽记等同时使用。在正式场合，不要佩戴有广告作用的领针。不要将其别在诸如右侧衣领、帽子、书包、围巾、裙摆、腰带、裤腰、裤管等不恰当的位置上。

(5)胸针。胸针多为女士所用。其图案以花卉为多，故又称胸花。别胸针的部位多有讲究。穿西装时，应别在左侧领上。穿无领上衣时，则应别在左侧胸前。发型偏左时，胸针应当居右。发型偏右时，胸针应当偏左。其具体高度，应在从上往下数的第一粒、第二粒纽扣之间。

(6)脚链。脚链是时下新兴的一种饰物，多为青年姑娘所喜爱，主要适用于非正式场合。佩戴脚链，意在强调脚腕、小腿等相关部位的长处，若此处无美可陈，或是缺点较多，则切勿使用。脚链一般只戴一条，戴在哪一只脚腕上都可以。若戴脚链时穿丝袜，则应将脚链戴在袜子外面，以便使其更为醒目。切记公务场合不要戴。

(7)手链。手链也是一种男女均可佩戴的首饰。在普通情况下，手链仅戴一条，并应戴在左手上。在一只手上戴多条手链，双手同时戴手链，手链与手镯同时佩戴，一般是不允许的。在一些国家，所戴手链的数量、位置，可用以表示婚否。它与手镯一样均不应与手表同戴于一只手上。

(8)手镯。佩戴手镯，强调的是手腕与手臂的美丽，故应慎戴。男人一般不戴手镯。手镯可以只戴一只，也可以同时戴上两只。戴一只时，通常戴于左手。戴两只时，可一只手戴一个，也可以都戴在左手上。一般不要在一只手上戴多只手镯。

(9)挂件。挂件，又叫项链坠，多与项链同时配套使用。其形状、大小各异，常见的有文字、动物、鸡心、锁片、元宝、花篮、十字、像盒、镶宝、吉祥图案、艺术造型等。选择挂件，要优先考虑它是否与项链般配，要力求二者在整体上协调一致。另外，在正式场合不要选用过分怪异或令人误解的图形、文字的挂件，也不要同时使用两个或两个以上的挂件。

第三节　公共关系日常社交礼仪

社交通常是指社会交际或社会交往，是人们在社会生活中为了满足某种需要或者达到特定的目的而进行的信息交流、联系和相互作用。人们在长期的交往中，逐渐形成了相互表示尊重、敬意、亲善和友好的行为规范与惯用形式。作为公共关系人员，必须了解人们日常交际活动中的基本礼仪礼节，展示自身素质的同时树立良好的企业形象。

一、见面礼仪

在交往中，见面时行一个标准的见面礼，会给对方留下深刻而又美好的印象，直接体现出施礼者良好的修养。常用的见面礼有：

（一）称呼

与人见面，需要热情、友好、得体地称呼别人。我国一贯通用的称呼是“同志”前面冠以姓氏或名字。后来，又渐渐通用“师傅”一词。近年来，随着我国改革开放进程步伐的加快，国际交往的日益增多，称呼也变得丰富多样起来。

一般来说，对已婚女子或年纪稍大的妇女，称“夫人”；对未婚女子称“小姐”；对不了解其婚姻状况的女子称“小姐”或“女士”；对男子称“先生”。这些称呼的前面，可以冠以姓名或职务，如“陈小姐”“王先生”“路校长”“林书记”“赵主任”“鲁教授”等。对军人一般多称职务，如“张军长”“于连长”等。对长辈、领导、老师，称呼时要用“您”而不用“你”，以示谦虚。除长辈对晚辈、老师对学生、同学、爱人、战友之间外，一般不要直呼其名。应当注意的是不要随便称别人外号（或绰号），尤其不可称呼别人弱点或生理缺陷的外号。但外号若能显示别人的优点，而且文雅，适当称呼反而会显得友好。如称某位书法爱好者为“我们的书法家”，他听了也不会反对。

（二）打招呼

打招呼，又叫见面致意，是指与相识的人见面时，表示问候，沟通感情的一种方式。

1. 打招呼的方式

（1）根据见面时的时间问候。“早上好！”“晚安。”“这么早就上班呀？”“这么晚了还去加班呀？”被问者应予礼貌简单的回答。

（2）根据见面时的时间间隔长短问候。相隔一段时间后见面的，问候“您（你）好！”“近来一切还好吧？”以示关心。

（3）根据见面时的地点问候。如在异地见面，问候“您（你）好！”“真高兴我们在这里见面！”

（4）根据见面时的场所问候。如在公共场所，问候“您（你）好！”或者举手（右手）、点头示意。

（5）根据见面时的状态问候。如自己骑车，一般要下车问候，如有事在身或距离较远，可用手打一下招呼，或说声“有××事就不下车了”，以示歉意。

（6）根据见面的对象问候。遇到长辈、领导、老师，应该有礼貌地点头致意，问候“您好”“欢迎”等。

2. 打招呼的要求

(1)顺序要求。一般情况是男性先向女性致意,年轻者先向年长者致意,下级先向上级致意,学生先向老师致意。但相互致意时,可以不拘泥于这个规范。

(2)表情要求。表情要尽量显得和蔼可亲,彼此交换目光。但是女性在一般场合,微笑点头示意即可。

(3)距离要求。不要在相距很远(如 20 米以外)就与对方打招呼,不要大大咧咧,毫无礼貌地高声叫喊。

(4)时间要求。见面致意过后,该做什么就做什么,不要"马路天使"般说起话来没完没了。

(5)还礼要求。认识的人和你打招呼一般都应该还礼,同路人(无论男女)的熟人向你致意时,即使你并不认识对方,也当还礼。如你不想与什么人打招呼,不能在人家跟前故意地扭身转向一边,而应在相距尚远就走到一旁去。如果迎面走来一位熟人,据你看来,他不愿意让你看见或认出他,那你就尽量不去看他,或在不得已的情况下,假装没有认出他。

(三)握手

握手是在社交场合中,相互见面和离别时以及在相互介绍时表示热情、礼貌、致意的常见礼节。

1. 握手的方式

(1)手心向下。实验研究发现,地位显赫的人习惯使用,有高人一等的感觉,应避免使用。

(2)手心向上。实验研究发现,谦虚的人习惯使用,如伸出双手相握,更加显得毕恭毕敬。

(3)手心向左,平等相握。

2. 握手的顺序

应由主人、年长者、身份职位高者和女子先伸手;客人、年轻者、身份职位低者和男子见面时先问候,待对方伸手后再伸手相握。多人同时握手时,注意不要交叉,待别人握过后再伸手。主人要主动、热情、适时地握手以增加亲切感。军人戴军帽与对方握手,应先行举手礼,再握手。

3. 握手的姿态

伸出右手,手心与身体处于垂直状态,身体微微向前倾斜,双目注视对方,面带笑容,切不可漫不经心或东张西望。

4. 握手的力度

握手时,不能有气无力地伸出手去,一般情况下,握一下即可,不必过分用力。但若是久别重逢的朋友相遇,则握手力度可大一些。男子与女子握手时,只需要微微握一下女子的手指部分即可,也不可过分用力。

5. 握手的时间

一般情况下,握手的时间不宜太长,5 秒左右即可,也不可匆匆一握,敷衍了事。

6. 握手的禁忌

在行握手礼时应努力做到合乎规范,避免违反禁忌而失礼。注意:一忌戴着手套与别人握手。二忌脏手相握。如果客人来了,主动向你伸手,而你在干活时恰巧把手弄脏了,你可一面点头致意,一面摊开双手说明情况,表示歉意。三忌交错握手。四忌争强握手。

(四)介绍

1. 为他人做介绍

为他人做介绍就是为有结识愿望的双方作引见,即担当介绍人的角色。

(1)为他人做介绍的时机。

为他人做介绍时,如遇到下列情况,有必要为他人做介绍:

①与家人外出,路遇家人不相识的同事或朋友;

②本人的接待对象遇见了其不相识的人士,而对方又跟自己打了招呼;

③在家中或办公地点,接待彼此不相识的客人或来访者;

④打算推荐某人加入某一方面的交际圈;

⑤受到为他人做介绍的邀请;

⑥陪同上司、长者、来宾时,遇见了其不相识者,而对方又跟自己打了招呼;

⑦陪同亲友前去拜访亲友不相识者。

(2)为他人做介绍的顺序。

"序体现礼",所以介绍时一定要注意介绍的顺序:为他人做介绍时必须遵守"尊者优先"的规则,也就是要尊重尊者的"优先知情权"。即把年轻者介绍给年长者;把职务低者介绍给职务高者;如果双方年龄、职务相当,则把男士介绍给女士;把家人介绍给同事、朋友;把同事介绍给客户;把未婚者介绍给已婚者;把后来者介绍给先到者。

(3)为他人做介绍时应注意的事项。

为他人做介绍以前,一定要仔细观察,不可贸然行事。一般要注意以下几个方面:

①"介绍人"一定要在得到被介绍双方认可的情况下,按规则介绍双方认识。

②被介绍者在介绍者询问自己是否有意认识某人时,一般不应拒绝,而应欣然应允。实在不愿意时,则应说明理由。

③介绍人和被介绍人都应起立,以示尊重和礼貌;待介绍人介绍完毕后,被介绍双方应微笑点头示意或握手致意。

④在宴会、会议桌、谈判桌上,视情况介绍人和被介绍人可不必起立,被介绍双方可点头微笑致意;如果被介绍双方相隔较远,中间又有障碍物,可举起右手致意。

⑤介绍完毕后,被介绍双方应依照合乎礼仪的顺序握手,并且彼此问候对方。问候语有"你好、很高兴认识你、久仰大名、幸会幸会"等,必要时还可进一步做自我介绍。

(4)介绍时的神态与手势。

在为他人介绍时,态度要热情友好,语言要清晰明快。开口前首先要把目光投给身份高的人,然后转向将要介绍的人。手的正确姿势是掌心向上,胳膊略向外伸,指向被介绍者。但介绍人不能用手拍被介绍人的肩、胳膊和背等部位,更不能用食指或拇指指向被介绍的任何一方。在介绍过程中除女士和年长者外,一般被介绍者都应点头示意或起身站立,面带微笑,目视对方,显得高兴、专注。介绍后,身份高的一方或年长者,应主动与对方握手,问候对方,表示非常高兴认识对方等。身份低的一方或年轻者,应根据对方的反应做出相应的反应,如果对方主动伸手来与你握手,就应立即将手伸出与对方相握。但是若在会谈进行中,或在宴会等场合,则不必起身,只略微欠身致意就可以了。

2. 自我介绍

在交际场合,如果你想结识某人,一个简便而又有效的方法是自我介绍。一般的情形下,你面带微笑,先说一声"您好!"以提醒对方注意,然后报出自己的姓名和身份,并简单表明结识对方的愿望或缘由，不能自吹自擂，态度要谦虚，语言要得体。自我介绍有 16 种情形，如表 9—4 所示。

表 9—4　　自我介绍的 16 种情形

①在社交场合，与不相识者相处时	⑨在社交场合，有不相识者表现出对自己感兴趣时
②在社交场合，有不相识者请求自己做自我介绍	⑩在公共聚会上，与身边的陌生人共处时
③在公共聚会上，打算进入陌生人组成的交际圈时	⑪有求于人，而对方对自己不甚了解或一无所知时
④交往对象因健忘记不清自己时	⑫在出差、旅行途中，与他人不期而遇，并且有必要与之建立临时接触时
⑤拜访熟人遇到不相识者挡驾，或是对方不在时需要请不相识者代为转告时	⑬利用社交媒介（如电话）与其他不相识者进行联络时
⑥初次利用大众传媒向公众进行自我推介或宣传时	⑭初次前往他人居所、办公室，进行登门拜访时
⑦前往陌生单位，进行业务联系时	⑮因业务需要，在公共场合进行业务推广时
⑧应聘求职时	⑯应试求学时

可以使用名片进行自我介绍，名片上应该印有姓名、职务、工作单位、通信地址和电话号码等个人信息。传递名片时，有名字的一面朝上，双手拿好，双目注视对方，微笑致意再递交对方；收取一方也应双手接过，并轻声道谢，接过名片后可当面读出，对不清楚的地方当面请教，然后郑重地收好。一般情况下，在接受别人名片后，应回赠本人名片。如手头没有，可以向对方说明情况表示歉意并主动介绍自己。一般不要伸手向别人要名片，必须要时，应以请求的口气说："如您方便的话，请给我一张名片，以便日后联系。"或含蓄地问对方贵姓，这样如果人家有名片就会送给你的。

3. 他人介绍

在交际场合想结识某人，还可以通过他人介绍。当别人为你做介绍时，要主动以礼貌的语言向对方问候或微笑点头致意。待介绍完毕后，通常应先握一握手并说声"您好！""幸会！""久仰！"还可以重复一下对方的姓名。在未被介绍给对方时，不宜插嘴对方的谈话，也不宜用手指着对方。介绍时，除女性和年长者外，一般应起立，但在宴会或会议桌上，可不必起立，只需微笑点头即可。

4. 随意介绍

如果是非正式场合，对年龄相仿的年轻人，可随便做介绍，不必考虑介绍秩序。如果与友人在路上同行又遇见另一位朋友，一般没有特殊原因可不做介绍，两个相识者打个招呼就过去了。如果要停下交谈较长时间的话，可以先简单地把两人介绍一下。

二、拜会礼仪

拜会又称拜访或者拜见。在一般情况下，拜会是指前往他人的工作地点、私人居所或者其他商定的地点，探望、会晤对方，或是与对方进行其他方面的接触。不论是在因公交往还是在因私交往中，拜会都是人们习以为常的一种交往方式。作为交往方式之一，拜会实际上是一种典型的双向应酬活动。在拜会中，访问、做客的一方为客，称作来宾；做东、待客的一方为主，称作主人。任何一次正式拜会的成功，都离不开宾主双方的密切配合与共同努力。对宾主双方而言，在拜会的整个进行过程中都必须恪守本分、善待对方，依照相应的礼仪规范认真行事。从总体上讲,作为客人拜访他人时,一定要讲究客随主便;而作为主人款待他人时,则一定要讲究主随客便。

(一)做客

做客是拜会的基本组成部分。访友做客,一般情况下要考虑以下八个方面的礼节。

(1)事先预约,不当不速之客;

(2)按时到达,不迟到也不能太提前到达;

(3)叩门进入,不能不请自入;

(4)问候施礼,不能不请擅坐;

(5)礼物妥当,不要留行贿之嫌;

(6)注意仪表,不能衣冠不整;

(7)稳重文明,不要乱看乱动;

(8)适时告别,不能该走不走。

(二)待客

在拜会期间,待客也是一个重要的组成部分。待客是拜访对象对拜访者所进行的接待。一般情况下要注意以下六个方面的礼节:

(1)适当准备,不能马虎大意。如果知道有客人要来访,要搞好环境卫生,了解客人习惯、爱好、忌讳等情况,准备好待客之物,安排膳食住宿,准备交通工具等。

(2)热情欢迎,不要拒之门外。客人到来,要欢迎进入。如果客人是第一次来访,应给家人一一介绍,使相互之间尽快熟悉起来。如果家里已有客人,又有新客人来访,应将客人相互介绍,一同接待。如果来客不是自己的客人,而是家里其他成员的朋友、同事或同学,也要热情接待。

(3)适当陪同,不要冷淡客人。如果客人来时,自己正忙于做事,应立即把要做的事放下来,接待客人。手头的事一时实在放不下的,应向客人说明情况,请家人作陪,不要让客人坐冷板凳。如果客人来时,有要事外出,非走不可,要向客人解释清楚,请客人原谅,并约请客人改日再来。

(4)客气挽留,不要有逐客之意。客人提出告辞,主人应客气挽留。客人执意要走,也要等客人起身告辞时,主人再站起来相送。

(5)慎对馈礼,不留受贿之嫌。客人临走时,馈赠了礼品,要当面查看,如果礼品适当,情理之间,主人要表示感谢,并请客人以后不要再破费,同时应回赠一些合适的礼物让客人带走;如果礼品不当,价高过度,应该谢绝接受。不能对客人的礼物无动于衷。

(6)热情送客,不能不管不问。一般送客送到门口,但是远道而来又是年老体弱的客人,最好送到码头或车站。分别时应邀客人有空再来。客人正式离去时,主人要目送客人远去,主动向其挥手致意,只有客人真正离开以后,主人方可转头回家。

三、通讯礼仪

现代社会是一个信息社会,对于公共关系人员而言,信息就是资源,信息就是财富,信息就是生命。为了更好地获取信息、利用信息,必须对通讯礼仪认真加以遵守。

通讯,一般是指人们利用一定的电信设备来进行信息的交流与传递。通讯礼仪,通常指的就是人们在使用各种通讯工具时,所应当自觉遵守的礼仪规范。

(一)电话交往

1. 拨打电话

使用电话时,如果主动把电话打给别人,则称作拨打电话,应该注意的礼仪有以下几个方面:

(1)把握通话时间。

一要选好通话时机。除非有要事相告,一般不宜在他人休息或用餐的时间内给对方打电话。给海外人士打电话时,还须了解此地与彼地之间的时差,免得昼夜难分。

二要注意通话时间长度。每一次拨打电话的具体时间长度,基本的要求是以短为佳,一般不超过"3 分钟",在通话期间,最忌讳没话找话,浪费时间。

(2)准备通话内容。

一要事先准备。拨打电话前,尤其是拨打重要电话前,拨打电话者应当尽量提前做好准备,若有可能,最好是事先动笔开列出一份通话提纲。

二要直言主题。拨打电话,一定要做到务实不务虚,长话短说,开宗明义,直入正题、适可而止。

(3)注重通话行为。

在通话过程里,一要语言文明。在语言上注意文明礼貌,不得滥用"脏"字。通常电话接通后的第一句话是"您好"或者"你好",而不是"喂"。第二句话是自我介绍,"我是某某单位的某某某"。最后结束道上一声:"再见!"

二要态度良好。需要总机转接电话时,勿忘首先向总机的话务员问好。假如自己所找的人不在现场,而需要别人代为寻找、代为转告时,除了"请""劳驾""拜托""谢谢"等礼貌用语必不可少外,在电话上还要不失态度上的谦和。要是自己拨错了电话号码,一定要当即向接听者说明原因,并且表示歉意。不论接听者是何种身份,既不能疾言厉色,也不能阿谀奉承。在通话过程里,假如电话突然中断,应主动负责再次拨打,并向对方说明原因。

三要举止文明。在拨打电话时,任何人对自己的举止动作都不应当自由放任。通话中,嗓门不宜过高,免得让接听电话者承受不住。标准的做法是:用自然语言,声音适当,大约使口部与话筒之间保持 3 厘米左右的距离,终止通话时,应以双手将话筒慢慢地、轻轻地放下。千万不要用力一摔,使接听电话者震耳欲聋,甚至产生误解。通话结束后,要轻轻地把电话机放回原处。

2. 接听电话

接听电话者在本人受话时和代接电话时,在礼仪规范上的要求各有不同。

(1)本人受话礼仪。

本人受话,是指由接听电话者本人亲自接听别人打给自己的电话。

一是接听及时。电话铃响三声之前,应立刻停止自己所做的事情,尽快去接听。接听电话时,通常不宜请别人代劳。因特殊原因必须这么做,或是在电话铃声响过许久才迟迟去接电话,则勿忘在通话之初向拨打电话者做出解释,并致以歉意。

二是应对谦和。在拿起话筒之后,接听电话者首先应当向拨打电话者问好,并且随之自报家门。如"您好,这里是某单位,我是某某某"。在通话过程中,应聚精会神接听,不要三心二意。对于对方所谈论的问题,要积极参与,不允许一言不发,有意冷落对方。

三是主次分明。在接听电话的过程中,一般不要再做其他事情,专心接听。万一在处理重要事情或接待重要客人期间有人打进来电话,而此刻不宜与对方深谈的话,可在接听电话时向其讲明原因、表示歉意，并且约上一个具体时间，届时由自己主动打电话过去。正在接听一个电话时，适逢另外一个电话打进来，切忌对后者不予搭理。可以先对正在通话的对象略做说明，请其不要挂上电话而小候片刻，然后立刻去接另外一个电话。待接通之后，可请对方稍候，或者过上一会儿再来电话，或者等一会儿由自己把电话再打过去，随后继续接听头一个电话。不管自己多么繁忙，都不应当拔断电话线。

(2)代接电话礼仪。

在替别人代接、代转电话时，一要热情帮助对方，及时代找代传，不要对其予以回绝。当拨打电话者所找之人就在附近，而由自己代接电话时，切勿当即大喊大叫，闹得四邻不宁，人人皆知。当别人接打电话时，应主动避开。不要有意旁听，更不宜随便插嘴打岔。

二要尊重隐私。替人代接、代转电话时，一定要守口如瓶，而切勿辜负对方的信任，随意进行扩散。

三要记录准确。如果拨打电话者要找的人不在，在代接电话时，可在向对方说明之后，询问一下是否需要自己代为转达。若是对方有此请求的话，即应鼎力相助。

四要传达及时。要是拨打电话者要找的人就在附近，应当立即去找，而不宜拖延。如果答应拨打电话者为其向别人传话，则应尽快予以落实，不要置之脑后、一忘了之。

(二)手机交往

当前，以手机为典型代表的移动通信工具在国内已基本普及。在使用手机时须掌握一些基本的礼仪规范。

1. 正确使用

正确使用是指手机使用者一定要遵守社会公德，切记不可使自己的所作所为妨碍到其他人士。首先是从安全的角度考虑，驾驶车辆、乘坐飞机、探访病人和加油站前及其他一切标有文字或图示禁止使用手机的地方，都应当自觉地遵守规定。其次从公共秩序的角度考虑，不能在公共场所里滥用手机。在公共场所应自觉地关闭自己的手机或者使之处于震动、静音状态。切不可任其随时随地地大呼小叫，有碍于人。

2. 保证畅通

使用手机的主要目的之一，是保证使用者与外界联络的畅通无阻。

一是将手机号码相告于人时应力求准确；否则，既有可能误事，又有蓄意骗人之嫌。将其书面告之于人时，必须书写清楚。如系口头相告的，则应当重复一至两遍，以便让对方有机会核对验证。

二是手机号码变动之后应主动通报于人。由于某种内部或者外部的原因而变更了自己的手机号码之后，应当尽早地向自己重要的交往对象进行通报，以防使双方的联系出现中断。

三是手机暂不使用时应加以说明。万一因故暂时不使用自己的手机应提前在寻呼台、语音信箱上留言，或者口头告知重要交往对象。

四是要在接到他人的手机电话后，一般均应当即与对方进行联络。

3. 重视私密

通信自由，在我国受到法律的保护。在通信自由之中，私密性，即通信属于公民的个人私事和个人秘密，是其重要内容之一。首先是不要轻易向他人索要手机号码。其次是不要随意向他人借用对方的手机。

(三)电子邮件

电子邮件，又叫作电子信函或者电子函件。它是利用电子计算机所组成的互联网络，向交往对象所发出的一种无纸化电子信件。使用电子邮件同外界进行联络，不仅安全保密、节省时间、防止丢失、清晰度极高，不受篇幅限制，而且可以使通信费用相对大大降低。使用电子邮件，应遵守以下几个方面的礼仪规范：

1. 撰写

向他人发出的电子邮件，一定要尊重收件人，邮件内容要认真构思，精心撰写。应该注意的地方有：

一是主题要明确 。每一封电子邮件，大多只有一个主题，并且往往需要由发件人在它的前面加以注明。发件人若是将其归纳得当，则收件人便可以一目了然了。

二是语言要流畅。为了便于阅读，撰写时，尽量不要使用生僻字、异体字或者收件人不懂的语种。

三是内容要简短。网上的时间是极其宝贵的，因此发件人在撰写电子邮件时，一定要注意删繁就简，抓住要点，去掉一切无用之语。

2. 慎用

在信息社会里，时间对于每一个人而言都无比珍贵。为了节约时间，不要滥发电子邮件。

一是没有特殊原因的，不要以电子邮件联络别人，不要利用电子邮件来来往往地跟别人聊天。

二是不要在网上乱交网友，即使是跟值得信赖的网友保持联络，也不一定非要多发电子邮件。

3. 有礼

在收发电子邮件的过程中，要讲究礼仪。

一要自爱。发出电子信件时，轻易不要匿名。一般而言，在每一封电子邮件的末尾不仅应当署名，而且应当署以真名实姓。在网上交友或征友时，切忌男扮女、女充男。在与他人进行电子邮件的往来时，不论双方是否相识，都不要口出轻狂、污秽、放肆之言，不允许不尊重异性。

二要有“网德”。要讲究“网德”，不充当“黑客”，随意侵入别人的网站，擅自盗取别人的资料，偷窥别人的私人电子邮件。

三要及时回复。要养成定期检查本人电子信箱的习惯。一经发现需要回复的电子邮件，通常均应尽快回复。万一无法立即回复，也要及时有所表示。例如，可告知对方，将在某个时间之前详细作答。

四要适时留言。假如出差在外，应启动自动回答功能，在电子信箱里留言相告电子邮件发出者。

四、男女交往礼仪

平等友好、尊重妇女和女士优先是男女交往的基本礼仪，一般情况下，应该注意以下几个方面：

（一）问候施礼

在需要问候其他人时，一定要首先问候在场的女士。如：“女士们！先生们！”向多人见面、道别需要施礼时，一定要首先向在场的女士施礼。

（二）就座交谈

就座时，男士应请女士先就座。男士与女士交谈，应该语言文明。

(三)外出进入

外出行路时,男士应走远离建筑物的外侧,让女士走靠近建筑物的内侧,以防各种车辆溅起的浮尘和泥浆。男女一起初到某地,男士应该先行带路,让女士走在后面;一般情况下,男士应该让女士走在后面。进门时,如门开着,男士应该让女士先走;如门关着,男子应把门推开先进去,然后用手拉住门让女士进来。

(四)上车下车

上车时,男士应为女士打开车门;下车时,男士先下,为女士拉开车门。男子随时给予女士以必要的帮助。

(五)消费付款

一般场合,尤其是偶遇,不一定非男方出钱,要尊重女士的意愿;如果女方是在男方的邀请下同往某地,男方应该支付所有的费用。

(六)时间频率

男女交往既要反对"男女授受不亲",又不宜过分随便,要尊重对方,应当把握适宜的交往时间和频率,任何一方只要有了恋人,就应适当减少往来,以免造成不必要的误解。

五、交谈礼仪

交谈是一种有来有往、相互认识、交流感情、交换信息的双边或多边活动。由于参与交谈的各方互为发言人和听众,所以平等参与和相互补益就成为交谈礼仪的核心。交谈是公共关系人员工作能力、社交能力的综合体现。

(一)交谈的基本要求

1. 拥有良好的态度

在交谈时,态度是非常重要的。人们的交谈对象形形色色,说话前言不搭后语,反反复复、发音有误,甚至不男不女、不中不洋等,这样的毛病随处可见。但尺有所短,寸有所长,也许在许多废话中,就有一句对我们是有用的,这也是我们的收获。因此,交谈时要懂得摆正位置、接受别人,要有一种健康的、平等的、宽容的心态。日常人际交往中,与别人交谈,有5点非常重要:

(1)不要训斥别人;

(2)不要挖苦别人;

(3)不要纠正对方;

(4)不随便质疑别人;

(5)不要随便去补充别人。

2. 善于使用称呼语

巧用称呼语,能够创造和谐融洽的交际氛围。有人说,只有在称呼上尊重对方,才能继续良好的交往。因此,使用称呼语首先要建立在尊重对方的基础上。正式场合可以采用的称呼语有职务性称呼,如厂长、经理等;职称性称呼,如教授、工程师等;职业性称呼,如秘书小姐、司机同志等。还可以采用泛尊称,如同志、先生、女士、小姐等,或直接称呼对方的姓名。应避免用替代性或蔑视性称呼,如"嗨""喂""那个背包的",以及把老大爷叫"老头"等。具体把握以下四点:

(1)庄重典雅用敬称。可选用职务性或职称性称呼,如王教授、张经理等。

(2)亲切随意用昵称。在同事、朋友之间,可称呼对方的姓氏或名字,如小李、阿甘等。

(3)入乡随俗用方言。如在城市,可以称长辈为伯父、阿姨等;在农村,则可称长辈为大爷、大娘等。

(4)巧避尴尬用代称。如果不了解对方的基本情况,可用泛尊称,如先生、女士等。

3. 注重副语言的运用

副语言,在语言学中被称为"类语言",是指伴随着语言出现的音符、音速、语调、重音等语言现象,以及笑声、叹息声、哭声、呻吟声等。交际活动中常见的副语言有语调、语速、语顿、重音等。

(1)语调,是指一句话中的高低起伏。语调分平直调、弯曲调、降抑调、高升调等常规类型。公关语言艺术中的语调既指对常规语调的运用,更需要根据公关活动的实际需要进行超常规运用。语调加上表情等体态语言的艺术化运用,不仅可以有效地表达思想,而且可能创造出异乎寻常的交流效果。

【案例 9—7】

成功的悲剧表演

有一次,意大利著名的悲剧影星罗西应邀参加一个欢迎外宾的宴会。席间,许多客人要求他表演一段悲剧,于是他用意大利语念了一段"台词",尽管客人听不懂"台词"的内容,然而,他那动情的声调和表情,凄凉悲怆,不由得使人流下同情的泪水。可一位意大利人却忍俊不禁,跑出厅外大笑不止。原来,这位悲剧明星念的根本不是什么台词,而是宴席桌上的菜单。这个例子生动地证明了语调的作用与魅力。

(资料来源:wenku. baidu. com)

(2)语速,是指说话的速度,即单位时间里吐词的数量。语速大致可以分为慢速、中速、快速三种类型。在通常情况下,人们用慢速表达平稳、沉重、悲哀等情感;用中速叙述平静和缓的事情;用快速传递迅猛、急迫、命令等信息。此外,艺术化的语速还指对三种语速综合的、超常的、巧妙的运用。

(3)语顿,是指口头语言中的语言停顿。常规的语顿出现在词语间、句子间和段落间,相当于书面语言的标点和转行。副语言中的语顿是指艺术化的超常规停顿。恰如其分的语顿,能造成悬念,形成犹如相声艺术中的"包袱"效果,产生非凡的听众反应。

(4)重音,是指口头语言中加重发音的语言现象和表达技巧。重音也可分为常规的语法重音和根据需要而设置的强调重音两种。前者是句子的语法关系的自然要求;后者是说话人为了加深接受一方对句子中某一主要信息的印象和感受,而对该部分词语加重发音而形成的。重音不仅是一种语言技巧,而且常常是发布某项信息时让公众更加明白的必然要求。

4. 选择合适的交谈内容

合适的交谈内容,能创造出健康、愉快的谈话氛围,使交谈双方找到共同语言,使谈话轻松、持久,并且能缩短彼此间的距离。社会交往中,交谈内容要注意不能说什么和应该说什么。

(1)不能说什么。谈话内容应避讳的话题:①非议国家、政府单位纠纷;②国家机密和行业秘密;③非议交往对象的内部事务;④背后议论领导、同事、同行的坏话;⑤谈论格调不高的问题;⑥涉及个人隐私的问题,具体包括个人隐私"五不问",即,一不问收入,二不问年龄,三不问婚姻家庭,四不问健康问题,五不问职业经历。

(2)应该说什么。在社会交往中，要注意用共同听懂的语言，讲大家都可参与的内容，如天气、艺术、体育等中性的话题。有四种宜选择的话题：①交往对象所擅长的话题；②格调高雅的话题；③轻松愉快的话题；④流行时尚的话题。

5. 讲究交谈的形式

在人们交流中，交谈的形式主要是注意三个要点：文明、礼貌和规范。

(1)文明。即言谈用词要文雅，杜绝蔑视语、烦躁语、斗气语。用词文雅，既体现了一个人的修养，又能讨人喜欢。有些话，意思相同，说法不同就给人不一样的感觉。应该避免粗话、脏话、黑话、荤话等，这些都会降低谈话的格调，给人不舒服的感觉。

(2)礼貌，就是要多使用礼貌用语，博得他人好感与体谅。应该做到来有迎声，问有答声，去有送声。

(3)规范，就是要讲普通话，吐字清楚，发音准确，通俗易懂，深入浅出，避免晦涩难懂、咬文嚼字，要让对方能听得明白。

6. 运用好交谈的艺术

交谈是一门艺术，要想把握好，就必须将交谈建立在对对方感情、人格和自尊心尊重的基础之上。在交谈中可以运用的艺术主要有以下几个方面：

(1)耐心倾听。有耐心，目光关注，不轻易打断、纠正、质疑对方；及时予以回应，不显烦躁。

(2)善于提问。能打开僵局和沉默，善于诱导启发和提出话题，转到中心主题上。

(3)调动气氛。用语言、语调、言词内容、个人情意营造谈话气氛，调动对方情绪。

(4)幽默处理。通过语言反常组合构造幽默意境，营造谈话气氛，调动对方情绪，祛除忧虑愁闷。

(5)委婉含蓄。不直接提及不愉快的事情，用侧面言词来替代令人不悦的内涵；通过沉默、转折、诱导等方法否定，不直接说“不”。

(6)模糊回避。在某些语境和环境用宽慰式、回避式、选择式模糊语言传递信息。

(二)交谈技巧

谈话确实有技巧，俗话说：“一句话使人笑，一句话也能使人跳。”法国大作家巴尔扎克曾说过，“世界上第一个用鲜花来比喻美女的人是天才，第二个再用鲜花比喻美女的人是庸才，第三个还用鲜花比喻的人是蠢材”。可见，交谈中蕴涵了许多学问。

1. 赞美的技巧

人人渴望被称赞。生活中，我们经常需要去称赞别人。真诚的赞美，于人于己都有重要意义。于别人来说，他的优点和长处，因你的赞美显得更有光彩；对自己来说，表明你已被别人的优点和长处所吸引。

美国心理学家威廉·詹姆士说：“人类本性中最深的企图之一是期望被赞美、钦佩、尊重。”渴望被赞扬是每一个人内心中的一种基本愿望。

赞扬虽不是包治百病的灵丹妙药，但往往对人产生深刻的影响，有的赞扬甚至能改变人的一生。英国文豪狄更斯年轻时潦倒不堪，写稿不断被退稿。终于有一天，一名编辑承认了他的价值，写信夸奖了他。这个赞扬改变了狄更斯的一生，从此世界上多了一个伟大的文学家。

赞美是件好事情，但并不是一件简单的事。若在赞美别人时，不审时度势，不掌握一定的艺术和技巧，即使你是真诚的赞美，也会使好事变为坏事。在社交场合赞美别人的语言表达方式主要有以下几种：

(1)实事求是，措辞适当。赞美要恰如其分，不能太离谱，适当的赞美应当是在对方原有期望的基础上略加提高，既不会贬低别人，也能满足对方且不至于令其飘飘然。措辞也要适当、具体，不能太笼统，否则会给被赞美者虚无缥缈的感觉，令对方产生怀疑，从而感到你赞美的虚伪。一位母亲赞美孩子："你是一个好孩子，有了你，我感到很欣慰。"但如果说："你真是一个天才，在我看到的小孩子中，没有一个赶得上你的。"这反而有可能把孩子引入歧途。

(2)赞美对方引以为荣的闪光点。每个人在成长过程中都满载着其历史纪录，其中不乏自己引以为荣的闪光点。找到这些闪光点并加以赞美，会让对方感到自豪和骄傲，让人更容易接受。美国"优美座位公司"经理亚当森向柯达公司伊斯门经理推销座椅时，他进入伊斯门经理的办公室后，有意识地仔细观察了办公室的精致装修，然后说："这办公室设计得太有格调了，我从来没有见过装修得这么精致的办公室。"他的赞扬激发了办公室设计者伊斯门的兴奋点，不仅和他签下了大量订单，而且两人结下了终生的友谊。

(3)间接地赞美他人。有时，如果直接赞美对方，不免有恭维、奉承之嫌。若以"第三者"的口吻来赞美，更能得对方的好感和信任。因为一般人的观念中，总认为"第三者"所说的话是比较公正、实在的。如："你真是漂亮，难怪××一直说你看上去总是那么年轻！""听小何说，你的篮球打得特棒！"

(4)赞美要热情具体。缺乏热诚的空洞的称赞并不能使对方感到高兴，有时甚至会由于你的敷衍而引起对方的反感和不满。称赞别人，要尽可能热情些、具体些。比如："你这篇文章写得好，特别是后面一个问题很有新意。""你这件衣服很好看，这种款式特别适合你的年龄。""你的歌唱得真好听，不熟悉你的人没准还以为你是专业歌手呢。"

(5)赞美要适度。适度的赞美，会使人心情舒畅；否则，使人难堪、反感，或觉得你在拍马屁。一般来说：

①赞美的方式和题材要适宜，即针对不同的对象、场合，赞美的方式和题材也应有所不同。比如，对年长者，可赞美他的健康、经验、知识、地位或成就；对同辈人，可赞美他的精力、才干、业绩和风度；初见面者，则主要赞美其可见的外表或已知的实绩；在公共场合，赞美对方那些可引起众人同感的品德、行为、外表和长处，比较适宜；到别人家中做客，则可赞美其孩子的聪明、妻子的烹调手艺或家居布置等。

②赞美的频率要适当。在一定的时间内赞美他人的次数越多，赞美的作用就越小，对同一个人尤其如此。

2. 说服的技巧

说服就是改变他人的意见、见解、思想和态度。说服的精髓在于使对方理解。卡耐基说过："没有人喜欢被强迫购买或遵照命令行事，如果你想赢得他人的合作，就要征询他的愿望、需求及想法，让他觉得是出于自愿。"

(1)站在对方的角度思考问题。一位心理学家说过："说服就是站在傻瓜的立场上去劝导傻瓜。"就是说，要说服对方，必须先了解对方，才能摸清问题的症结所在，也才能想出对策去说服对方。没有感情上的共鸣，没有对对方心态情况的捕捉(包括欲望、期待、认识及原因)，说服只能是瞎子点灯——白费蜡。例如，19世纪，维也纳上层社会的妇女中，时兴一种筒高、檐宽的帽子，而且在帽檐上装饰有五颜六色的羽翎。女士们一进入剧场，观众就只能看到她们戴的帽子，而看不见戏台，剧场经理只好请求女士们脱下帽子，可谁都不予理睬。这时经理灵机一动，说："年老一点的女士可以照顾不脱帽。"结果，女士们都把帽子摘了下来。

(2)恰当运用身体语言。说服时,身体语言也十分重要。微笑、眼神的接触、恰当的手势,都能增强你的说服力。

(3)以退为进。即欲擒故纵。春秋时代的齐相晏子最擅长使用这种方法。据《晏子春秋》记载,齐国有人得罪了齐景公,景公大怒,命人将他绑起来,置于殿下,召集武士来肢解他,有敢劝谏的,定斩不饶。晏子左手持着那人的头,右手磨着刀,仰面向齐景公问道:"你知道古代贤明的君主要肢解人时,从哪里开始下刀吗?"景公顿时明白,说:"把这人放了吧,过错在寡人。"

(4)逻辑诱导。运用逻辑推理,层层递进,因势利导地说出令对方不得不心悦诚服的结论,从而达到改变对方态度的目的。项羽少年时代很喜欢树木。有一天,他见一位邻居老伯正要砍掉庭院中一棵大桂树,忙走过去问其缘故。老伯深深地叹了口气,说:"我这些年很贫穷,还不是因为这庭院四四方方,有了这棵桂树,便成了一个'困'字,树植院中不吉利,所以狠心把它砍掉。"项羽听后拱手道:"院中桂树倒了留下了人,依你的说法,这不是成了'囚犯'的'囚'字吗？岂不更不吉利?"结果,桂树被留了下来。

(5)类比借喻。采用类比借喻的方法,既可以使道理讲得形象易懂,又往往能够避开对方的心理界限,使其在不知不觉中心扉洞开、获得启发,从而改变原有的态度。有一次,法拉第作完电磁感应理论的学术报告后,一个贵妇人有意挖苦他说:"教授,你讲的这些东西有什么用处呢?"法拉第诙谐地回答:"夫人,你能预言刚生下的孩子有什么用吗?"

(6)心理接触。即融情动心法。曾经有一个格言:"一滴蜜比一加仑胆汁更能吸引苍蝇。"唐代大诗人白居易也说过:"动人心者莫先乎情。"如果你想说服一个人,首先要用一滴蜜赢得他的心,引起"情感共鸣"从而达到说服目的。有一位老师接了一个"差"班,开学第一天,他亲切地对同学们说:"有人说我们是处理品、垃圾班,这是没有道理的。就拿体育锻炼来说,我们班不但不是'垃圾班',而且可能争当先进班……"一席话使学生们从低落的情绪中振奋起来,由此树立起了信心。

(7)以理服人。即以道理来说服对方。"十月革命"刚胜利时,广大农民怀着对沙皇的巨大仇恨,要求烧掉沙皇宫殿。领导做了许多工作,但农民们置之不理。没有办法,最后只有由列宁出面了。列宁问农民:"沙皇住的房子是谁建造的啊?"农民们说:"是我们建造的。"列宁又问:"我们建造的房子,不让沙皇住,让我们自己的代表住,好不好?"农民们齐声答好,放弃烧房。

(8)请君入"彀"。即根据对方的看法和观点,设置一个个问题,引导对方,暴露自相矛盾之处。最后用他自己的话来否定他自己的看法和观点,从而达到说服的目的。《三国志》上有一记载:曹操用的马鞍被老鼠咬坏了。曹操认为这是不吉之兆,要处死管理仓库的官吏。曹冲获悉后,戳破了自己的衣服,状如鼠咬一般,到曹操面前故作愁容。曹操问他原因,曹冲乘机答道:"世上一般人认为被老鼠咬破衣服的主人不吉祥,现在我的单衣被老鼠咬破,所以忧愁。"曹操忙劝慰说:"老鼠咬破衣服,主人就不吉祥,这全是无稽之谈,何用忧愁。"后来管仓库的官吏来向曹操请罪,曹操只得一笑了之。

3. 谦虚的技巧

谦虚是一种美德,是人类高尚的品质。古希腊哲学家苏格拉底曾说过:"谦虚是藏于土中甜美的根,所有崇高的美德由此发芽生长。"但谦虚如表达不当,则会弄巧成拙、适得其反。因此,表达谦虚有赖于恰当的形式,可采用以下几种方法:

(1)分功他人——却让法。谦虚并不意味着不肯定成绩,而在于既对成绩本身有一个正确的评价,又对取得的成绩有一个清醒的认识。尤其是在客观原因方面,不要忽视他人所起的作用及偶然的机遇等因素。某公司的副总经理才三十出头，许多人都夸他能举重若轻，把公司工作处理得井井有条。而他总是说："这主要得力于几位中层干部，他们经验丰富，平时工作积极主动，各负其责，我当然就不需要操多少心了。"谦虚，正是他取得成功的法宝。

(2)强调努力——侧重法。有时候，为了说明自己为什么取得某些成就，人们不免要对自身因素作出评判。自身因素包括多方面的内容，如品德、才智、思维方式、心理素质、努力程度等。谦虚者所强调的往往是后天因素、努力因素，因为这类因素较易为人们效仿，具有更大的启发意义和学习价值。当有人称赞鲁迅先生是天才时，鲁迅说："哪有什么天才，我只是把别人喝咖啡的时间都用在工作上而已。"

(3)找出不足——对比法。与自满相反，谦虚是一种积极的人生态度，也是一种有益的思维方式，其特点是朝前看、朝上看，在广泛对比中关注的是他人的长处、强者的水平、未来的需要，因而总能找到自己的不足，在成绩面前不骄不躁，保持永不满足的进取心。自满之人，喜欢以自己的长处与别人的短处相比，气量狭窄，嫉贤妒能。虚心之人，喜欢以自己的短处与别人的长处相比，见贤思齐，求贤若渴。以长比短，越比越短；以短比长，越比越长。在某单位的一次公开招聘中，左某战胜了其他几位竞争对手登上了经理宝座：许多同事对他表示祝贺和赞赏，有人甚至当众夸奖他是几位候选人中实力最强的。左某却坦诚地说："其实，几位候选人各有千秋。论管理我不如老陈，论经营我不如老周，论公关我不如小王。"后来，左某不但以诚意挽留了这几位竞争者，而且在"组阁"时根据各人特长做了相应安排。宽厚的气度使他赢得了员工的尊重，也使他在工作中取得了显著成就。他上任后没多久就使单位扭亏为盈，蒸蒸日上。

(4)幽默调侃——冲淡法。有时候，他人的称赞恰如其分，若否定则有悖于事实，若肯定则有沾沾自喜之嫌，不妨采用自嘲、夸张、巧辩等形式的讥笑，将对方的称赞加以冲淡、化解或变换。某小伙子长得高大健美，人见人夸，他总爱这样说："吃了饭只长个子不长心眼，当然四肢发达啦。"克雷洛夫是位有名的寓言大师，他写的寓言被译成 53 种语言。当他的朋友称赞他的书写得好、销路广时，他风趣地说，"不是我的书写得好，是因为我的书是给孩子们看的，他们容易把书弄坏，所以印得多。"调侃得随意，谦虚得别致。

4. 拒绝的技巧

在纷纭复杂的生活舞台上，无论你扮演什么角色，都少不了会有人求你做一些你不该做、不愿做或者是根本就做不到的事。面对这些不知深浅的求助者提出来的非分请求，我们必须学会拒绝。合情合理地运用推却艺术拒绝他人，既能使自己有效地远离烦恼，又能使对方免于尴尬。

(1)顺承推却——寻找对方的退路，迫其退步。有些人向人提过头要求时总是慎之又慎，生怕因遭回绝而陷入尴尬。所以，在求助辞中或曲或直给自己留着退路。如果我们确信对方的要求无法予以满足，就应及时抓住求助辞的退路信息，迫使对方主动下台阶。例如，一村医早晨起来就开始巡诊，中午 1 点多了，后面还跟着几个接医生的病人家属。他想回家吃完饭再接着工作，一家属却拦着路："我知道你已经很饿了，不过还是给我妈妈看完病再吃饭吧。看一个病人也用不了多长时间。"医生说："理解万岁！谢谢你知道我已经很饿了，那你怎么还拦我呢？看一个病人确实用不了多长时间，可大家都像你这么说，我不早就饿成纸片了？"拦路人只好沿着自己的退路下台阶了。

(2)转折推却——制造相反的语境，取得主动。当对方喜气洋洋或者悲情切切地向你提出某个请求的时候，如果你仍然以自己的"亲情"或"公事"为理由拒绝对方，则容易被对方误认为你是"不尊重友情""不可靠"的人，甚至是"势利小人"，因此而伤害了双方的友谊。在这种“盛情难却”的情形下，你首先要在语言和行动上表明诚意，之后再利用“但是”把求助辞折入相反的语境，以化解和削弱求助辞的信息量，让对方不知不觉便顺从于你，达到推却的目的。例如，“你们厂的新发明获得专利，这是一件大喜事，真该好好庆贺一番，只是我今天已有约在先，要去参加商务谈判并签订协定，参加的单位代表很多，不好更改日期，过后我一定登门道贺，好吗？”这样，由于自己的诚意和重视，对方是很容易谅解的。

(3)客观推却——理出实情的脉络，恪守方寸。有时，求助者只想着把自己的事办成，凭着一股主观愿望，完全不管别人是否能够做到，而一味强求。遇到这种情况，我们可以摆出事情的实际情况和自身所限定的能力，让客观事实告诉对方，自己是无能为力的。这样对方也就不好强求了。一次小李风风火火告诉老赵说：“现在正在考核呢，你知道吗？就在二楼办公室。你一定能得优秀，可你要优秀没用，我求求你把优秀让给我吧。你上二楼去一趟，跟考核领导小组的人说一下，要是等一公布就晚了。”面对小李有些失态的求助，老赵说：“你评上优秀，或是把我的优秀给你，我都没意见，可二楼我不能去。如果领导没评我优秀，人家会说：‘开什么玩笑？你的优秀还不知在什么地方呢，还张罗给别人呢。’如果我被评上优秀，人家会说：‘这是严肃的工作考核，你有什么资格拿优秀送人情呢？这事要能做得，还轮得着你？’领导怎么说都是理，我怎么下楼？所以二楼我无论如何也去不得。你说呢？”

(4)依法推却——筑起法制的堤防，水来堰挡。当求助者的要求比较强烈，且明显有悖于法律法规时，最好是让法律为你说话。在情与法的矛盾冲突中，我们要表现出对法的相应的无奈来，以引导对方就范，自觉放弃无理请求。筑起法律的长堤，洪水再大，料也无妨。例如，乡下的小姜打架打伤了人，派出所要他拿 3 600 元给对方付医药费。小姜不服，跑到城里找在县政府工作的姐夫撑腰。姐夫说：“拿医药费是你必须承担的民事责任。这是有条文规定的，我也没办法。人家知道我给你当后台老板，你又一个子儿不出，人家岂能善罢甘休？闹到法院你也少拿不了。反正两条道，如果你不出钱，找我也白搭，我管不了；如果你愿意出钱，那就给人家送去好了，找我有什么用？”

(5)谦恭推却——巧拨赞誉杠杆，别有妙处。在实际工作中，常会遇到这种情况，有些人本来自己能够做，也是他应该做的事，偏要找一些这样或那样的借口求人代劳。这时，对对方大加恭维，让对方在赞誉声中有所收敛，你便可乘势脱身。甲要参加省里的论文比赛，可他自己懒得动脑，偏要求乙执笔为他写文章。乙说：“哟！咱俩同学那么多年，你的文才谁不知道，你是咱们系大名鼎鼎的高才生啊，要笔杆子谁能比得上你？对不起，我可不能辱没你的名声，还是你自己写吧。我做你的第一读者倒是胜任的。”

六、探望病人的礼仪

挚友、家人、同学、同事、职工、干部、领导等生病时，以个人名义或者组织的名义去医院看望他们，乃是人之常情，也是公共关系交往中的内容之一。目的是通过对生病人员探望关心，增进感情，加深友谊，使病人和其家属得到精神上的安慰。探望病人要注意以下礼仪：

(一)了解病人的信息

通过一定的信息系统，掌握有关公众生病住院的情况，是谁生病住院了，需要谁以什么名义去探望，从而好做安排。

(二)了解病人的心理

生病住院的病人，除了生理上的病痛外，还常常有一种孤独感、寂寞感和愁闷感。因此，探望病人前，要了解病人的病情和心态，以便关怀、安慰病人。看到病床周围的医疗器械或病人的面容，不要大惊小怪，以免给病人增加压力。要挨床坐下，不要站在床前、愁眉苦脸，给病人造成不适。

（三）以病人为中心

与病人或者病人家属讲话，要认真思考，不要直接打听病人的病情，若病人能够讲话，不要直接问“你怎么了”，而要委婉地问：“你今天感觉好些了吧！”交谈中应该始终让病人处于主导地位，让病人或者病人家属多谈，不要自己夸夸其谈。要乐观、有分寸地鼓励、宽慰病人，安慰病人家属，不可提及使病人不愉快或伤害病人自信心的话题。

（四）选择适宜的礼物

应该根据病人的个人情况，特别是生病的类型选择适宜病人需要的礼物。探望病人时，可携带鲜花、水果、饮料和滋补食品作为礼物。对于长期卧床的病人，除了鲜花、食品外，还可带些供消遣的书籍、画册等。

（五）探望病人的时间

1. 探望病人的时间选择

应该在医院规定的探视时间里探望，除医院规定上午不得探视外，一般应该选择在上午探望病人为宜，具体选择可以选择在上午 10:30 左右，因为此时医院查房一般已经结束。

2. 探望病人的时间长短

探望病人的时间不宜过长，一般 15 分钟左右为宜。时间太长，会影响病人的休息；时间太短，不能表达对被探望病人及其家属的诚意，甚至会引起病人及其家属对你的探望是否诚心诚意的怀疑。如果是探望挚友，时间可稍长些。如果探望同时又有其他探望者前来探望同一病人，病房拥挤，探望病人的时间可以稍微短一些。

（六）尽力帮助病人

探望病人时，因为各种情况不同，病人或者病人家属可能存在许多困难，也可能会提出一些要求，要根据具体情况，对合理的要求要尽力帮助病人解决。

七、吊唁礼仪

吊唁是对亲友或组织的职工及其家庭成员的不幸去世给予真诚的关怀和慰问，主要的礼仪有：送花圈和挽联，参加追悼会或者遗体告别仪式，以示祭奠、哀悼之情。在追悼会或者遗体告别仪式期间，表情要严肃，服装颜色以黑色或深颜色为宜，不要化浓妆，打扮要素雅、庄重，也不要佩戴饰物。不能亲自前往吊唁的，如因距离较远时，可以写唁信或致唁电哀悼。唁丧或参加追悼会，还应视关系的亲疏，对死者家庭予以安慰，劝他们节哀、保重。如果是至亲好友，应帮助处理一些具体事情，逢年过节还应前去探望死者家属。

八、舞会礼仪

舞会，一般是指以参加者自愿相邀共同跳舞为基本内容的颇受人们欢迎的一种社交聚会。舞会的类型有组织为庆贺重要活动举办的大型舞会、营业舞厅举办的一般社交舞会和在家中亲戚朋友一起举行的家庭舞会这三种形式。舞会的基本礼仪有以下几个方面：

（一）组织舞会

举办正规的舞会时，必须认真遵守礼仪规范，在时间、场地、曲目、来宾、接待等方面，都必须搞好安排和准备。

1. 举办舞会的时间

一是要“师出有名”,同庆贺活动相结合。

二是要选择周末、节假日。

三是宜晚上举行。

四是正规舞会时间长度通常认为2小时左右。

2. 来宾邀请

一是应提前向客人发出邀请,并说明起止时间,以方便客人安排时间。对已婚者,一般要请夫妇二人。

二是人员限量。根据场地大小、接待能力和交往需要,限制邀请人员的数量。

三是注意性别比例,男女客人的人数要大致相等。

3. 接待工作

一是确定舞会的主持人,搞好舞会的主持工作。

二是组织招待人员,搞好迎送、服务、陪同和邀舞等工作。

三是准备好招待茶点。

四是注意安全防范。

(二)参加舞会

参加舞会时需要检点自己的行为举止,注意自己的临场表现,重视舞会的礼仪规范。

1. 仪容要整洁,举止要文明

不要穿短裤、背心、拖鞋跳舞。注意卫生,最好不吃蒜、葱等有强烈刺激气味的食物,也不宜喝酒。当患病、身体不适或感到疲倦时,最好不要勉强参加舞会,否则,因此引起咳嗽、打喷嚏、打哈欠等,对舞伴都是不礼貌的。

2. 邀人共舞,主动热情

一是只宜邀请异性,忌讳邀请同性。

二是参加舞会的男女都可以主动邀请别人共舞。但一般是男方向女方主动发出邀请。男邀女共舞时,可到对方面前点头示意并伸出右手请舞或说声:“我可以请您跳舞吗?”女邀男共舞时,可大方地走到男士的面前说声:“请你带带我跳舞,可以吗?”一旦接受邀请,就应同对方跳至一曲终了,不要半途单方退场。

3. 拒绝邀舞,态度友好

一般情况下不要拒绝邀请者的要求,无故拒绝是不礼貌的,但是如确实太累或别的原因不想跳,要态度友好,委婉简要地解释。需要注意的是拒绝一个人的邀请后,通常不应当马上又接受其他人的邀请,尤其不能当着前者的面堂而皇之地那么做;否则,会被理解成有意侮辱对方,容易引起矛盾和纠纷。

4. 舞姿标准,表现文明

一是标准的作为,跳舞时要保持良好的风度和正确的舞姿,整个身体要始终保持平、正、直、稳。

二是举止得体,保持间距。男方的右手应在女方腰部正中,双方距离两拳。进退移动,都要掌握好身体的重心,不要让身体左右摇晃,胳膊不要大幅度上下摆动。脸部朝正前方保持微笑,神态自若,声音轻细,给人以美感。

三是尊重舞伴,一曲舞完毕,要向对方致谢,并把舞伴送到原来的位子上。

四是行为文明,不生事端。中间休息时,不要乱扔果皮纸屑,不宜高声谈笑,随意喧哗,不要随意穿越舞场，更不要同别人争抢舞伴，要始终做到礼貌谦和，有礼有节。

5. 以舞会友，广泛交际

要正确理解举办和参加舞会的目的，正规的舞会，跳舞不是目的，跳舞只是交际的手段，因此，要珍惜参加晚会的时机，以舞会友，广交朋友。

第四节　餐饮礼仪

现代社会，餐饮活动已经成为一项重要的交际形式。因此通晓宴请礼仪，熟悉中、西餐礼仪差别，并能规范地品茶、喝咖啡，不但能展示出公共关系人员的素养与品味，更能提高其社交能力。

一、宴请礼仪

宴请就活动的性质、目的而言有礼仪性的、友谊性的和工作性的三种；从规格上分为国宴、正式宴会、便宴、家宴；从形式上，常见的有宴会、冷餐会和酒会；从餐别上又有中餐宴会、西餐宴会和中西合餐宴会；从时间上又有早宴、午宴和晚宴的区别。

（一）宴会的准备

宴会的准备工作一般有以下几方面：

1. 确定好宴会的名义

这是指在对外宣传口径上所公布的宴会主办单位或主持人。这关系到宴会的档次和规格，即以此确定是正式宴会还是非正式宴会，是郑重其事还是家常便饭。原则上宴会主持人的确定要兼顾客人的身份。对外宴会的主持人，一般应为出面接待外宾的身份最高者担任。国内宴会的主持人，通常应为宴会主办单位的最高负责人，邀约客人应当以他个人名义。

2. 确定宴会参加者的范围

就是要根据宴会的性质、目的、主宾的身份及双方的关系及习惯做法和国际惯例等来确定宴请的标准、邀请对象及出席作陪的人员和数量。一般主方和客方的人数要比例适当，未被邀请的人员不可进入宴请活动场所。

3. 确定好宴会的形式、时间和地点

宴会形式取决于自己的习惯做法，我国一般以中餐宴会为主，一些冷餐会、酒会正在逐步代替一些正式宴会。而时间的选定，应以主客双方都方便为宜。一般公务性的安排在白天，商务性的安排在晚上。而晚宴在国际惯例中又被视为规格最高的宴会。宴会地点的选择一般要根据宴会规格确定。如官方正式隆重的活动，一般安排在政府、议会大厦或星级高的宾馆饭店的大厅举行。总之，要从氛围营造考虑，因为不同的地点可营造不同的效果。

4. 准确填写并及时发出请柬

请柬内容填写要规范。一般要填写好主题、形式、时间、地点、主人的姓名。其中人名、单位名、节日名等应尽量采用全称。请柬填写好后要及时发出。一般应在两三周前发出，至少也要提前一周。已口头邀约好的也以补送请柬备忘为好。为了方便掌握和安排座位，可要求被邀请者收到请柬后给予答复。也可以在请柬发出后，电话询问对方是否出席。比较隆重、正式的大型宴会，最好先排好座位，并在请柬左下角注明席次号。

5. 确定好宴会的菜单

菜单讲究色香味俱全，荤素搭配合理，菜名吉祥，主菜价值高贵。即使是普通的家常便饭，点什么菜都得重视客人的口味与忌讳或宗教习俗，尤其是主宾的年龄、性别、健康、民族饮食和个人特殊的口味。在正式的宴会上，菜单至少要一桌一份，或是人手一份，以便使大家在用餐时可以各取所需，量力而行。

6. 认真安排好宴会的各项服务

宴会举行之前，组织者一定要安排好宴会的各项服务工作。如宴会厅附近设立休息厅、吸烟室、存衣处，安排好宴会厅门口的迎宾员、引导员及休息厅的接待人员等。

7. 认真安排宴会的座次

安排席位是正式宴会开始前的重要准备工作之一。每个席位上放置好席位卡，大型宴会桌次多，每个餐桌上要放桌次卡。这样既方便宾主入座、服务员上菜，也有利于宴会的统一管理。宾客入场时，宴会厅门口的领台员要上前热情引导入座。宴会排座时要根据国内外习惯的不同来进行。按我国习惯，通常情况是面朝入口处的座位为主人座位；主人对面是副主人位置；主人的右边为主宾，左边为第二副主宾；副主人位置的右边为第一副主宾；其余按先右后左顺序依次类推。按照国外的习惯，座次安排通常是主宾在主人右边；主宾夫人在主人的左边，男女应穿插安排。在具体安排席位时，还要考虑其他一些因素，如客人之间的关系是否融洽，客人身份高低是否相当，语言沟通是否有障碍等。

(二)宴会中主人的礼仪

1. 迎宾

宴会开始前，主人应站在大厅门口迎接客人。对规格高的贵宾，还应组织相关负责人到门口列队欢迎，通称迎宾线。客人来到后，主人应主动上前握手问好。

2. 引导入席

主人请客人走在自己右侧上手位置，向休息厅或直接向宴会厅走去。如至休息厅，则由服务人员帮助来宾脱下外套，接过帽子，待客人坐下后送上饮料。若直接进入宴会厅，主人陪主宾进入主桌，接待人员引导其他客人入席后，宴会即可开始。

3. 致辞、祝酒

正式宴会一般有致辞和祝酒。但时间不尽相同。我国习惯是在开宴之前讲话、祝酒、客人致答词。在致辞时，全场人员要停止一切活动，聆听讲话，并响应致辞人的祝酒，在同桌中间互相碰杯。这时宴会正式开始。西方国家致辞、祝酒习惯安排在热菜之后，甜食之前，至于冷餐会和酒会的致辞则更灵活些。

4. 服务顺序

服务人员侍应，要从女主宾开始，没有女主宾的，从男主宾开始，接着是女主人或男主人，由此向顺时针方向进行。规格高的，由两名服务员侍应，一个按顺序进行，另一个从第二主人右侧的第二主宾至男主宾前一位止。

5. 斟酒

斟酒在客人右侧，上菜在客人左侧。斟酒只需至酒杯 2/3 即可。

6. 制造气氛

用餐时，主人应努力使宴会的气氛融洽，活泼有趣。要不时地找话题来交谈。还要注意主宾用餐时的喜好，掌握用餐的速度。

7. 道别

客人用餐完毕，吃完水果后，在客人告辞时，主人应热情送别，感谢他们的光临。

(三)赴宴的礼仪

宴会是否成功，主人处于主导地位，主人要以客人的需要、习惯、兴趣安排一切。而应邀赴宴客人的密切配合也是决不可忽视的。

1. 应邀

接到邀请后，不论能否赴约，都应尽早做出答复。不能应邀的，要婉言谢绝。接受邀请的，不要随意变动，按时出席。确有意外，不能前去的，要提前解释，并深致歉意。作为主宾不能如约的，更应郑重其事，甚至登门解释、致歉。

2. 掌握到达时间

赴宴不得迟到。迟到是非常失礼的，但也不可去得过早。去早了主人未准备好，难免尴尬，也不得体。

3. 抵达

主人迎来握手，应及时向前响应，并问好、致意。

4. 赠花

按当地习惯，可送鲜花或花篮。

5. 入席

在服务人员的引导下在自己的座位卡处入座。

6. 姿态

坐姿自然端正。不要太僵硬，也不要往后倒靠在椅背上。肘不要放在餐桌上，不要托腮，眼光随势而动，不要紧盯菜盘。

7. 餐巾

当主人拿起餐巾时，客人方可拿起餐巾。餐巾打开放在腿上，以防止菜汤滴在身上。餐巾也可用来擦拭嘴角，但不可用来擦餐具，更不要用来擦脖子抹脸。

8. 进餐

进餐时要文明、从容。闭着嘴细嚼慢咽，不要发出声音，喝汤要轻啜，对热菜热汤不要用嘴去吹。骨头、鱼刺吐到筷子上、叉子上，再放入骨盘。嘴里有食物时不要说话。剔牙时，用手遮住。就餐过程中，不得解开纽扣，松开领带等。

9. 交谈

边吃边谈是宴会的重要形式，应当主动与同桌人交谈，特别注意同主人方面的人交谈，不要总是和自己熟悉的人谈话。话题要轻松、高雅、有趣，不要涉及对方敏感、不快的问题，不要对宴会和饭菜妄加评论。

10. 退席

用餐完毕，应起立向主人道谢告辞。

二、中、西餐礼仪

(一)中餐礼仪

与西餐相比较，中餐的一大特色就是就餐餐具有所不同。这里主要介绍一下常见的中餐餐具使用礼仪。

1. 筷子

筷子是中餐最主要的餐具。使用筷子，必须成双使用。用筷子取菜、用餐的时候，要注意下面几个“小”问题：

(1)不论筷子上是否残留着食物，都不要去舔。

(2)和人交谈时，要暂时放下筷子，不能一边说话，一边像指挥棒似的挥舞着筷子。

(3)不要把筷子竖着插放在食物上面，因为只有在祭奠死者时才用这种插法。

(4)严格遵守筷子的职能——只用来夹取食物。用来剔牙、挠痒或是用来夹取食物之外的东西都是失礼的。

2. 勺子

勺子的主要作用是舀取菜肴、食物。有时，用筷子取食时，也可以用勺子来辅助。尽量不要单用勺子去取菜。用勺子取食物时，不要过满，免得溢出来弄脏餐桌或自己的衣服。在舀取食物后，可以在原处“暂停”片刻，汤汁不再往下流时，再移回来享用。取到的食物要立即食用或放在自己碟子里，不要再把它倒回原处。如果取用的食物太烫，不可用勺子舀来舀去，也不要用嘴对着吹，可以先放到自己的碗里等凉了再吃。不要把勺子塞到嘴里，或者反复吮吸、舔食。暂时不用的勺子应放在自己的碟子上，不要把它直接放在餐桌上，或是插在食物中。

3. 盘子

稍小点的盘子就是碟子，主要用来盛放食物，盘子在餐桌上一般要保持原位，而且不要堆放在一起。这里着重介绍的是一种用途比较特殊的盘子——食碟。食碟的主要作用，是用来暂放从公用的菜盘里取来享用的菜肴的。用食碟时，一次不要取放过量、多种菜肴，这样既繁乱又会“窜味”，不好看，也不好吃。不吃的残渣、骨、刺不要吐在地上、桌上，而应轻轻取放在食碟前端，放的时候不能直接从嘴里吐在食碟上，要用筷子夹放到碟子旁边。如果食碟放满了，可以让服务员更换。

4. 水杯

水杯主要在盛放清水、汽水、果汁、可乐等软饮料时使用。不要用它来盛酒，也不要倒扣水杯。另外，喝进嘴里的东西不能再吐回水杯。

5. 餐巾

中餐用餐前，比较讲究的话，会为每位用餐者上一块湿毛巾。它只能用来擦手。擦手后，应该放回盘子里，由服务员拿走。有时候，在正式宴会结束前，会再上一块湿毛巾。它只能用来擦嘴，却不能擦脸、抹汗。

6. 牙签

尽量不要当众剔牙。非剔不行时，用另一只手掩住口部，剔出来的东西，不要当众观赏或再次入口，也不要随手乱弹，随口乱吐。剔牙后，不要长时间叼着牙签，更不要用来扎取食物。

(二)西餐礼仪

1. 西餐的餐具

广义的西餐餐具包括刀、叉、匙、盘、杯、餐巾等。其中盘又有菜盘、布丁盘、奶盘、白脱盘等；酒杯更是讲究，正式宴会几乎每上一种酒，都要换上专用的玻璃酒杯。狭义的餐具则专指刀、叉、匙三大件。刀分为食用刀、鱼刀、肉刀(刀口有锯齿，用以切牛排、猪排等)、黄油刀和水果刀。叉分为食用叉、鱼叉、肉叉和虾叉。匙则有汤匙、甜食匙、茶匙。公用刀、叉、匙的规格明显大于餐用刀叉。

(1)餐具的摆法。

垫盘放在餐席的正中心,盘上放折叠整齐的餐巾或餐纸(也有把餐巾或餐纸折成花蕊状放在玻璃杯内的)。两侧的刀、叉、匙排成整齐的平行线,如有席位卡,则放在垫盘的前方。所有的餐刀放在垫盘的右侧,刀刃朝向垫盘。各种匙类放在餐刀右边,匙心朝上。餐叉则放在垫盘的左边,叉齿朝上。一个座席一般只摆放三副刀叉。面包碟放在客人的左手边,上置面包刀(即黄油刀,只供抹奶油、果酱之用,而不能用来切面包)一把,各类酒杯和水杯则放在右前方。如有面食,吃面食的匙、叉则横放在前方。

(2)餐具的用法。

刀叉持法:用刀时,应将刀柄的尾端置于手掌之中,以拇指抵住刀柄的一侧,食指按在刀柄上,但需注意食指决不能触及刀背,其余三指则顺势弯曲,握住刀柄。叉如果不是与刀并用,叉齿应该向上。持叉应尽可能持住叉柄的末端,叉柄倚在中指上,中间则以无名指和小指为支撑,叉可以单独用于叉餐或取食,也可以用于取食某些头道菜和馅饼,还可以用来取食那种无须切割的主菜。

西餐餐具在用法上也有颇多讲究。

①刀叉的使用:右手持刀,左手持叉,先用叉子把食物按住,然后用刀切成小块,再用叉送入嘴内。欧洲人使用时不换手,即从切割到送食物入口均以左手持叉。美国人则切割后,将刀放下换右手持叉送食入口。刀叉并用时,持叉姿势与持刀相似,但叉齿应该向下。通常刀叉并用是在取食主菜的时候,但若不需要刀切割时,则可用叉切割。

②匙的用法:持匙用右手,持法同持叉,但手指务必持在匙柄之端,除喝汤外,不用匙取食其他食物。

③餐巾用法:进餐时,大餐巾可折起(一般对折),折口向外平铺在腿上,小餐巾可伸开直接铺在腿上。注意不可将餐巾挂在胸前(但在空间不大的地方,如飞机上可以如此)。拭嘴时需用餐巾的上端,并用其内侧来擦嘴。绝不可用来擦脸部或擦刀叉、碗碟等。

2. 西餐进餐礼仪

参加西餐宴会,除了应遵循中餐宴会的基本礼仪之外,还应掌握以下几个方面的礼仪知识:

(1)餐具使用的礼仪。

吃西餐,必须注意餐桌上餐具的排列和置放位置,不可随意乱取乱拿。正规宴会上,每一道食物、菜肴即配一套相应的餐具(刀、叉、匙),并以上菜的先后顺序由外向内排列。进餐时,应先取左右两侧最外边的一套刀叉。每吃完一道菜,将刀叉合拢并排置于碟中,表示此道菜已用完,服务员便会主动上前撤去这套餐具。如尚未用完或暂时停顿,应将刀叉呈八字形左右分架或交叉摆在餐碟上,刀刃向内,意思是告诉服务员,我还没吃完,请不要把餐具拿走。

使用刀叉时,尽量不使其碰撞,以免发出大的声音,更不可挥动刀叉与别人讲话。

(2)上菜的顺序。

西餐种类繁多,风味各异,因此其上菜的顺序,因不同的菜系、不同的规格而有所差异,但其基本顺序大体相同。因此掌握菜序能更多地体现礼仪规范。

一餐内容齐全的西菜一般有七八道,上菜时一般按如下顺序:

第一,饮料(果汁)、水果或冷盘,又称开胃菜,目的是增进食欲。

第二,汤类(也即头菜)。需用汤匙,此时一般配有黄油、面包。

第三,蔬菜、冷菜或鱼(也称副菜)。可使用垫盘两侧相应的刀叉。

第四，主菜（肉食或熟菜）。肉食主菜一般配有熟蔬菜，此时要用刀叉分切后放餐盘内取食。如有色拉，需要色拉匙、色拉叉等餐具。

第五，餐后食物。一般为甜品（点心）、水果、冰激凌等。最后为咖啡，喝咖啡应使用咖啡匙、长柄匙。

（3）进餐礼仪。

进餐时，除用刀、叉、匙取送食物外，有时还可用手取。如吃鸡、龙虾时，经主人示意，可以用手撕着吃。吃饼干、薯片或小粒水果，可以用手取食。面包则一律手取，注意取自己左手前面的，不可取错。取面包时，左手拿取，右手撕开，再把奶油涂上去，一小块一小块撕着吃。不可用面包蘸汤吃，也不可一整块咬着吃。

喝汤时，切不可以汤盘就口，必须用汤匙舀着喝。姿势是：用左手扶着盘沿，右手用匙舀，不可端盘喝汤，不要发出吱吱的声响，也不可频率太快。如果汤太烫时，应待其自然降温后再喝。

吃肉或鱼的时候，要特别小心。用叉按好后，慢慢用刀切，切好后用叉子进食，千万不可用叉子将其整个叉起来，送到嘴里去咬。这类菜盘里一般有些生菜，往往是用于点缀和增加食欲的，不要为了面子强吃下去。

餐桌上的佐料，通常已经备好，放在桌上。如果距离太远，可以请别人帮忙递一下，不能自己站起来伸手去拿。

吃西餐时相互交谈是很正常的现象，但切不可大声喧哗，放声大笑，也不可抽烟，尤其在吃东西时应细嚼慢咽，嘴里不要发出很大的声响，更不能把刀叉伸进嘴里。至于拿着刀叉做手势在别人面前挥舞，更是失礼和缺乏修养的行为。

吃西餐还应注意坐姿。坐姿要正，身体要直，脊背不可紧靠椅背，一般坐于座椅的3/4即可。不可伸腿，不能跷起二郎腿，也不要将胳臂肘放到桌面上。

饮酒时，不要把酒杯斟得太满，也不要和别人劝酒（这些都不同于中餐）。如刚吃完油腻食物，最好先擦一下嘴再去喝酒，免得将杯子弄上油渍。干杯时，即使不喝，也应将酒杯在嘴唇边碰一下，以示礼貌。

有人曾将礼貌的饮酒程序总结为：观其色，闻其香，品其味，赞其美。总之，西餐既重礼仪，又讲规矩，只有认真掌握好，才能在就餐时表现得温文尔雅，颇具风度。

三、喝咖啡礼仪

（一）咖啡的选择

每一种咖啡因品种、产地不同，有着各自强烈的性格，这里简单介绍几个咖啡品种的特点，帮助大家做出适合自己口味的选择。

1. 曼特宁咖啡、爪哇咖啡等

这类咖啡是经过深炒重焙的印尼或非洲出产的咖啡豆制成，口味强烈，常给人爱恨分明的联想，比较适合贪恋味觉刺激的人。

2. 巴西咖啡、牙买加蓝山咖啡等

这类咖啡醇厚芬芳，是对黑咖啡情有独钟的人的首选。

3. 摩卡咖啡、哥伦比亚咖啡等

这类咖啡因含酸性，是性喜清淡的人的选择。

4. 综合咖啡

这类咖啡用数种咖啡豆调配而成，调性模糊，口味却取巧讨好，初尝咖啡的人可由此入门。

5. 混合咖啡

即在咖啡中加入其他饮料。味由浓至淡分别是：牛奶咖啡（如拿铁、卡布奇诺、欧蕾、玛其哈朵等）→调酒咖啡[如爱尔兰咖啡（威士忌）、皇家咖啡（白兰地）等]→巧克力咖啡（美式摩卡、维也纳、荷兰咖啡等）。

（二）喝咖啡的礼仪

1. 拿咖啡杯

在餐后饮用的咖啡，一般都是用袖珍型的杯子盛出。这种杯子的杯耳较小，手指无法穿过去。但即使用较大的杯子，也不要用手指穿过杯耳再端杯子。咖啡杯的正确拿法，应是拇指和食指捏住杯把儿再将杯子端起。

2. 给咖啡加糖

给咖啡加糖时，可用咖啡匙舀砂糖，直接加入杯内；也可先用糖夹子把方糖夹在咖啡碟的近身一侧，再用咖啡匙把方糖加在杯子里。如果直接用糖夹子或手把方糖放入杯内，有时可能会使咖啡溅出，从而弄脏衣服或台布。

3. 咖啡匙的使用

咖啡匙是专门用来搅咖啡的，饮用咖啡时应当把它取出来，而不是用咖啡匙舀着咖啡一匙一匙地慢慢喝，也不要用咖啡匙来捣碎杯中的方糖。当咖啡太热时，可以用咖啡匙在杯中轻轻搅拌使之冷却，或者等待其自然冷却。用嘴试图去把咖啡吹凉，是很不文雅的动作。

4. 杯碟的使用

盛放咖啡的杯碟都是特制的，它们应当放在饮用者的正面或者右侧，杯耳应指向右方；饮用时，可以用右手拿着咖啡的杯耳，左手轻轻托着咖啡碟，慢慢地移向嘴边轻啜。不宜满把握杯、大口吞咽，也不宜俯首去就咖啡杯；喝咖啡时，不要发出声响；添加咖啡时，不要将咖啡杯从咖啡碟中拿起来。

5. 食用点心

有时候饮咖啡可以吃一些点心，但不要一手端着咖啡杯，一手拿着点心，吃一口喝一口地交替进行。饮咖啡时应放下点心，吃点心时则放下咖啡杯。

另外还应该注意，咖啡要慢慢啜饮且全部喝完，而不能一口气大口喝完，这样才显得有礼貌。

四、喝茶礼仪

“坐，请坐，请上座！茶，上茶，上好茶！”充分体现了以茶待客之礼。待客时，应该准备好茶水、咖啡或饮料等多种饮品供客人选择。以茶待客需掌握必要的敬茶礼仪。

（一）茶具要清洁

客人进屋后，先让坐，后备茶。冲茶之前，一定要把茶具洗干净，包括茶杯、茶壶、托盘及装茶叶的罐、盒。尤其是久置未用的茶具，难免沾上灰尘、污垢，更要细心地用清水洗刷一遍。在冲茶、倒茶之前最好用开水烫一下茶壶、茶杯。

（二）取茶要规范

一方面取茶叶要用专用的器皿——竹制或木制的茶勺，也可用不锈钢或陶制的勺代替，不要用手抓。取茶叶的量要适当。茶叶不宜过多,也不宜太少。茶叶过多,茶味过浓;茶叶太少,冲出的茶没啥味道。假如客人主动介绍自己喜欢喝浓茶或淡茶的习惯,那就按照客人的口味把茶冲好。

(三)茶水要适量

为客人倒的第一杯茶,无论是大杯小杯,通常不宜斟得过满,太满了容易溢出,把桌子、凳子、地板弄湿。不小心,还会烫伤自己或客人的手脚,使宾主都很难为情。当然,也不宜倒得太少。以杯深的 2/3 处为宜。

(四)奉茶有顺序

上茶应讲究先后顺序,一般应为:先客后主;先女后男;先长后幼。如第一杯茶敬给来宾中的年长者,如果是同辈人,应当先请女士用茶。

(五)端茶要得法

按照我国的传统习惯,上茶应在主客未正式交谈前。正确的步骤是:双手端茶从客人的左后侧奉上。要将茶盘放在临近客人的茶几上,然后右手拿着茶杯的中部,左手托着杯底,杯耳应朝向客人,双手将茶递给客人同时要说“您请用茶”。对有杯耳的茶杯,通常是用一只手抓住杯耳,另一只手托住杯底,把茶端给客人。无论怎样手指不能触及杯口。

(六)续水讲时机

添茶续水要以不妨碍宾客交谈为佳,不能等到茶叶见底后再续水。当然,添茶的时候要先给上司和客户添茶,最后才给自己添。

第五节　涉外礼仪

涉外礼仪,又称涉外交际礼仪,就是指与外国人交往时应当遵守的礼仪。世界之大,无奇不有,各国礼俗,五花八门。随着国际交往的频繁,公关人员必须坚持求同存异、不卑不亢、热情有度、入乡随俗和女士优先交际原则,认真搞好涉外交往。

一、迎送

(一)迎宾礼仪

根据来宾的来访目的、身份及双方或两国关系情况,决定接待规格,派对口的人员前往迎候。如身份相应的主人因故不能前往,被委托的代表应礼貌地做出解释。根据来宾抵达时间,应提前 15 分钟前往迎候。陪车时,应请客人坐在主人右侧,译员坐在司机旁边。下榻之后,主人应将日程安排向客人交代清楚,并简要介绍有关情况,预定再次见面的时间、地点、方式及联系办法;迎送人员不宜久留,应尽早让客人休息。

(二)送客礼仪

主动协助办理出境手续,购买回程票,提前办理托运,安排代表将客人送到机场或者码头。

二、称呼

在国际交往中,一般对男子称“先生”,对已婚女子称“夫人”,未婚女子称“小姐”,或统称为“女士”。这些称呼前面可以加上姓名、职称、官衔等。对医生、教授、法官及律师等,可单独称之。有的国家对将军、元帅等高级官员称阁下。与我国一样有同志相称的国家，均可称同志，在前面不加职衔、姓名或职务等。

三、赴宴

(1)接到邀请后，应尽快答复出席与否。如出席则应守信，并要核实时间、地点和是否带配偶等事项。

(2)出席宴会应打扮整齐，容光焕发；按时出席，不能过早或过晚；在赴宴、乘车与行走时，右为上，左为下；三人同行，中为尊；前后行，前为尊；如乘轿车，客人或被尊重者从后右方上车为上，左后方上车为下；三人并坐，中间为大，右次之，左更次之。

(3)抵达后先向主人问候，再向其他客人问好。按主人的安排入座，并主动协助邻座的年长者或女性入座。

(4)用餐时，将大餐巾折起，折口向外平铺腿上，可用其内侧拭嘴，小餐巾打开直接放在腿上；中途离座要将餐巾放在座椅上。一般用左手拿叉，右手拿刀，用刀将食物切成小块，用叉将食物送入口内，用刀切食物时，不要发出撞击盘子的声音。取菜一次不宜过多，吃完再取；对不合口味的菜，不要拒绝或面露难色，可取少许放入盘内；吃东西不要发出声音，汤、菜太热不可用嘴吹；骨、刺等物应以餐巾纸掩口，取出放入菜盘内。

(5)正式敬酒是在上香槟酒时，不喝酒应事先声明，不应将酒杯倒置。在餐桌上可自由交谈，但不可嘴含食物与人交谈。

(6)宴席结束应不要忘记向主人致谢。

四、送礼

(1)礼品价值不宜过重。古语说："礼轻情谊重。"实际上，国外许多国家都坚持这个原则。如在欧美国家，礼物过重就会被认为是贿赂。

(2)要充分考虑对方的习俗和不同国家忌送的礼物(见表9—6)。

表9—6　　不同国家忌送的礼物

国　家	忌送的礼物
美国	香水、衣物和化妆品
英国、加拿大	百合花
法国	菊花
日本	饰有狐狸图案的礼品
波兰、德国、瑞士	红玫瑰
巴西	紫色的花
阿拉伯国家	酒类
西班牙	大丽花和菊花
海湾伊斯兰教国家	酒、女人照片和雕像
哥伦比亚、阿根廷	衬衫领带等贴身用品
东南亚国家	手帕

(3)送礼的场合。这一点各国也不一致。对英国人最好是在请人用完晚餐或看完戏之后

进行，对法国人则在下次重逢之时为宜。

五、禁忌

（一）数字的禁忌

“1 号”“2 号”“3 号”是国际篮球运动规定的上场比赛运动员禁用的号码。

“3”的忌讳，忌一次同时给 3 个人点烟，除非第三个人是自己。

“4”的忌讳，因为“4”同“死”同音，日本、韩国、中国香港和澳门地区的人都忌讳“4”和由“4”组成的数字。如在日本医院的病房、病床号、旅馆、饭店，都尽量避免使用“4”和由“4”组成的数字。如病房没有 14 号病房。如在韩国旅馆没有 4 层楼，门牌没有 4 号，军队中没第 4 军、第 4 师、第 4 团、第 4 营等。

“5”的忌讳：“星期五”被视为不祥的凶日，传说夏娃偷吃禁果是星期五，耶稣被钉在十字架是星期五，挪威神话中把星期五视为鬼日，等等。

“9”的忌讳：日本人也忌讳“9”，因为“9”的发音在日语中与“苦”的发音相同。送礼时，不可赠送数字为“9”的礼物，这会引起误会，以为你把他看成强盗。

“13”的忌讳：“13”这个数字在西方被普遍忌讳。例如楼房和电梯没有 13 层，过了 12 层就是 14 层；航空公司没有 13 号班机；影院、会场没有 13 排；宴会不安排 13 人一桌。甚至在每月的 13 日，人们都感到恐慌。总之，“13”是个不吉利的数字，应该尽量避开。有多种传说，如耶稣被钉在十字架上时是在 13 号星期五；耶稣在最后的晚餐中，一个叫犹大的门徒坐在第 13 号位置，就是他出卖了耶稣；古希腊神话记载，在著名的弗哈拉宴会上，有 12 位北欧之神出席，但有位不速之客——烦恼与吵闹之神突然降临，使一位最受爱戴的尊神柏尔特丧生。结果“13”就成为不吉利的象征。“13”碰上“星期五”就更不祥了。

（二）颜色的禁忌

日本人忌绿色，认为绿色象征不祥；法国人忌麦绿色，因为这会使他们想起德国法西斯的军装；比利时人忌蓝色，以蓝色作为不吉利的标志；巴西人、埃及人忌黄色，以黄色为不幸、丧葬之色；土耳其人布置房间，客厅绝对禁止用茄花色，因茄花色代表凶兆；印度人视白色为不受欢迎的颜色；摩洛哥人一般不穿白衣，认为白色为贫穷的象征；乌拉圭人忌青色，认为它意味着黑暗的前夕；泰国人平时绝对不用红色笔签名，因为在那里，人死后，用红笔将死者姓名写于棺上；蒙古人讨厌黑色，认为它象征不幸、贫穷、威胁、背叛、嫉妒、暴虐；欧美人视黑色为哀丧之色；在埃塞俄比亚，出门做客绝不能穿淡黄色衣服，这样的衣服只有哀悼死者时才穿。

（三）饮食的禁忌

印度教徒不吃猪肉和牛肉；伊斯兰教徒不吃猪肉。伊朗人不吃无鳞无鳍的鱼；阿拉伯人不吃外形丑陋的不干净的动物，不吃死动物，如猪肉、甲鱼、螃蟹等；日本人不吃羊肉；俄罗斯及东欧一些国家的人普遍不爱吃海味，忌吃动物的内脏。

（四）其他禁忌

1.“神牛”神圣不可侵犯

在印度、尼泊尔、缅甸等国家，人们把黄牛视为“神牛”，不准鞭打、伤害、役使，更不能宰杀。“神牛”走到哪里，人们都会把最好的食物送上。逢年过节还要举行敬牛仪式。参观庙宇时不穿皮鞋，不带皮制品，路上遇上“神牛”，行人车辆都要绕行。

2. 人的头高贵不可摸

泰国人相信佛教，非常重视人的头部，认为头是神圣不可侵犯的。长辈在座，晚辈必须坐在地上，或者蹲跪，以免高于长辈的头部。人坐着时，忌他人拿着东西从头上经过。用手触摸泰国人的头部，那是对他们的极大侮辱。小孩的头不能随便摸，认为摸后一定会生病。

3. 跷起拇指的含义不同

不同手势在不同国家或地区有不同含义，用拇指与食指弯曲合成一个圆圈，我国表示“零”，在美国表示“OK”，在日本表示“钱”，而在拉丁美洲又成了某种下流动作。跷起大拇指是一种显示积极的信号，表示夸赞或敬服。在英国、美国、澳大利亚、新西兰等国，这一手势还表示要求搭车，但如果这个动作较猛烈，它又变成了一种侮辱人的信号，如在希腊，急速地跷起拇指，意思是要对方“滚蛋”。

4. 日本人用筷子吃饭忌讳多

一是忌讳用舌头舔筷子。

二是忌讳迷筷，即手握筷子，拿不定主意吃什么菜，在餐桌上四处游寻。

三是忌讳移筷，即动了一个菜后，理应吃饭，但不吃饭，接着又动另一个菜。

四是忌讳扭筷，即扭转筷子，用嘴舔取粘在筷子上的饭粒。

五是忌讳插筷，即插着吃菜。

六是忌讳掏筷，即用筷子从菜中扒弄着吃。

七是忌讳跨筷，即把筷子跨放在碗、碟上面。

八是忌讳剔筷，即以筷代替牙签剔牙。

本章训练题

一、单项选择题

1. 公关礼仪作为一种(　　)的技巧，是公关人员在社会交往中必须遵循的礼节和仪式。

A. 形态与手势　　B. 传播和沟通
C. 语言艺术　　D. 体态与非自然语言

2. 讲究礼仪，在个人、在组织、在社会，都能对(　　)、形象和风气具有改进、提高、创优等推动作用。

A. 文化　　B. 文明　　C. 素质　　D. 风度

3. 良好的(　　)是一切公关活动的起点，是一切社交场合所必备的“通行证”。

A. 个人礼仪　　B. 文化素养　　C. 体态与表情　　D. 组织形象

4. 服装给人的第一印象就是款式，可以使用于不同的场合，表达不同的意义。由于服装的样式非常多，我们只能简单地将其分成(　　)、社交装和便装三种。

A. 套装　　B. 正装　　C. 工作服　　D. 西装

5. 站姿的基本要领是：男子在站立时，应(　　)，具有稳定感。挺拔与稳定的站姿，表现了男子特有的坚定沉着的性格与信心。女子站立讲究挺直、舒展，古人常以“婷婷玉立”来形容。

A. 挺直　　B. 端正　　C. 端正、庄重　　D. 庄重

6. 坐在较低的椅子上或坐沙发时，最好采用(　　)坐姿。

A. 双腿垂直式　　B. 双腿叠放式　　C. 双脚内放式　　D. 双腿斜放式

7. 在一般公关活动场合，避免匆忙地(　　)，即使有急事时，也要尽量使脚步放轻，不要带出声响。

A. 快跑　　B. 奔跑　　C. 急走　　D. 大步走

8. 中国人认为竖起大拇指表示赞赏、夸奖，暗示某人真行。而在(　　)、英国、澳大利亚等国，这种手势则有三种含义：搭便车，表示OK，骂人。

A. 德国　　B. 日本　　C. 法国　　D. 美国

9. 重视社交场合的服饰与仪表是对人际关系敬重、礼貌的表现，服饰与仪表可帮助公关人员(　　)形象。

A. 树立个人　　B. 完善自我　　C. 树立自我　　D. 树立良好

10. 握手礼仪的顺序，一般应遵循"(　　)"的原则，即根据握手双方的社会地位、年龄、性别和宾主身份来确定握手有无必要。

A. 女士优先　　B. 尊者决定　　C. 尊者居后　　D. 尊者优先

二、判断题

1. 在交往关系的适应阶段中，恋爱双方会在不经意间学习对方的说话方式。(　　)
2. 依附阶段属于人际交往过程中双方必然同时到达的阶段。(　　)
3. 人体语言的一致性决定其不可能出现矛盾性。(　　)
4. 看到比自己辈分高或者级别高的人，应该远远就伸出手迎接上去并握手。(　　)
5. 正式的聚餐场合中，站起来夹远处的菜时需要注意衣服不能沾到其他菜肴。(　　)
6. 模仿体语对拉近双方关系可以起到积极的作用。(　　)
7. 语言障碍主要指的是语言种类上的交流困难。(　　)
8. 人际交往过程中可以通过让朋友看自己的家庭相册表示友善。(　　)
9. 严于律己、宽以待人可以帮助我们克服一部分交往中的心理障碍。(　　)
10. 恰当使用微笑可以使人际关系更加和谐。(　　)

三、简答题

1. 为什么说礼仪是一种文化现象？
2. 为什么公关人员必须注重自己的形态礼仪？
3. 在公关活动中，微笑可表达多种含义，你能说出哪几种含义表达？
4. 请你说出三种以上服装的色彩所表现的感觉及其象征意义。

四、案例分析题

小王刚刚升任为公司的销售部经理。为了回报领导对他的器重，他准备在即将到来的外贸谈判中好好表现一下，这可是小王第一次作为谈判代表与外商接触。为了这次意义重大的交易磋商，他在各方面都做了充分的准备，包括住宿、就餐、娱乐等。外商来到后对主人的热情感到十分满意，也透露了想与我方做这笔生意的诚意。激动的谈判时刻终于来了，谈判之前，在小王与外商谈判代表见面握手后，互递名片，在小王把自己的名片递给外商后，突然想起他最近新换了个手机号码，而名片上印的是原来的，于是很有礼貌地把已经递出的名片要了回来，掏出笔，划掉名片上已经打印好的旧号码，写上了自己的新号码。没想到外商在看过了小王第二次递上来的名片后，马上拒绝了与小王谈判的要求，看着外商离去的背影，小王一行人当即傻了眼。

【问题】 外商为什么会突然离去？小王的问题出在哪里？

第十章

CIS 策划与导入

学习要点及目标

1. 明确实施 CIS 战略的意义和作用；
2. 了解 CIS 的基本特征与功能；
3. 了解 CIS 的内容；
4. 具备 MI、BI、VI 策划的能力；
5. 了解 CIS 导入的时机、程序和方式。

核心概念

CIS 战略　理念识别　行为识别　视觉识别

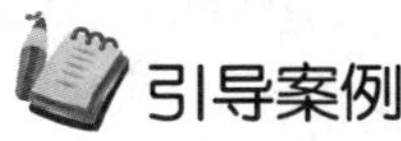

引导案例

华为的 CIS 战略

华为创立于 1987 年，是全球领先的 ICT（信息与通信）基础设施和智能终端提供商。截至 2018 年年底，其全球员工总数达 18.8 万，业务遍及一百七十多个国家和地区，服务三十多亿人口。2018 年度，华为手机（含荣耀）全球发货量突破 2 亿，稳居全球前三，全年全球销售收入首超千亿美元。华为如此显赫的成就来源于其成功的 CIS 战略。

一、提炼企业文化理念，出台《华为基本法》

（一）华为的核心价值观——成就客户、艰苦奋斗、自我批判、开放进取、至诚守信、团队合作

成就客户：为客户服务是华为存在的唯一理由，客户需求是华为发展的原动力。

艰苦奋斗：华为没有任何稀缺的资源可依赖，唯有艰苦奋斗才能赢得客户的尊重和信赖。坚持奋斗者为本，使奋斗者获得合理的回报。

自我批判：只有坚持自我批判，才能倾听、扬弃和持续超越，才能更容易尊重他人和与他人合作，实现客户、公司、团队和个人的共同发展。

开放进取：积极进取，勇于开拓，坚持开放与创新。

至诚守信：诚信是华为最重要的无形资产，华为坚持以诚信赢得客户。

团队合作：胜则举杯相庆，败则拼死相救。

（二）华为的企业口号——丰富人们的沟通与生活

（三）华为的愿景、使命和战略

愿景——丰富人们的沟通与生活。

使命——聚焦客户关注的挑战和压力，提供有竞争力的通信解决方案和服务，持续为客户创造最大价值。

战略——以客户为中心。具体包括：

(1)为客户服务是华为存在的唯一理由，客户需求是华为发展的原动力。

(2)质量好、服务好、运作成本低，优先满足客户需求，提升客户竞争力和盈利能力。

(3)持续管理变革，实现高效的流程化运作，确保端到端的优质交付。

(4)与友商共同发展，既是竞争对手，也是合作伙伴，共同创造良好的生存空间，共享价值链的利益。

二、更改企业标识

面对国际市场激烈的竞争，华为任正非和他的高管团队做出一个大胆的决定，弃用已经使用了长达18年的华为标识，如图10—1所示，于2006年5月8日起，使用新标识，如图10—2所示。新标将进一步凸显其国际形象，淡化中国特色，为接下来的全球抢单大战打下坚实基础。

图10—1　华为的原标识

图10—2　华为的新标识

华为的老Logo是15个色块，代表华为初期创业是15个人，后来走了7个，留下8个，现在新Logo是8个色块。由旧Logo到新Logo，从太阳花变成了橘子皮。

新标识的核心理念如下：

(1)聚焦：新标识更加聚焦底部的核心，体现出华为坚持以客户需求为导向，持续为客户创造长期价值的核心理念。

(2)创新：新标识灵动活泼，更加具有时代感，表明华为将继续以积极进取的心态，持续围绕客户需求进行创新，为客户提供有竞争力的产品与解决方案，共同面对未来的机遇与挑战。

(3)稳健：新标识饱满大方，表达了华为将更稳健地发展，更加国际化、职业化。

(4)和谐：新标识在保持整体对称的同时，加入了光影元素，显得更为和谐，表明华为将坚持开放合作，构建和谐商业环境，实现自身健康成长。

(资料来源：www.huawei.com)

第一节　CIS 战略——塑造组织形象的战略

一、CIS 的概念和内容构成

(一)CIS 的概念

CIS 是英文 Corporate Identity System 首字母的缩写，译为企业识别系统，其中，Corporate 是指企业、单位或团体；Identity 则包含两层意思：一是指主体性，即企业上下理念必须一致，只有一致才可能被识别；二是指独立性，即必须与其他企业相区别，有区别才可能被识别。企业识别系统是指企业将其理念、行为、视觉形象等可感受形象，实行统一化、标准化与规范化的科学管理体系。它是现代企业经营发展的一种重要的战略方法。CIS 习惯上常常被简称 CI 或 CI 战略。我们可以从以下几个角度来认识 CIS：

(1)CIS 是商务组织形象的塑造过程。

(2)CIS 是商务组织管理的一项系统工程。

(3)CIS 是商务组织的一项投资行为。

(4)CIS 是商务组织经营战略的组成部分。

(二)CIS 的内容构成

CIS 是由三个相互关联的子系统组成的：企业理念识别(Mind Identity，MI)、行为识别(Behavior Identity，BI)以及视觉识别(Visual Identity，VI)。三者缺一不可，其关系如图 10—3 所示。

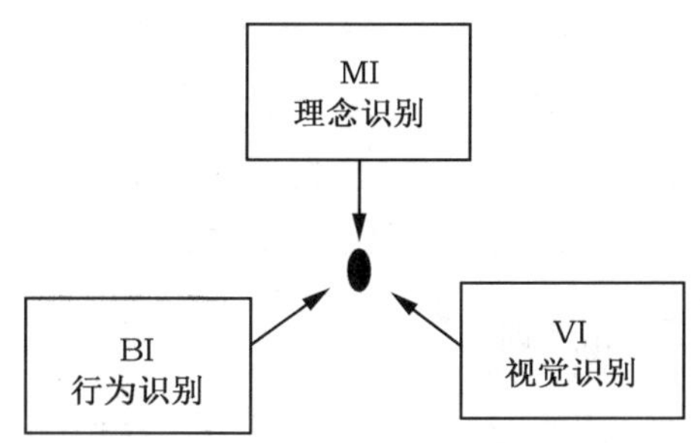

图 10—3　MI、BI、VI 之间的关系

图 10—3 中，中心的黑色圆圈表示三者必须相互结合。MI 处于统帅的地位，是其他活动的基础和前提。三者只有在一个点上很好地结合，CIS 才能达到较完美的境界。其实质就是如何把企业理念通过企业行为和视觉识别让大众识别，进而让大众信赖企业并对企业产生好感。

在 CIS 中，VI 是最外在、最直观的部分，是一种静态的识别，采用视觉化的传达形式将企业、企业价值观有组织、有计划传达出去，使企业理念通过视觉表达方式得以外化，所以有人将其比喻成 CIS 的眼睛。BI 则是一种动态识别，是对企业运作方式所做的统一规划而形成的动态识别形态。它是以经营理念为基本出发点，以贯彻和实现企业理念为目的的一系列活动和措施，它被比喻成 CIS 的四肢。而 MI 是 CIS 的灵魂，是导入企业识别系统的原动力和基础，它涵盖企业经营宗旨、经营策略、企业性格、精神标语、座右铭、价值观等内容，它的存在方式和要求制约了行为识别和视觉识别的最终形成。

二、实施 CIS 战略的意义

CIS 作为一种现代企业战略，具有前瞻性、有效性及系统性的特征，是现代企业管理发展中的一场革命。

综观近几年的国际市场，以 CIS 开发导入最受企业重视，我们已经不难找到形象良好、给人留下深刻印象的商品、品牌及企业形象，如可口可乐、麦当劳、TOYOTA、丰田等均在全面实施 CIS 战略后取得成果。具体来说，CIS 战略对现代企业发展的意义有以下几点：

(一)能提升社会组织的品牌价值

据国际设计协会统计，CIS 的投入产出比为 1∶277。国内有关机构评出：国内品牌海尔品牌价值超过 822 亿元人民币，若同导入 CIS 战略之初相比，则已远远超过 400 倍以上。中国第一个导入 CIS 战略成功的企业“太阳神”，5 年后其经济效益同导入 CIS 战略之前相比增长了 500 倍。

(二)能传达统一信息

CIS 战略的实施，传播了企业独特、鲜明、个性化的统一形象，加深了消费者的印象。

(三)有利于重建企业文化

通过导入 CIS 战略，企业文化得到优化，有效提高了企业员工的工作热情与积极性，同时对社会文化环境的改善发挥了一定作用。

(四)有利于提高企业的竞争力

CIS 战略通过统一视觉设计，能赋予产品各种形象，从而紧紧抓住消费者的心，增强了产品在市场上的竞争力。

(五)有利于企业走向国际化道路

CIS 战略通过一系列企业形象设计，不仅提高了其竞争实力，同时，也为企业走向国际市场铺平道路。例如，华为更换企业标识，实际就是为了抢单国际市场。

三、实施 CIS 战略的基本原则

(一)统一化原则

统一化原则是形成良好企业形象的基本条件。CIS 战略实施的每一个环节，都必须传达统一的企业形象信息，迅速取得公众的认同，提高企业形象信息的传播效率。

(二)个性化原则

这是指企业形象设计时，应展示企业的独特风格和鲜明个性，从而体现本企业与其他企业的差别的设计原则。

(三)有效性原则

这是指组织的 CIS 战略能够有效地运用，达到树立良好组织形象的目的。

(四)艺术化原则

CIS 战略要发挥视觉识别系统的优势，将企业理念、企业文化、服务内容、企业规范等抽象语意转换为具体符号概念，以艺术的手法塑造企业独特形象，力求产生消费者对企业“一见钟情”的“第一印象”。

(五)长期性原则

既然是企业形象战略,就必然具有长期性的特征。CIS战略应立足当前,放眼长远。它绝非是1—2年或3—6年的近期规划,而是企业未来10年、20年甚至更长时间的具体发展步骤和实施策略。

第二节 CIS策划

一、企业理念识别(MI)设计

古今中外,理念在指引人的行为和形成组织凝聚力方面都有其独特的、不可替代的作用。凡是优秀的企业,都拥有了不起的企业理念。这些企业理念成为企业活动的准则、员工奋斗的目标。松下幸之助说:"一个企业的成功,当然涉及许多方面的条件和因素,而是否有正确的理念,无疑是最重要的因素。"海尔在创名牌方面的理念是:"要么不干,要干就要争第一。"这样的企业理念使企业拥有强劲的竞争动力。

无数事实证明了企业理念对企业生存发展的重要性。

(一)MI的内容

MI是通过企业经营理念定位,来传达企业宗旨、企业精神、企业目标,从而展示企业独特形象的设计系统。MI是企业识别系统中的灵魂和原动力,也是CIS设计的基本依据和核心,属于思想、文化层面。企业可以通过它由内向外扩散企业精神和经营思想,启动认识识别的目标,使之成为塑造企业形象的源泉。

其主要内容包括:

1. 企业价值观

即公司对本组织及其相关的人、事、物的意义及其重要性的基本评价与共同看法。例如,联想集团的核心价值观为:

成就客户——致力于客户的满意与成功。

创业创新——追求速度和效率,专注于对客户和公司有影响的创新。

精准求实——基于事实的决策与业务管理。

诚信正直——建立信任与负责任的人际关系。

2. 经营宗旨

即企业经营活动的主要目的和意图,表明企业思想和企业行为。例如,日本松下电器公司的经营宗旨为"产业报国";IBM公司的经营宗旨为"IBM就是服务"。

3. 经营方针

即根据一定的经营思想和经营目标,处理生产经营过程中一系列重大问题所采取的谋略和原则。例如,同仁堂的是"采办务真,修制务精";广州白云山的是"以销售为中心"。

4. 企业准则

这是指企业内部员工在企业经营活动中须遵循的一系列行为标准、规则。例如,美国喜来登集团的是"在喜来登小事不小"。

(二)MI的语言表达设计

1. 要简明凝练

内容精练,中心突出。例如,吉列的是"男人的终极追求";宝马的是"终极驾驶机器";上海广电集团的是"超越""行动""价值"。

2. 要富有文化个性

即把企业理念通过音乐、美术等艺术手法表达出来,如企业之歌、漫画、吉祥人物等艺术表现形式。例如,中国的步步高公司,将其企业理念"世间自有公道,付出总有回报"体现在歌词中,对公众就有非常好的影响效果。

3. 易于传诵

即朗朗上口,让人们自觉不自觉地以口碑相传。例如,宁波杉杉集团的"立马沧海、挑战未来"。

【案例10—1】

海尔的企业理念

一、管理理念

(一)海尔定律

海尔定律又称"斜坡球体论",企业如同爬坡的一个球,受到来自市场竞争和内部职工惰性而形成的压力,如果没有一个止动力它就会下滑,这个止动力就是基础管理。以此为依据,海尔创造了"OEC管理"即海尔模式。

(二)80/20法则

即管理人员与员工责任分配的80/20法则,亦即"关键的少数制约次要的多数"。

二、市场观念

"市场唯一不变的法则就是永远在变。"

"只有淡季的思想,没有淡季的市场。"

"卖信誉不是卖产品。"

"否定自我,创造市场。"

"要做正确的事,而不是正确地做事。"

"能力,不在于你拥有多少,而在于你能够利用多少。"

三、质量观念

"高标准、精细化、零缺陷。"

"优秀的产品是优秀的人干出来的。"

四、售后服务理念

"用户永远是对的。"

五、海尔的用人理念

海尔的用人理念是"人人是人才,赛马不相马"。"人人是人才",肯定了员工的能力,能增强员工的自信心,形成良好的精神风貌,成为海尔发展壮大的主力军。"赛马不相马"可以在员工中形成良性竞争,消除员工的惰性,激发员工最大的潜力,能够选出最优秀的人才,它已成为海尔集团坚实的人才储备企业理念,是企业文化的一个重要组成部分,是全体员工共同认可的理想观念,并指导着企业和员工的行为,能够统一全体员工的思想观念。

(资料来源:海尔公司企业文化,wenku.baidu.com)

(三)企业理念的表达技巧

1. 企业理念口号化

内容精练,中心突出。如蒙牛:“小胜拼智,大胜靠德。”

2. 企业理念人格化

通过企业领导者的示范作用和企业英雄模范人物的事迹,让企业理论形象化,被赋予一种人格化力量。如国药集团(天津)医疗器械有限公司举行了以“不忘初心,继续前行”为主题的红色之旅,用中国共产党人的西柏坡精神激励员工。

3. 企业理念艺术化

把企业理念通过音乐、美术等艺术手法表达出来,如企业之歌、漫画、吉祥人物这些艺术表现形式都是不错的选择。例如,安徽古井集团:“学会了划问号,你离成功就不远了。”

二、企业行为识别(BI)设计

BI 是 CIS 的动态识别系统,包括对外回馈、参与活动、对内组织、管理和教育,是企业实现经营理念和创造企业文化的准则,可称为 CIS 的“做法”。与 MI 的深奥、抽象相比较,BI 追求的是具体、实际。

(一)BI 的界定

BI 是 MI 的动态传播方式,是 CIS 的动态识别形式,是企业的具体营运活动,并涵盖了企业内部和外部管理工作的方方面面,并通过具体行动来塑造企业形象。

(二)企业 BI 的构成

1. 内部行为识别系统

(1)干部教育。

(2)员工教育(服务态度、电话接待、应接技巧、服务水平、创业精神)。

(3)生产福利。

(4)工作环境。

(5)内部修缮。

(6)生产设备。

(7)废弃物处理,公害对策。

(8)研究发展。

2. 外部行为识别系统

(1)市场调查。

(2)新产品开发。

(3)流通对策。

(4)公共关系活动。

(5)促销活动。

(三)BI 设计原则

1. 活动方案尽量周密、详尽

BI 作为 CI 的执行层面,实践性极强,所以 BI 活动的设计,当然也要讲究创新、超前,但最重要的是考虑能否操作,包括活动的组织机构、内容、时间、地点、目的要求、检测等,都要十分具体简便易行。

2. 真实而诚挚,感情诉求

真诚是CIS的生命。企业举办任何活动,都应出自真心诚意,而不是为了赶时髦、走形式、摆花架子,或哗众取宠追求新闻效应,更不允许弄虚作假,欺世盗名。

3. 纷繁复杂,流变常新

BI为MI的具体表现形式,应该是不拘一格、多姿多彩,常变常新。在行为识别中,尤其重要的是信息要灵通,能以最快的速度准确地捕获市场信息,以便及时做出反应,制定应对良策。例如,电视剧《宰相刘罗锅》播出后,在全国引起轰动效应,刘罗锅一下子成了人们的议论中心。京城一家图书馆马上做出反应,敏锐地获取人们迫切地想知道"历史上真实的刘墉"的信息,在馆内开展"刘墉其人"的历史资料展示和咨询活动,顿时使一向冷清的图书馆门庭若市,取得了很好的社会效果。

4. 多角度、全方位,兼顾四方

企业举办的各种活动,必须是多方兼顾,不可顾此失彼。例如,企业经营,一方面必须讲求经济效益,就内部而言,就是既要抓产、供、销,又要抓人、财、物;既要体现社会公众的利益,又要改善职工福利。另一方面,就外部而言,既要舆论宣传,又要重视与公众的沟通。就每一项活动而言,既要有长远考虑,又要有现实目标,总之,构建企业行为识别系统,必须是多层次、全方位、各方协调、配合默契,才能产生良好的效果。

【案例 10—2】

阿尔米的改变

阿尔米公司是美国钢铁公司和国民制酒公司的一家子公司,是一家生产铁产品的联合企业。多年来,它的生产效率和利润一直比较低下。被称为"大块头"的吉姆·丹尼尔出任总经理以后,采取了一项特别的计划。华尔街日报把这项计划形容为"一个由感人肺腑的口号、相互交流和满脸堆笑组成的大拼盘"。丹尼尔的工厂里到处贴着告示,上面写着:"倘若你看到有谁无笑容,那就请对他报以微笑吧。"

阿尔米公司的标志就是一张笑脸,信笺上、厂门口、厂徽上和工人安全帽上,这张笑脸无所不在。"大块头"吉姆·丹尼尔的大量时间用于骑车巡视工厂,和工人们打招呼,开玩笑,倾听他们的意见,彼此称兄道弟……这一切的结果呢?在最近三年里,几乎未加任何投资,而生产率则提高了大约80%。

(摘自:wenku. baidu. com)

三、企业视觉识别(VI)设计

VI是MI、BI在直观视觉上的体现,是一个严密而完整的视觉符号系统,它的特征在于展示清晰的"视觉力"结构,从而准确地传达独特的企业形象,通过差异性面貌的展现,从而达成公众对企业的认知与识别的目的。

(一)VI的基本内容

1. 基本要素设计系统

基本要素设计系统包括:企业名称、企业标志、标准字体、企业标准色、企业常用印刷字体、企业造型、象征图案、基本宣传标语和口号等。

2. 应用要素设计系统

应用要素设计系统包括：办公用品、办公设施、招牌旗帜、建筑外观、衣着服饰、产品设计、广告宣传、交通工具、包装设计等。

(二)VI 的特征

视觉传达设计主要呈现以下四个方面的特征：

1. 现代性

在科技盛行的新时代，在视觉设计的领域下，视觉设计的效果随处可见，视觉设计以艺术的形态存在于社会的每个角落。当人们对静态的信息感到厌烦和千篇一律的时候，新媒体技术让动态视觉效果得以呈现，冲击着人们的视觉反映。视觉传达设计已经发展成一个新的领域。

2. 商业性

如今，视觉传达多为商业品牌服务，有品牌标志、城市徽章、电视广告等。视觉传达设计将商业品牌理念转变成视觉印象，让人们可以通过视觉看到企业形象和观念，让消费者更直白地了解品牌，从而拉近消费者与企业的距离。

3. 多元性

视觉传达设计早已成为一项专业学科，融合了市场营销、广告学、社会学、新媒体技术学及心理学科等，从传统的平面理论内涵中获得释放，视觉传达的方式和手段也在不断更新，于是一项多元性的语言得以诞生。

4. 交流性

视觉传达是产品与受众之间的交流，消费者依靠自身的视觉去感受企业想要表达的理念与思想，企业则利用最先进的设备和科技为消费者从多方面展现一个更好的产品与形象，但每个人的生活阅历各不相同，因此每个人对视觉所感受到的事物会产生不同的情感。

(三)VI 核心要素的设计

这里主要介绍企业标志、标准字、标准色、企业造型及企业象征图案五个方面的设计。

1. 企业标志

(1)标志的分类

①连字类，是以企业、品牌名称的文字或字母按次序连接而成。这类商标的设计主要是字体、字形的设计。

②组字类，是由企业、品牌名称的字首组合而成，一般只用一两个商标名或企业机构名的打头字母，其组合无一定的规律。

③字形类，是以企业、品牌名称(或字首文字)与图形相结合，它是文字与图形标志完美的结合，说明性及表现力较强。

④抽象类，即用抽象的图形符号来表示企业、品牌名称的含义，或者是产品造型、经营内容、经营理念及精神文化。

⑤象形类，是将企业、品牌名称的含义转化为具体的图形，或将产品造型、经营内容、经营理念及精神文化用具体的图形符号传达出来。

⑥图画类，是直接用卡通、漫画、版画、剪纸、照片等手法刻画形象，以表达标志的含义。

⑦综合类，是运用前几种方法进行的综合创造。

(2)标志设计的原则

①有效传达企业理念。企业标志是向社会公众传达企业理念的重要载体，脱离企业理念

的标志只是一些没有生命力的视觉符号。最有效、最直接地传达企业理念、突出企业个性是企业标志设计的核心原则。广东太阳神集团的企业标志就十分成功地体现了企业理念。

【案例 10—3】

Yeo Valley 酸奶的标志

Yeo Valley 酸奶品牌 Logo 的包装设计极具风格特色，如图 10—4 所示。心形牛奶将"Yeo Valley"字样包含在其中，突出放大了此产品的品牌名称，也表明了其在奶制产品的地位。该标志清晰明确，能让消费者第一眼就注意到它的存在，而且容易记住。产品的底色为绿色，绿色是大自然的代表色，绿色的底色更加自然清新环保，体现了品牌主打的环保概念。这种简明大方的产品包装能有效地博取消费者的好感，能使消费者体会到该品牌的环保、绿色有机的品牌理念。

图 10—4 Yeo Valley 酸奶的标志

（资料来源：www. sohu. com）

②突出人性化。现代工业设计，越来越重视人性设计，以消除现代工业所带来的人性异化。与人产生关系，使人感到被关心，创造出互相信任、彼此融洽的亲和感和人文环境，是企业视觉识别设计应追求的目标。著名的 Apple 标志，在设计上就表现出一个充满人性的动态画面。

③实现强力视觉冲击。企业视觉识别设计所要做的是通过设计，使社会公众对企业产生鲜明、深刻的印象。因而所设计的视觉形象必须给人以强烈的视觉冲击力和感染力，达到引人注目和有效传播的目的。日本三菱公司的企业标志就是一个成功的典范。

④保持风格统一。设计风格的统一性是充分体现企业理念、强化公众视觉的有效手段。强调风格统一并不是要求千篇一律，没有变化，而是一种有变化的统一，是在基本原则不变的前提下的统一。可口可乐公司至今已有一百多年历史，在全世界一百多个国家都建有装瓶厂，但在全世界可口可乐的视觉识别是统一的。

⑤具有艺术表现力。视觉符号的识别功能的发挥，与人的情感有着密切的关联。视觉符号是一种视觉艺术，而接收者进行识别的过程同时也是审美过程。因此，企业标志设计必须

具有强烈的美学特性。如果企业标志缺乏美感和艺术表现力，就不能唤起接收者的美感冲动，识别的作用也就无从发挥。

2. 标准字

(1)标准字的概念

从设计层面上来看，标准字是泛指将某种事物、团体的形象或全称整理、组合成一个群体性的特殊字体。

标准字是视觉识别系统中基本设计要素之一，因种类繁多，运用广泛，几乎涵盖了视觉识别符号系统中各种应用设计要素，因而其重要性不亚于标志。标准字能将企业的经营理念、规模性质等，通过文字的可读性、说明性等明确化的特性，创造个性独特的字体，从而达到企业识别的目的，塑造独特的企业形象。

标准字与普通铅字、书体的最大差别在于除了外观造型不同外，更重要的是它根据企业或品牌的个性而设计的，对策划的形态、粗细、字间的连接与配置、统一的造型等，都做了细致的规划，强调整体的风格和个性形象，与普通字体相比更美观、更有特色。

(2)标准字的特征

①识别性。这种特征体现在独特的风格与强烈的个性上。应依据企业的经营理念、文化背景和行业特征等因素的差别，创造不同个性的字体，以传递企业性质与商品特性，达到识别企业的目的。

②易读性。标准字只有传播明确的信息，说明内容简要易读，以免造成辨别的困难，难以达到传达企业情报和信息的效果。

③造型性。标准字设计成功与否，造型因素是决定性的条件。唯有符合造型原理与结构法则的设计，同时追求创新感、亲切感和美感，创造美好的企业形象，才能让公众有艺术的享受。

④系统性。即应有一系列的相同风格的标准字，适用各种场合。标准字的系统性不仅包括不同材料、不同技术、不同情况应用时具有放大缩小、反白、线框的柔性表现，而且要考虑与其他视觉识别中的基本要素和谐组织、搭配，设计多种组合形式，以贯彻视觉传达的统一感。

(3)标准字的分类

根据标准字的不同功能，可分为以下种类：

①企业标准字。主要通过统一的字体形象来传达企业精神和经营理念，以建立企业和产品的信誉和品格。

②字体标志。即标准字与企业标志组合在一起。字体标志能达到精简要素、统一视听、易识易记的目的。SONY、IBM就属于此类字体标志。

③品牌名称标准字。依据企业经营业态和发展战略的需要来塑造品牌性格，如国际化经营、市场占有率的提高、企业形象的保护作用等。企业往往强化品牌的个性特点，在这种情况下就需要设计品牌名称标准字，如太阳神、松下电器等。

④产品名称标准字。企业为了开发新市场而推出新产品，为了突出个别产品的性质，采用具有亲切感、个性强的字体设计，以方便传播和广告宣传。

⑤活动标准字。这是专为新产品推出、节令庆典、周年纪念、展示宣传等特定活动设计的字体。

⑥标题标准字。这是通过标题的个性设计来明确区别不同的空间，以产生醒目的视觉效果。

3. 标准色

(1)标准色的含义

标准色是指企业为塑造独特的企业形象而确定的某一特定的色彩或一组色彩系统，运用在所有的视觉传达设计的媒体上，通过色彩特有的知觉刺激与心理反应，以表达企业的经营理念和产品服务的特质。

标准色由于具有强烈的识别效应，因而已成为经营策略有力的工具，日益受到人们的重视，在视觉传达中扮演着举足轻重的角色。色彩除了自身具有知觉刺激，引发生理反应外，更由于人类的生活习惯、宗教信仰、自然景观等的影响，使得人们看到色彩就会产生一定的联想或抽象的感情。如可口可乐的红色洋溢着热情、欢快和健康的气息，七喜汽水的绿色给人以生命活力的感受等，这些都是借助色彩的力量来确立企业、品牌形象的成功范例。

(2)标准色的设定

①基于塑造企业形象的考虑。根据企业的经营理念或产品特质，选择能够表现企业形象的色彩。一般来说，电脑高科技企业多用蓝色作为企业的标准色，而餐饮连锁企业都与红黄两色联系紧密。

②基于经营战略的考虑。企业标准色的设定必须符合企业的经营理念和企业文化，应当能够反映企业的个性特征。为扩大企业之间的差异性和市场影响力，应选择与众不同的色彩，以期达到企业识别、品牌突出的目的。

③基于成本和技术的考虑。色彩的运用在传播媒体上非常广泛，并涉及各种材料和技术。为了使标准色精确再现与便于管理，应该尽量选择理想的印刷技术、合理的分色制版方法，使之达到与标准色统一的色彩。另外，应避免选用特殊的色彩，避免选用金银等昂贵材料或金色印刷，以免增加不必要的制作成本。

【小贴士】

颜色的象征意义

红——血、夕阳、火、热情、危险。

橙——晚霜、秋叶、温情、积极。

黄——黄金、注意、积极。

绿——草本、安全、和平、理想、希望。

蓝——海洋、蓝天、沉静、忧郁、理智。

紫——高贵、神秘、优雅。

白——纯洁、朴素、神圣。

黑——夜、死亡、邪恶、严肃。

4. 企业造型

为了塑造企业识别的造型符号，给人以强烈的视觉印象，选择特定的人物、动物、植物作成具体形象化的造型，以其风格夸张、亲切可爱、幽默滑稽的形态捕捉消费大众的视线，以强化企业性格，表达产品或服务的特质，与消费者更贴近。

企业造型的设计题材大致有如下几类：

(1)人物类，如麦当劳快餐的“麦当劳叔叔”、肯德基炸鸡的“山德斯老先生”、桂格燕麦片的“桂格老人”、星辰表的“星辰宝宝”、歌林电器的“歌林服务员”。

(2)动物类,如彪马运动鞋的“飞豹”、鳄鱼服装的“鳄鱼”、大荣百货的“猩猩”、韩国国民银行的“喜鹊”、三菱汽车的“野狼”、太平洋房屋公司的“袋鼠”等。

(3)植物类,如日本劝业银行的“玫瑰”等。

(4)产品类,如法国米其林公司的“米其林轮胎人”、中国台湾台塑公司的“普拉士弟”、英国瓦特涅斯酒业公司的“酿酒木桶”等。

企业造型的基本形态设定后,可依照企业经营内容、宣传媒体、促销活动进行各种变体设计,并赋予不同的动态、姿势、表情,以加强企业造型的说明性与亲切感,使其在视觉传达中发挥更好的影响力和表现力。

5. 企业象征图案

在视觉识别系统中,象征图案是作为一种附属与辅助性的要素出现的,配合标志、标准字、标准色、企业造型等基本要素而被广泛灵活地运用,起着不可忽略的功能作用。

象征图案与视觉传达设计系统中的基本要素是一种主从与宾主的关系,以配合设计的展开运用。作为往往带有一种线或面的视觉特征的设计要素,往往能与具有点的特征的标志、标准字、企业造型等基本要素,在画面上形成主次、强弱、大小等对比呼应关系,丰富并强化画面的视觉传达效果,增强视觉传达的力度与感召力。

第三节　CIS 的导入

企业导入 CIS 的目的和原因有很多,但一般情况下都要针对企业面临的实际需要,有针对性地设定 CIS 导入目标,实施 CIS 战略。

一、企业导入 CIS 的时机

(一)公司成立或合并成企业集团

新公司成立时可以设定最理想的经营理念和设计最完美的传播系统,因此是实施 CIS 的最佳时机。同时,企业的合并、兼并和收购等重组行为也是实施 CIS 的一个好时机。此时导入 CIS,能够让社会大众认识到企业重组后的企业形象和企业定位。

【案例 10—4】

王老吉的 CIS 导入

凉茶饮料王老吉,在公司刚刚成立之时便进行了 CIS 导入,提炼出了高度差异化的品牌核心价值——“预防上火”,一句“怕上火,喝王老吉”对产品功能也是诠释得相当微妙,不仅让王老吉找到了细分的目标消费群体,同时也让王老吉结束了以前始终在药与茶之间的徘徊。这种简洁明了的定位,非常直观地给消费者传达了王老吉的产品特性,填补了消费者对降火性饮料需求的缺位,从而树立了降火饮料第一品牌的概念。王老吉的标志采用传统图形与中国书法的组合,红色和黄色的搭配组合给人以强烈的感观刺激,激起人们消火的欲望,中国书法字体的运用非常具有人性化和亲和力,传达出王老吉作为中国传统品牌的个性,从而在竞争激烈的饮料市场脱颖而出,迅速飙红,如图 10—5 所示。

图 10—5　王老吉的标志

（资料来源：www. wenku. baidu. com）

(二)企业扩大经营范围

随着时代发展，企业经营范围也随之扩大、改变而朝向多元化的经营目标迈进。随着经营范围的改变，原公司的名称、标志和经营理念等也会发生变化，进而出现与现有企业状况不相符合的现象，因此，必须开发新的 CIS，统一新的事业范围与企业主体的关系。

(三)企业进军海外市场

随着海外市场的开拓，原有的视觉信息系统已经不足以应对国际市场的经营需要，为了改变不能同国际市场接轨的形象识别系统，应对国际竞争需要，因此，修正原有的标志、标准字等识别符号与企业理念，以利于海外市场的经营，这是一个企业能否在国际市场上树立品牌形象的关键举措，也是企业导入 CIS 的良机。

(四)新产品上市

企业进行新产品上市，借助 CI 导入可以迅速打开市场，此时实施 CIS 容易让消费者接受新形象、新观念。

(五)实施品牌战略

实施品牌战略是企业参与市场竞争的需要，而品牌创立不仅要有优质产品，而且要得到消费者的首肯。导入 CIS 有助于消费者对企业产品产生信赖、支持和偏好。

(六)转变企业经营机制

企业由于市场竞争的需要，在转变经营机制时导入 CIS，有利于彻底改变面貌，实施新的经营机制。

此外，在企业经营的某些关键时刻，如内部调整领导班子、改变经营方式、企业即将上市、企业内部缺乏活力需要激发生机，面临同行业竞争需要扭转被动局面，开拓与原先完全不同新的市场都是企业导入 CIS 的有利时机。

二、导入的方式

CIS 的开发是十分必要的，同时企业开发 CIS 必须根据自身现状确定导入 CIS 的不同模式。一般而言主要有以下三种方式：

(一)预备性 CIS 导入方式

这是针对新建的企业而言的。在筹划新企业时，同时对企业的未来形象及企业文化进行有目的的设计和策划，包括对企业经营思想、口号、信念、标志、吉祥物、标准色、标准字体、企业形象的社会定位、战略选择、计划实施方案、管理办法以及应用系统的设计与策划等。

(二)扩张性 CIS 导入方式

这是企业在成长过程中为了实现资本扩张,把企业带入新的高一级的发展阶段而导入CIS 的方式。它是对企业革新换面、脱胎换骨的改造。这时的企业形象策划应该立足于企业原有基础,而着眼于发展层次和境界,对企业形象进行完全创新性的策划。

(三)拯救性 CIS 导入方式

拯救性 CIS 导入方式也称医疗性 CIS 导入方式。对于众多传统型企业来说,为了重塑企业形象,改变旧的经营模式而重新调整经营理念、经营观念和经营者的视觉形象,旨在通过CIS 的导入拯救企业的生存与发展。目前我国绝大部分营销企业都面临着这样的转换。而拯救性 CIS 的实施比预备性 CIS 的实施更显困难。因为拯救性 CIS 导入是既要创立新的形象又得益于原有的基础,需要对传统形象进行甄别、分析、摄取和扬弃的改造过程,而在对旧事物的改造之中常常会碰到巨大的阻力,这种来自旧传统的阻力对新形象的树立所起的负效应不能低估。因此,拯救性 CIS 导入将伴随着企业管理体制、组织机构的一系列改革。

企业的整体形象战略是企业经营的总体战略框架,是企业的行为准则。但企业的整体形象战略的具体内容不是一成不变的,而是在市场营销的实践中不断地完善和成熟的。不管是哪种模式导入的 CIS 经营理念,都要在市场实践的过程中不断得到充实和完善。

三、导入的程序

虽然根据企业性质的不同,CIS 系统也各具特色,但经过对诸多企业 CIS 的调查,所有企业在导入 CIS 时都有着共同的导入顺序和模式,只有这样,才能保证导入的 CIS 能够符合企业的实际。但是,不同的企业由于自身的特殊性,在具体实施时可能会有所不同,企业要根据自身的具体情况仔细推敲决定。

CIS 计划开发的作业程序大体上可以分为三个阶段:企业实态调查阶段、设计开发阶段、实施管理阶段。

(一)企业实态调查阶段

进行 CIS 计划的开发作业之前,先应从企业内部与外部两个方面对企业现存的实态进行调查工作,以获取必要的客观资料。

(二)设计开发阶段

这一阶段的任务是将第一阶段所设定的识别理念转换成系统化的视觉传达形式,以具体表现企业精神。其中可分为三个步骤:

(1)将识别性的抽象概念转化成象征化的视觉要素;

(2)开发基本设计要素,以奠定整理传播系统的基础;

(3)以基本设计要素为基础,展开应用设计要素的开发作业。

(三)实施管理阶段

设计系统开发完成后,即全面导入实施 CIS 的阶段,这时需由最高经营阶层至基层的员工来全面贯彻,内部统一后,方能对外传播。

CIS 导入之初,规模较大的企业应在企业内部设立 CIS 委员会,负责规划、执行、管理CIS 的运作,并定期实施 CIS 进度、品质、成本的核对与检查。继续聘用担任识别计划开发的设计顾问公司为企业顾问,从事日常执行情况的处理,协助企业全面推行 CIS,并监督长期实施的效果。

在企业导入 CIS 后,就要制订全面的实施计划,并根据计划和内容进行全面执行和推广，企业导入 CIS 的具体实现和实施效果将在这一阶段得到全面的检验。因此，这是一个长时间需要严格管理的阶段。在企业全面实施 CIS 战略时，要切实做好以下几个方面的工作：

（1）保证企业管理理念和企业战略的全面实施。

全面实施企业管理理念和战略，才能让企业内外的所有有关组织及人员都明了本企业在干什么，为什么而干，从而能够获得更多的“认同”，进而获得一种亲和力与心理上的共鸣，只有这样，企业的理念与战略才能真正发挥它应有的作用。

（2）促进企业价值观的形成。

所谓企业主体性，主要是指企业员工拥有高度统一的理念和价值观，使企业的经营理念与企业行为以及企业的视觉传达相一致，使部门之间协调配合，企业的一切活动都围绕着核心展开，企业各方面资源都得到充分的应用。真正促进企业主体性的成形，就要对企业 CIS 进行不间断的灌输、教育，更重要的是靠具体的事实来诠释抽象理念，靠故事、靠人，尤其是企业管理者的身体力行逐步形成。

（3）将视觉识别全方位地应用。

CIS 系统中最直观、最表象、最容易被人们接受的，便是其中的视觉识别部分，每个企业都有外部标志，但企业是否已引进 CIS 的一个很大区别就是 CIS 系统的视觉识别全方位应用。在 CIS 全面实施中，必须强调企业标志、标准字、标准色等要素的使用标准和方法，必须严格按照企业制定和下发的 CIS 手册贯彻实施，任何变形或特殊使用，都要有严格的审批制度。只有这样，才能够保证企业 CIS 的深入贯彻和推广，这对于提高企业外在形象具有极大的推动作用。

（4）规范企业行为。

企业一旦导入了 CIS 识别系统，便要真正将其执行下去，用企业理念识别规范企业的经营理念，树立起企业的愿景，确定企业遵循的价值观，凝聚全体员工的努力推动企业的发展；用行为识别制定和完善企业的各项规章制度和岗位描述，使全体员工行有规范、做有制度、奔有方向、动有目标，以实际行动推动公司的和谐发展；用视觉识别完善企业的外在表象，规范企业行为，树立企业形象，提高企业社会影响，树立起差异化的企业内涵。

本章训练题

一、单项选择题

1. 企业形象识别系统中起主要作用的是（　　）。

A. 理念识别系统　B. 行为识别系统　C. 视觉识别系统　D. 感觉识别系统

2.（　　）是企业的灵魂、核心和原动力。

A. 理念识别系统　B. 行为识别系统　C. 视觉识别系统　D. 感觉识别系统

3. 下列选项中，不属于行为识别系统的是（　　）。

A. 员工教育培训　B. 市场调研　C. 公关促销　D. 经营理念

4. 下列选项中，不属于视觉识别系统的是（　　）。

A. 事务用品　B. 标识系统　C. 交通工具　D. 员工教育培训

5. 下列选项中，属于设计要素中的辅助符号的是（　　）。

A. 企业标志　B. 标准字　C. 标准色　D. 企业象征图案

6. 专为新产品推出、周年纪念、节令庆典、展示活动、各类竞赛活动设计的标准字属于(　　)。

A. 企业名称标准字　B. 品牌称谓标准字　C. 标题标准字　D. 企业活动标准字

7. 企业名称属于企业视觉识别系统的(　　)。

A. 应用要素　B. 基本要素　C. 理念要素　D. 商标要素

8. 下列选项中,属于企业视觉识别系统中的应用要素的是(　　)。

A. 标准色　B. 企业标志　C. 企业标准字　D. 包装用品

9. 在企业形象识别系统中被称为"手"的是(　　)。

A. 理念识别系统　B. 行为识别系统　C. 视觉识别系统　D. 感觉识别系统

10. 在企业形象识别系统中,被称为"脸"的是(　　)。

A. 理念识别系统　B. 行为识别系统　C. 视觉识别系统　D. 感觉识别系统

二、多项选择题

1. CIS的构成要素是(　　)。

A. MIS　B. VIS　C. BIS　D. CS

2. 企业导入CIS的时机包括(　　)。

A. 新公司成立时　B. 创业周年纪念　C. 进军海外市场　D. 缩小经营范围时

3. 企业理念的范围包括(　　)。

A. 企业经营策略　B. 企业经营方针　C. 企业的价值定位　D. 企业使命

4. 下列选项中,属于企业的对内行为识别的是(　　)。

A. 员工培训　B. 作业精神　C. 生产福利　D. 公共关系

5. 下列选项中,属于企业的对外行为识别的是(　　)。

A. 员工培训　B. 广告活动　C. 企业市场调查活动D. 公共关系

6. 下列选项中,属于企业视觉识别系统中的应用要素的是(　　)。

A. 办公用品　B. 招牌　C. 企业标准字　D. 包装用品

7. 下列选项中,属于企业视觉识别系统中的基本要素的是(　　)。

A. 标准色　B. 企业标志　C. 企业标准字　D. 包装用品

8. 企业标准字的类型包括(　　)。

A. 企业名称标准字　B. 品牌称谓标准字

C. 标题标准字　D. 企业活动标准字

三、判断题

1. 为了保持视觉的统一性,企业造型设定后,在任何场合都不能变动。(　　)

2. 企业形象识别是针对企业形象进行的一种有目的、有计划的塑造和传播。(　　)

3. 企业形象识别系统中起主要作用的是理念识别系统。(　　)

4. 理念识别系统是企业的灵魂、核心和原动力。(　　)

5. 行为识别系统主要包括企业经营过程中对内对外的一切具体活动。(　　)

6. 视觉识别系统是最直观的形式和最具差别化的符号特征,并运行于企业行为识别系统的每一个细节。(　　)

7. 我国最早全面导入CIS的企业是广东太阳神集团。(　　)

8. CIS 系统中最具传播力和感染力的层面是行为识别系统。 ( )

9. 标准字的造型要能够表现出独特的企业性质和商品特性。 ( )

10. 标准色设计应体现企业的经营理念和产品的特性，选择适合于该企业形象的色彩，表现企业的生产技术性和产品的内容实质。 ( )

四、简答题

1. BI 的设计原则是什么？
2. VI 的特征是什么？
3. 企业应在何时导入 CIS？在实施 CIS 中应该注意哪些问题？

五、案例分析题

IBM 公司的 CIS 策划

20 世纪 50 年代，CIS 由小托马斯·沃森提出，他认为，每个人都有自己的人格，都有各自的处世哲学和世界观，并因此而形成独特的行为模式——“个性识别”。

1914 年小托马斯·沃森出生于美国俄亥俄州，是 IBM 的创始人托马斯·沃森的儿子。1937 年小沃森毕业于美国布朗大学并进入 IBM 公司，1952 年担任 IBM 总裁，IBM 在他的带领下完成了从默默无闻的计算机公司到国际商业巨头的飞跃。

他也被认为是美国家族企业中最成功的继承者之一。

他最具价值的遗产可以归结为几个字：“IBM 就是服务。”

小托马斯·沃森请世界著名设计师保罗·兰德设计了一个象征“前卫、科技、智慧”的 IBM 标志，如图 10—6 所示。

图 10—6 IBM 公司的标志设计

围绕这一标志又设计了统一的标准字体、广告宣传计划等，加上“IBM 就意味着服务”等经营理念的树立，使 IBM 公司的企业形象迅速崛起，并得到了社会公众的认可。

IBM 公司获得了直接而巨大的经济效益和良好的社会效益，从而一跃成为全球最著名的电脑公司。

【问题】

1. IBM 公司的标志属于什么类型？
2. 通过 IBM 公司的 CIS 发起及设计，说明 CIS 战略在企业发展中的重要作用。

第十一章

危机公共关系

学习要点及目标

1. 掌握危机公关的概念；
2. 了解危机公关与公关危机的区别；
3. 掌握公关危机的特征；
4. 了解公关危机的类型；
5. 掌握公关危机的成因；
6. 掌握危机公关处理的原则和措施。

核心概念

危机公关　危机类型　危机公关处理　危机公关策略

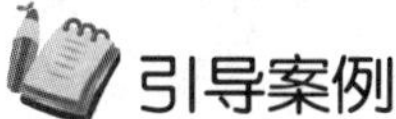

引导案例

这次危机三星到底错在哪儿了

三星手机电池爆炸事件不是三星手机的滑铁卢，也是三星手机的一次大败仗。因为Note7(下称“N7”)手机电池爆炸的影响，三星N7手机已经被中国、美国、日本、新加坡、韩国和澳大利亚等10多个国家和地区禁止携带和托运。2016年10月10日，紧接着美国三大手机服务商宣布停止销售和更换三星N7，三星宣布暂时停产N7。这是三星本来在9月2日宣布召回时就应该做的决定，三星曲折的危机管理过程给所有高科技创新企业上了一堂教训课。

在接二连三发生N7自燃事件后，美国《彭博商业周刊》(*Bloomberg Business Week*)的新闻调查报道回放了该公司新产品提前上市的决策过程。2016年初，当了解到苹果新手机可能不会有重大技术改观后，刚刚上任的三星手机事业部总裁高东真(D. J. Koh)和高管决定加速推出三星的新机型，抢占消费者的关注点，以求扩大市场份额。

新手机N7具有多项可以媲美苹果的新功能，如曲面高清屏幕、眼晶体安全识别系统，以及快速充电功能等。其中，快速充电是一个潜在的消费兴奋点。三星N7采用3 500毫安时(mAh)的新电池来代替上代产品的3 000毫安时，三星的股份企业“三星SDI”负责该款手机的电池制造；与之相比，苹果的新手机只有2 900毫安时。新功能越多，软硬件除错要求越高，然而在提前赶速度的过程中，危机的种子已经埋下。

做了提速上市决策后，整个三星围绕着新任务倒计时加班加点。终于，三星N7抢在苹果7之前上市，并造成久违的抢购潮。但在推出仅两周之后，本来要出彩的高速充电电池引发了严重的品牌危机——N7手机接二连三发生自燃事故。

2017 年 1 月 23 日，三星电子召开发布会，联合三家国际中立机构，正式公布了 Galaxy N7 起火事件调查结果。三星移动总裁高东真在发布会上表示，N7 的电池尺寸与电池仓不匹配，存在制造缺陷，导致电池过热，从而起火爆炸。这一调查结果是三星所聘请的三家质检和供应链分析公司所进行的独立调查的结果。

从爆炸到禁飞，三星的疏忽导致三星屡屡失误，酿成大错，在极短的时间内陷入了信任危机。

疏忽之一：过分乐观地估计了形势，对危机没有准备

从 2015 年以来，由于采取了“时间错位”的产品发布政策，三星在全球市场打得苹果几乎没有还手之力。而 Galaxy N7 更是抢在 Phone 7 之前发布。Galaxy N7 刚刚发布的时候，看上去，一切都向着有利于三星的方向发展着。这时，三星难免会乐观地估计形势。以至于当突如其来的爆炸发生时，三星有些手足无措。

疏忽之二：粗糙的解释

爆炸，需要一个理由。但三星的解释非常简单甚至粗糙。根据报道，三星曾在一份声明中说道：“电池的阳极与阴极发生了接触，导致出现过热的状况，这是非常罕见的错误。”仅仅是这样的解释方式，很难让消费者信服。

疏忽之三：蹩脚的召回

因为手机电池爆炸事件的影响，三星决定召回上市两周的 250 万部 N7 手机。不过，召回有一个例外，那就是中国市场的 Galaxy N7 并不在召回之列。这个召回是蹩脚的。因为，对于这种十分恶性的爆炸事件，召回不应该是最终手段，召回后重新投放市场也不应该是最终结果。更遑论三星还忽略了中国市场。这究竟是一种对中国市场的信任还是“歧视”，谁也不知道。不过，中国数家航空公司的反应，足以证明中国市场没有领三星的“另眼相看”之情。

疏忽之四：没有想到爆炸事件的最差结局

也许，三星会简单地认为，召回了，就可以解决一切问题。但事情并没有那么简单，用户可以容忍你的一些诸如性价比不高等缺点，却不能容忍身边有一个定时炸弹。而类似航空公司这样的机构更不能拿乘客的生命开玩笑。更要命的是，三星爆炸门事件在时间上与美国 9·11 的纪念日竟然无缝连接。

虽然开局良好，但刚刚发售就遭遇“爆炸门”，召回后又被“禁飞”，虽未“身先死”却可谓“出师未捷”，这无疑给了刚缓过精神的三星手机一记闷棍。

疏忽之五：对中国市场的“另眼相看”

中国市场是很多产业在业绩增长方面的希望，手机产业也不能例外。三星召回 Galaxy N7，独独落下了中国市场。那么，中国市场会做何反应呢？中国航空公司对三星 Galaxy N7 的“禁飞”可能只是一个开始。

危机事件给三星带来的后果：

2017 年 2 月，Brand Finance 发布 2017 年度全球 500 强品牌榜单，三星排名第六。

2017 年 6 月，WPP 和 Kantar Millward Brown 共同发布“2017 年 Brand Z 全球最具价值品牌 100 强”榜单，三星排名第 37。

危机发生后，快速的行动不等于正确的措施，良好的意愿也不能保证改善问题情形。更重要的是，反复修改的声明和举措只会发送矛盾的信号，让非专业的相关者无所适从。

从“正念”实践出发，危机管理者需要思考的不是争取消费者的理解，而是如何截断一切误解的线索；不是怎样再次获得消费者的信任，而是怎样避免不信任的蔓延。

（资料来源：www. sohu. com）

现代社会中，危机发生发展的速度越来越快，任何的社会、组织和个人都会面对各种各样的危机，企业危机的发生带有普遍性。世界上许多跨国公司，如雀巢、可口可乐、三星等，在其发展过程中都遇到过不同性质、表现形式各异的危机。危机公关是组织公共关系工作的重要内容，在组织的发展道路上，危机事件的出现是在所难免的。特别是现代社会中，信息知识"爆炸"、社会变动复杂、企业竞争激烈等情形，更是增加了组织危机事件出现的可能性和严重性。及时控制、降低或清除危机事件的不良影响，应是每一个组织中公共关系人员必须认真对待的重大问题。

第一节　危机公共关系概述

一、危机公关与公关危机

(一)危机公共关系

危机公共关系实际上就是组织在处理危机时为维护组织形象所采取的手段和策略，是指用来解决组织因外部客观环境或内部主观因素给组织机构带来的各种不利影响，避免损失或是将损失控制在最低限度，及时挽回组织声誉，重新建立起新的形象和信誉的公关活动。危机公关是公共关系的特殊表现形态，是复合型公共关系。

2018 年 2 月 22 日，由食品伙伴网发起的"2017 年食品行业十大热门词汇"评选活动结束。投票结果显示，评选出的十大热门词汇中，"危机公关"高居榜首，可见，危机公关的重要性。

英国公共关系危机处理专家迈克尔·里杰斯特指出："若一个组织不能就其发生的危机与公众进行合适的沟通，不能告诉社会它对灾难局面正在采取什么补救措施，不能很好地表明它对所发生事故的态度，这无疑将会给组织的信誉带来致命的损害，甚至有可能导致组织的消亡。"所以，处理危机型的公共关系活动是最为迫切、最为关键又颇有处理技巧的公共关系实务。

"危机公关"体现的不仅仅是企业的管理水平，更是企业的价值观；往往只有危机来临之时，企业才会露出"真面目"。

当然，危机公关不是拯救企业的良药，不可能通过危机公关将企业存在的食品安全隐患全部纠正，只不过良好的"危机公关"能力能处理好公共关系，维持住品牌的形象。危机发生时，除了诚恳的认错态度以外，主动承担责任，积极解决问题，才能赢得消费者的信任，赢得产品市场。

(二)公共关系危机

危机公关与公关危机是两个不同的概念，区分开来才有利于针对组织面对的不同危机，采取有效的处理方式。

人们通常所说的危机，一般是指由非正常因素所引起的某种非常事态，其外延十分广泛，如财政危机、金融危机、经济危机、能源危机、军事危机、管理危机等。公关危机是各种危机中的一种特殊类型，它是由组织内外的某种非正常因素所引发的公共关系非常事态或失常事态，是一种特殊的公共关系状态，是企业公共关系状态严重失常的反映，它不但影响企业正常运营，甚至危及企业的发展乃至生存。

造成企业公共关系危机的原因，从企业内部环境来看，主要有自身素质低下、管理缺乏规范、经营决策失误、法制观念淡薄和公关行为失策等；从企业外部环境来看，主要有自然环境突变、恶性竞争、政策体制不利、科技负面影响、社会公众误解、社会公众自我保护意识增强和全新传媒的出现等。而危机公关是危机发生时，组织采取的公关策略。

二、公关危机的特征

公关危机主要有以下几个典型特征：

(一)突发性

几乎所有的危机事件都是在人们无法预料的情况下突然发生的，往往会令组织措手不及，由于组织毫无准备，因此往往会陷于混乱与惊恐之中。危机何时发生、怎样发生、在什么地方发生等都带有极大的偶然性，难以提前做出预测。当然，有些危机在萌芽状态时是可以察觉并能着手解决的，但不被组织所重视，也会酿成大祸大难，如组织与公众关系不协调时，会产生一些不利于组织发展的谣言等，由此而引发祸患的事件是不可预测的，这也体现了危机事件的突发性特点。公共关系组织要处理好此类事件，必须具有很强大的灵活性和随机应变能力，能够随时应对突发危机事件。

(二)危害性

任何危机事件不仅会给组织的经济利益和声誉造成不利的影响，破坏组织的正常运转或生产经营秩序，带来严重的形象危机和巨大的经济损失，而且会给社会造成严重的危害，给社会公众带来恐慌，甚至造成直接的损失。危机越严重的事件，其危害性越大。因此，组织必须迅速及时地予以处理；否则，后果不堪设想。

(三)紧迫性

信息时代，传播媒体的多样化和快速化，也决定了危机事件在短时间内爆发时，能留给企业反应和作出决策的时间很短，如果企业反应迟缓，公众无法感受利益受到企业重视，危机就会严重恶化。危机处理的决策者必须有机敏的反应，必须牢记“兵贵神速”这一格言，注重危机公关的时效性，危机发生后，组织应首先想方设法防止事态进一步扩大，然后采取具体而有效的手段修复和提高组织形象。

(四)聚焦性

信息技术的高速发展已经把人们带入了信息时代，在这个时代，关于危机事件的信息传播速度也会非常快，甚至信息传播速度比危机本身的发展还要快很多。媒体借了信息技术这个“东风”，会使危机扩散得更快。所以企业的任何危机都可能在渠道多样、时效高速等信息时代下发展成社会舆论关注的焦点，让企业的任何举动都处于广众之下，成为媒体炒作的素材和线索。所以在这个时候危机的利益相关者会更加关注企业处理危机的态度和采取的措施，所以在聚焦情况下，企业一定要妥善处理危机，以防裂变式发展成很大的恶性事件。

(五)可变性

危机事件是可变的，可以发生，也可以消除。在现代市场经济条件下，处于动态环境系统中的组织面临复杂多变的局面，难免发生危机。即使是处在顺境中的组织，发生危机事件也是可能的。另外，危机事件的发生有一个从“准备期”到“爆发期”的变化过程，在这个过程中，矛盾发展到一定程度，达到临界点时，外部的任何一个突发因素都可能导致危机爆发。如果组织能居安思危，注意监测环境，积极预防，就能防患于未然，把危机消灭在萌芽状态。再有，危机事件是不规则的，表现为每一次危机事件产生的原因、表现的形式、事件的范围、影响的层次、损失的程度都不尽相同。因此，对危机的防范和处理的模式也不应是固定不变的。

三、公关危机的主要类型

一个组织所面临的公关危机是多方面的，有时甚至是无法想象的。因此，了解和分析危机类型，有助于我们科学地解决组织的危机问题。

（一）组织的产品与服务缺陷所造成的危机

随着人们生活水平的提高，对卫生、环保、绿色的要求越来越强烈，一旦营利性组织提供给大众的产品存在产品与服务缺陷，对人体的健康、人类的生存发展带来危害时，就会成为公关危机事件。例如南京老字号"冠生园"月饼事件就是典型的此类公关危机。"冠生园"将往年没有销售出去的月饼回收后，用陈馅重新制作新的月饼，这一行为被中央电视台记者曝光后，在社会上引起了轩然大波，南京"冠生园"在各方面的压力下被迫停产整顿。

处理此类危机的首要任务是尽快赔礼道歉，以防止敌意的产生和蔓延，采取回收有缺陷的产品或其他补救措施，消除消费者的不信任感，尽快挽回商誉，减少业务上的损失。美国可口可乐公司曾由于消费者在可乐瓶中发现玻璃碎片而遭投诉。可口可乐公司公关部门面对这一事实，及时采取措施回收该批饮料，并刊登广告，及时向公众公开承认错误，同时也宣布了今后的预防措施。由于处理及时得体，成功地控制了事态的发展，避免了一场危机。

【案例 11－1】

"三只松鼠"的危机事件

2017 年 8 月，"三只松鼠"1 批次开心果因霉菌超标 1.8 倍登上国家食品药品监督管理总局"黑榜"。"三只松鼠"快速反应，将锅甩给了"运输存储环节"，甚至推到上游企业，并在官方微博上声称："将同批次产品进行第三方送检，结果均为合格。"2017 年 10 月，芜湖市食品药品监督管理局对此立案调查，"三只松鼠"被没收违法所得 2 505.89 元，并罚款 5 万元。就霉菌超标，"三只松鼠"回应可能是存储、运输不当引起，但芜湖市食品药品监督管理局经调查发现，"三只松鼠"并未按规定对采购的食品原料进行检验。有部分网友认为，在出现质量问题时，"三只松鼠"不够有诚意，没有主动承担责任，而是把所有问题推得一干二净。

（资料来源：baijiahao. baidu. com）

（二）组织管理方面的责任所引起的危机

由于组织管理混乱，往往会导致重大工伤事故、重大生产责任事故、废水排放、废气泄漏、劳资纠纷、罢工、股东丧失信心、内部人员贪污腐化等事件发生。这类事件同组织管理直接相关，对组织的形象和声誉会造成巨大的危害。有时，会出现组织内部员工存心破坏、报复或搞恐怖活动等事件，这类事件尽管同组织的整体管理无直接关系，但由于当事人是组织成员，所以常常跟组织的员工教育和管理联系在一起，从而对组织形象产生较大的危害。

（三）由不可抗拒的外部力量所引起的危机

这包括自发性的自然灾害（如山脉、河流、海洋、气候等所形成的灾害）和突发性的全国或世界性商业危机、经济萧条、社会政治大变革、战乱等。这类灾害是不以人们的意志为转移的，它往往给组织带来意想不到的打击，正所谓："人在家中坐，祸从天上降。"自然灾害中的洪涝、干旱、台风、森林大火、火山爆发、泥石流、海啸等，具有突然性、无法回避性、重大损害性等特点，常常使遭受打击的组织面临灭顶之灾。

由不可抗拒的外部力量引起的危机，处理方式如下：一是采取公共关系补救手段，尽可能做好善后工作，使受损害的公众及社会有关方面感到满意，在人们心目中留下组织高度认真、负责的印象。灾难事件处理好会使组织在公众心目中留下美好的形象，会大大提升组织的美誉度。二是做好舆论宣传工作，制止各种谣言流传，确保危机处理有一个较公正、有利的舆论环境。

(四)舆论的负面报道引起的危机

由舆论引发的负面报道一般有两种情况：一种是对组织损害社会利益行为的真实报道，如违章排污、生产的产品有质量问题或不符合卫生标准、内部员工有伤害消费者的言行等；另一种则是对组织情况的一种失真报道，它往往是由部分公众向媒体的投诉而引起的，也有部分是因为组织与传媒界的个别记者有过节，而受到恶意中伤。

传媒的舆论导向作用是非常显著的，从某种程度上讲，传媒宣传起到树立某种社会评价标准的作用，往往直接影响着民众对某种社会现象的评价态度与关注程度。

对前一种负面报道，组织应首先以负责的态度向公众表明自己改正的决心，并主动采取行动，解决引起负面报道的有关问题，并对此类事件而受到伤害的目标公众给予某种补偿，再进一步告诉公众，组织本身将以此为鉴。对后一种负面报道，则应以严正的态度，将最有说服力的证据，如专家鉴定、权威部门评议、各类证明等告知公众，进行公开驳斥，并利用包括开新闻发布会、公开声明等方式进行正当的商誉防卫，通过舆论抑制谣言的传播，还组织及相关产品以清白。

【案例 11－2】

海南椰树集团的危机处理

作为国民饮料知名品牌之一的椰树牌椰汁，2019 年 2 月，因“我从小喝到大”的广告语具有歧义而引发危机，成为继产品质量危机之外，因信息传播不当而引发的危机，因此有一定的典型性。

2019 年 2 月 12 日，@财经网、@人民网、@头条新闻、@新华网等媒体纷纷对椰树牌椰汁涉嫌虚假宣传产品具有丰胸功能一事进行报道，引发公众持续关注。究其原因，主要椰树集团 2019 年的产品新包装继续沿用“大胸美女”形象，并在瓶身配以“我从小喝到大”的文案。

13 日，海口市龙华区工商局对海南椰树集团涉嫌违反广告法进行立案调查。14 日，@海南椰树集团上传新的视频广告，将原有的丰满模特替换为不同年龄阶段的女性，意指从儿时喝到长大成人。16 日，该集团官微称，“‘我从小喝到大’广告词不违反广告法，得到中国广告协会批准”。此回应一方面受到部分网友的质疑，认为问题不在于广告词而在于广告所指向的低俗趣味，另一方面也得到部分网友的支持，称的确是从小喝到大的，还有网友在评论区建议椰树开设官方旗舰店，方便消费者购买。

从此次组织公关处理来看，其应对方式较为专业，起到了化解舆论风险的作用，尽可能避免了企业品牌受损，同时还借助各大媒体平台的免费宣传机会，扩大了品牌影响力，可谓“危中寻机”。从组织“人设”角度看，椰树牌椰汁的独特包装一直被调侃为“设计界的泥石流”，醒目的大字体、冲击的对撞色、土味十足的宣传词，构成了其在消费者心目中的“人设”，并且也得到了消费者的认可。此次危机公关，各种手段也与其“人设”相吻合，没有偏离公众预设，因此取得了较好的效果。

（资料来源：《公关世界》，2019 年第 2 期）

(五)竞争对手或个别敌对公众的故意破坏而引起的危机

由于社会的复杂性和人们的道德水平差异,一些社会组织可能会遭遇由于人为的恶意破坏所造成的危机事件。比如,在竞争对手的产品中投放有害物质,散布竞争对手不良财务信息,散播不利于竞争对手的社会谣言等,都可能对某些社会组织造成重大伤害,形成公共关系危机事件。这些事件虽然不是组织自身的过错所引起的,但或多或少与组织有关,因为它常常起因于组织缺乏自我保护的能力和措施,或者缘于组织没有处理好与某些公众的关系,作为当事的组织,第一反应不是为自己如何辩护,而应迅速采取措施,抢救受害公众,最大限度地降低人身危害程度。同时完善、强化组织内部管理和相关产品的安全保护措施,争取以真诚的态度求得公众的谅解与支持。

四、公关危机的成因

概括起来讲,组织危机公关的形成主要是由自然环境因素、社会环境因素、组织自身因素等引起的,前两项因素有时防不胜防,这里仅从组织自身因素,即内部管理体制不健全和员工危机管理意识不强等方面进行分析。

(一)企业缺乏危机管理意识

企业必须要有危机公关的意识,目前很多企业缺乏"忧患意识",缺乏应对危机的一整套管理体系和方法。在企业平安无事时,企业一般不会有"未雨绸缪"的防范意识和战略考虑,不会注重媒体公关,即便出现了影响企业发展的突发负面事件,往往也是"病急乱投医",进行无序的媒体危机公关,远远谈不上"有序管理危机和果断采取行动",或者是想方设法要"置身事外",使问题演变成一场危机。例如,滴滴出行,距离前一次空姐出事还不到四个月,又一名年轻女孩因为乘坐顺风车失去了生命,滴滴也再次站在了风口浪尖。面对持续发酵的舆论,滴滴在悲剧发生后很快发出了道歉声明,并附上"滴滴只是一个平台"的言论。同时,乐清顺风车事件后,空姐事件的道歉微博被删除。种种迹象表明,其道歉、自责都是为了应对眼前的舆论,公式化声明更显得致歉的诚意不足,也让滴滴失去了公众的信任。

(二)组织自身决策违背了"与公众共同发展"的公关理念

很多营利性组织的决策与行为更多地考虑了自身的利益而忽略了社会的利益,违背了"与公众共同发展"的公关理念,就有可能使组织利益目标与社会利益目标相对立,从而引发公众对组织的抵触、排斥和对抗,使企业陷入危机之中。

【案例 11－3】

携程是如何步步陷入危机的

2019 年,携程迎来了它的第 19 个春运。携程是 OTA 领域最早一批的开拓者,2018 年 5 月携程旅行月活跃人数达 6 855.2 万人,领先于其他中国在线旅游平台,处于头部地位。看上去携程目前仍是在线旅游行业的老大,但是业绩亮灯、舆论危机、对手突击让携程在第一的位置上坐得并不安稳,甚至还有不小的危机。

在 OTA 盈利能力下滑、竞争加剧的大背景下,携程这家战斗力极强,在线旅游领域几乎占据了半壁江山的企业,却在近年来遭受着价值拷问。长宁法院近日发布的《涉互联网纠纷案件审判白皮书》显示,2016 年 1 月至 2018 年 12 月,长宁法院共受理涉互联网民商事案件 2 971 件,审结 2 840 件。其中,携程案件最多,达 1 936 件,占近 3 年案件总数的 65.16%。

或许生存能力强的背面就是携程极度逐利的本质,所以携程在近 3 年负面新闻缠身。

但是对于一家与消费者住行紧密联系的企业，站在客户的对立面品牌形象受损，其负面影响短时间恐难以修复。

一、乱用大数据，投机取巧宰杀熟客

常被用来洞察趋势、研究消费者喜好以升级服务体验的大数据，却被携程当作了“宰杀熟客”的工具。媒体曝出，携程在房价等产品报价上利用大数据区别性对待客户，黏性越高的用户反而拿到的价格越高。同样酒店、同等规格、同一入驻时间的房间，使用 8 年的账号与刚注册的账号之间的差价可达 11% 之多。技术的力量是无穷的，但是却被商家拿来“宰杀熟客”，这样的行径出自一个领域的行业龙头之手，只能说携程的企业文化让消费者心寒。

二、退改签高额收费，从差价中牟取暴利

除了大数据“杀熟”这种价值观不正的企业行为，携程在退票程序上也存在诸多槽点。比如某女士通过携程网站，订购价值 48 422 元的 2 人自由行，下单不到 20 分钟因故取消订单，而携程方面却以机票已出为由不予取消，如需取消则要收取 2 张机票的费用共计 18 524 元。随后该女士在航空公司官网并未查询到出票信息，且得知单张机票仅为 6 415 元，携程提出的退票费比原价还高 42%。

这样的恶劣事件能引起监管部门注意的毕竟是少数，而多数则是消费者在网络渠道上对携程票务退改签的怨声载道，诸如条款不清楚，退改收费高于航空公司官网，退改标准永远以携程客服为准，让不少消费者承担了额外损失。而这些退改差价最终都流入了携程的腰包，可谓是真正的不当盈利。

三、利用信息不对称造虚假订房，赚取“取消费”

据 NHK 报道，携程旗下网站 Trip.com 日本业务涉嫌造假。用户在使用时发现一些本已无空房的旅店依然会在该网站出现预约链接，并且可以预约付款成功，酒店方面却接收不到顾客的预约订单，也就是说用户预约的是虚假的房间。然而，相关网页页面却显示预先支付不可退款。

这样的假预约情况涉及 128 家旅店，至少有 400 件受害案例。日媒猜测，这种手段或许是被用于赚取高额取消预约手续费。虽然这仅是猜测，但不管是何种原因，携程就是许许多多匪夷所思的乱象背后的主导者，一步一步地失去消费者的信任。

携程这一巨型平台在流量用户活跃度上与后来者相比依然存在明显短板。虽然携程希望通过内容突破阻碍，但是如果没有好的服务质量和产品口碑，携程想从根本上摆脱危机可能会很难。

（资料来源：《公关世界》，2019 年第 2 期）

（三）全员公关意识淡薄，组织与个人言行不当

组织人员包括管理人员和员工两类。员工是对外宣传的窗口，尤其是某些服务型组织的员工，他们直接与公众对话，他们的素质会反映企业组织的形象，他们对公众的不良态度会引发公关危机。

（四）没有建立正常有序的传播沟通渠道

信息的有效传播对于组织的生存发展非常重要，当危机出现时更是如此，信息的有效传播甚至如同血液在人体中流动一样重要。律师会告诉当事人让他保持沉默，但对待危机时若保持沉默，后果将不堪设想。许多企业在危机发生后会无限制扩大组织机密范围，追求事事保密、层层设防，唯恐公众知晓组织的决策内容。更有一些组织，甚至不让员工知晓内部有关信息。有些组织虽也对外发布信息，但只知道单向发布，不知道信息的及时反馈，使得危机不能得到有效控制。

第二节　危机公共关系处理的原则与禁忌

在危机公关活动中同样有着必然性和偶然性的辩证统一。危机必然发生，而偶然性的突发事件也很多，在冲突的两面性上，谁能善用公关活动处理问题，谁就能占得先机。从社会组织到企业、国家，冲突问题的多元化和多样性使得解决方式不断调整，从危机公关解决问题的手段来看，在及时沟通的原则之上，秉持着真实性和公开性的原则，将公众利益放在首位，对解决冲突问题提供了方式方法。

一、危机公共关系处理的原则

（一）承担责任原则

在危机发生后，企业积极主动承担责任是前提，不论这个危机事件的起因是什么，属于什么性质或类型。因为通过换位思考，不难发现，危机发生后，危机的利益相关方最关心的应该就是两方面的问题：

一是利益。这永远是当事人第一关心的问题，所以无论在发生的危机中企业是否承担主要责任，都应该主动承担。即使是公众错在先，企业也不应该着急追责于公众。要敢于担当责任，诚恳道歉，切记不要遮掩、避讳、得过且过，勇于承担责任才能维护企业良好的形象。

二是情感。从人情的角度出发，公众一旦注意到危机，就会非常在乎企业是否在意自己发出的诉求和感受。因此在这个时候企业于情于理，都应该先对公众进行安抚和同情。可采取通过媒体进行公众道歉，从精神的层面解决问题，以防危机进一步恶化。

【案例 11—4】

“跪雪讨薪”的危机处理

2013 年 12 月，多位农民工身穿文化衫在大连联通门前“跪雪讨薪”。事件源于一家公司承揽大连联通建设工程，大连联通已按期向该公司支付工程款项。未能得到应得报酬的农民工，无奈之下直奔大连联通“找东家”“讨说法”。大连联通于事发次日凌晨微博发表声明，告知起因，下午又开新闻发布会再次澄清、说明。重要的是大连联通的担当，主动以项目建设单位的身份出面协调承建单位内部纠纷，帮助农民工尽快拿到工资。

（资料来源：《公关世界》，2016 年第 2 期）

（二）坦率面对原则

一般情况下，一旦危机发生，就会把企业完全暴露在公众的视线之下，企业俨然已经成为公众和媒体的焦点，公众和媒体会对企业充满猜忌，并随时捕捉信息准备传播。所以，在这种情况下，企业显然不能企图蒙混过关，而必须认识到只有真诚坦率的态度才是从根本上解决问题的唯一途径，因为无论是公众还是媒体都没有办法接受企业的各种敷衍或欺骗。所以，企业最好是在危机事件发生后，主动与媒体建立联系，并坦然面对公众，说明事情的真实情况。

(三)速度第一原则

危机事件发生的信息,会非常快速地扩散,其速度之快有时会让人无法想象,尤其是在危机刚刚发生的短时间内。由于信息渠道的多元化,这时候会有铺天盖地的信息扑过来,同一事件,内容和重点差异又可能会很大。面对这样的境况,企业就要快速反应。

企业得知危机存在时,必须第一时间成立危机处理小组,迅速查明原因,并分析危机发生的缘由和可能的危害,进而尽快把事件的真相向公众、媒体宣布。因为在这个时候,公众和媒体都把注意力集中到了企业上,企业必须快速反应,果断行动,否则就会失去最佳发声期,导致事态朝着更坏的方向发展,失去控制全局的机会。但要注意,第一份对外声明虽然时间紧急,但一定要是系统分析后的结果,确保信息的统一可靠。

(四)系统运行原则

危机爆发过程中,会伴随着很多不确定的因素干扰,多米诺骨牌效应时有发生,由一个问题而引发系统性的灾难,将会是致命的打击。因此,在危机发生的整个过程中,企业必须始终保持高度的警惕性,时时关注事态变化,同时要有预见性,及时分析可能产生的其他问题,统一协调部署,系统运作,切不可顾此失彼,招致更大的灾难。此外,危机管理者也应当采取逆向思维的方式,在系统化运作过程中寻找、放大、使用有利的机会点,挖掘出危机事件中蕴涵的机遇。

【案例 11-5】

强生公司药物中毒事件的危机处理

20 世纪 80 年代,强生公司曾面临一场关乎生死存亡的中毒事件危机。在美国芝加哥地区有 7 人服用其主打产品泰诺止痛胶囊而死于氰中毒,后又传在美国各地有 25 人中毒死亡或致病。泰诺胶囊的消费者十分恐慌,94%的服药者表示绝不再服用此药。医药、药店纷纷拒绝销售泰诺。面对这一危机局面,公司果断地砍出环环相扣的“四板斧”,各个命中要害。“第一板斧”:立即在全国范围内收回全部价值近 1 亿美元的泰诺止痛胶囊,投入 50 万美元利用各种渠道通知医院、诊所、药店、医生停止销售。“第二板斧”:以真诚和开放的态度与新闻媒体沟通,无论是对企业有利还是不利的信息。“第三板斧”:积极配合美国医药管理局的调查。“第四板斧”:为泰诺止痛药设计防污染的新式包装,以美国政府发布新的药品包装规格为契机,重返市场。强生公司时时关注发生的事件,系统运作,成功战胜了危机,并赢得了更为广阔的销售市场。

(资料来源:wenku. baidu. com)

(五)权威证实原则

危机发生之后,如果企业自己去证实辩解,反而会引起公众的更多质疑或留下笑柄,所以可采取更值得相信的渠道去证实,一方面可以让利益相关者如消费者自己实话实说,可通过公关活动报道的方式;另一方面,由权威专家实话实说,通过专业鉴定的方式,让谣言不攻自破,也可以使公众消除警戒,重新给予信任和认可。

【案例 11-6】

面对谣言“刷屏”,星巴克的危机公关为何如此轻松

“星巴克咖啡有毒”这个谣言“刷屏”之后,局面却出现了逆转,网友、专家和媒体都开始支持星巴克，为其咖啡没毒辩护，这又是为什么呢？

一、“星巴克咖啡致癌”的消息被刷屏

“星巴克咖啡致癌”的最早消息发布于2018年3月30日，由一个叫作“澳洲Mirror”的自媒体首发，主要突出了几个重点：

(1)有法院判决。这是美国一家法院的判决，要求星巴克必须在所售咖啡的外包装上标注“有毒”提醒。

(2)全球媒体关注。全球媒体刷屏了，都在报道，包括华尔街日报、美联社、路透社等，附上了很多截屏。

(3)咖啡确实有毒。为什么星巴克的咖啡有毒？因为有丙烯酰胺！新华社也报道过，这东西确实能致癌。

(4)星巴克不道德。星巴克为了自己的利益，长期向公众隐瞒这一事实，隐瞒了8年！

二、文章被“刷屏”的原因

(1)素材“刷屏”。一篇“有图有真相”的文章，一般自媒体的这类养生类文章很难“刷屏”，因为证据链是不足的，但这篇做得相对扎实，在编译外稿上面，把“信息不对称”放大到了极致，即只选择对自己有利的消息。

(2)“情绪”操控。“最大丑闻”与“隐藏了8年”让公众认为星巴克这个看似很高大上的品牌商其实也是一个“奸商”，虽然文章里也提到了不只是星巴克咖啡致癌这个事实，但情绪又一次战胜了真相。

(3)趋利性、接近性和优越感。这里的“利”就是知识，喝星巴克早就成为很多白领每天的必备动作，原来星巴克致癌，我要赶紧提醒我身边的朋友们。优越感指的是，不少人明明知道这篇文章传递的是错误信息，但他们还是转发，原因就是纠正文中被放大的问题，顺便提醒大家少喝咖啡。

三、星巴克的危机公关

面对谣言刷屏，星巴克启动了危机公关：

(1)举报造谣的微信账号。这个非常关键，因为它是谣言的源头。这篇文章在2018年4月1日晚上被界定为谣言，理由是丁香医生(专门提供医学健康内容与医疗健康服务的平台)进行了辟谣。

(2)向媒体发布声明。星巴克中国在2018年4月1日向所有媒体发布了声明，还附上了一份全美咖啡行业协会相关公告的图，具体如下：

> 星巴克始终坚持为顾客提供高品质及安全可靠的食品与饮料，并致力于让顾客感受优质的星巴克体验。
>
> 在咖啡产品上贴上致癌警告标签将会是一个误导消费者的行为。美国政府发布的营养指南中指出，咖啡是健康生活方式的一部分。世界卫生组织(WHO)也明确指出咖啡不会致癌。无数学术研究都已经证明饮用咖啡对健康的益处，并且咖啡饮用者通常更长寿。
>
> 全美咖啡行业协会的主席及首席执行官威廉莫瑞表示：“咖啡早已被证明是对健康有益的饮品。此次法律诉讼产生了一个可笑的结果，这项第65号判决使消费者倍感困惑，并且也无益于公众对健康的认知。”

星巴克的做法就是自己不发表态度，而借助全美咖啡行业协会的声明来证明自己的清白。这一做法显然是奏效的，可以避开品牌永远是基于自身利益说话的质疑。当然，这个声明还明确传递了几个信息：

(1)这事不是星巴克一家，而是全美咖啡行业协会会提起上诉；

(2)咖啡到底健康不健康，你心里没谱吗？这个判决就是一个笑话！

正是基于这个策略，星巴克并没有在其官方微信和微博发布这个声明。相反，在星巴克声明出来之前，其实很多传统媒体就开始介入，并采访了相关专家，均以辟谣和喝咖啡常识普及的角度，进行了报道。

短短24小时，星巴克的这次危机基本化解。

（资料来源：www.chinapr.com）

二、危机公共关系处理的禁忌

（一）不以为然，置之不理

有时候危机并不可怕，可怕的是企业不以为然、置之不理的应对态度。当危机爆发时，任何回避、傲慢、敷衍的言行都极易激起公众的愤慨，使危机进一步恶化，会把企业带入“四面楚歌”的尴尬境地，政府批评、媒体曝光、公众质疑等也都会纷至沓来，即使原本可以及时化解的危机，也会在轻视的态度下，演变成无力挽回的灾难。无数次失败的教训证明，危机来临时采取“鸵鸟式躲避”策略，只会把自己置身于更加危险的境地。

【案例11－7】

三鹿奶粉“三聚氰胺”事件

2008年，三鹿奶粉“三聚氰胺”事件危机公关中，当临床医生经过流行病排查患病婴儿，怀疑是三鹿奶粉的问题时，三鹿不以为然；当媒体曝出是“某品牌”奶粉导致婴儿肾结石，而暗指三鹿奶粉时，三鹿还是置之不理；当三鹿奶粉自检发现2008年8月6日前出厂的部分批次婴幼儿奶粉受到三聚氰胺污染时，三鹿终于有了反应，决定召回产品。然而，为时已晚，人们对三鹿的信任值已经一路狂跌，进而导致了中国乳业的巨大灾难，瓦解了民族奶业品牌群十余年苦心经营的堡垒。

（资料来源：http://ishare.iask.sina.com）

（二）针锋相对，激化矛盾

企业管理者在应对危机时采取相互抨击、打官司等针锋相对的策略，往往只会进一步激化矛盾，使危机事件扩大或产生更多不良影响，从而进一步损害企业形象。即使企业一方最终赢得官司，然而这种做法在消费者心目中会留下不关心公众的不良印象，赢得了官司，却输了人心。危机矛盾激化持续的过程，往往就是企业信誉值消耗、市场销量萎缩的过程，甚至有可能进一步恶化为一场浩劫，导致企业被市场否定，最终身处破产的境地。

（三）敷衍塞责，推诿扯皮

危机最初发生时，有的企业管理者缺乏预见性，没有危机意识，认为事件无关紧要，没有采取认真对待的态度，而是仅限于做表面文章，想应付了事，甚至找各种理由推卸责任，对内不采取自查措施，对外不诚恳地予以宣传，想通过敷衍塞责、推诿扯皮的方式来化解危机。然而，这些企业并没有意识到，做表面文章就等于自欺欺人，措施不到位就等于贻误战机。企业危机管理者采取的错误应对方式，结果只能导致危机事件的负面影响继续蔓延，最终害人害己。

(四)歪曲事实,混淆视听

许多企业管理者在处理危机时,不同程度地存在"报喜不报忧"的常规倾向,甚至有的管理者即使察觉到问题已经存在,不是采取坦诚面对、认真整改的态度,反而想尽办法故意改变事件本来面目,用假象或谎言来混淆视听,以掩盖企业真实存在的问题。危机处理者想以此不被公众所知晓而渡过危机,但往往欲盖弥彰,事与愿违,公众一旦了解到事件真相之后,对企业的信任度便会骤降,反而把企业推向更危险的境地。

第三节　危机公共关系处理策略

目前,中国已经进入移动互联网时代,随着微信、微博等移动社交产品的风靡,大量的信息传播渠道已经转到了移动端,移动端携带便利的特点使信息的传播方式也更加便捷。用户获取信息的渠道已经不再单一,环境也不再如之前"单纯",已经由原来的信息匮乏变成了现在的信息爆炸,环境变得越来越复杂。而对于企业危机公关来说,对信息环境的掌控力是一个非常重要的因素,即对信息环境的掌控力越差,企业处理危机的难度也就越大。面对移动互联网带来的各种挑战,企业如果没能及时提高要求,采取与时俱进的方式去处理危机事件,就会使企业陷入更大的危机,可见,危机公共关系处理策略是企业危机公关的重中之重。

一、建立危机公关体系

企业的危机公关不是一个单独的事件,而是一个系统工程,它与周边环境关系紧密,因为企业的危机公关应该强调整个体系的建立,尤其是在移动互联网时代,自媒体的盛行使危机事件的突发性和不可控性凸显,危机发生后如果想从根源上消除是一件很难的事情,这样就更应该建立一种全员参与的企业危机公关体系,争取降低危机发生的频次,即使发生也可以立刻扼杀在萌芽状态,具体的手段主要包括以下几点:

(一)培养企业危机公关的理念和文化建设

良好的危机理念既是企业危机公关成功的一个前提,也是必备的要素之一。因为有了意识和观念,才能驱动危机处理行动的实施。具体有以下两个步骤:

1. 内部营造企业良好形象的氛围

把企业形象维护转化为每个员工的具体奋斗目标,并且用相应的行为准则加以约束,同时配套相应的制度体系。

2. 企业危机公关的组织和管理制度保障

在企业的危机公关体系中,制度体系是在文化熏陶后保证危机公关实施到位的又一重要保证。例如,建立新闻发言规章制度、公关相关培训制度,比如定期邀请外部的专业机构对公司员工尤其是公关部门的员工进行专业知识的培训,或是直接聘请外部机构的专业人士作为企业的公关顾问,在公司发生危机时通过授权制度来处理。企业的新闻发言人不一定要求是专职人员,但可以由企业的高管来兼职,但该领导必须熟知企业的运营情况,并掌握企业危机处理规则和发言的要求等。

(二)建立"自媒体金字塔"

企业最核心的组成部分是人——从老板到员工在内大量的人,除此之外还有与企业利益强相关的各种人群。可以搭建一个自上而下分别是老板、行业领袖(且与企业利益强相关)、全体员工的“自媒体金字塔”。在移动互联网时代，企业不能只是被动接受挑战，而应该利用新形势，主动出击。

(1)可以把老板培养成公司最强大的自媒体。例如，阿里巴巴公关部门把马云包装成了著名的自媒体和网红，马云各种高调“出场”，关于他大量文章的曝光，他的思想和言语都可以与其企业业务、品牌相关联。

(2)梳理出行业内比较有影响力的人群，并与之间建立密切的联系，使之成为危机来临时给企业代言的中坚力量。

(3)利用企业的所有员工开展宣传。每个员工都是自媒体，每个人都肩负着为企业做正面宣传、减少负面消息的任务。这样，通过坚实有力的“自媒体金字塔”，不但无形中为企业宣传拓展了思路，同时也是在发生危机时，能自上而下地形成的一段防火墙，尽量阻止“危机”这场大火的蔓延。

(4)要充分利用在行业内比较有影响力的人群，在关键时刻会起到“雪中送炭”的作用。

二、建立危机公关的预警机制

俗话说：“预防是解决危机的最好方法。”所以企业时刻保持超强的预防意识，未雨绸缪，这是良好公关的最正确的一个开始。企业公关部门的员工就好比是消防员，时刻准备灭火，但消防员的职责不仅仅是在灭火过程中英勇处理就行，还需要统筹看灭火前、灭火中、灭火后的整个过程。这就要求企业建立一整套预警机制，以从容淡定的心态、合理有效的解决方式，有效地处理危机。如何把危机更好地扼杀在萌芽状态，预警机制中应该注意以下几个方面：

(一)加强对所有媒体的舆情监控工作

相对来讲，大众媒体信息来源一般是专业组织，信息可信度较高，所以大众媒体一直应该是公关的重要组成部分，要和行业内重要媒体保持良好的关系，这样才能保证在危机发生时，大众媒体可以站在企业的角度发挥正面作用。自媒体的信息来源多为个人，相对公信度差一些，而且具有一定的个性化内容，但是也不能忽视自媒体，很多时候自媒体和大众媒体有着剪不断的关系。

(二)配套相关的管理制度

在企业内部建立分级危机风险责任制度，让危机发展的每一个阶段都有一个预备的“消防员”去处理，针对在自己范畴内的危机要非常及时地采取有效的“扑火”措施；与责任制相对应的就是激励机制，即要在危机公关的工作中，明确在处理危机事件中的成功者和失职者的奖励、惩罚的办法。除此之外，还要配套建立日常的危机教育和训练制度等。

三、掌握一定的危机公关技巧

危机公关一旦发生，除了高度重视以外，还要把握危机事件处理的措施规则和技巧等方面，这样才能保证危机处理的有效性。具体如下：

(一)遵循“反应第一，情感第二”的原则

企业应该在发生危机的第一时间，做出反应，以最快的速度针对该事件发表官方声明/回复。危机事件一般来之匆匆，所以不会给企业太多时间去掌握所有相关的信息，在这种情况下，有的企业就干脆采取“搁置法”，既然没有弄清楚缘由，没有出来最全面的决策方案，为了避免情况会更糟，就干脆选择沉默，对事件不置可否。但从理论和实践的角度来看，如果在把握时间和保证发布信息质量之间做出选择，显然前者会更重要。因为信息技术的发达带给我

们的是瞬息万变，所以能否在第一时间内抓住话语权就更加重要，企业必须以最快的速度发布危机事件的反应，表明立场，第一时间紧紧掌握信息的走向。因为在危机事件发生的那一刻，舆论的环境是不清晰的，公众开始时处于中立的状态，如果此时企业不及时发声，给出合理的解释，信息的真空状态就会使本来对危机事件没有足够了解的公众产生各种猜疑，对于以前就有负面新闻缠身的企业来说，情况会更糟。所以，应该在危机发生之初，情况未明，没有舆论倾向、信息一片空白之时，就填补这片空白。

事实上，企业的提前发声，最大的好处就是在这个重要的短暂时期内，把握舆论导向，预防在舆论走向已经很明确的时候再下大力气扭转。需要注意的是，在这个时期也一定要加强企业内部信息的控制工作，防止不合适的信息传到外部，引起不必要的麻烦。例如，携程旅行网的“瘫痪门”事件，当时就是内部信息外漏，给了媒体和大众借题发挥的机会，对企业无疑是雪上加霜。所以，作为危机主体的企业，一定要控制好信息。除此之外，企业若不尽快做出官方回应，让竞争对手先借机打压，就会使后期危机处理更加棘手。

企业在危机公关时，除了把握速度以外，还要把握好内容，且内容的输出一定要考虑公众的情感。如上文强调，现在的媒体，尤其是自媒体，是区别于传统媒体的新媒体，自媒体背后就是单独的个人，缺少威严性，这也导致企业在习惯了那种理性、谨慎地面对大众媒体后，在面对自媒体时反而不知如何应对。其实自媒体是一个很有温度的平台，其中有不少个人感情投入，所以企业应相应地改变策略，少些理性输出，多些情感交流，以达到事半功倍的效果。因为很多时候，面对我们的不仅是事件本身，还有相关的受众，他们的负面情绪是我们必须要考虑的因素。适当地将心比心，换位思考，用更具人情味的、具有感染力的语言，会更容易打动受众，也更容易扭转危机。

(二)事件中的沟通与技巧应对

在面对危机事件要展开处理时，良好的沟通技巧常常会大大降低危机对企业造成的负面影响，甚至可以在解决危机的同时把危机转换为商机；反之，如果沟通没有技巧，就不会有明显效果，或者干脆不进行沟通，这样只能让危机更加恶化。良好的沟通基于正确的危机沟通模式与技巧应对，并且需要遵循危机公关处理原则。这里沟通的主要对象是指企业的各种利益相关者，包括投资者、媒介、公众等，其中最重要的沟通对象应该是核心的利益相关者，如受害者、股东、重要客户、媒体等。

在移动互联网时代，新媒体的盛行已经大大丰富了企业进行危机公关的载体，包括新媒介、座谈交流、电话、微信、微博等。

四、加强危机事件结束后的总结与恢复

危机事件处理之后，企业一定要积极总结经验教训，对公众开展情感的疏导，并寻求企业品牌重塑的机会，重点展开以下几个方面的工作：

(一)形象恢复与情感疏导

危机事件虽然过去，但是企业千万不可以放轻松。因为如果处理不当，危机很有可能会卷土重来，所以企业必须启动一系列的措施，其中最重要的是重新恢复企业形象。区别于传统时代，在移动互联网时代，企业危机公关形象恢复的方式比较多。首先，在工具选择上就会比较多元化，一方面可以通过主流媒体和门户网站持续正面的宣传，充分营造对企业有利的氛围，扶植企业被负面影响的形象。其次，可以策划一个比较亲民的互动的活动，如果是公益活动的话可能效果会更好，并且进行实况报道。活动的目的就是通过押上亲情和社会责任的

筹码，充分体现企业的担当，这样便可以扭转企业在公众心目中的负面形象。最后，还可以利用信息技术的优势，更多地使用微信、微博等新媒体传播，拉近公众与企业之间的距离，更有效地推送给公众关于企业正面的宣传信息。

除了企业形象恢复工作，还有一项非常重要但又常常被企业忽视的工作就是情感疏导。如果做不好对公众尤其是受害者的情感疏导，很可能貌似已化解的危机又会卷土重来。所以在危机发生之后，仍然要持续耐心地给公众进行解答，慢慢消除他们对企业的不良情绪，这样也是为了使危机事件给企业带来的“污点”慢慢消除，展现企业诚恳的态度和值得信赖的姿态，从而慢慢恢复企业自身的形象。

（二）总结经验与教训

危机事件处理后要总结经验和教训，只有这样才能真正找到根源，从根本上提升企业的内部管理或是产品、服务等，同时也是为了消除类似危机事件的再次发生，提升企业公关能力。具体包括以下几个步骤：

1. 加强对后期舆论走向、媒体报道的走向

公众和媒体的诉求和意愿很多时候都是通过舆论和新闻报道的渠道了解到的，只是在不同的时代背景下，体现的方式不同。所以在危机事件后，必须要高度重视对公众舆论和媒体报道的监测工作，这是进一步了解公众和媒体对此次危机公关评判的一个很好的机会，进而判断此次公关的策略是否合理，是否能基本满足公众和媒体的要求。

2. 做好危机源头的回访

这样可以防止死灰复燃，同时通过回访进一步了解公众更深层次的需求和想法，为以后的危机公关打下基础，防止类似事件反复发生。

3. 对危机公关的相关数据进行记录和总结

通过记录和总结，分析出一定的规律，如危机难度与企业损失的关系，使危机公关策略更加科学有效。

总之，事后的总结评估非常重要，只有找到成功的经验和失败的根源，才能不断改进，提升公关方式，促进企业更好地发展。

（三）逆向寻找商机

移动互联网的高度发达，既给企业带来了挑战，同时也给企业带来了机遇。企业要善于发现移动互联网时代媒体的特点，要充分利用新媒体和传统媒体各自的优势，与公众建立全方位的沟通渠道，最大限度地提高企业的信息传播的权威性和影响力，控制好舆论导向。尤其是在危机刚刚过后的恢复时间内，企业不仅要尽快弱化危机对企业本身带来的坏的影响，及时恢复企业形象，同时企业可以利用在外部对企业高度关注的时期，从技术和传播方式上充分利用移动互联网时代新媒体的力量，在企业整改活动中大力呼吁公众积极参与，进行监督指导，以表明企业整改的决心，从而拉近企业与公众的距离；除此之外，企业还可以利用这个特殊时期，加大广告投放力度，发布新的战略规划等。总之，如果企业能充分把握这个机遇，就可能把坏事变好事，重新挽回企业的品牌形象。

【案例 11－8】

川航遭危机　遇“英雄”救场

2018 年 5 月 14 日，四川航空（下文简称“川航”）由重庆飞往拉萨的 3U8633 航班，在四川空域内飞行途中时，驾驶舱右侧玻璃突然破裂，驾驶舱瞬间失压，气温降低到零下 40 摄氏度

……在意外发生后，万米高空中，机组副驾驶徐瑞辰半个身子被“吸”了出去，大量机载自动化设备失灵，机组向地面控制台发出了“7700”信号（表示遇到紧急状况），紧急求助。

危急关头，3U8633 航班机长刘传健，在自动化设备失灵情况下，依靠 20 年飞行经验，手动操纵，于 7 时 40 分左右，成功让飞机备降在成都双流机场，挽救了 119 位乘客和 9 名机组人员的生命安全。整个备降过程前后仅仅 20 分钟。

一位民航业界专家闻讯，称赞川航本次备降“是一个奇迹”。

川航事件当时是“刷屏”无数，被称为英雄机长的刘传建和 3U8633 英雄机组堪称逆天改命的神操作，不仅保住了一百多条人命外加一架空客。这辉煌的成绩不仅戳到了公众内心的英雄情结，还成功使公众忽略了川航是此次事故的起因，没有大肆追究，关键是还让无数网友为机组成员、机长、副机长的英勇事迹折服。最终导致的结果就是川航的品牌价值剧增，不得不说，这才是最好的危机公关！

这次危机公关不仅解除了川航危机，还借此把川航的美食、服务大大赞美了一番，获点赞无数，成功地将一件坏事变成了好事。

（资料来源：www. ymjrkj. cn）

总的来说，危机公关处理得当与否，对于能否维护良好的企业形象至关重要，关系到企业能否在激烈的市场竞争中生存、发展和壮大。因此，企业在处理危机事件时，一定要站在公共关系大局的角度来衡量得失，应优先考虑消费者的利益以及这个问题对于企业公共关系的重要性，以积极的态度去赢得顾客，以正确的措施去赢得时间，并建立起关心和维护消费者权益的积极形象，重塑消费者对企业的信心。

本章训练题

一、单项选择题

1. 在某阶段，危机信息开始传播，危机已经暴露，但是只要及时反应，采取果断正确的手段，还是可以将其控制住，这是危机的(　　)阶段。

A. 爆发期　　B. 酝酿期　　C. 扩散期　　D. 消失期

2. 农夫山泉、统一陷入“砒霜门”事件，这是属于(　　)危机。

A. 经济危机　　B. 社会危机　　C. 政治危机　　D. 以上三种皆不是

3. 丰田汽车的“霸道广告”，引发了国人的强烈不满，认为其广告侵犯了中国人的民族尊严，丰田公司陷入了(　　)危机。

A. 经济　　B. 政治　　C. 信用　　D. 社会

4. 在某时期，由于媒介和公众的关注，危机成为社会舆论关注的热点和焦点，此时如果沟通有误，公众和媒体将会出现信息真空，谣言四起，危机爆炸式扩散，呈现失控状态，这是属于危机的(　　)。

A. 爆发期　　B. 酝酿期　　C. 扩散期　　D. 消失期

5. 危机发生后，当公众“有图有真相”，确定责任方在己时，企业应当(　　)。

A. 第一时间站出来承认错误

B. 绝不能站出来承认错误

C. 经过仔细观察,视情况决定是否要承认错误

D. 把责任推脱给他人,或始终保持沉默

6. 即使责任不在己方,企业也必须承担责任的情况是(　　)。

A. 政府或其他权威机构在短时间内证实不是己方责任

B. 一旦被认定是己方责任,企业将必死无疑时

C. 媒体和公众先入为主地认为责任在己方

D. 其他机构或个人主动承担了责任

7. 在危机公关的系统运行原则中,首要步骤是(　　)。

A. 建立舆情监督体系　　B. 建立组织机制

C. 突发事件应急预案　　D. 新闻发布制度

8. 危机事件的处理,对新闻界的策略一般是(　　)。

A. 各抒己见　　B. 有结论再与新闻媒体联系

C. 统一口径　　D. 封锁消息

9. 真诚沟通原则告诉我们,在危机事件发生时,企业最重要的是(　　)。

A. 态度　　B. 方法　　C. 认识　　D. 魅力

10. 下列选项中,属于"权威证实"原则中权威主体的是(　　)。

A. 公司领导　　B. 公关小组组长　　C. 意见领袖　　D. 受害者

二、多项选择题

1. 下述情形中,可能引发公关危机的有(　　)。

A. 产品质量不合格　　B. 知假售假

C. 经济合同纠纷　　D. 严重的自然灾害

E. 针对组织的失实新闻报道

2. 危机事件的特点有(　　)。

A. 突发性　　B. 协调性　　C. 紧迫性　　D. 可变性

E. 危害性

3. 危机公共关系处理的原则有(　　)。

A. 承担责任　　B. 速度第一　　C. 坦率面对　　D. 系统运行

E. 权威证实

三、判断题

1. 危机公关并不是常规的公共关系工作,它只是在组织发生危机事件时才存在。(　　)

2. 经过加强教育、建立危机防范机制,公关危机就可能不发生。(　　)

3. 危机管理就是组织对危机进行有效的防范和全面的处理并使之转危为安的一整套工作过程。(　　)

4. 2008 年 11 月初,重庆出租车停运风波,既是公关危机,又是危机公关。(　　)

5. 在危机出现的最初 12—24 小时,消息会像病毒一样以裂变方式高速传播。(　　)

6. 在与对手的危机公关大战中,妥协并不意味着失败。(　　)

7. 危机发生后,应当首先由老板站出来承担责任。(　　)

8. 危机发生后，企业为了和媒体处好关系，显示自己的真诚，可以将自己的所有信息都告诉对方。（　　）

9. 经过加强教育、建立危机防范机制，公关危机就可能不发生。（　　）

四、简答题

1. 请分析危机公关与公关危机的区别。
2. 公关危机的特点有哪些？
3. 造成组织危机公关的原因有哪些？
4. 危机公关关系处理的策略是什么？

五、案例分析题

"3·15"抢戏——蓝色光标事件

每年"3·15"前后，公众的目光都会高度聚焦在"打假"上面。然而，2018年"3·15"，一家名叫蓝色光标的知名公关营销服务公司却"乱入抢戏"，争夺了不少眼球和关注度。事情起因是在3月14日，一位署名"小员工"的蓝色光标员工在微信公众号"有点自我"上发布文章《蓝色光标，所谓亚洲最大公关公司，如此坑害老员工，良心真的不会痛吗》，称遭遇公司强行辞退，并控诉蓝色光标坑害员工。经过网络上的舆情发酵，到了3月15日，此事已经在网络上引发沸沸扬扬的讨论，成为"喧宾夺主"的热点新闻。蓝色光标高层则公开回应，称此事仅仅只是个案，目前公司正在与这位员工沟通。

每逢"3·15"都要开足马力救火灭火的公关公司，今年自己烧起来一把大火。旁观者当然看热闹不嫌事大，要看看他们如何给自己救火灭火。一些秉持"阴谋论"的人则更进一步，坚信蓝色光标这把火是自己故意烧起来的，目的就是在公众高度聚焦"打假"的"3·15"当天制造热点话题，吸引公众关注，把公众目光和舆论炮火从客户公司身上引开，减少客户公司的舆论压力和商誉损失。还有人指出这种策略叫"自爆式公关"，通过引爆自身的丑闻，牺牲自己来掩护客户。

当然，"阴谋论"者的诛心之论很难站得住脚。蓝色光标作为一家已经上市的"亚洲最大公关公司"，其当前市值已经超过170亿元。自爆丑闻、自砸招牌不但可能导致股份波动和市值蒸发，还会影响公司的长远发展。无论从当前收益还是长远收益来看，都不是一件划算的买卖。然而，这种明显不太可能属实的说法，在市场上、在舆论场上却被很多人相信。这也许从一个侧面说明，公关行业长期以来种种灰色的、突破底线甚至不择手段的公关策略，已经严重侵蚀社会的信任环境，以至于消费者和社会公众"不惮以最坏的恶意"来揣测公关公司的动机和行为。

如果"摆平思维"的公关成为市场上通行的"潜规则"，它客观上就有可能成为假冒伪劣商品、坑蒙拐骗行为的保护伞。

【要求】 请结合危机公关理论分析此案例。

章后训练题答案

第一章

一、单项选择题

1. A	2. D	3. D	4. B	5. A
6. D	7. C	8. D	9. D	10. A
11. A	12. D			

二、多项选择题

1. ACD	2. BDE	3. ABCD	4. ABCDE	5. ABCDE

三、判断题

1. ×	2. ×	3. ×	4. √	5. ×
6. √	7. √	8. ×	9. ×	10. ×

四、简答题

1. 如何理解公共关系的含义？

公共关系就是社会组织在运行中，运用信息传播沟通媒介，促使组织与相关公众之间的双向了解、信任与合作，从而为组织树立起良好的公众形象的一种经营管理活动。

2. 公共关系有哪些特征？

以社会公众为工作对象；

以塑造形象为工作目标；

以传播沟通为工作方式；

以互惠互利为工作原则；

以真实诚恳为工作信条；

以注重长远为工作方针。

3. 如何区分公共关系与广告、宣传等相关实务？

公共关系与广告：

联系：

(1)公共关系常常借助广告的形式传播信息，通过产品或形象广告，可间接起到树立该组织形象的目的；而活泼清新、艺术性强的公共关系广告，更容易为公众接受。

(2)公共关系工作能对广告起指导作用，可以确定广告的宣传主题、宣传对象、传播对象、传播方式和传播周期。因此，公共关系和广告之间实际上可以互相补充、互相促进。

(3)二者都源于传播学，都以传播为主要工作手段。

区别：

(1)传播的目标不同；

(2)传播原则不同；

(3)传播方式不同；

(4)传播周期不同；

(5)所处地位不同；

(6)效果不同。

公共关系与宣传：

联系：

公共关系与宣传的联系主要表现在两个方面：第一，从性质上看，两者都是一种传播过程，并具有一些共同的活动特点；第二，在工作内容方面，两者有时也是相同的，如每个组织都有团结内部成员，增强群体凝聚力、向心力、荣誉感等方面的任务，这既是组织内部宣传工作的内容，也是组织内部公共关系工作的目标。

区别：

(1)工作性质不同；

(2)工作方式不同。

4. 公共关系的职能和原则有哪些？

职能：采集信息；辅助决策；传播推广；协调沟通；提供服务；危机管理。

原则：实事求是的原则、互惠双赢的原则、双向沟通的原则、公众导向的原则、开拓创新的原则、全员 PR 的原则。

五、案例分析题

答题要点：

1. 协调沟通和危机管理职能。

2. 公共关系的核心概念是沟通。

第二章

一、单项选择题

1. D	2. B	3. D	4. B	5. C
6. D	7. B	8. D	9. B	10. A
11. C	12. B	13. D	14. B	15. B

二、多项选择题

1. ABCE　2. BCDE　3. BD

三、判断题

1. √	2. ×	3. ×	4. ×	5. ×
6. √	7. √	8. ×	9. √	10. ×

四、简答题

1. 现代公共关系产生的主要条件是什么？

(1)民主政治取代专制政治是公共关系产生的政治前提；

(2)市场经济的充分发展是公共关系产生的经济基础；

(3)传播技术的进步是公共关系兴起的物质基础；

(4)现代管理理论的发展是公共关系产生与发展的文化基础。

2. 中国公共关系的发展特点和趋势是什么？

(1)大战略为公关带来新机遇；

(2)公关行业的兼并、重组已成为常态；

(3)跨界融合进入新阶段；

(4)内容营销已成为企业传播的核心要素之一；

(5)公关行业正面临着从传统公关到新媒体时代公关的转型；
(6)政府机构购买公关服务的趋势开始显现，为行业增长开辟了新的领域。
3. 公关思想演变经历了哪几个时期？各时期的特点是什么？
(1)古代时期——公关思想萌芽。
(2)巴纳姆时期——不择手段，损人利己(发端)。
(3)艾维·李时期——说真话(职业化时期)。
(4)伯纳斯时期——投公众所好(科学化时期)。
(5)现代时期——学科的科学化，以及职业道德的规范化。

五、案例分析题

答题要点：
(1)心战在先，攻心为上的准公关思想；
(2)属于古代时期——公关思想的萌芽阶段。

第三章

一、单项选择题

1. A	2. D	3. C	4. C	5. A
6. D	7. D	8. B	9. D	10. C

二、多项选择题

1. ABD	2. ABCD	3. AD	4. ABC	5. ABCE

三、判断题

1. ×	2. √	3. √	4. √

四、简答题

1. 公共关系人员应具备哪些能力素质？
(1)组织管理能力；
(2)语言表达能力；
(3)公众交往能力；
(4)宣传推广能力；
(5)创意策划能力；
(6)应变能力；
(7)专业操作技能。
2. 社会组织的特征是什么？其类型有哪些？
(1)群体性；
(2)目的性；
(3)系统整体性；
(4)变动性类型。
3. 公共关系部与公共关系公司的优势与局限性各是什么？
公共关系部
优势：
(1)熟悉组织情况；
(2)能提供及时的公共关系服务；

(3)有利于保持公共关系工作的连续型和稳定性；
(4)有利于节约经费。
局限性：
(1)职责不明，负担过重；
(2)看问题有时不够客观；
(3)总费用可能比聘请公共关系公司高；
(4)有可能成为组织的一种负担。
公共关系公司
优势：
(1)职业水准比较高；
(2)看问题比较客观；
(3)社会关系广泛；
(4)信息比较灵通；
(5)机动性强；
(6)建议容易为人们所重视；
(7)整体规划的经济性。
局限性：
(1) 不太熟悉客户情况；
(2) 工作缺乏连续性、持久性；
(3)远离客户。

五、案例分析题

答题要点：
1. 此案例说明了信息传播在公关活动中的重要作用。
2. 体现了公共关系人员的优秀的信息处理能力。
3. 体现了公共关系人员优秀的创意策划能力。

第四章

一、单项选择题

1. A	2. C	3. D	4. D	5. C
6. C	7. C	8. B	9. D	10. A

二、多项选择题

1. ABCDE	2. BD	3. ABE	4. ACE	5. AC

三、判断题

1. √	2. ×	3. √	4. ×	5. √
6. ×	7. √	8. √	9. ×	

四、简答题

1. 公众包含哪四项基本含义？
(1)公众是公共关系主体传播沟通对象的总称。
(2)公众是相对特定组织而存在的。

(3)公众是因为共同的利益、问题等而连接起来并与特定组织发生联系或互相作用的个人、群体或组织的总和。

(4)公众是客观存在的。

2. 简述非公众、知晓公众、潜在公众、行动公众各自的特征。

(1)非公众是公共关系学中的特殊概念。在特定的时空条件下,非公众虽然处于组织主体的影响范围内,但却与该组织无直接利益关系,其观点态度和行为不受该组织的影响,也不对该组织产生作用。

(2)潜在公众指的是由于面临的潜在的共同关系问题而形成的潜伏公众、隐患公众、隐蔽公众或未来公众。某一社会群体面临着组织行为或环境引起的某个潜在问题,这个潜在问题还未暴露,这些公众本身还没有意识到问题的存在,他们与组织的关系还处于潜伏状态。

(3)知晓公众是潜在公众逻辑发展的结果。潜在公众已经面临着组织行为引起的共同问题,但尚未意识到问题的存在;知晓公众面临着共同的问题,并且已经意识到问题的存在。

(4) 行动公众又是知晓公众发展的结果。行动公众不仅意识到问题的存在,而且准备或已经自行采取行动来求得问题的解决。

3. 简述员工关系处理的方式。

有效管理:

(1)完善的人力资源管理工作;

(2)双向有效的沟通培训和辅导。

有效激励:

(1)完善的福利制度;

(2)细致的人文关怀;

(3)公平而广阔的发展空间。

4. 如何处理顾客关系?

(1)提供优质的产品和服务,使顾客满意;

(2)重视与顾客的信息沟通;

(3)及时妥善处理顾客投诉,维护顾客的合法权益。

五、案例分析题

答题要点:

(1)首先,4S店的做法存在问题。提供优质的产品和满意的服务是顾客关系的基础,本案例中,4S店提供的汽车存在着质量问题,影响顾客的使用满意程度和对该品牌的受欢迎程度。

(2)其次,4S店对于事故的处理方式欠妥,从维护顾客的关系来看,妥善处理顾客的投诉,积极维护顾客的合法权益,是建立良好顾客公共关系的根本。在汽车存在质量问题的情况下,顾客提出退换是合情合理的,但4S店无事故科合理诉求,直至该事件在网上爆发,才同意退还的方法是错误的,严重影响了公司口碑以及信誉影响力。

(3)从车主的角度,车主对于4S店来讲是公众,车主发现产品存在问题并积极维权属于行动公众,积极维护自己的合法权益不受侵害的做法是正确的。

(4)在本案中,网络媒体和网民属于外在公众,但由于4S店未及时处理以至于事件在网上发酵,导致外在公众的感官程度下降,影响公司的社会信誉力,对于其后继发展存在影响,会导致顾客的流失。

第五章

一、单项选择题

1. A　2. B　3. B　4. A　5. B

6. C　7. B　8. C

二、多项选择题

1. ABD　　2. BCD　　3. ACE　　4. BCDE

三、判断题

1. √　　2. √　　3. ×　　4. ×　　5. ×

四、简答题

1. 什么是公共关系传播？

公共关系传播是指社会组织借助一定的载体和途径，将信息有计划地与公众进行交流和沟通的活动。

2. 公共关系传播的要素和特点是什么？

要素包括基本要素和隐含要素两大方面。

基本要素：

(1)公共关系传播者；

(2)公共关系传播内容；

(3)公共关系传播渠道；

(4)目标公众；

(5)公共关系传播效果。

隐含要素：

(1)编码；

(2)译码；

(3)干扰；

(4)共同经验；

(5)社会环境。

特点：

(1)传播行为的受制性；

(2)传播内容的求实性；

(3)传播渠道的多样性；

(4)传播方式的策略性；

(5)传播活动的高效性。

3. 公共关系传播有哪几种类型？

(1)人际传播；

(2)群体传播；

(3)组织传播；

(4)大众传播。

4. 公共关系传播媒介有哪些？

(1)大众传播媒介；

(2)组织传播媒介。

5. 如何组织与实施公共关系传播活动？

(1)了解不同公共关系传播活动的特点；

(2)做好一系列准备工作；

(3)按不同传播活动的程序进行；

(4)传播活动结束的评估。

五、案例分析题

答题要点：

1. 庆典活动。

2. 一方面可以激励企业员工,另一方面可以扩大其社会影响。

第六章

一、单项选择题

1. A	2. A	3. D	4. A	5. A
6. A	7. B	8. C	9. C	10. D

二、多项选择题

1. ABC	2. BCDE	3. ABCD	4. ABCDE	5. ABC
6. AD	7. ABC	8. ABC	9. ABD	10. CE

三、判断题

1. √	2. ×	3. √	4. ×

四、简答题

1. 什么是公共关系调查？公共关系调查的内容包括什么？

公共关系调查是指社会组织运用科学方法,搜集公众对组织主体的评价资料,进而对主体公共关系状态进行客观分析的一种公共关系实务活动。

公关关系调查的内容包括：

(1) 组织形象调查；

(2)相关公众调查；

(3)组织社会环境调查。

2. 简述公共关系调查的程序。

(1)确定调查选题；

(2)制定调查方案；

(3)实施调查方案；

(4)分析调查结果；

(5)拟定调查报告。

3. 进行公共关系调查时要遵循哪些原则？

(1)客观性原则；

(2)全面性原则；

(3)时效性原则；

(4)计划性原则；

(5)伦理原则；

(6)精确性原则。

4. 常用的公共关系调查方法有哪些？

(1)抽样调查法；

(2)问卷调查法；

(3)访问调查法；

(4)观察法；

(5)实验法；

(6)文献调查法。

5. 问卷调查法的优缺点是什么？

(1)优点:可以节省时间、经费和人力;具有较好的匿名性,有利于搜集真实的信息;所获得的信息资料便于定量处理和分析;可以较好地避免调查者的主观偏差,减少人为误差。

(2)缺点:回收率一般较低;不适于对文化水平低的人做调查;由于被调查者填写问卷时调查者一般不在场,因而所获得的信息资料的质量往往难以保证。

五、案例分析题

1. 高度重视和开展周密系统的调查研究工作。

2. 长城饭店在信息来源、采集方式、如何处理等方面都有自己的特点,形成了一个全方位的信息系统。信息的收集不仅仅局限于每天住宿的客人身上,而且注意到了信息在空间上和时间上的发展变化。在立足于全市、全国、全世界范围的信息采集与分析的同时,对全年、半年、月、日等不同时段的情况都加以监测,形成了全方位立体交叉的信息网络,既保证了信息来源的广度,又保证了信息的时效性和正确性,从而保证了较高的科学预测能力和科学决策能力。所以,在竞争日益激烈的市场经济条件下,企业要生存,要发展,就要重视日常的公关工作,重视信息的收集与整理,重视调查研究。

3. 略。

第七章

一、单项选择题

1. D　2. E　3. D　4. C　5. A
6. C

二、多项选择题

1. ABCDE　2. CE　3. ABCDE　4. ABCDE　5. ABCD

三、判断题

1. √　2. ×　3. ×　4. √　5. √

四、简答题

1. 公共关系策划的含义是什么?

公共关系策划是社会组织为实现公共关系目标对公共关系活动的性质、内容、形式和行动方案进行谋划与设计的思维过程。

2. 公共关系策划的原则有哪些?

(1)利益性原则;
(2)整体性原则;
(3)针对性原则;
(4)可行性原则;
(5)新颖性原则;
(6)灵活性原则。

3. 公共关系策划的一般程序是怎样的?

(1)确定公共关系策划目标;
(2)分析策划目标的对象公众;
(3)制定公共关系策划方案;
(4)撰写公共关系策划书。

4. 公共关系策划活动的模式有哪些?

(1)维系型公关;

(2)防御型公关；
(3)进攻型公关；
(4)矫正型公关；
(5)建设型公关；
(6)宣传型公关；
(7)交际型公关；
(8)服务型公关；
(9)社会型公关；
(10)防御型公关。
5. 如何进行公关专题策划方案的制作？
(1)主题：要新颖、凝练；
(2)目标：要明确、具体；
(3)活动基本程序；
(4)传播与沟通方案；
(5)经费预算；
(6)效果预测。
6. 公共关系策划的方法有哪些？
(1)逆向思维法；
(2)类比启迪法；
(3)审时度势法；
(4)强化特色法。

五、实践操作题

略。

六、案例分析题

答题要点：

1. 佳贝艾特的传播推广策划主要选择了博客、Facebook 平台等新媒体，其媒介的选择主要是考虑了消费者接触媒体的习惯。

2. 佳贝艾特通过一系列的营销活动不仅在消费者心中树立起高端、专业、倡导健康育儿理念的品牌形象，更是注重培养消费者对品牌与产品的感情，不断增强客户黏性，培养客户忠诚，促成再购买行为，不断强化“佳贝艾特是全球妈妈用心之选”的品牌形象。无疑取得了异常的成功。

第八章

一、单项选择题

1. D　2. A　3. B　4. C　5. C
6. D

二、多项选择题

1. BCD　2. ABCDE　3. ABDE　4. ABCD

三、简答题

1. 公关活动实施的方式有哪些？
(1)直线性排列法；

(2)多线性排列法；
(3)计划评估法；
(4)测试工作地。
2. 公关评估分为哪几个阶段？各阶段的主要内容是什么？
(1)设立统一的评估目标；
(2)将评估目标具体化；
(3)选择适当的评估标准；
(4)确定收集资料的最佳方法；
(5)研究评估资料并形成评估报告；
(6)将评估结果向领导报告；
(7)总结经验和吸取教训。
3. 造成公共关系评估误差的原因有哪些？
(1)将数量等同于结果；
(2)将估计等同于评估；
(3)样本没有代表性；
(4)努力的目标是知识；
(5)将知识等同于有利的态度；
(6)将态度等同于行为。

四、案例分析题

解决方案：

(1)业务员不能主动给难民过期食品，而应僵持下去，让他们自动哄抢食品。在难民哄抢食品并开始吃的时候，业务员应假装阻止难民哄抢过期面包，同时大喊记者过来一起制止，这样可以向记者表明，业务员的本意即他根本就没有打算让难民吃过期的面包。

(2)业务员应及时打电话回总部，叫总部运来一车新鲜的面包，以解决难民的饥饿问题。并向总部解释发生的事情以及自己的解决方法。在这个过程中，难民由于饥饿难忍会“消费掉”一些过期面包。

(3)在总部新面包送来之际，应及时和记者沟通，做好企业公关。比如记者对此次事件的报道，会采访业务员，业务员就应该利用这个机会大打企业公关牌，比如为记者拟好明天报道的题目“过期食品遭哄抢，××公司显真情”，等等。其实这些都是把这一危机事件当作公关危机来处理。

第九章

一、单项选择题

1. B	2. C	3. A	4. B	5. C
6. D	7. B	8. D	9. B	10. B

二、判断题

1. √	2. ×	3. ×	4. ×	5. ×
6. √	7. ×	8. ×	9. √	10. √

三、简答题

1. 为什么说礼仪是一种文化现象？

世界各国人民的礼仪，其产生、发展和演化，都是社会物质生活和精神生活的反映。从礼仪的形成和演变看，其背后是一个民族源远流长的文化和宗教信仰。它作为在人类历史发展中逐渐形成并积淀下来的一种文化，始终以某种精神的约束力支配着人们的言行，沟通着人类的情感，调节着人际间的关系，净化着人们的心灵。可以说，礼仪是人类文明进步的重要标志。

2. 为什么公关人员必须注重自己的形态礼仪？

公关人员在很大程度上是组织或公司形象对外的代表，不仅对组织或企业在公众心中的地位起着重要的作用，而且通过公关人员本身就可以看出组织或企业的整体素质，组织或企业领导人的个人礼仪则更是如此。因此，每位员工要注意自己的一言一行，因为它不仅代表着个人，而且代表着组织或企业。良好的个人礼仪是一切公关活动的起点，是一切社交场所必备的“通行证”。

3. 在公关活动中，微笑可表达多种含义，你能说出哪几种含义表达？

人们往往通过微笑表达自己友好的情感。微笑是一种富于吸引力的表情和态度，是塑造个人美好形象所必需的素质。善于微笑的人通常给人以安全感，是成熟人格的象征。在公关活动中，微笑可以表达多种含义，如“你好”“很高兴和你见面”“欢迎光临”“我能为你做些什么”“我喜欢你”等等。

4. 请你说出三种以上服装的色彩所表现的感觉及其象征意义。

色彩不仅是视觉感官的享受，而且具有影响人心理的魅力。人们在观察不同色彩时，会产生不同的联想，而不同的联想又能表现出不同的感觉和象征意义。

(1)红色，是一种具有强烈的刺激性的色彩，它引人注目，能唤起火焰般热情的联想，使人感到兴奋、热烈、激动和快乐，带给人的是希望、信心和力量。同时它还表示热情奔放、感情丰富和精力充沛。在我国，红色是吉祥、喜庆的象征。

(2)白色，是代表着纯洁和神圣，但易产生膨胀感的颜色，给人以纯洁、正派的感觉，表现出不容污染的孤高姿态，最富情感，最富象征意义。

(3)黑色，是高贵、深沉且可隐藏任何缺点的颜色，给人以庄重、干练、肃穆和洒脱的 感觉，或用以表示使用者的认真和可信。用于服装可以显示出一种高雅、沉稳的风格。黑色在五彩缤纷的色彩世界里得特别突出，具有焦点性的作用和神秘的魅力。黑色还号称“百搭色”，可以同其他一切颜色搭配。黑色是国际男子礼服的永恒色调。

四、案例分析题

答题要点：

(1)名片是交际场合个人身份的介绍信。通过交换名片，双方可以迅速了解对方的姓名、职务、地位，同时也便于将这份资料长期保留。

(2)交换名片时应双手递上，同时目光正视对方。而接受名片时，也要用双手，并点头表示感谢。

(3)公关人员接到名片后应当认真地看一下，记住对方的姓名、单位和身份。如果把 对方的名片随意放下或拿在手中玩弄，是不尊重对方的一种表现。

(4)小王的问题出在不懂得交往礼仪，把已经递出的名片要了回来，并掏出笔划掉名片上已经打印好的旧号码，写上了自己的新号码。这种很随意的举动或态度，给外商留下了不好的印象，认为小王做事不认真，待人缺乏诚意。

第十章

一、单项选择题

1. A　2. A　3. D　4. D　5. D
6. D　7. B　8. D　9. B　10. C

二、多项选择题

1. ABC　2. ABC　3. ABC　4. ABC　5. BCD
6. ABD　7. ABC　8. ABCD

三、判断题

1. ×	2. √	3. ×	4. √	5. √
6. √	7. √	8. ×	9. √	10. √

四、简答题

1. BI 的设计原则是什么？
(1)活动方案尽量周密、详尽；
(2)真实而诚挚，感情诉求；
(3)纷繁复杂，流变常新；
(4)多角度、全方位，兼顾四方。
2. VI 的特征是什么？
(1)现代性；
(2)商业性；
(3)多元性；
(4)交流性。
3. 企业应何时导入 CIS？在实施 CIS 中应该注意哪些问题？
导入时机：
(1)公司成立或合并成企业集团；
(2)企业扩大经营范围；
(3)企业进军海外市场；
(4)新产品上市；
(5)实施品牌战略；
(6)转变企业经营机制。
应注意的问题：
(1)保证企业管理理念和企业战略的全面实施；
(2)促进企业价值观的形成；
(3)将视觉识别全方位地应用；
(4)规范企业行为。

五、案例分析题

答题要点：
1. 属于连字类。
2. (1)能提升社会组织的品牌价值；
(2)能传达统一信息；
(3)有利于重建企业文化；
(4)有利于提高企业的竞争力；
(5)有利于企业走向国际化道路。

第十一章

一、单项选择题

1. B	2. B	3. D	4. C	5. A
6. C	7. B	8. C	9. A	10. C

二、多项选择题

1. ABCDE　　2. ACDE　　3. ABCDE

三、判断题

1. √　　2. ×　　3. √　　4. ×　　5. √
6. √　　7. ×　　8. ×　　9. ×

四、简答题

1. 请分析危机公关与公关危机的区别。

危机公关实际上就是组织在处理危机时为维护组织形象所采取的手段和策略，是指用来解决因外部客观环境或内部主观因素给组织机构带来的各种不利影响，避免损失或是将损失控制在最低限度，及时挽回组织声誉，重新建立起新的形象和信誉的公关活动。

公关危机是各种危机中的一种特殊类型，它是由组织内外的某种非正常因素所引发的公共关系非常事态或失常事态，是一种特殊的公共关系状态，是企业公共关系状态严重失常的反映，它不但影响企业正常运营，甚至危及企业的发展乃至生存。

2. 公关危机的特点有哪些？

(1)突发性；
(2)危害性；
(3)紧迫性；
(4)聚焦性；
(5)可变性。

3. 造成组织危机公关的原因有哪些？

(1)企业缺乏危机管理意识；
(2)组织自身决策违背了“与公众共同发展”的公关理念；
(3)全员公关意识淡薄，组织与个人言行不当；
(4)没有建立正常有序的传播沟通渠道。

4. 危机公关关系处理的策略是什么？

(1)建立危机公关体系；
(2)建立危机公关的预警机制；
(3)掌握一定的危机公关技巧；
(4)加强事件结束后的总结与恢复。

五、案例分析题

答题要点：

在市场经济环境下，公关和营销当然是商业公司开展经营和竞争的重要手段。商业公司维护自身形象和声誉必不可少，身陷舆情风波之际开展危机公关也无可厚非。运用好这些市场手段，也有助于商业公司和整个市场经济的健康发展。但是，不少公司却把公关和营销用错了方向。

商业公司一旦因为产品质量、商业信誉等问题引发舆情，出现信任危机，公关公司就会拍马出阵，紧急救火，息事宁人。

公关公司备受诟病之处，在于他们的着力点不在于直面问题、解决问题，促进商业公司的产品质量和服务提升，而是通过各种手段，调动各种资源进行勾兑摆平，最大诉求就是把舆情压下去、捂过去。公关业务的兴盛和高效，使公关成为商业公司开展市场经营竞争的“潜规则”。它不但无助于商业公司改善产品质量、提升服务水平，还有可能因为公关行为回避问题、避重就轻甚至文过饰非，在市场上导致“劣币驱逐良币”的不良效应。

参考文献

1. 王秀方. 公共关系理论与实务. 北京:清华大学出版社,2014.
2. 张亚. 公共关系原理与实务. 北京:北京理工大学出版社,2014.
3. 张芹. 公共关系学. 武汉:华中科技大学出版社,2014.
4. 李道魁. 公共关系教程. 成都:西南财经大学出版社,2013.
5. 李民. 企业形象设计. 南宁:广西美术出版社,2013.
6. 支磊,康金辉. 营销策划实务. 西安:西北工业大学出版社,2013.
7. 朱培立,王光辉. 企业策划理论与实务. 北京:机械工业出版社,2012.
8. 曾权,李毅. 企业形象塑造中的吉祥物应用研究. 南昌:企业经济,2012.
9. 谭昆智. 公关心理与实务. 北京:清华大学出版社,2011.
10. 李泓欣. 公共关系理论与实务. 北京:中国农业大学出版社,2011.
11. 周晓,宋常桐. 公共关系与现代礼仪. 北京:清华大学出版社,2011.
12. 任正臣. 公共关系学. 北京:北京大学出版社,2011.
13. 兰迎春,陈军. 公共关系学. 济南:山东人民出版社,2010.
14. 张践. 公共关系学. 北京:中央广播电视大学出版社,2010.
15. 余禾. 公共关系学. 成都:西南交通大学出版社,2010.
16. 关晓光. 公共关系学. 北京:中国中医药出版社,2010.
17. 冯砚,宋继华. 公共关系学. 北京:中国商务出版社,2010.
18. 陈丽清,李志平. 公共关系学. 北京:经济科学出版社,2010.
19. 龚荒. 公共关系——原理·实务·案例. 北京:清华大学出版社·北京交通大学出版社,2009.
20. 李兰英、徐俊. 公共关系理论与实务. 上海:上海财经大学出版社,2007.
21. 叶万春,万后芬,蔡嘉清. 企业形象策划——CIS 导入. 大连:东北财经大学出版社,2007.
22. 李怀斌. 企业形象策划. 大连:东北财经大学出版社,2007.
23. 王维平. 公共关系原理与应用. 兰州:兰州大学出版社,2007.
24. 蒋楠. 公共关系原理与实务. 北京:中国人民大学出版社,2006.
25. 纪华强. 公共关系的基本原理与实务. 北京:高等教育出版社,2006.
26. 吴国欣. 企业形象设计. 上海:上海画报出版社,2006.
27. 周安华、苗晋平. 公共关系. 北京:中国人民大学出版社,2004.